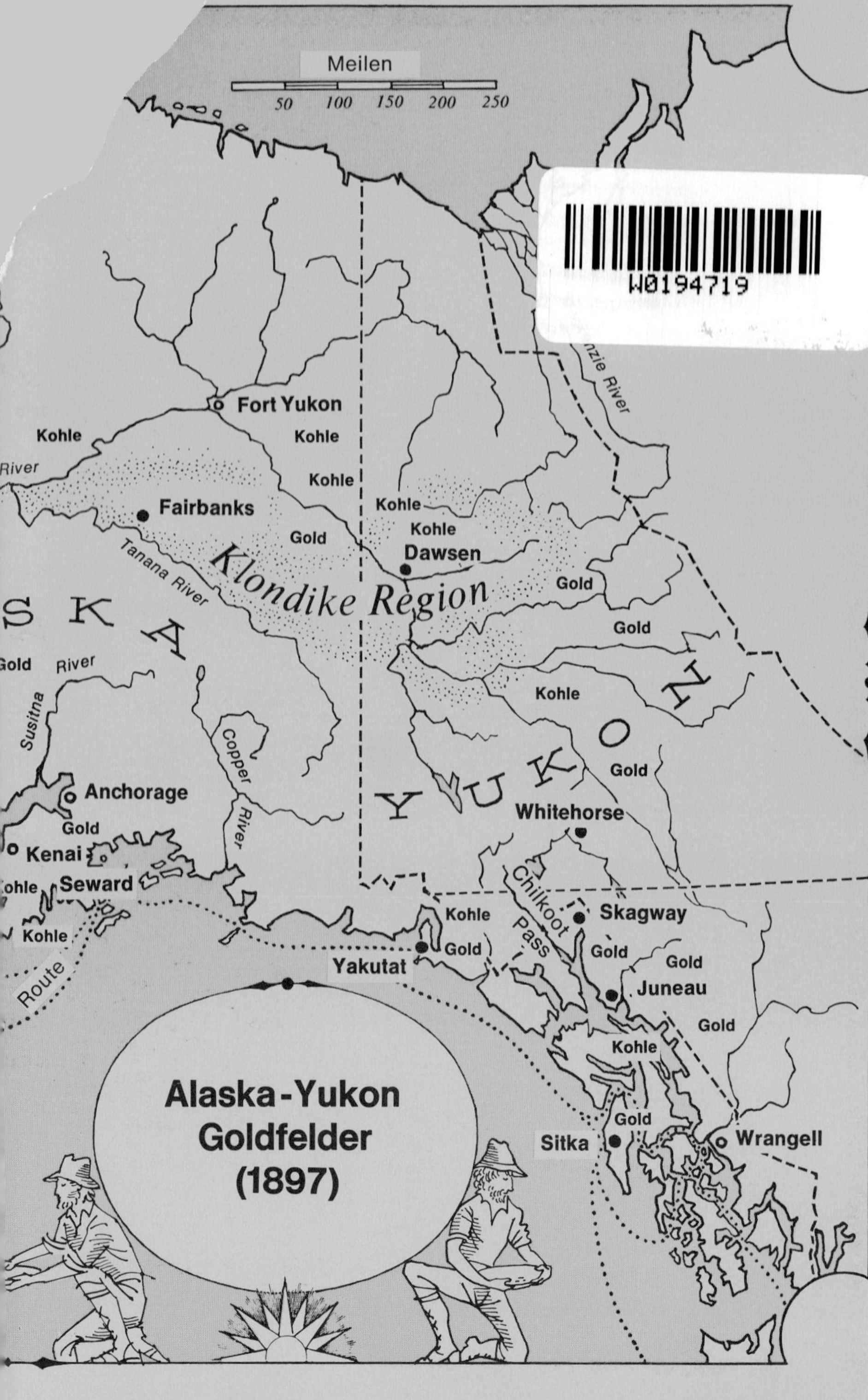
Meilen
50 100 150 200 250
Fort Yukon
Kohle
Kohle
Kohle
River
Kohle
Fairbanks
Kohle
Gold
Dawsen
Tanana River
Klondike Region
Gold
Gold
Gold
River
Susitna
Copper
River
Kohle
Gold
Anchorage
Gold
Kenai
Seward
Kohle
Kohle
Route
Whitehorse
Chilkoot
Pass
Kohle
Gold
Skagway
Gold
Gold
Yakutat
Juneau
Gold
Kohle
Gold
Sitka
Wrangell
Alaska-Yukon
Goldfelder
(1897)

Hunt
KLONDIKE

William R. Hunt

KLONDIKE

Die wilden Jahre in Alaska

Econ Verlag Düsseldorf · Wien

Aus dem Amerikanischen von Frederick R. Mill

Titel der bei der Macmillan Publishing Co., Inc., New York, erschienenen Originalausgabe: NORTH OF 53°

Fotonachweis:
Sämtliche Fotos hat der Autor den Archiven der University of Alaska entnommen

1. Auflage 1977

Gesetzt aus der 10 Punkt Times der Linotype GmbH
Papier: Papier- und Folienfabrik Schleipen GmbH, Bad Dürkheim
Gesamtherstellung: Bercker, Graphischer Betrieb, Kevelaer
Printed in Germany
ISBN 3430 14904 5

Franz Endhardt zum Gedächtnis

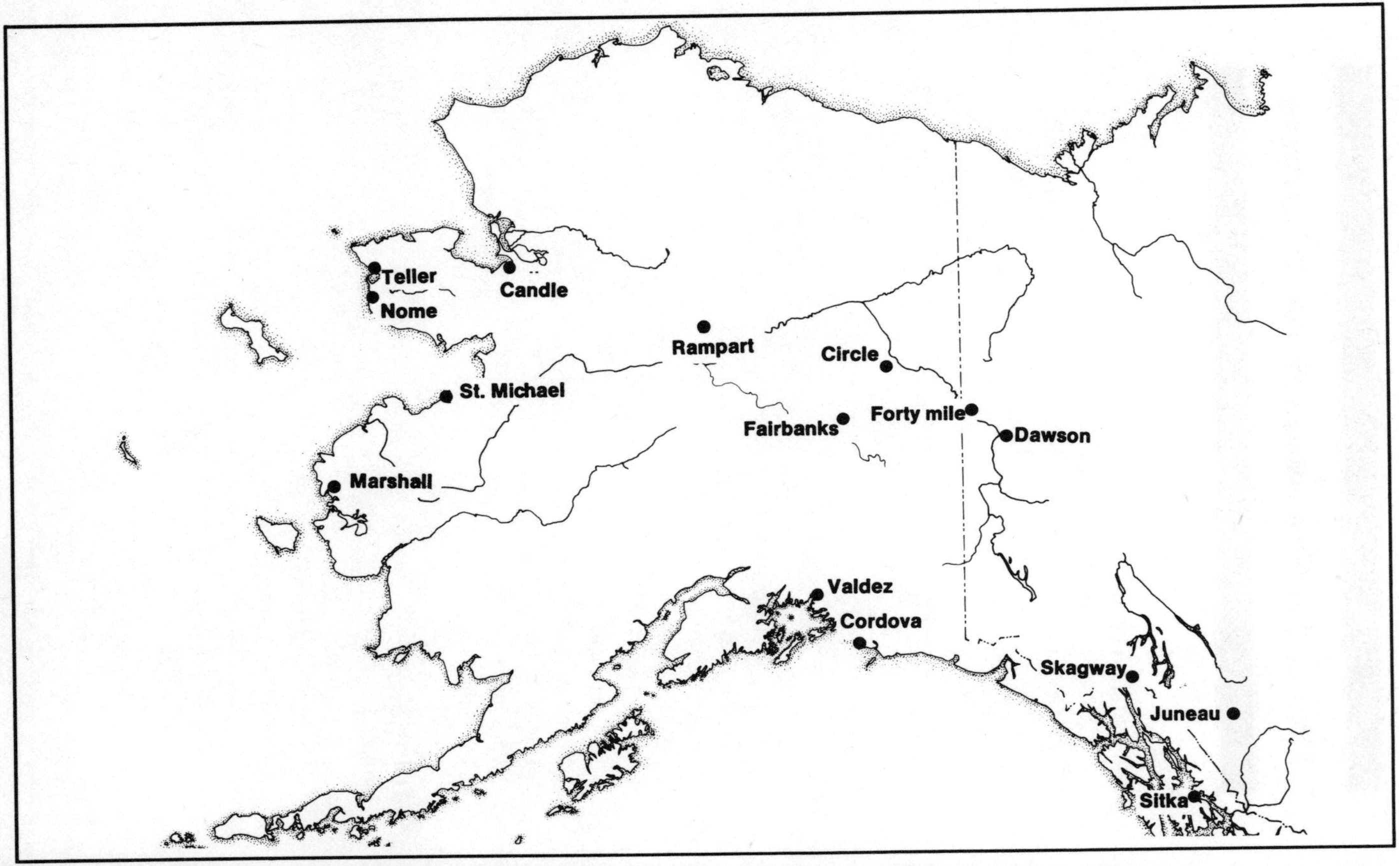

Teller
Candle
Nome
Rampart
Circle
St. Michael
Forty mile
Fairbanks
Dawson
Marshall
Valdez
Cordova
Skagway
Juneau
Sitka

Inhalt

Heute ist das Aufregende an Alaska das Öl. Riesige Bauvorhaben – das bekannteste von ihnen ist die Pipeline von North Slope nach Valdez – sollen es erschließen. Während die Bohrtürme an der Küste der Arktis errichtet werden, sind Trupps von Experten in der Arktis selbst und anderswo auf der Suche nach noch weiteren Ölquellen.

Aber wie bedeutend und einzigartig der Ölboom auch ist, im Rahmen der Geschichte Alaskas ist dergleichen ein vertrautes Bild. Was hier geschieht, hat es schon einmal gegeben. Innerhalb der letzten hundert Jahre sind es andere Reichtümer gewesen, die die Menschen von außen angezogen haben. Zuerst waren es die prächtigen Felle der Land- und Meeressäugetiere, dann die fast sagenhaften Gold-Lagerstätten und noch später der Fischreichtum. Jetzt geht es um das flüssige »schwarze Gold«.

Dieses Buch behandelt einen frühen Abschnitt der erregenden Geschichte Alaskas, nämlich die Story der Goldsucher von Alaska und Yukon, dieser Männer und Frauen, durch deren Tatendrang die amerikanische Nordgrenze geöffnet wurde. Ihre Abenteuer umspannen die Jahre von den ersten zaghaften Schritten der frühen Goldsucher oder Prospektoren in den siebziger Jahren des vorigen Jahrhunderts über die Höhe des Goldtaumels in den späten neunzigern, der sich mit den Namen Klondike und Nome verbindet, bis hin zu dem Fieber der späten Goldfunde in Tanana Valley, Iditarod und Livengood – alles in allem runde vierzig ereignisreiche Jahre.

Die Chronik eines so bunten Haufens, der mit goldenen Erwartungen gen Norden zog, dürfte kaum dadurch gewinnen, daß man ihre Qualitäten oder ihr Mühen in dem strengen, subarktischen Klima übertreibt. Heilige und Sünder, Huren und Hausfrauen, Schwindler und Arbeiter paßten sich gleichermaßen in aller Eile den neuartigen Bedingungen in einem Lande an, das ihnen fremd und abweisend erscheinen mußte. Wollten sie ihr Glück als Bergleute versuchen, dann hing die Wahrscheinlichkeit ihres Erfolges von ihrer harten Umgebung und ihren eigenen Fähigkeiten ab. Viele gaben angesichts der Unerbittlichkeit des Lebens im Norden schon nach kurzer Zeit auf. Einige hatten Erfolg und wurden Millionäre; andere waren schon froh, wenn sie genug zum Leben hatten. Viele ließen ihr Leben. Sie erfroren ganz einfach oder starben an Skorbut und anderen Krankheiten. Diejenigen, die in den Ortschaften blieben, waren nicht derartigen Gefahren ausgesetzt, aber der Erfolg war ihnen deswegen nicht sicherer. Unter denen, die verschiedene Stufen der Erfolgsleiter erklommen, waren Zuhälter und Spieler genauso wie nüchterne Geschäftsleute. Unternehmer wurden genauso wie einfache Schürfer zu Verlierern oder Gewinnern – je nach Begabung und Glück.

Die Story einer in sich so verschiedenen Gruppe wie der Goldsucher muß sich auf eine verhältnismäßig kleine Zahl von Personen beschränken; und die gilt es sorgsam auszuwählen. Um Verzerrungen zu vermeiden, muß man gegen solch berühmt-berüchtigte Namen wie Soapy Smith, Richter Alfred Noyes, Swiftwater Bill Gates, Tex Rickard und Wilson Mizner die Namen eher bescheidener Männer wie George Pilcher, Carl Lomen, Richter Kames Wickersham, Will Ballou, Rex Beach, Hauptmann Charles Farnsworth und J.F.A. Strong setzen. Von Beruf waren sie Bergleute, Glücksspieler, Journalisten, Richter, Soldaten, Bauernfänger und Holzhacker. Einige waren Tunichtgute, Kriminelle und Schmarotzer, andere brachten bedeutsame Leistungen zustande. Wenn man ihre Taten und Missetaten abwägt, kann man ein durchaus abgerundetes Bild der Goldära Alaskas gewinnen.

Teil 1
Die frühen Tage am Yukon

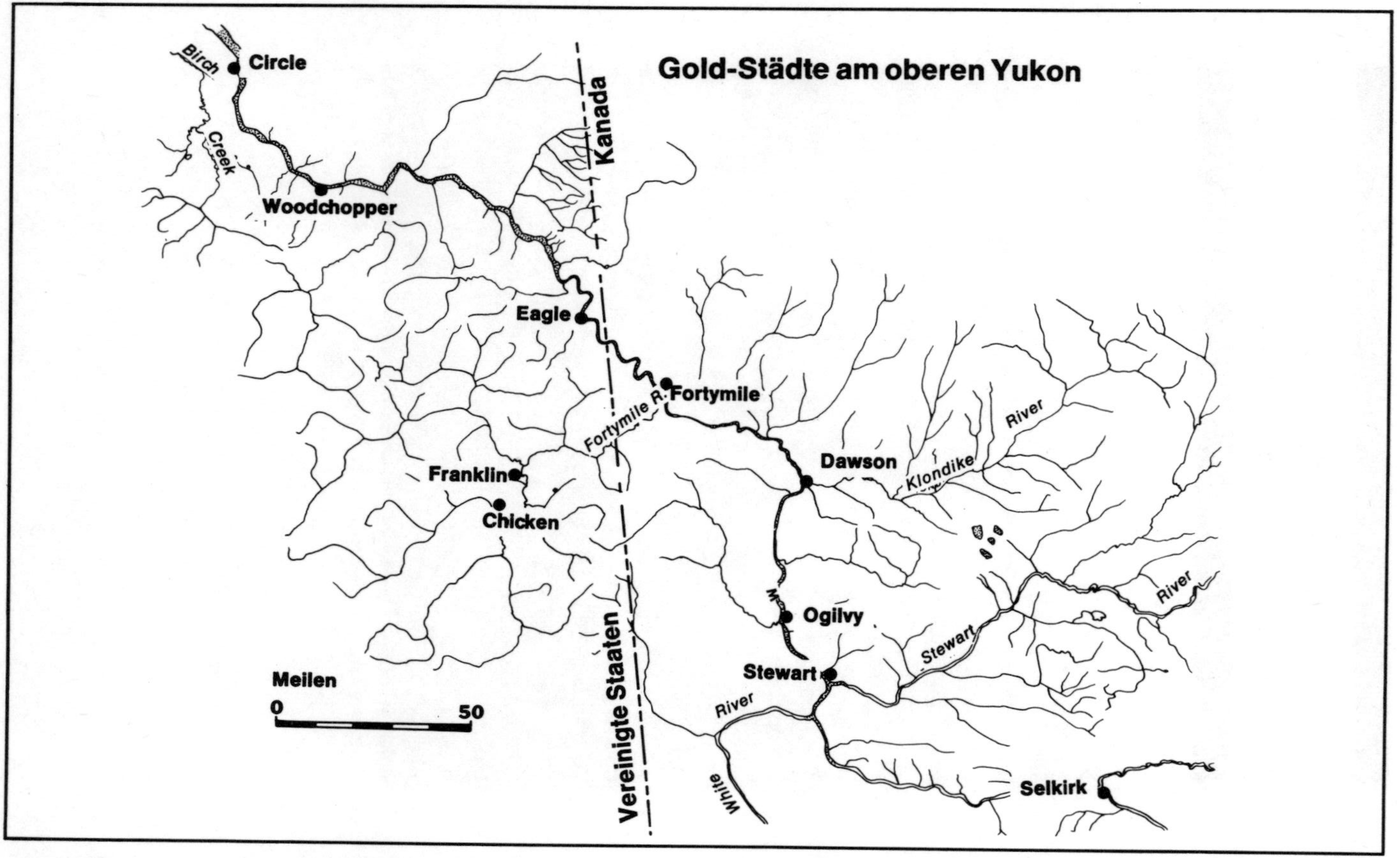
Gold-Städte am oberen Yukon
Kanada
Vereinigte Staaten
Circle
Birch
Creek
Woodchopper
Eagle
Fortymile
Fortymile R.
Dawson
Klondike
River
Franklin
Chicken
Ogilvy
Stewart
Stewart
River
River
White
Selkirk
River
Meilen
0
50

1 Die Erschließung des Landes

Im Mai 1883 verließ eine kleine Gruppe von Kundschaftern per Dampfschiff Vancouver mit Kurs auf den Ausgang des Lynn-Kanals im Südosten Alaskas. Die Gesellschaft setzte sich aus sieben Soldaten der US-Armee zusammen; ihr Anführer war ein 34jähriger Offizier: Leutnant Frederick Schwatka. Ihre Aufgabe war es, den Yukon River von seinem Ursprung bis zu seiner Mündung kartographisch aufzunehmen.

Ein Blick auf die Landkarte Alaskas und des nördlichsten Kanada genügt, um sich die Bedeutung des großen Yukon River klarzumachen. Von seinem Quellgebiet in Kanada beschreibt er einen majestätischen Bogen, bis er schließlich nach 2300 Meilen am Norton-Sund in den Pazifik mündet. Im Sommer ist der Yukon praktisch auf seiner ganzen Länge schiffbar, im Winter dient seine gefrorene Oberfläche Schlittenfahrzeugen als eine Art Autobahn.

Für den großen Zug nach Westen waren Flüsse die hauptsächlichen Verkehrsadern. In den Jahren 1792/93 folgte Alexander Mackenzie bei der ersten Durchquerung Kanadas den westlich zum Pazifik fließenden Strömen. Lewis und Clark gelangten 1805 in der Nähe der Mündung des Columbia-Flusses an die pazifische Küste, und nach ihnen zogen Trapper, Goldsucher und Siedler an anderen Flußläufen entlang in Richtung Westen.

Im Norden bot der Yukon die beste und einfachste Möglichkeit, in das Landesinnere vorzudringen. Der Fluß war den Europäern schon sehr früh ein Begriff. Vor dem Kauf Alaskas durch die Vereinigten Staaten im Jahre 1867 hatte die Russian-American Company Handelsposten am Fluß eingerichtet, deren Kette sich bis nach Nulato hinzog; und die Russen waren noch weiter flußaufwärts vorgedrungen. Ein Abschnitt des Yukon war auch englischen Händlern gut bekannt. Im Jahre 1841 errichtete Alexander H. Murray von der Hudson Bay Company jenseits des nördlichen Polarkreises auf russischem Gebiet das Fort Yukon. 1848 baute ein anderer Angehöriger der Hudson Bay Company namens Robert Campbell am Pelly River das Fort Selkirk. 1869, also zwei Jahre nach dem Kauf Alaskas, dampfte ein Hauptmann der US-Armee, Charles W. Raymond, den Fluß bis Fort Yukon hinauf und ließ die amerikanische Flagge über dem Handelsposten aufziehen, woraufhin sich die Händler der Hudson Bay Company zurückzogen.

Fort Selkirk hielt sich nicht lange. Die Indianer des Gebiets waren zwar froh über die Niederlassung der Hudson Bay Company, weil sie dadurch von dem Küstenstamm der Chilkats unabhängig wurden, von dem,sie bis dahin die Handelsartikel des weißen Mannes hatten beziehen müssen. Aber Campbell hatte Fort Selkirk kaum fertiggestellt, als eine Gruppe von 20 Chilkats vom Lynn-Kanal eintraf. Es waren »ziemlich rauhe Burschen«[1], die, anders als die Inlandindianer, zu Prahlerei und Diebstahl neigten. »Ein fairer Handel war etwas, was den Chilkats unbekannt war, sie handelten nach dem Motto ›Macht vor Recht‹«, berichtete Campbell[2].Vier Jahre danach, im Jahre 1852, griffen die Chilkats die Händler in Fort Selkirk an, nahmen ihnen die Waffen weg, plünderten ihre Läden und brannten das Fort nieder. Die Chilkats duldeten einfach keine Rivalen in ihrem Einflußgebiet, und die Hudson Bay Company machte keinen Versuch, die Niederlassung wieder aufzubauen.

Trotz all dieser Aktivitäten blieb der Yukon, und besonders sein Oberlauf, lange Zeit fast unbekannt. Dies war auch der Grund, weshalb die US-Armee im Jahre 1883 Leutnant Frederick Schwatka, der elf Jahre zuvor sein Offizierspatent in Westpoint erworben hatte, mit der Aufgabe betraute, den Fluß in seiner ganzen Länge zu erkunden. Die Befugnis der Armee zur Durchführung dieser Vermessung war vielleicht nicht ganz klar, da sie einige Jahre zuvor aus Alaska abgezogen worden war. Die Armee hatte den Abzug der Russen aus Sitka überwacht und dann von 1867 bis 1877 in Sitka und anderen Küstenstädten Garnisonen unterhalten. Nach dieser zehnjährigen Besatzung übernahm die US-Marine für kurze Zeit die Überwachung in dem Gebiet, bis die Aufgabe schließlich dem US-Zoll zufiel. Befugnis hin oder her, General Nelson A. Miles, Kommandeur des Militär-Distrikts von Columbia, startete die Yukon-Expedition, deren Zweck nach außen hin die Untersuchung einer angeblichen indianischen Bedrohung war. Schwatka, ein erfahrener Arktiserforscher, übernahm die Leitung. Seine erste Erkundungsreise hatte er von 1878 bis 1880 absolviert, als er auf den arktischen Inseln nördlich des kanadischen Festlands nach den Spuren des verschollenen britischen Forschungsreisenden Sir John Franklin und seiner Gruppe suchte und ihn auch tatsächlich fand.

Schwatkas Abteilung ging in der Nähe des Chilkat River an Land, wo sich ein indianisches Dorf und eine Lachskonservenfabrik der Northwest Trading Company befanden. Hier verhandelte er mit den Chilkat-Indianern wegen der Anmietung von Trägern, die die Versorgungsgüter der Expedition über den Chilkoot-Paß bringen sollten. Indianer und Weiße amüsierten sich gleichermaßen darüber, daß er ein Floß für den Weitertransport bauen wollte, sobald seine Soldaten die Quellflüsse des Yukon erreicht hatten. Immerhin gelang es ihm, die benötigten 60 Träger anzuheuern.

Ein paar Jahre früher hätte Schwatka wahrscheinlich nicht so leicht indianische Arbeitskräfte bekommen, denn die Chilkats verteidigten das Geheimnis der Route ins Landesinnere eifersüchtig gegen von dort vordrängende Stämme, weil sie von dem Tausch von Fischöl gegen Felle profitierten. 1879 hatten sie einer Gruppe von 20 amerikanischen Prospektoren das Überschreiten des Passes verweigert, so daß diese sich hilfesuchend an Hauptmann L. A. Beardslee wandten. Beardslee war Kommandeur eines Schiffes namens »Jamestown« (US-Marine), und er verfügte damit über die einzige militärische Streitmacht der USA in dieser Region. In einem Bericht über die Geschehnisse heißt es, einer seiner Offiziere habe den Indianern die wundersamen Wirkungen einer Gatling-Kanone erläutert, was den nötigen Eindruck gemacht habe. Aber wahrscheinlich waren es doch eher Hauptmann Beardslees Takt und Verhandlungsgeschick, die die Indianer umdenken ließen, so daß sie den Prospektoren freien Durchzug erlaubten. Von 1880 an passierten amerikanische Goldsucher den Chilkoot-Paß ohne Schwierigkeiten und in wachsender Zahl.

Schwatka trat seinen Marsch ins Landesinnere am 6. Juni an. Der Proviant der Abteilung wurde in indianischen Kanus bis zur Quelle des Dyea-Flusses gebracht. Von dort aus trugen die Chilkat-Träger die Last – immer etwa einen Zentner pro Mann – über den Chilkoot-Paß zum Lake Lindemann. Dort wurden Baumstämme ausgesucht, aus denen die Soldaten ein Floß bauten. Die ersten 500 Meilen ihrer Reise auf Flußläufen und Seen spielten sich völlig auf kanadischem Territorium ab, obwohl weder die kanadische noch die britische Regierung konsultiert worden waren. Dieser Umstand verursachte später in Kanada einiges Mißfallen. Besonders stieß man sich daran, daß Schwatka markante geographische Punkte nach Freunden umbenannte.

Am 14. Juni besichtigte Schwatka das Floß, das seine Männer gebaut hatten, und erklärte das Fahrzeug für tauglich für die lange Reise. Zunächst überquerte man die kleinen Seen, die den Ursprung des Yukon bilden. Die Soldaten hatten Mühe, sich ihrer ständigen »Begleiter« – Mücken und schwarze Fliegen – zu erwehren, aber im übrigen erwies sich der Beginn der Wasserreise nicht als allzu beschwerlich. Größere Schwierigkeiten bereiteten schon die die Seen verbindenden Flüsse, und bald stieß man auf gefährliche Stromschnellen. Wo diese besonders reißend waren, wurde das Gepäck abgeladen und zu Fuß um die Gefahrenstellen herumgetragen. Das geleichterte Floß, das zu schwerfällig war, als daß man es hier hätte steuern können, setzte seinen Weg durch die Schnellen allein fort und wurde dann weiter unten wieder eingefangen. Auch mußten sich die Soldaten vor Stellen in acht nehmen, wo Äste tief über dem Wasser hingen und das Floß leicht leerfegen konnten. Außerdem machte ihnen die Hitze zu schaffen, denn auch in diesen hohen Breiten erreichen die Temperaturen im Sommer oft über 40 Grad Celsius, »so daß man sich vorkam, als ob man sich auf dem Nil, dem Kongo oder dem Amazonas befände«.[3]

Indianer bekamen die Männer auf den Seen oder dem Oberlauf des Flusses kaum zu Gesicht, denn die eingeborene Bevölkerung war gering an Zahl und lebte weit verstreut. Die Dörfer, an denen sie vorbeikamen, waren zum größten Teil verlassen. Auch Wild war selten, so daß den Soldaten das Land ungastlich und abweisend erschien. Aber obwohl ihre Reise mit aller gebotenen Schnelligkeit vonstatten ging, hatten sie doch genug Zeit, um in den Sandbänken Gold zu entdecken, und sie trafen auch zwei amerikanische Goldsucher, die Schwatka als »die traurigsten Existenzen« beschrieb, die er je gesehen habe.[4] Eine Gruppe von Goldsuchern war kurz vor der Ankunft Schwatkas von der Küste ins Innere aufgebrochen, und die beiden waren auf dem Wege zurück nach Lynn Canal, weil der Gruppe die Lebensmittel ausgingen. Schwatka hörte später, daß Indianer die Männer im Dyea-Tal in der Nähe der Küste vor dem Hungertod gerettet hatten.

Die Prospektoren waren Vorläufer einer wahren Flut von Menschen, die sich in den Jahren 1897–98 über den Chilkoot-Paß ergießen sollte. Die meisten von ihnen verließen um diese Zeit Juneau, wo 1880–81 die ersten bedeutenden Goldfunde in Alaska gemacht worden waren. Noch vor dieser Entdekkung war in den siebziger Jahren in der Nähe von Sitka, der alten russisch-amerikanischen Hauptstadt, nach Gold geschürft worden. Die Quarzbergwerke im Südosten Alaskas und die Entdekkung von Goldseifen im Gebiet von Cassiar in British Columbia in den siebzigern führte während der achtziger Jahre zur Goldsuche im Inneren Alaskas und in Nordkanada. Aber noch vor den Schürfern von der Südostküste kam eine ganze Reihe von Männern – die meisten Amerikaner –, die entlang des Mackenzie River ihr Glück versucht hatten und dann 1873 nach Kanada gezogen waren, wo sie dem Porcupine River bis zum Yukon folgten. Zu diesen Vorkämpfern gehörten Arthur Harper, L. N. »Jack« McQuesten und Alfred H. Mayo, die sich gleichzeitig auch als Händler betätigten und auf kanadischem Gebiet Handelsposten für die Alaska Commercial Company errichteten.

Das Gebiet, das Schwatka und seine Männer 1883 durchstreiften, hatte sich allerdings in Jahrhunderten kaum verändert. Der Lebensrhythmus der Eingeborenen wurde zwar dadurch berührt, daß in den frühen Jahren des 19. Jahrhunderts russische Händler und Priester am unteren Yukon River auftauchten und ihre britischen »Kollegen« vom Mackenzie River herüberkamen (Pastor Robert McDonald hatte 1862 in Fort Yukon eine anglikanische Mission gegründet), aber im Grunde war alles beim alten geblieben. Die Indianer begrüßten Schwatkas Floß mit Salutschüssen aus ihren Gewehren und baten um Tabak und Tee, verhielten sich aber im übrigen friedlich. Pfeil und Bogen waren noch verbreiteter als Schußwaffen, und als Wohnstätten besaßen sie aus Zweigen geflochtene Hütten oder Zelte aus Fellen. Ihren Lebensunterhalt verdienten sie mit dem Fang von Lachsen. Diese Tätigkeit bestimmte auch ihren jeweiligen Wohnort. Ihre Kleidung entsprach derjenigen, die auch ihre Vorfahren getragen hatten. Schwatka und seine Soldaten waren auf ein Gebiet gestoßen, wo sich die großen Veränderungen vollzogen, die im übrigen Nordamerika schon stattgefunden hatten und zwar dann, wenn sich den weißen Händlern und Fallenstellern Bergleute und Siedler zugesellt hatten.

Schwatka erreichte den mittleren Yukon, nachdem er zuvor die Ruinen von Fort Selkirk passiert – es war 1852 von den Chilkats niedergebrannt worden – und auch die Einmündung des Stewart River hinter sich gelassen hatte, wo Jack London später den Winter 1897–98 verbringen sollte. Auf einer Strecke von etwa 400 Meilen jenseits von Fort Selkirk führt der Fluß durch bergiges Gelände, das Schwatka die Upper Ramparts nannte. Die ersten hundert Meilen verglich er mit der »atemberaubenden Großartigkeit« des Yosemite- oder Yellowstone-Flusses.[5] Der Yukon weist hier nicht mehr die blaue Reinheit seines Oberlaufs auf, sondern wird durch den White River getrübt. Die Gruppe passierte die Stelle am 17. Juli. Der Yukon fließt dann am Forty Mile River vorbei und überquert die internationale Grenze nach Alaska. Nicht weit von der Grenze entstand später die Ortschaft Eagle: in einem stark bewaldeten Gebiet, das auf einer Seite von steil abfallenden Felsen begrenzt war. Hundert Meilen weiter flußabwärts wurde dann Circle gegründet. Hier treten die Steilufer des Yukon zurück, und sein Bett erweitert sich in der flachen Landschaft, wo das Wasser sich in viele Arme teilt und unzählige Inseln und Sandbänke bildet. Schwatkas Abteilung brauchte drei Wochen, um ihr Floß durch dieses verwirrende Netz flacher Wasserläufe zu bugsieren. Die Langeweile dieses Teils der Reise wurde nur unterbrochen, als man auf einen weiteren Händler und Goldsucher traf, nämlich Joe Ladue. Sein Sägewerk lieferte später das Baumaterial für Dawson City.

Unterhalb von Fort Yukon verengt sich der Fluß noch einmal. Durch hohe Felsen bahnt er sich seinen Weg. Dieses etwa 100 Meilen lange Stück des Yukon, Ramparts genannt, bot einen willkommenen Gegensatz zu dem öden Flachland, zumal die hier vorhandenen Stromschnellen keine Gefahr für das Floß bedeuteten. Zehn Jahre später, im Jahre 1893, führte ein größerer Goldfund in diesem Gebiet zur Gründung der Stadt Rampart City, einer der wichtigeren Plätze am Yukon River in der Goldära. Weiter flußabwärts liegt die Mündung des Tanana River, einem der größeren Nebenflüsse. Dieser kommt aus südlicher Richtung und scheint an seiner Mündung fast ebenso groß zu sein wie der Yukon. Über sein Quellgebiet war damals wenig bekannt. Die Tanana-Indianer hielten Weiße von ihrem Gebiet fern, kamen aber im Sommer oft nach Nuklukayet, einem Dorf nahe dem Zusammenfluß beider Ströme, um Handel zu treiben. An dieser Stelle verließen Schwatka und seine Gruppe ihr Floß, das sie 1300 Meilen getragen hatte, und stiegen auf einen Schoner um, den ihnen der Händler Arthur Harper leihweise zur Verfügung gestellt hatte. Für den Rest der Flußreise gab es keine Überraschungen für die Soldaten, denn dieses Gebiet war hinreichend bekannt. In St. Michael, unweit des Yukon-Deltas, schifften sie sich am 30. August wieder nach Fort Vancouver ein.

Die Veröffentlichung des Berichts von Schwatka – er erschien 1885 unter dem Titel »Along Alaska's Great River« – verstärkte das Interesse einer breiteren Öffentlichkeit an dem Gebiet. Bekannte Journalisten schrieben Berichte über die Expedition, und man kann annehmen, daß Schwatkas Bemerkungen über das Vorhandensein von Gold und die wenigen amerikanischen Goldsucher, die dort nach dem großen Fund schürften, andere ermutigten, auch ihr Glück zu versuchen. Ganz gewiß war die Vermessung der oberen 500 Meilen des Yukon River durch die US-Armee von großem praktischem Wert, denn sie erbrachte die ersten Unterlagen über den Verlauf des Flusses in Kanada. Sie zeichnete den wichtigsten Weg zu den Goldfeldern des Klondike auf, wohin sich schon bald Zehntausende von Prospektoren auf den Weg machten.

2 Die ersten Anfänge des Handels

Die Alaska Commercial Company (ACC) wurde Nachfolgerin der Russian-American Company, nachdem die Vereinigten Staaten diesen russischen Teil Amerikas im Jahre 1867 gekauft hatten. Ihr Hauptgeschäft – übrigens ein äußerst lukratives – wurde von den Pribilof-Inseln in der Bering-See aus betrieben, wo die Gesellschaft gegen eine jährliche Gebühr, zahlbar an das US-Schatzamt, und eine Gewähr für den Unterhalt der dortigen Eingeborenen von 1870 bis 1890 das Monopol für die Robbenfell-Industrie hatte. Aber die ACC übernahm auch den Pelzhandel der russischen Gesellschaft im Landesinnern.

Die ACC erwarb zwar kein Monopol für den Pelzhandel am Yukon, aber selbständige Händler waren kaum eine Konkurrenz. Für die Beherrschung des Pelzhandels war entscheidend, ob man den Transport sicherstellen konnte; und die ACC, die in San Francisco ansässig war, unterhielt jahrelang die einzigen Dampfboote auf dem Yukon und dazu den einzigen regelmäßigen Seeverkehr zwischen St. Michael und den amerikanischen Pazifikhäfen. 1868 entsandte die Gesellschaft George R. Adams nach St. Michael, das 70 Meilen von der Yukon-Mündung entfernt am Norton Sound lag. Die Fahne der Vereinigten Staaten wurde über dem Fort gehißt, das die Russen im Jahre 1831 gebaut hatten. 21 russisch-indianische Mischlinge, die einst im Dienste der Russian-American Company gestanden hatten, verpflichteten sich vertraglich, nur noch für den amerikanischen Konzern zu jagen.

1869 trat der erste Flußdampfer der ACC, die »Yukon«, seine Jungfernfahrt flußaufwärts an, und in einer Entfernung von 600 Meilen von St. Michael wurde der Handelsposten von Nulato eingerichtet. Einer der Passagiere auf dieser ersten Fahrt war Hauptmann Charles Raymond vom Pionierkorps der US-Armee. Raymond stellte bei seiner kartographischen Überprüfung des Flußgebiets fest, daß Fort Yukon, eine Station der Hudson Bay

Company, nicht auf kanadischem, sondern amerikanischem Territorium lag. Durch ihre Partnerverträge mit den Prospektoren Jack McQuesten, Arthur Harper und Alfred Mayo subventionierte die ACC direkt die Goldsuche. Die drei Genannten machten sich zwar später als Händler unabhängig, aber sie mußten ihre Waren von der ACC beziehen. Bis in die frühen 90er Jahre lag fast der gesamte Handel entlang des Yukon oberhalb von Nulato in den Händen der Gesellschaft, die aber in dem Pelzhandel in erster Linie eine Möglichkeit sah, ihre großräumig betriebene Goldsuche abzusichern. Wie sich leicht denken läßt, waren die Partner der ACC, vor allem McQuesten, sehr großzügige Händler, die anderen Goldsuchern gern mit Krediten unter die Arme griffen. Ihre Briefe an Freunde und Bekannte in den USA, in denen sie die Vorzüge des Gebiets schilderten, zogen viele neue Menschen als Prospektoren nach Norden. Trotz harter Arbeit und der klugen Vorausschau der Männer brachte die Partnerschaft aber nur kleine Erträge ein. Keiner von ihnen war direkt an dem großen erworbenen Reichtum beteiligt.

Das Leben eines Händlers am Yukon war hart, und wenn die kurze Sommerperiode vorbei war, in der der Yukon schiffbar war, gab es keine Möglichkeit für einen der Posten, neue Vorräte oder Waren zu beschaffen. Fort Reliance, die Handelsniederlassung Jack McQuestens, hatte gegen Ende des Winters fast immer Versorgungsschwierigkeiten. St. Michael war 1700 Meilen entfernt. Die Zahl der Goldschürfer wechselte ständig, und das machte es unmöglich, vorher genau zu sagen, wieviel Bohnen, Schinkenspeck und andere Nahrungsmittel oder Kleidungsstücke und Werkzeug man auf Lager nehmen mußte. Die Eingeborenen verlangten für ihre Biber-, Luchs-, Bären-, Reh- und Fuchsfelle Schußwaffen, Decken, Perlen, schwarzen Tee, braunen Zucker und Rollen bedruckter Baumwollstoffe. Die Angehörigen der ACC beteiligten sich selbst nicht an der Jagd und stellten auch keine Fallen, aber sie waren auf die Felle angewiesen, die ihnen die Eingeborenen brachten.

Auch die Sicherheit der Handelsposten machte einiges Kopfzerbrechen. Freundschaftliche Beziehungen zu den Indianern waren absolut notwendig, wenn man Profite erzielen – oder überhaupt überleben wollte. Zwischenfälle gab es häufig genug, und das hielt die Händler ständig auf dem Quivive. 1878 errichteten James M. Bean und seine Frau bei Harper's Bend am Tanana River eine Station, aber die Indianer der Umgebung nahmen Anstoß an den Preisen, die Bean für ihre Felle anbot, und beschlossen, ihn aus dem Wege zu räumen. Zwei von ihnen nahmen ihre Feuersteinmusketen, die sie sich früher einmal bei der Hudson Bay Company eingehandelt hatten, versteckten sich in der Nähe der Station und warteten. Ihre Chance kam eines Abends, als die Beans sich vor dem offenen Kaminfeuer niederließen. Einer der beiden Indianer erschoß Mrs. Bean, das Gewehr des anderen hatte Ladehemmung, so daß James Bean mit dem Leben davonkam und flußabwärts zu dem Handelsposten von McQuesten und Mayo in Nuklukayet fliehen konnte. Die drei kehrten zwar zu der Station Beans zurück, um die Tote abzuholen und das Warenlager zu räumen, aber einen Versuch, der Indianer habhaft zu werden, machten sie nicht. Ins Innere Alaskas reichte weder die Autorität des Militärs noch die der Polizei, und die Handelsleute waren nicht zahlreich genug, um ihrerseits den Eingeborenen die Einhaltung irgendwelcher Bestimmungen aufzwingen zu können. Alles, was sie tun konnten, war sozusagen in aller Demut die andere Wange hinzuhalten. Im Jahre 1886, nachdem sich die weiße Bevölkerung erheblich vermehrt hatte, wurde ein ähnlicher Mord – es handelte sich um den Goldsucher John Bremner vom Koyukuk River – allerdings schnell bestraft. Eine Gruppe von Schürfern tat sich zusammen und knüpfte den Indianer, der die Tat begangen hatte, kurzerhand auf.

Wie die Tanana-Indianer waren auch die Indianer am Copper River eher feindselig eingestellt. Einer von ihnen tötete 1884 George Holt, einen der Handelsmänner der ACC. Einige Angehörige des Stammes waren zu der Station Holts bei Knik am Cook Inlet – einer kleinen Bucht – gezogen und waren erbost über die niedrigen Preise, die ihnen für ihre Felle geboten wurden. Außerdem ärgerte es sie, daß Holt sie wegen eines reichen Kupfererzvorkommens in ihrem Gebiet auszuhorchen versuchte. Jedenfalls machten die anderen Weißen keinen Versuch, den Mord an Holt zu rächen, und auch in den nächsten zehn Jahren mieden die Prospektoren das Gebiet des Copper River, allen Gerüchten über reichhaltige Vorkommen zum Trotz.

Auch McQuesten, Mayo und Harper hatten ihre Sorgen mit den Indianern. Zwar hatte es keinen Widerstand gegeben, als die drei 1874 das Fort Reliance im kanadischen Yukon-Gebiet errichteten, aber genehm war den Indianern ihre Anwesenheit nicht. 1875 versteckten die Händler ihre Ware, um für eine Weile zu verreisen. McQuesten kehrte in der nächsten Saison zurück, um sich über die Haltung der Indianer zu informieren. Offenbar hatte die Abwesenheit der Händler die Eingeborenen etwas milder gestimmt, denn sie ließen sich herbei, Handel zu treiben, verlangten aber zuerst eine Entschädigung. Es stellte sich nämlich heraus, daß ein paar Indianer das Warenversteck gefunden hatten. Aber statt an Mehl waren sie an Rattengift geraten, nach dessen »Genuß« zwei ältere Frauen und ein junges, blindes Mädchen starben. Die Indianer bestanden jetzt darauf, daß McQuesten für den Tod des Mädchens zahlen müsse – allerdings nicht für die beiden Frauen. McQuesten ging auf ihre Argumente ein und ließ sich zu einer Zahlung von sechs Dollar herbei, wodurch die gutnachbarlichen Beziehungen als wiederhergestellt gelten konnten.[1]

Die Goldfunde am Forty Mile River und am Stewart River im Jahre 1886, an denen etwa 300 Schürfer beteiligt waren, brachten für die ACC eine Belebung des Geschäfts. Die Gesellschaft hatte um diese Zeit keinerlei Konkurrenz; trotzdem mißbrauchte sie ihr Monopol nicht. Sie schickte zusätzliche Versorgungsgüter für die Lager von St. Michael ab, und der Präsident der Firma, Louis Gerstle, ließ in einem Begleitschreiben wissen: »Es sollte aber nicht der Eindruck entstehen, daß mit der betreffenden Ware höhere Gewinne angestrebt werden als nach den bisher gültigen regulären Preislisten möglich ist.« Für die Gesellschaft handelte es sich um die Anlage einer Reserve für den Fall, daß größere Zahlen unzureichend ausgerüsteter Schürfer kommen sollten. »Die Gesellschaft wird sich nicht zu einem Tyrann denjenigen gegenüber machen lassen, die mit ihr in Berührung kommen.« Außerdem ordnete der Präsident an, »daß dort, wo sich Leute im Zustand völliger Mittellosigkeit befinden, diesen alles zum Überleben Notwendige ohne Bezahlung zur Verfügung gestellt« werde.[2]

Im Jahre 1892 trat am Yukon eine starke Konkurrenz für die ACC auf den Plan, nämlich die North American Transportation and Trading Company (NAT & T). Auf die Beine gestellt wurde sie von John J. Healy, und zu den Geldgebern gehörten solche reichen Chicagoer Familien wie die Cudahys und Portu B. Weare sowie die Corn Exchange Bank. Healy hatte sie von den Profitmöglichkeiten im Inneren Alaskas überzeugt und ihnen versichert, daß man den Konkurrenzkampf mit der ACC nicht zu fürchten brauche. Healy war selbst schon in Montana auf Goldsuche gewesen, ehe er 1885 nach Juneau kam. Eine Zeitlang führte er die 1886 in Dyea gegründete Handelsniederlassung, und hier gelangte er auch zu der Überzeugung, daß das Land große kommerzielle Möglichkeiten bieten müsse.

Die NAT & T errichtete einen Handelsposten in St. Michael und eröffnete mit der »P. B. Weare« den Dampfschiffverkehr. Zuerst gab es eine Panne, als die »Weare« bei Nulato von der kalten Jahreszeit überrascht wurde und den Winter 1892-93 dort zubringen mußte. Aber dann blies die neue Gesellschaft zum Angriff auf den alteingesessenen Rivalen. Jeder Platz am Fluß, wo die ACC eine Niederlassung hatte, bekam auch einen NAT & T-Laden, und Anzeigen in der 1893 in Fort Adams gegründeten »Yukon Press« machten es jedem des Lesens Kundigen mit Riesenbuchstaben klar: »Kommt zu uns! Die Preise fallen! Wir werden bleiben!«[3] Im Jahre 1895 – aus diesem stammt die Anzeige – hatte die NAT & T guten Grund zu solcher Zuversicht. Inzwischen hatten sich rund tausend Schürfer am oberen Yukon und seinen Nebenflüssen eingefunden, und das Volumen des Handels reichte für beide Gesellschaften aus. Die ältere Firma hielt einen gewissen Vorsprung, der sich teils aus ihrer Erfahrung, teils daraus ergab, daß sie Kredit gab. NAT & T bestand schon in ihren Anzeigen strikt auf Barzahlung, garantierte ihren Kunden dafür aber den denkbar besten Service: »Unsere Waren für die Saison 1895« – so konnte man da lesen – »sind sorgfältig von unserem Geschäftsführer ausgewählt, der schon seit vielen Jahren die besonderen Bedürfnisse von Schürfern und Bergsteigern untersucht.«[4]

Die Konkurrenz zwischen der ACC und der NAT & T kam sowohl den Schürfern zugute, die schon im Lande waren, als auch denen, die noch kommen sollten. Der Verkehr wurde dichter, größere Vorratslager standen zur Verfügung, und weitere Handelsniederlassungen wurden gegründet. Eine größere Zahl von Personen beschäftigte sich mit den Praktiken des Handels und der Flußschiffahrt, und das kam allen zugute, als der große Ansturm der Schürfer einsetzte.

3 Das Schürfen

Juneau liegt am Lynn-Kanal, dessen Ende etwa 100 Meilen in nördlicher Richtung entfernt liegt. Von dort geht es die steilen Pfade empor, die über die Pässe zu den Quellflüssen des Yukon River führen. Man kann sich kaum einen hübscheren Platz für eine Stadt vorstellen: steile, dicht bewaldete Abhänge steigen unmittelbar vom Ufer auf und beherrschen die Stadt, die anfangs nur aus ein paar Kabinen und Hütten bestand, die sich die Goldsucher hier gebaut hatten. Die Stadt Juneau, die ursprünglich Harrisburg hieß, wurde 1881 gegründet, nachdem Richard T. Harris und Joseph Juneau hier im Jahr zuvor Quarz und Goldseifen entdeckt hatten.[1] Beide Männer hatten in der Stewart Mine in der Nähe von Sitka gearbeitet und wurden von dem deutschen Bodenexperten George E. Pilz finanziert, der nach Sitka gekommen war, um ein Stampfwerk für die Stewart Mine und die anderen Minen von Sitka zu bauen.

Harris und Juneau hatten ihre Schürfgebiete für Goldseifen in der Silver Bow-Bucht abgesteckt, in dem hügligen Gebiet, daß sich um das Lager herumzog. Aber es stellte sich heraus, daß die ertragreichsten Felder John Treadwell, einem Bauunternehmer und Bergingenieur aus Kalifornien, gehörten. Treadwell kaufte ein Quarzfeld auf der Douglas-Insel, gegenüber von Juneau, und begann mit dem Ausheben einer Grube, die zum Schluß 13 Morgen groß und 600 Meter tief war. Für den Abbau des steinharten Quarz ist eine andere Technik notwendig als diejenige, die man bei der Erschließung von Goldseifenlagerstätten anwendet, die zumeist in Flüssen vorkommen (praktisch alle Schürfer im Landesinneren hatten es mit Goldseifen zu tun). Das Quarzerz von der Douglas-Insel war nicht hochprozentig, aber Treadwell war vorausschauend genug, um das Potential richtig einzuschätzen. In dem Zeitraum von 1882 bis 1916 brachten die vier Bergwerke der Treadwell-Gruppe Gold im Werte von etwa 60 Millionen Dollar hervor. Die Erzverarbeitung wurde in einem Werk vorgenommen, das als das größte Stampfwerk der Welt galt, ehe es durch Wassereinbruch ausfiel.[2]

Henry Davis, ein für die Zeit typischer Prospektor, kam im Mai 1884 nach Juneau. Er versuchte sich in der Gegend etwas im Schürfen und verdiente auch etwas Geld, wenn auch nicht viel. Gerüchteweise hieß es, daß es im Inneren günstigere geologische Bedingungen gebe, und Davis nahm verschiedene Jobs an – u. a. als Verkäufer und Holzarbeiter –, um genug Geld für eine Yukon-Ausrüstung zusammenzubekommen. In der Treadwell-Grube in Juneau wollte Davis allerdings nicht arbeiten. Er berichtete: »Da gab es jeden Tag Verletzte und Tote.«[3] Schürfer wie Henry Davis hielten sich nicht länger als nötig in Juneau auf. An Lohnarbeit hatten sie kein Interesse. Warum sollten sie für jemanden anders arbeiten, wenn sie davon träumten, im Landesinneren zu reichen Männern zu werden? Im Mai 1886 war es soweit. Davis und seine Partner hatten ihre Ausrüstung beisammen und zogen auf dem jetzt schon ausgetretenen Pfad über den Chilkoot-Paß zum Quellgebiet des Yukon.

Die ersten Goldsucher am Yukon nahmen sich einen Fluß nach dem anderen vor und siebten den Sand der zahllosen Sandbänke. Hatten sie an einer Stelle genug von dem gleißenden Metall gefunden, dann blieben sie trotzdem, um die Fundstellen noch einmal noch gründlicher zu bearbeiten. Sie schaufelten den Sand in einen primitiven Schüttler, der das schwere Gold auffing, während der Sand durchlief. Wenn man Glück hatte und hart genug arbeitete, konnte man auf diese Weise genug verdienen, um sich das zum Leben Notwendige zu kaufen. War der Winter einmal da und die Erde gefroren und mit Schnee bedeckt, konnte man nicht mehr viel unternehmen. Einige ganz zähe Burschen setzten die Goldsuche zwar auch noch nach Wintereinbruch fort – jedenfalls bis man wegen der Schneedecke nicht mehr weiterkam –, aber die meisten machten es sich schnell in ihren Behausungen bequem und verbrachten ihre Zeit damit, Holz für die Kanonenöfen zu hacken oder auf Jagd zu gehen, um ihre Vorräte an Proviant zu strecken.

Davis mit seiner Gruppe hatte genug Verpflegung und dazu eine Blockhütte von 4 mal 5 Metern sowie einen guten Vorrat an Brennholz. So bereiteten sich die Männer am oberen Yukon auf ein gemächliches Leben in den Wintertagen vor. Die Zeit verging schleppend. Weihnachten gab es ein Festessen: Elchfleisch, einen großen mit Bärenfett bereiteten Mehlpudding und eine kräftige Rumsauce. Davis machte in Abständen Eintragungen in sein Tagebuch, die ein Bild von dem Leben dieser einsamen Männer vermitteln:

Januar: Junge, das ist vielleicht ein kalter Tag. Jedesmal, wenn man die Tür aufmacht, fängt man schon an zu husten... Wir bleiben einfach drin und legen Holz auf.

Chris fühlt sich nicht sehr gut. Ich nehme an, er hat Heimweh. Er ist ja auch das erste Mal von zu Haus weg.

Februar: Buckskin kam heute runter und wollte etwas Epsomer Bittersalz für Bob English. Er meinte, es wäre Skorbut. Wir gaben ihm ein bißchen Fleisch mit und getrocknete Kartoffeln und Zwiebeln. Es ist immer noch sehr kalt, und Chris baut sich eine Geige. Ich knüpfe Fischernetze, und Nick und Charley spielen Poker, ein Cent für den Chip.

Wir haben ein Sommerlager gebaut, und Chris und ich werden nach dort umziehen, weil die Kabine sehr schmutzig ist und wir uns langsam schon nicht mehr gegenseitig angucken mögen.[4]

Im Januar erreichte sie die Nachricht von dem Goldfund am Forty Mile River. Mitte März waren die Tage schon lang und es wurde wärmer, so daß die Männer wieder mit der Arbeit anfangen konnten – eine willkommene Abwechslung nach der Eintönigkeit des Winters. Als Anfang Mai das Eis des Flusses schließlich aufbrach, wurde es der Abwechslung gleich etwas viel. Das Wasser des Yukon trat so kräftig über die Ufer, daß die Männer auf dem Dach ihrer Blockhütte Zuflucht nehmen mußten. Sie brachten hier zwei Tage und eine Nacht zu und ernährten sich von Rosinen und getrockneten Erbsen, bis schließlich die Eisbarrieren zerbarsten und das Schmelzwasser abfließen konnte.

Mit dem Tauen des Eises waren die Monate der Monotonie und der Isolierung vorbei. Andere Goldschürfer kamen von der Küste herauf und brachten Berichte über Ereignisse in der Welt mit, was in der Tat willkommen war, da die Unterhaltung jetzt mit neuen Gedanken angereichert werden konnte. Genauso begierig war man auf die Erzählungen von Leuten, die den Fluß hinaufreisten und über die Goldsuche und andere Vorkommnisse am unteren Yukon berichteten.

Wenn man die Geschehnisse um die Goldsucher der 70er und 80er Jahre zurückverfolgt – Arthur Harper, Alfred Mayo, Gordon Bettles, Henry Davis, Jim Bender, Frank Buteau und die vielen anderen –, dann löst sich die Mär von der plötzlichen Entdeckung phantastischer Goldvorkommen in Nichts auf. Im Gegensatz etwa zu den Forscherteams der Armee, die vor und nach den Prospektoren in das Yukon-Becken kamen, um die geographischen Gegebenheiten kennenzulernen, erarbeiteten sich diese Pioniere die Kenntnis des Gebiets Schritt für Schritt. Sie mußten sich selbst ins Geschirr legen, ihre Schlitten selber ziehen, wenn es Winter war, und im Sommer ihre Ausrüstung auf dem Rücken über noch nicht kartographisch erfaßte Hügel und Berge entlang der Bäche und Flüsse tragen, die in das große Becken flossen. Die guten Verkehrsmöglichkeiten im Winter, die es auf der Höhe des Goldrausches gab, als starke Menschenbewegungen die Wege offen hielten, waren unbekannt. Hunde gab es nicht viel, weder Indianer noch Weiße hatten damals die Hundekoppeln, die man zum Schlittenziehen braucht. Allerdings war es durchaus schon gebräuchlich, einen oder zwei Hunde mitzunehmen, denen man kleinere Lasten aufband. Auch benutzte man sie schon, um beim Ziehen der Schlitten zu helfen. Volle zehn Jahre vergingen mit solch mühsamen Fußmärschen und diesem primitiven Sandsieben, ehe 1886 die ersten größeren Goldseifenfunde gemacht wurden. Noch einmal zehn Jahre dauerten die unsäglich mühsamen Vorarbeiten an den Flußufern dieser Wildnis, bis der große Fund am Klondike schließlich gemeldet wurde.

Man kann auch nicht sagen, daß etwa Bergleute mit Erfahrung und großen Hilfsquellen besser gefahren wären bei der Entdeckung der Schätze des Yukon als der nur mit Spitzhacke und Schaufel ausgerüstete Schürfer. Die einzige große Gruppe, die während dieser Zeit im Inneren ihr Glück versuchte, hatte trotz ihrer sehr guten Ausrüstung kaum mehr Erfolg als andere Männer der ersten Stunde. Ein Beispiel dafür ist Ed Schiefflin, der als Experte gelten mußte, da er die Goldfelder von Tombstone, Arizona, entdeckt hatte. Schiefflin brach 1882 mit einem Team von San Francisco aus nach St. Michael auf. Die Gruppe war im Besitz eines kleinen Flußdampfers, den sie »New Racket« getauft hatten. Bis dahin hatten nur die Handelsleute Flußdampfer auf dem Yukon unterhalten, und das Gefährt machte Schiefflin und seine Männer natürlich sehr viel beweglicher und unabhängiger. Als Überwinterungsplatz wurde die Mündung des Tanana ausgewählt, und im Frühjahr 1883 fuhr man etwa 20 Meilen flußaufwärts und stellte umfangreiche Untersuchungen an. Trotz dieses Aufwandes fand die Gruppe zwar Spuren von Gold, aber nicht genug, um noch einmal eine Saison daranhängen zu können. Der erste größere Durchbruch am Yukon gelang Howard Franklin im Jahre 1886. Er fand an einem Nebenfluß des Forty Mile River ein ausgesprochen ergiebiges Goldseifenlager. Bis dahin war alles gefundene Gold in den Sandbänken am kanadischen Yukon geschürft worden. Kurz vor Franklins Entdeckung hatte sich die Situation etwas verbessert, als in den Sandbänken des Stewart River relativ gutes Material gefunden wurde. Hier schürften 75 Männer in den Jahren 1875/76 Gold im Werte von rund 75000 Dollar. Aber das Gold am Forty Mile River war nicht nur in Sandbänken, sondern über das ganze Gebiet verteilt und lagerte beiderseits der amerikanisch-kanadischen Grenze in vielversprechenden Konzentrationen im Muttergestein. Man fand den Paydirt – wörtlich den »Dreck, der Geld bringt« – am Chicken Creek, am Miller Creek, an der Franklin-Schlucht und an anderen Nebenflüssen des Forty Mile River. Ein für die damaligen Verhältnisse regelrechter Run setzte ein, und die Prospektoren vom Stewart River und anderswo, darunter Henry Davis mit seinen Partnern, kamen und gründeten den ersten Goldschürferort am Yukon. Die Ansiedlung, die entstand, war etwa 25 Meilen von der amerikanischen Grenze und 34 Meilen flußabwärts von Fort Reliance entfernt, dem Handelsposten von McQuesten, Mayo und Harper, der seit 1874 als Nachschubbasis für die Goldsucher am oberen Yukon gedient hatte. Mit der Entdeckung von Gold am Forty Mile River beschleunigten sich die Ereignisse am Yukon.

4 Die Forty Mile Story

Die Quellflüsse des Forty Mile River liegen auf kanadischem Gebiet, aber der Fluß beschreibt eine Schleife nach Süden, überquert dabei die amerikanische Grenze und macht einen weiten Bogen, ehe er die Grenze wiederum überschreitet und sich mit dem Yukon vereint. Die Schürfstellen von Bonanza Bar, Franklin, Chicken, Jack Wade und Steel Creek lagen alle auf der amerikanischen Seite der Grenze. 1887 hatte man hier Gold im Werte von 30000 Dollar gefunden. Der Ertrag wuchs von Jahr zu Jahr, bis 1896 mit 800000 Dollar ein Höhepunkt erreicht wurde.[1] In diesen zehn Jahren wuchs die Zahl der Schürfer in den Sommermonaten von etwa 200 auf rund 1000 an, und die Hälfte von ihnen blieb auch über Winter.[2]

Sowohl die Goldsuche als auch der Abbau erfolgten ohne Maschinen. Meistens sah das etwa so aus, daß der goldführende Wasserlauf recht schmal war, vielleicht sogar nur ein paar Meter breit, obwohl die Niederung, durch die sich der Fluß schlängelte, oft eine halbe Meile oder breiter war. Vielfach flossen diese kleinen Flüsse auch durch flache Täler, die sich zwischen runden Hügelkuppen dahinzogen, auf denen es entweder nur wenige Bäume gab oder gar keine, weil man sich oberhalb der Baumgrenze befand.

In dieser schönen, aber ungezähmten Landschaft schaufelte der Prospektor Sand oder Kies von den Ufern oder aus dem Bett des Flusses in eine Art Pfanne hinein – nicht unähnlich einer Kuchenform. Er füllte das Gefäß dann mit Wasser und schüttelte es kräftig. Gold – sofern vorhanden – setzte sich dann unten ab, der leichtere Sand wurde weggespült. Sorgsames Waschen brachte oft ein paar goldene Flocken zu Vorschein. Von einer »Bonanza«, einer »Goldgrube«, konnte da in den meisten Fällen kaum die Rede sein. In jedem Falle ließ sich darüber erst entscheiden, wenn man einen Schacht bis zum Muttergestein des Tals gegraben hatte, und das konnten fünf Meter sein, aber auch 30 oder mehr. So einen Schacht hinunterzutreiben war keine leichte Aufgabe. War der Boden nicht gefroren, was in Flußnähe der Fall sein konnte, dann gab es keine Möglichkeit, unterhalb des Wasserspiegels weiterzugraben, denn die Schürfer der ersten Zeit verfügten nicht über Pumpen. Dauerfrostboden war ebenfalls schwierig zu bearbeiten, aber mit viel Anstrengung konnte man immerhin einen Schacht abteufen. Gegen gefrorenen Kies gab es kein Mittel, nur wenn man, wie es bald Praxis wurde, an dem Schacht in einiger Entfernung vom Flußbett ein Holzfeuer machte, dann konnte man den dadurch aufgetauten Boden ausheben. Ein Feuer, das einen Tag lang brannte, gestattete das Ausheben von etwa 20 cm des Kiesbodens. Dabei blieben die Schachtwände gefroren und dadurch so stark und sicher, als bestünden sie aus festem Gestein. Grubenholz benötigte man nicht. Brennholz gab es gewöhnlich in unmittelbarer Umgebung, aber auch dann kostete es den Schürfer harte Arbeit, es herzuholen. Oberhalb der Baumgrenze war es eine fast unlösbare Aufgabe. War der Goldsucher schließlich durch den gefrorenen Kies bis zum festen Gestein vorgedrungen, dann suchte er den Boden des Schachts nach Anzeichen des kostbaren Metalls ab. Handelte es sich um ein gutes Vorkommen, dann konnte er das Gold vielleicht mit bloßem Auge erkennen, aber meistens mußte er Proben nehmen und sie sieben. Führte der Kies eine hinreichende Menge Gold, dann grub der Goldsucher sich seitlich an das ursprüngliche Flußbett heran oder grub noch weitere Schächte.

Während des Winters hob der Schürfer die aufgetauten Kiesmengen aus dem Schacht und machte daraus kegelförmige Haufen, die bis zum Frühjahr so stehen blieben. Oft wurden sie so groß, daß die Hütte des Bergmanns daneben recht klein wirkte. Man sprach von Halden oder manchmal auch von Winterhalden, und man stieß auf sie, wo immer Schächte abgeteuft oder Stollen vorgetrieben wurden. Kam der Frühling, dann schaufelte der Goldgräber die tauende Masse in eine Art Schleusenkammer, durch die er Wasser leitete. Das schwere Gold blieb dann in den Rillen dieser Konstruktion liegen, während die leichteren Stoffe weggewaschen wurden. Selbstverständlich brauchte man dazu genügend Wasser, und deshalb verrichteten die Prospektoren diese Arbeit nach Möglichkeit während der Frühjahrsschmelze, denn ein trockener Sommer konnte die Sache zum Erliegen bringen.

In der großen Zeit des Klondike trat allerdings Dampf an die Stelle der offenen Feuer, so daß die Arbeit wesentlich schneller vonstatten ging. Das ging so vor sich, daß man in der Nähe des Schachts einen Boiler aufstellte und den heißen Wasserdampf von dort in einem Schlauch heranführte, an dessen Ende sich ein kurzes Stück Eisenrohr befand. Dieses trieb man in den gefrorenen Boden, wartete, bis dieser auftaute, und schaufelte ihn dann fort – und so weiter...

Forty Mile war kein internationaler Treffpunkt, aber man konnte an der Stadt das stetige Wachstum der Bevölkerung ablesen. Der Ort bestand aus rund 80 Blockhütten, die meisten etwa 3 mal 4 Meter groß. Drinnen gab es einen Yukon-Kanonenofen, der manchmal eckig, manchmal rund war und hinten in einen kleinen Herd mündete. Man konnte also kochen und gleichzeitig die Behausung im Winter warm halten. Sonst hatte die »Stadt« noch Läden jeder Art: ein Barbiergeschäft, zwei Bäckereien, zwei Restaurants, mehrere Saloons, ein Billard-Etablissement und ein Theater. Glücksspiele und Alkohol waren die wichtigsten Mittel zum Zeitvertreib. Hin und wieder gab es Tanz, wobei die indianischen Frauen eifrig mitmachten.

Aber die Arbeit überwog bei weitem im Leben eines Bergmannes am Yukon, wie uns eine kurze Betrachtung des Lebens von A. E. Ironmonger Sola zeigen soll. Sola, den man als typisch bezeichnen kann, kam 1894 und erwarb kurz darauf die Schürfrechte an einem Geländestück am Miller Creek in der Nähe von Forty Mile. Proviant und Ausrüstung brachte er von Forty Mile zu seinem Grundstück, wo er eine Blockhütte baute, um dann an einem Abhang in der Nähe Feuerholz zu schlagen. Den ganzen Winter war er damit beschäftigt, mehrere Schächte aufzutauen und auszuheben. Im Frühjahr heuerte er einige Männer an, die ihm für 10 Dollar pro Tag halfen, den Aushub in die Schleusenkammern zu schaufeln. Aber die Ausbeute reichte nicht, um die Löhne zu bezahlen. Um seine Schulden zu begleichen, sägte er für andere Bergmänner Holz – ein Kubikmeter für 30 Cents – und verkaufte schließlich seine Grube für 250 Dollar. Ursprünglich hatte er 500 Dollar für die Schürfrechte bezahlt, aber nach einem Jahr hatte er noch nicht einmal seinen Einsatz heraus. Trotzdem gab er nicht auf. Anstatt weiter für Lohn zu arbeiten, borgte er sich

700 Dollar, kaufte ein Hundeteam und beförderte während der Winterzeit Güter von Forty Mile zu den Gruben anderer Bergleute. Nach acht Monaten schwerer Arbeit hatte er das Darlehen zurückgezahlt und zudem genug Geld übrig, um sich erneut ans Schürfen machen zu können.

Die meisten Schürfer in Forty Mile hatten schon am Yukon River gearbeitet, als man dort die ersten Funde machte, aber einige waren auch von Juneau landeinwärts gekommen, nachdem sie dort in den Bergwerken Treadwells oder anderer gearbeitet hatten. Einige wenige waren ganz neu nach Forty Mile gekommen. Zu ihnen gehörte Madame Emilie Tremblay, die 1894 zusammen mit ihrem Mann ankam und offenbar die erste weiße Frau war, die den Chilkoot-Paß überquerte. In der kleinen »guten Gesellschaft« von Forty Mile, zu der Madame Tremblay stieß, gab es nur sehr wenige andere weiße Frauen. Da war die Frau des Händlers John J. Healy und Charlotte Selina Bompas, Frau des anglikanischen Bischofs William Bompas. Mrs. Bompas las zur Kurzweil Dante im Original. Vielleicht erwärmte sie das in den kalten Wintertagen etwas.

Healy und Bischof Bompas bewirkten zusammen einen enormen Wandel in Forty Mile. Am Ort nahm man das zwar zu der Zeit übel, aber für die geordnete Entwicklung des Gebiets war es ein gewichtiges Faktum. Bischof Bompas glaubte, daß Forty Mile auf kanadischem Boden lag, und als die Stadt größer wurde, forderte er die kanadische Regierung auf, dort eine Garnison der Northwest Mounted Police einzurichten. Im Jahre 1893 rief Healy ebenfalls nach den »Mounties«, weil er sich über einen Erlaß geärgert hatte, den die Schürfer-Versammlung von Forty Mile – der einzigen verantwortlichen Körperschaft der Stadt – verabschiedet hatte. Geschehen war folgendes: Die Frau Healys hatte ein weißes Mädchen angestellt, das sich für Healys Geschmack allzu sehr auf das Nachtleben verlegte. Eines Abends sperrte Healy sie aus, um sie für ihr spätes Nachhausekommen zu bestrafen, und sie oder ihr Freund wandte sich an die Goldsucher. Healy war nicht sonderlich beliebt bei den Bergleuten, was vielleicht daran lag, daß die NAT & T-Gesellschaft in ihren Läden keinen Kredit gewährte. Jedenfalls hat es den Anschein, daß die Männer die Gelegenheit nutzen wollten, es Healy heimzuzahlen. Sie bestimmten, daß er dem

Mädchen einen Jahreslohn zahlen und ihren Rücktransport zur Küste tragen mußte.

Auf das Gesuch von Healy und Bompas hin traf Inspektor Charles Constantine 1894 zu einer Untersuchung ein, und im folgenden Jahr wurden 20 »Mounties« nach Forty Mile entsandt, um dort Ruhe und Ordnung herzustellen. Dem Bischof nahmen die Bergleute seinen Schritt nicht übel – immerhin war er geistlicher Herr und Engländer –, aber es dauerte lange, bis sie Healy verziehen, die kanadischen Behörden gerufen zu haben.

Als die Mounties eintrafen, war Forty Mile nicht mehr die einzige Stadt am oberen Yukon. 1893 hatte die Entdeckung von Gold am Birch Creek, 240 Meilen flußabwärts von Forty Mile, zur Gründung von Circle geführt. 1894, als der Goldfund durch die Ankunft des Schiffes »Arctic« der ACC-Gesellschaft bekräftigt wurde, kehrten viele Einwohner von Forty Mile mit ihr zu der neuen Fundstelle zurück. 1895 hatte die neue Stadt schon eine größere Bevölkerung als Forty Mile.

5 Circle in den Jahren 1893–96

Jack McQuesten hatte mit seinem Laden alle Hände voll zu tun und konnte sich nicht an der Goldsuche beteiligen, aber er konnte natürlich – was damals nicht unüblich war – Schürfern gegen einen Anteil an der möglichen Ausbeute die nötige Ausrüstung zur Verfügung stellen. 1893 fanden zwei Kreolen, Pitka und Sorresco, die ihre Ausrüstung von ihm bezogen hatten, abbauwürdiges Goldgestein am Birch Creek. Ihr Fund führte zur Gründung von Circle – auch Circle City genannt –, 240 Meilen nordwestlich von Forty Mile und auf amerikanischem Boden gelegen.

Die Gründer des Ortes glaubten, daß das Gebiet innerhalb des Polarkreises lag, woraus sich der Name Circle (Kreis) ergab. Circle wuchs schnell zur ersten Goldgräbersiedlung am Yukon River, die zu einer Stadt mit einigem Anstand wurde.

Nördlich von Circle fließt der Yukon durch flaches, offenes Land, überschreitet in einer großen Schleife bei Fort Yukon den Polarkreis, um sich dann in südlicher Richtung einen direkteren Weg zur Beringsee zu bahnen. Goldschürfer errichteten in Circle ihre Blockhütten und legten Vorratslager an. Nachdem die ersten Häuser standen, errichtete die ACC-Gesellschaft eine Handelsniederlassung, es folgten Saloons und – welch große Überraschung – ein Opernhaus.[1]

Bis 1895 war die Bevölkerung auf 500 angewachsen, darunter einige Frauen. Vor der Zeit des Goldrauschs am Klondike war es die größte Gemeinde am Yukon. Die ersten Jahre war Circle das einzige amerikanische Camp von einiger Bedeutung, und seine Bewohner mußten sich ohne jegliche behördliche Unterstützung selbst verwalten. Die Schürfer bezogen Werkzeuge und Nahrungsmittel von den Handelsgesellschaften, aber wenn es darum ging, ein geordnetes Gemeinwesen zu organisieren, dann waren sie ganz auf sich selbst angewiesen.

Die Gruben am Birch Creek machten keine Schwierigkeiten, weil sie nicht tief waren. Man brauchte nur etwa einen Meter Boden auszuheben, um auf festes Gestein zu stoßen. Das bedeutete zwar eine wesentliche Arbeitserleichterung für die Goldgräber, hieß aber andererseits auch, daß der Sommer als Arbeitszeit ausfiel. In anderen Gegenden, wo tiefe Schächte bis zum Muttergestein gegraben werden mußten, konnten die Männer den ganzen Winter hindurch relativ warm und geschützt arbeiten.

Die meisten der Bergleute in Circle trugen ihre Nahrungsmittel und Geräte auf dem Rücken. Zurückzulegen waren 65 bis 80 Meilen (von der Stadt bis zu ihren am Birch Creek verstreuten Gruben). Im Sommer führte der Weg über eine Hochebene mit vielen Gewässern und sumpfartiger Tundra. Ganze Wolken von Mücken und schwarzen Fliegen machten den Marsch zur Qual. Sogar das Wild zog sich im Sommer aus diesem Gebiet zurück, und die paar Packpferde, die es gab, mußte man zum Schutz gegen die Plage in Zeltstoff hüllen. Setzten die Herbstfröste ein, verschwanden die lästigen Insekten, und beim ersten Schneefall bepackte man die Schlitten mit dem Transportgut.

Die Frachtbeförderung war der erste Dienstleistungszweig, der sich in Circle entwickelte. Kräftige Männer – Schlittenhunde kosteten pro Stück von 75 bis 200 Dollar – konnten sich damit eine ganze Stange Geld verdienen. Einer von dieser Zunft war der 24jährige Arthur T. Walden, der 1896 nach Circle kam, nachdem er in drei Monaten die 1000 Meilen von der Küste über den Chilkoot-Paß zurückgelegt hatte. Im Sommer kostete die Fracht zum Birch Creek 40 Cents das Pfund, so daß die Bergleute versuchten, nur mit dem Allernötigsten auszukommen, und statt dessen darauf warteten, daß ihnen Walden oder einer seiner Genossen im Winter ihre Vorräte zu sehr viel günstigeren Bedingungen transportierte.

In der Regel hatten die Schürfer selbst keine Hunde. Verfügte einer dennoch über welche, dann benutzte er sie zum Post- oder Frachttransport. Hatte man Post zu befördern, konnte es mit der leichten Ladung recht flott vorangehen. Ein Frachtschlitten jedoch bewältigte bestenfalls drei Meilen pro Stunde. Waldens Koppel von sechs Hunden, die er in einer Reihe voreinanderspannte, zog drei aneinandergebundene Schlitten mit 600,

400 und 200 Pfund Fracht, so daß auf einen Hund 200 Pfund kamen. Walden ging davon aus, daß seine Tiere den beladenen Lastzug 20 Meilen am Tage ziehen konnten. (Waren die Schlitten leer, konnte man mit bis zu 60 Meilen rechnen.) Selbstverständlich schwankten die erreichten Weiten mit dem Gelände, dem Zustand der Tiere und der Verfügbarkeit von Hundefutter, das meist aus getrocknetem oder gefrorenem Lachs bestand.

Die Einwohner von Circle waren stolz auf ihre »Stadt«, aber Besucher von außerhalb brauchten manchmal eine ganze Weile, ehe sie den Grund dafür entdeckten. Harry DeWindt, ein Engländer, der im Sommer 1896 dort Station machte, äußerte sich kritisch. Am Tag seiner Ankunft präsentierte sich Circle in einer leicht dunstigen Atmosphäre »düster und deprimierend«[2]. DeWindt nahm auch durchaus Kenntnis von Jack McQuestens aus Wellblech gebautem Laden – immerhin handelte es sich um eine für die Gegend ungewöhnliche Konstruktion –, aber schön finden konnte er ihn nicht. Allerdings konnte man von ihm als Besucher kaum erwarten, daß er zu schätzen gewußt hätte, was ein relativ feuersicheres Gebäude für einen so abgelegenen Handelsplatz bedeutete, oder was es überhaupt hieß, daß ein solches Geschäft in einem Gebiet existierte, wo sich alles so langsam und unter immensen Entbehrungen entwickelt hatte. DeWindt war ein etwas hochnäsiger Außenseiter, aber trotzdem verraten seine Beobachtungen mehr über das Leben am Yukon, als er selbst vielleicht gedacht hat. Was ihm schäbig und niedrig schien, war für die ersten Bewohner – besonders wenn sie sich später daran erinnerten – erregend und glanzvoll.

Wenn DeWindt durch den dicken Dreck der Stadt stiefelte, sprach er von einem »zusammengewürfelten Haufen nasser Behausungen und tropfender Dächer« und äußerte sich recht beißend über die Leute, die Circle mit dem Beinamen »Paris Alaskas« bedachten. Er »konnte nicht die mindeste Ähnlichkeit mit der schönen französischen Metropole feststellen«, fand allerdings mehr »Lebenslust auf einer schäbigen, unteren Ebene« als in Forty Mile, »denn jedes zehnte Haus diente entweder dem Glücksspiel oder dem Trinken oder war gar noch weniger reputierlichen Lustbarkeiten gewidmet«.[3]

Der Freizeitbetrieb der Stadt sagte dem Engländer also nicht zu. Er hatte gehört, daß im Jahr zuvor eine Schauspielertruppe von sechs Frauen und fünf Männern den Treck über den Chilkoot-Paß gemacht hatte, um ein »blutrünstiges Drama« aufzuführen, aber als er dort war, gab es nichts als Tanzvergnügen. »Ich war bei einer solchen Veranstaltung«, berichtet er, »... das Orchester bestand aus einer Geige und einer Gitarre, die kaum den Lärm übertönten, der mindestens alle fünf Minuten von der Bar herüberdrang, wenn es dort zu einem Handgemenge kam.«[4] Von Schmutz verkrustete Männer bezahlten einen Dollar, um einmal mit einer angemalten Schönen zu tanzen, – und sie fanden das obendrein noch in Ordnung. DeWindt war eher schockiert.

Bewohner wie etwa Arthur Walden zeichneten ein ganz anderes Bild von Circle. Da blieb nichts mehr übrig von dem »tollen Leben« in dem Schürfer-Camp. Er spricht von einer »Stadt des Schweigens«, in der man im Sommer nur das mühsame Stampfen der Packpferde in den schmutzigen Straßen hörte, das seltene Pfeifen eines Dampfbootes oder das Heulen von Hunden.[5] Menschen waren zu jeder Tageszeit zu sehen, denn in den Sommermonaten mit ihrem fast gleichbleibenden Licht gab es kaum einen Unterschied zwischen Tag und Nacht.

Im Winter war es sogar noch ruhiger. Der Schnee dämpfte die wenigen Geräusche, die es gab; man hielt sich selten außerhalb des Hauses auf. Kaum daß einmal der Wind die Stille unterbrach. Kein Vogel sang. »Der schmutzig-braune Fluß verwandelte sich in einen weißen Streifen, alles war mit Rauhreif oder Schnee bedeckt, und es war sehr kalt.«[6] Eines Abends, als Walden von den Gruben zu der Ortschaft zurückkehrte, bemerkte er, wie »aus allen Ofenrohren der Stadt dicker Rauch emporstieg, der sich in einer bestimmten Höhe abkühlte und so eine Art Betthimmel über der Stadt bildete, der von den Rauchsäulen getragen zu werden schien. Darunter hervor schienen aus gardinenlosen Fenstern die Lichter, die Wärme, Essen und Ruhe versprachen«.[7] Für Männer, die »Wärme, Essen und Ruhe« suchten, war Circle eine andere Stadt als für gelegentliche Besucher wie DeWindt, der solche Qualitäten nicht zu schätzen vermochte.

Circle war diejenige Gemeinde, in der die Selbstverwaltung durch allgemeine Abstimmung eine Art Höhepunkt erreichte. Die Bergleute in Juneau, Forty Mile und Circle folgten einem Beispiel aus den frühen Tagen des Goldrausches in Kalifornien und einigten sich auf bestimmte Regeln für den Betrieb der Goldgruben. Solche Regeln waren von amerikanischen Gerichten immer anerkannt worden. Bei ihrer ersten Versammlung in dem neuen Camp sprach man sich über die Abgrenzung des Bezirks sowie über die Größe des jeweils zum Schürfen freigegebenen Landstücks ab und beschloß Vorschriften für deren Abgrenzung und die Art und Weise, wie der Anspruch anzumelden sei. Sie bestimmten dann einen Buchführer, der alle Landstücke einzutragen hatte, auf die Prospektoren einen Anspruch erhoben hatten. Indem man sich auf dieses Vorgehen einigte – und das wurde später von den Gerichten anerkannt –, ersparte man allen Beteiligten Unordnung und Chaos.

In Alaska – wie übrigens auch anderswo – hatte die Versammlung der Goldschürfer auch noch eine andere Aufgabe: die öffentliche Ordnung aufrechtzuerhalten. Da keine andere anerkannte Obrigkeit vorhanden war, hatte die Versammlung auch die Pflicht, die Rolle des Richters und der Geschworenen zu übernehmen, wenn es galt, Schuld zu sühnen. Es herrschten allerdings unterschiedliche Ansichten darüber vor, ob dieses Kollektiv seine Aufgabe auch effektiv und seriös löste. Einige meinten, die Versammlung der Goldgräber könne als die reinste Form der Demokratie angesehen werden, andere sahen in ihr etwas, das der Herrschaft des Pöbels ziemlich nahe kam.

Arthur Walden schilderte Circle als »eine Stadt von etwa 300 oder 400 Einwohnern, in der es keine Steuern gab, kein Gericht und kein Gefängnis, kein Postamt, keine Kirche, keine Schulen und Hotels und kein Heim für streunende Hunde, keine Regeln und Vorschriften, kein geschriebenes Recht, weder Sheriff noch Dentist, noch Arzt, Anwalt oder Priester«. Und trotz all dieser Mängel – oder vielleicht gerade deswegen? – »gab es weder Mord noch Totschlag, Diebstahl oder Unehrlichkeit, und Recht war Recht und Unrecht Unrecht, so wie jeder einzelne es verstand.

Hier waren Leben, Besitz und Ehre sicher, Recht wurde schnell und ohne Zögern gesprochen und die Strafen wurden je nach der Schwere des Falles bemessen.«[8]

Die meisten Männer der ersten Stunde teilten Waldens gute Meinung von der Versammlung der Goldgräber in Circle, und die »Altgedienten« in Forty Mile waren sehr gekränkt, als die Mounties des Nordwestens ihre Gesetzeshoheit bis auf ihren Ort ausdehnten; und zu den rührendsten Geschichten über das rauhe Leben am Yukon gehören die, welche die Integrität der Versammlung der Goldschürfer rühmen.

In Circle fanden die Versammlungen meist in einem Saloon statt, weil kein anderes Gebäude in der jungen Stadt groß genug war. Dieser Rahmen war denn auch durchaus geeignet, den Gang des Rechts zu beeinflussen. So wurde einmal ein Fall von Spirituosenschmuggel abgehandelt, in dem ein Zöllner der Kläger war. Die Bergmänner wollten ganz sicher gehen, daß es sich bei den beschlagnahmten Waren auch tatsächlich um Whisky handelte, und so wurde Flasche um Flasche herumgereicht – bis das Beweismaterial verschwunden war und das Verfahren wegen Mangels an Beweisen eingestellt werden mußte.

Bei einer anderen Gelegenheit erschien eine bekannte Prostituierte namens May vor den Schürfern und verlangte in einer Zivilsache ein Geschworenengericht. Die normale Versammlung konnte ihrer Ansicht nach kein ordentliches Recht sprechen.[9] May forderte von einem ehemaligen Liebhaber 2000 Dollar Schadenersatz für körperliche Dienste sowie den Unterhalt für seine Hundemeute. Diese sehr wertvollen Hunde hatte sie nämlich als Faustpfand einbehalten. Vom Standpunkt der Gerechtigkeit aus gesehen war es sicher schade, daß die zuständige Jury im Lagerraum des Pioneer Saloon eingeschlossen war, denn die »zwölf guten Männer« erlagen der sich massiv anbietenden Versuchung in Form zweier kleiner Whisky-Fässer. Als sie mehr schlecht als recht ihren Beratungsraum verließen, erklärten sie: »Wir, die Geschworenen, erklären, daß der verlangte Betrag zu hoch ist, und verurteilen den Angeklagten zu einer Geldstrafe. Die Kosten des Verfahrens hat der Kläger zu tragen.«[10] Der Mangel an Klarheit in dem Urteil stiftete einige Verwirrung.

Immerhin hatten die Schürfer schon während ihrer Beratungen bestimmte Maßnahmen beschlossen, um May einen Strich durch ihre Rechnung zu machen. Als sie noch im Gericht war, schickten sie einen Goldgräber los, der die Hunde stehlen und mit ihnen flußaufwärts ziehen sollte. Als May sich weigerte, die Verfahrenskosten zu tragen, schlugen die Schürfer vor, ihre Blockhütte zu verkaufen. Einige der Männer meinten zudem, es wäre doch ganz angenehm, mit dem Erlös ihre Gunst zu erkaufen, aber die besonneneren Köpfe setzen sich schließlich durch. May jedoch kehrte Circle indigniert ihren hübschen Rücken, indem sie noch beim Verlassen der Stadt lauthals über die perverse Gerechtigkeit schimpfte, die ihr widerfahren war.

Die Aufrechterhaltung der öffentlichen Ordnung durch die Versammlung der Goldgräber konnte also zu Ungerechtigkeiten führen. Aber solange andere Möglichkeiten fehlten, mußte man ja etwas tun, und die Schürfer selbst nahmen die Einrichtung durchaus ernst. Josiah Spurr, ein beamteter Geologe, kam 1896 zu einem Besuch nach Circle und fand in allen Saloons der Stadt und in den Rasthäusern auf dem Weg zu den Gruben Warnungsschilder vor:

An alle, die es angeht:
Bei einer allgemeinen Versammlung der Schürfer von Circle City ist einstimmig beschlossen worden, Diebstahl mit Auspeitschen am Pfahl und Verbannung aus dem Gebiet zu bestrafen. Die Zahl der Schläge und die Schuld des Angeklagten sollen von den Geschworenen bestimmt werden.
Diebe, hütet euch![11]

Aber die Goldgräber verließen sich keineswegs nur auf solche Plakate. Wenn sie mit Goldfunden von ihren Gruben in die Stadt zurückkehrten, hatten sie sich mit Revolvern bewaffnet. Immerhin galt es, das Ergebnis der Mühen eines ganzen Jahres in Sicherheit zu bringen.

Der Verkauf von Whisky war in Alaska gegen das Gesetz. Trotzdem wurde er regelmäßig per Floß aus Kanada herbeigeschafft. Meistens drückte der amerikanische Zollbeamte in Circle beide Augen zu, denn es war nicht ganz ungefährlich, sich mit durstigen Goldgräbern anzulegen. Als Spurr eintraf, herrschte jedoch eine sehr gespannte Situation. Zollbeamte hatten Schmugglern zwei Fässer Whisky abgenommen und sie im Zollhaus gelagert. Es hatte sich aber auch bis zu ihnen herumgesprochen, daß der Inhaber des Saloons und andere die wertvolle Flüssigkeit stehlen wollten – wenn nötig mit Gewalt. Die Beamten überredeten Spurr dazu, ihnen Beistand zu leisten, und so saßen die drei Männer da, ihre Gewehre entsichert im Arm, und harrten der Dinge, die da kommen sollten.

Eine Gruppe von Schürfern kam denn auch und wollte verhandeln. Ihr Sprecher sagte, wenn die Beamten vernünftig wären, würde niemand zu Schaden kommen, und außerdem würde man ihnen als Trostpflaster für den ihrem obrigkeitlichen Ansehen zugefügten Schaden »eine hübsche kleine Summe« zahlen.[12] Die Beamten ließen sich aber nicht auf den Handel ein, sondern verbarrikadierten sich im Zollhaus und hielten abwechselnd Wache. Der Angriff der Menge blieb jedoch aus.

Spurr besuchte auch eine Schürferversammlung in Circle, die bewies, wie schnell sich die öffentliche Meinung ändern konnte. Der Katasterangestellte hatte die Einberufung der Versammlung gefordert, weil ihm jemand das Grundstück abspenstig gemacht hatte, auf dem er sein Büro bauen wollte. Sandy Jim wurde zum Vorsitzenden bestimmt, woraufhin der Katastermann mitten unter den Schürfern auf eine Kiste kletterte und gegen das ihm angetane Unrecht wetterte. Die Goldgräber, die sich diesmal am Flußufer versammelt hatten, ließen ein zustimmendes Gemurmel ertönen. Dann ergriff noch ein anderer der Männer das Wort, um empört zu erklären, der Missetäter habe gegen die Grundsätze der Goldgräberversammlung verstoßen, und die seien schließlich das einzige Recht, das man habe. Er forderte eine Geldstrafe, und falls sich der Angeschuldigte weigern sollte, müsse man ihn »in ein Boot setzen und ihn den Yukon hinabtreiben lassen«.[13]

Ehe er einen Ausschuß ernannte, der mit der Ausführung des Urteils beauftragt werden sollte, bat der Vorsitzende um den Namen des Schuldigen. Es stellte sich heraus, daß es sich um die Farbige Black Kitty handelte, eine Dame des leichten Gewerbes. Nun trat sogar der Klageführer für eine weniger strenge Behandlung ein: »Ich meine, wir sollten in diesem Fall nicht so streng vorgehen ... Immerhin ist sie eine Frau, wenn sie auch eine Schwarze ist und eine zähe Katze dazu. Außerdem steht sie allein da und muß sich ihren Unterhalt selbst verdienen.« Zustimmung unter den Bergleuten! Ein weiterer Sprecher schlug vor, daß man Kitty gehen lassen solle. »Ich glaube nicht, daß irgend jemand mit einer Frau Streit anfangen wollte, schon gar nicht mit einer schwarzen.«[14] In jedem Fall, fügte er hinzu, gebe es ja genug Land für öffentliche Zwecke. Laute Zustimmung unter den Männern, die auseinandergingen, noch ehe der Vorsitzende Zeit hatte, formell die Entscheidung bekanntzugeben.

Sourdough C.S. Hamlin nahm an mehreren Versammlungen der Bergleute teil und berichtet, daß Diebstahl meistens mit Verbannung bestraft wurde. In solchen Fällen hatte der Verurteilte 24 Stunden Zeit bis zum Verlassen des Gebietes. Einmal wurde einem Geschäftsmann eine sogenannte »blaue Karte« überreicht, weil er beim Streit um einen Hund die Waffe gezogen hatte. Das Urteil besagte, daß er auf der Stelle abzureisen habe, woran auch nichts änderte, daß das Thermometer gerade 12 Grad unter Null anzeigte. Der Mann mußte ohne Rücksicht auf die Eiseskälte Circle verlassen.

Auch mit Fällen von gebrochenen Eheversprechen mußte sich das »Gericht« beschäftigen. So war einmal gleich nach dem Aufbrechen des Eises der Dampfer »Bella« mit einer Braut an Bord eingetroffen, aber der Schürfer, der sie heiraten wollte, hatte es sich inzwischen anders überlegt. Die Frau wandte sich an die Versammlung, wo der Schürfer vortrug, einmal sei er nicht bei guter Gesundheit, und zum anderen habe seine Braut einmal einen verheirateten Mann geneppt. Der einzige, der in Circle etwas von Medizin verstand, ein Tierarzt, erklärte dagegen, der Goldgräber mache auf ihn einen durchaus gesunden Eindruck. Daraufhin sprachen sich mehrere Männer dagegen aus, daß eine Frau wegen einer Kleinigkeit verstoßen würde, und die Versammlung verordnete die alsbaldige Eheschließung.

Von einem ähnlichen Fall berichtet James Wickersham. Eine junge Frau hatte das Gericht angerufen, weil ein Geiger ihr die Ehe versprochen und sie geschwängert hatte, dann jedoch sein Versprechen nicht halten wollte. Eine Versammlung wurde einberufen, ein Richter und ein Sheriff wurden gewählt und eine Vorladung für den Geiger angefertigt. Der Mann wurde angehört, und die Bergmänner kamen ohne Aussprache zu folgendem Spruch:

»Der Angeklagte hat die Krankenhausrechnung der Klägerin in Höhe von 500 Dollar zu zahlen und die Klägerin gemäß seinem Versprechen zu heiraten. Ihm wird bis 5 Uhr dieses Nachmittags Zeit gegeben, diese Anordnungen zu erfüllen. Außerdem wird beschlossen, daß sich diese Versammlung bis 5 Uhr vertagt.«[15]

Darauf zogen sich die Männer für den Nachmittag in den Saloon zurück, bis die Versammlung erneut zusammentrat. Man prüfte die vollzogene Eheschließung, und »das hohe Gericht« begab sich wiederum – diesmal in Begleitung von Braut und Bräutigam – in den Saloon, um dem jungen Paar zuzuprosten.

Die Entdeckung am Klondike

Die Schürfer von Circle und Forty Mile erfuhren zuerst im späten Herbst 1896 von den Goldfunden am Klondike. Robert Henderson hatte festgestellt, daß die Chancen dort gut sein mußten, und er hatte diese Erkenntnis an George Washington Carmack weitergegeben. Dieser fand denn auch, zusammen mit den beiden Indianern Shookum Jim und Tagish Charley, Gold in einem Ausmaß, von dem man bis dahin im Yukon-Bezirk noch nichts gehört hatte. In einem einzigen vollen Sieb steckte Gold im Wert von vier Dollar! Da war also nun wirklich die »Goldgrube«! Für Prospektoren, die schon bereit waren, einen Schacht zu graben, wenn ein Sieb voll Kies nur den Gegenwert von fünf bis zehn Cents erbrachte, war eine solche Fündigkeit etwas Unerhörtes. Man schrieb den 17. August 1896, als Carmack sein erstes Landstück in dem Gebiet absteckte, das bald Weltruhm erlangen sollte. Eine Ironie des Schicksals wollte es, daß Henderson selbst sich nicht die Mühe gemacht hatte, ein Landstück für sich zu reservieren, so daß er an dem von ihm entdeckten Reichtum keinen Anteil hatte.

Auch Carmack behielt die Sache keineswegs für sich, aber trotzdem setzte der richtige Goldrausch durchaus nicht sofort ein. Die Bergleute in Forty Mile amüsierten sich zunächst einmal über den »Lügen-George«, denn zum einen war Carmack mit einer Indianerin verheiratet und genoß als Folge davon keinen sonderlich guten Ruf, und zum anderen war er nie ein fleißiger Prospektor gewesen. Eigentlich hatte er immer die Lebensweise der Indianer, das Jagen und Angeln, der mühsamen Arbeit des Goldsuchens vorgezogen. Immerhin ließ sich die Mär aber nicht einfach aus der Welt schaffen, spätestens dann nicht, als Carmack eine Patronenhülse vorzeigte, die mit groben Goldkörnern gefüllt war. So machten sich bald ein paar Männer aus Forty Mile auf den Weg, um die Sache selbst vor Ort in Augenschein zu nehmen, und kurz vor Wintereinbruch wußte man, daß es diesmal keine Lügen waren. Der große Fund war kein Schabernack und keine Täuschung. Noch in den ersten Wochen des Winters waren die meisten der Männer aus Forty Mile an den neuen Platz gezogen und hatten sich ihre Schürfrechte gesichert.

Circle war weiter entfernt, und auch hier schenkte man den ersten Gerüchten keinen rechten Glauben. Das änderte sich erst 1897, als Arthur Walden mit mehreren Briefen für den Saloon-Besitzer Harry Ash auftauchte. Ashs Partner hatte den großen Fund gemacht und schrieb dies jetzt an Ash, um ihn zum Nachkommen aufzufordern. Wenn man den Erzählungen glauben will, band sich Ash seine Schürze ab und forderte die Männer zur Selbstbedienung auf. Schon Stunden danach soll er auf dem Weg zu den neuen Goldfeldern gewesen sein, während sich ein Teil der Schürfer noch immer an dem freien Whisky gütlich tat. Offenbar wurde das Ganze zu einer sehr fröhlichen Party für die meisten, während kühlere Köpfe sich bemühten, restliche Schlittenhunde aufzutreiben. Der Preis für einen einzigen Hund, der sonst zwischen 25 und 50 Dollar gelegen hatte, schnellte bis zu 1 500 Dollar hoch! Praktisch alles, was Beine hatte in Circle, zog zum Klondike. Einige machten in Dawson ein Vermögen. Als die Nachricht zur Außenwelt vordrang, war es wie ein Fieber, das Witzbolde als »Klondikitis« bezeichneten. Für den Yukon und Alaska hatte eine neue Ära begonnen.

Teil 2
Die Klondike-Ära

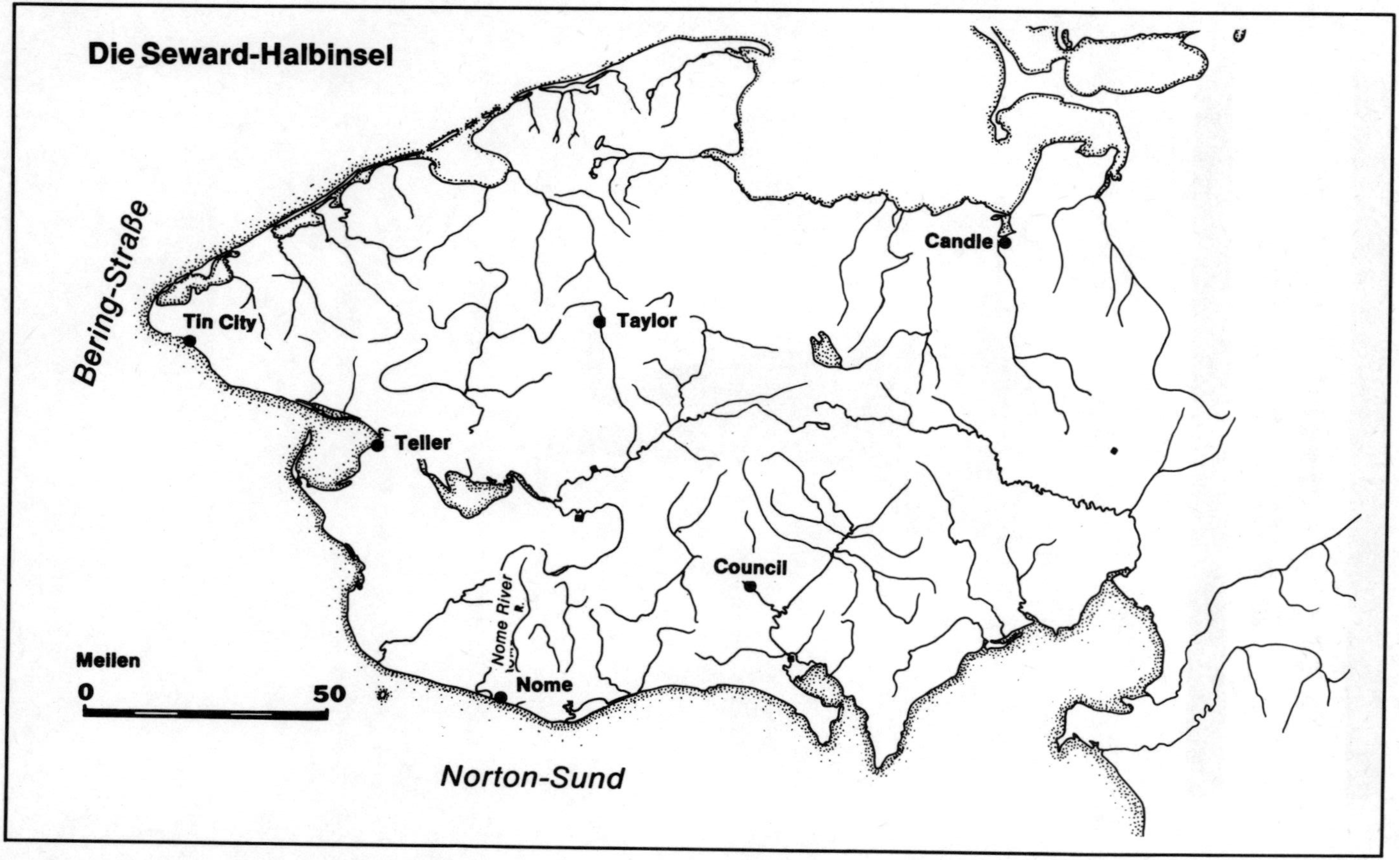
Die Seward-Halbinsel
Bering-Straße
Tin City
Teller
Taylor
Candle
Council
Nome River
Nome
Norton-Sund
Meilen
0
50

6 Die Nachricht erreicht Seattle

Zuerst war es nur ein Gerücht, das im Winter 1896/97 in den Saloons der First Avenue, in den Büros und den Häusern auftauchte. Einwohner, die Verwandte oder Freunde im Norden hatten, hörten von diesen, daß sich am Yukon große Dinge taten, daß ein riesiges Goldfeld mit unvorstellbarem Reichtum die Männer von Forty Mile und Circle weiter flußaufwärts nach Klondike gelockt hatte. Ob es nun stimmte oder nicht, es war eine elektrisierende Nachricht für eine Stadt, die damals mitten in einer wirtschaftlichen Depression steckte. Arbeit war überall in den Staaten schwer zu bekommen, und diese Arbeitslosigkeit schaffte – heute ist es nicht anders – eine Stimmung von äußerster Gereiztheit. Einige Männer in den Weststaaten forderten von der Regierung, sie solle den Silberpreis freigeben, um so die Wirtschaft anzukurbeln. Andere, wie der junge Jack London, schlossen sich der »Armee Coxeys« auf ihrem langen Treck in die Hauptstadt Washington, D.C., an, um auf Abhilfe zu drängen.

In Seattle gab es nur wenige Leute, die aus eigener Erfahrung etwas über Alaska oder das nördliche Kanada wußten. Was gab es da auch schon groß? Manchmal kamen Fischer aus Ballard mit ihrem Fang aus der Bristol Bay oder anderen Gewässern Alaskas; oder die Hersteller von Fischkonserven schickten jedes Jahr zu einer bestimmten Zeit den verarbeiteten Lachs ab. Aber deshalb machte man sich noch keine Vorstellung vom Landesinneren. Nur die Pelzhändler in San Francisco verfolgten aufmerksam die Entwicklung in Alaska, aber diese Industrie war relativ klein, so daß davon nur wenige Leute profitierten. Da mußten schon Sensationen kommen, bis die Einwohner der Pazifikküste größeres Interesse an Alaska aufbrachten.

Die Ankunft der »Portland« aus St. Michael am 17. Juli bereitete dem Gerüchtehandel ein Ende. Der »Seattle Post-Intelligencer« verkündete die Fakten in Riesenüberschriften:

Gold Gold Gold
68 Männer an Bord des Dampfers „Portland"

Große Vorräte des Gelben Metalls
Einige kommen mit 5000 Dollar, viele mit noch mehr, und einige wenige haben sogar 100000 Dollar.
700000 Dollar sind auf dem Dampfer.
Der »Post-Intelligencer« fuhr dem Schiff mit eigens angemietetem Schlepper entgegen.[1]

Der »Post-Intelligencer« landete seine Exclusiv-Story, indem er seine Reporter schon vor Cape Flattery an Bord der »Portland« brachte. Sein Extrablatt war schon im Straßenverkauf, als sich die Einwohner Seattles im Hafen drängten, um die »Portland« zu begrüßen. Ein anderes Schiff, die »Excelsior«, war zwei Tage vor der Ankunft der »Portland« in Seattle in San Francisco eingelaufen, hatte jedoch keine Schlagzeilen gemacht, obwohl ihre 25 Passagiere 189000 Dollar in Gold bei sich hatten. Der Grund dafür war das Eintreffen der »Annie Maud« aus Kalkutta, die dem Goldschiff durch das Ausbrechen der Beulenpest an Bord die Schau stahl. Dieser Zufall bewirkte, daß sich Seattle einen Vorsprung gegenüber dem Konkurrenzhafen San Francisco sicherte, der nicht wieder aufzuholen war.

Folgende Nachricht ging wie ein Lauffeuer durch Amerika und dann durch die ganze Welt:

Eine Tonne Gold an Bord der Portland

Schaulustige Seattler Bürger standen mit offenem Mund an der Mole, als die Passagiere der »Portland« die Gangway herunterkamen. Die Wells Fargo Express Company hatte Extra-Bewacher aufgeboten, um die kostbare Last zu schützen. Als erster kam John Wilkerson mit 50000 Dollar in Gold, dann Dick McNulty mit 20000 Dollar; Frank Keller hatte 35000 Dollar und Frank Phiscator 96000 Dollar bei sich. Andere besaßen kleinere Beträge, aber alle wußten Abenteuerliches zu erzählen. Quasi über Nacht hatten diese vom Glück begünstigten Prospektoren eine Legende geschaffen. Für die Nachwelt war es gut, daß einige von ihnen nicht nur erzählen wollten, sondern auch wirklich berichten konnten, wie es am Klondike aussah. Sie fanden bei Reportern und bei der Menge in den Saloons willige Zuhörer, besonders wenn sie, um das Maß ihres Reichtums zu beweisen, das Geld mit vollen Händen ausgaben. Sie berichteten von den Vermögen, die immer noch im Boden steckten, erzählten, wie man den Goldkies abbauen mußte, nannten die Flüßchen, deren Bett am meisten Gold versprach, und beschrieben den günstigsten Weg zu den Goldfeldern. Noch nie war eine Stadt, die so weit vom Geschehen entfernt war, so schnell und so gründlich durch einen Goldfund verändert worden. Seattle überließ sich bereitwillig dem Goldfieber. Die Stadtväter waren sich über den Vorsprung im klaren, den Seattle hatte. Sie waren auch entschlossen, ihn zu halten. Zu dem Titel »Königin des pazifischen Nordwestens« kam nun noch das Attribut »Tor zu den Goldfeldern« hinzu.

Hinsichtlich der günstigen Position der Stadt beim Handel mit dem Norden konnte keiner der anderen Pazifikhäfen mitziehen. Dafür sorgte auch der Public-Relations-Mann der Handelskammer, ein Herr von enormer Schaffenskraft und Phantasie.[2] Erastus Brainerd ließ die Welt wissen, daß Seattle der nördlichste Umschlagplatz für Schienen- und Seefracht war und an Know-how für die Ausrüstung von Goldschürfern von niemandem übertroffen würde. Tausende von Anzeigen erschienen in den Zeitungen des gesamten amerikanischen Mittelwestens. Allein in Illinois brachten 488 Wochenzeitungen Anzeigen für Seattle. Wolle man etwas über den Klondike und Alaska wissen, so hieß es da, brauche man sich nur an die Handelskammer von Seattle zu wenden. Auch in Illustrierten, die über das ganze Land verbreitet waren, erschienen solche Anzeigen, etwa in »Mussey's«, »McClures« und »Harpers«. Kamen die Goldsuchenden in Seattle an, so ermunterte man sie, über den guten Empfang in der Stadt an ihre Heimatzeitung zu schreiben. Brainerd stellte ihnen dafür nicht nur Briefpapier und Briefmarken – sondern auch gleich den Text zur Verfügung. Eine Klondike-Sonderausgabe des »Seattle Post-Intelligencer« in einer Auflagenhöhe von 212000 Exemplaren wurde an Zeitungen im ganzen Lande verschickt. Außerdem verschickte man noch 70000 Exemplare an die Postmeister in den gesamten USA, 6000 an die öffentlichen Büchereien, 4000 an Bürgermeister und schließlich 15000 an die transkontinentalen Eisenbahngesellschaften.

Innerhalb der Handelskammer richtete Brainerd ein besonderes Informationsbüro ein, das die Aufgabe hatte, alle Meldungen über Klondike in der Presse des Kontinents zu sichten und wenn nötig zu korrigieren. Brainerd war für eine schier endlose Zahl von Informationen über Klondike und den Norden verantwortlich. Künftige Goldsucher wurden vorsorglich vor Stromschnellen gewarnt, man riet ihnen, den Strom an seichten Stellen zu überqueren, und versicherte ihnen, daß die Handelskammer generell alle Einzelheiten über die Reiseroute zur Verfügung stellen werde.

Auch das Ausland wurde dabei nicht vergessen. Die gekrönten Häupter erhielten Fotos von Alaska und vom Klondike, den ausländischen Botschaften wurden haufenweise Informationsbroschüren zugeschickt, darunter das Meisterstück Brainerds: eine offizielle Proklamation des Bundesstaates Washington als »Tor zu den Goldfeldern« und darunter die Unterschrift des Außenministers.

Mit einer solchen Reklame, die noch zu den natürlichen Vorteilen Seattles hinzukam, konnten die Konkurrenten der Stadt – Vancouver, Tacoma, Portland und San Francisco – nicht Schritt halten. In den letzten Jahren des vorigen Jahrhunderts wuchs die Bevölkerung Seattles um 88 Prozent an.[3] Schiffbau- und Transportfirmen stürzten sich auf den Handel mit Alaska, und Waren – vom Bauholz bis zu Maschinen – fanden reißenden Absatz, solange der Boom der Goldgräber anhielt. Seattle konnte zu Recht behaupten, es sei die »einzige Stadt in der Welt, der ein Territorium gehört«.[4]

Zehntausende verfielen dem Klondike-Fieber: Gelegenheitsarbeiter und Farmer, Studenten und Cowboys, Akademiker, Bäcker, Journalisten, Schauspieler, Saloon-Besitzer, Matrosen, Geschäftsleute und sogar Bergleute waren unter ihnen. Männer wie George Pilcher, Wyatt Earp, Rex Beach und J.F.A. Strong zogen es vor, allein vorzugehen, andere, wie Will Ballou und John Hewitt, schlossen sich mit gleichgesinnten Nachbarn zusammen und brachten ihr Können und ihre Mittel in die Gemeinschaft ein. Viele Einzelpersonen und Gesellschaften bezogen ihre Mittel von Geldgebern, die sich an dem Unternehmen beteiligen wollten, ohne selbst den Treck mitzumachen.

Natürlich wurde viel über die Entdeckungen gesprochen und geschrieben, und die Veröffentlichungen der Handelskammer von Seattle machten nur einen kleinen Teil der verfügbaren Literatur aus. Es gab sogenannte Führer und Handbücher, die versprachen, alle für den Goldsucher nötigen Informationen zu liefern: wie er zu den Goldfeldern gelange, was er brauche und was ihn erwarte. Die Verleger verloren keine Zeit, solche Ware auf den Markt zu werfen. Ein 550 Seiten dicker Band, das »Chicago Record's Book for Gold Seekers«, lag im Herbst 1897 in allen Buchläden aus – also nur ein paar Monate, nachdem die Nachricht von der Bonanza die Außenwelt erreicht hatte. Ähnliche Machwerke kamen in dichter Folge auf den Markt.

Das »Chicago Record's Book« enthielt die Information, daß der Transport zu Wasser bis zu den Goldfeldern etwa 200 Dollar koste und der Passagier 200 Pfund Gepäck mitnehmen könne. Es sei aber auch billiger zu haben: Die Reise auf dem Zwischendeck von Seattle nach Skagway koste nur 15 Dollar. Von dort sei es möglich, zu Fuß ins Innere zu gelangen, und zwar über den Chilkoot-Paß, und die notwendigen Dinge könne man auf dem Rücken tragen, wenn man es nicht vorziehe, Indianer anzumieten, die sich auf diese Arbeit spezialisiert hätten.

Ein anderer Führer, der 1897 erschien und von einem Ernest Ingersoll »sorgfältig durchgesehen« war, nannte sich »Gold Fields of the Klondike and the Wonders of Alaska«. Ingersoll wußte, was dazu gehörte, wenn man im Norden Erfolg als Schürfer haben wollte – obwohl er nicht preisgab, woher er dieses Wissen hatte. »Eine gute Vorbereitung ist schon der halbe Erfolg«, hieß es da etwa. Die Bedingungen im rauhen Norden machten die Männer automatisch erfindungsreich und unabhängig, aber während dies für alle zutreffe, sei derjenige im Vorteil, »der die richtige Ausrüstung hat, wenn die Schwierigkeiten kommen«. Ingersoll erklärte weiter: »Selbstverständlich ist es für jeden Mann, der sich ein oder zwei Jahre im kalten Norden bewähren will, von allererster Bedeutung, daß er nüchtern, stark und gesund ist.«

Zu diesen körperlichen Voraussetzungen kam aber noch das Temperament hinzu. »Die Männer müssen ein fröhliches und hoffnungsvolles Gemüt haben und willige Arbeiter sein. Griesgrämige Naturen können noch so gute Arbeiter sein, sie werden leicht dazu neigen, unzufrieden, pessimistisch und melancholisch zu werden, sobald der Reiz der Neuheit einmal dahin ist.«[5]

Viele Tausende von Männern und Frauen studierten derartige Führer, um sich so auf das große Abenteuer des Goldsuchens vorzubereiten. Wenn man sich fragt, warum sie so leichten Herzens bereit waren, ein Spiel mit so vielen Unbekannten einzugehen, dann muß man sich vor Augen halten, was Schreiberlinge wie Ingersoll dazu zu sagen hatten: »Wenn jemand diese Bedingungen erfüllt, kann er fast mit Sicherheit mit einem guten Verdienst rechnen, und außerdem hat er die Chance, ein Vermögen zu machen«.[6] Diese »Sicherheit des guten Verdienstes« war in der Tat ein ausgesprochener Magnet in einem Land, das sich in einer Depression befand – nur daß es in Wirklichkeit keine solche Sicherheit gab. In den Erzählungen wird so viel von dem »Goldfieber« geschwärmt, das die Tausende angelockt habe. Aber vielleicht versteht man vor allem die Männer der ersten Stunde, die dann im Norden blieben, besser, wenn man sich klarmacht, daß sie hauptsächlich auf eine feste Arbeitsstelle aus waren. Was konnte – trotz des rauhen Klimas und der Abgelegenheit – anziehender sein als ein Land, wo ein Mann Arbeit finden konnte, die ihm ein ordentliches Einkommen sicherte – und darüber hinaus die Chance bot, ein Vermögen zu machen?

Die meisten Goldsucher der Jahre 1897/98 wählten Seattle als Ausgangspunkt für ihre Reise nach Norden. Die Ansichten über die Stadt und ihre Rolle als Zentrum für Ausrüstungen und Schiffahrtsknotenpunkt waren unterschiedlich. Will Ballou und seine aus Vermont stammenden Begleiter fanden die Stadt faszinierend und die Preise erträglich. Eine Übernachtung kostete 50 Cents, und eine gute Mahlzeit war für 20 bis 25 Cents zu haben. Die ganze Betriebsamkeit wirkte anregend auf Ballou, der sich auch nicht abschrecken ließ, wenn Schwindler versuchten, ihm einen Goldzerkleinerer anzudrehen, einen »echten Klondike-Ofen« oder ein Hundeschlittenteam, von dem ein Hund lahmte, »aber morgen wieder in Ordnung ist«.[7]

Außer den bekannten und guten Markenartikeln – Trockennahrung oder Büchsenverpflegung, Kleidung oder Werkzeuge – wurden auch reichlich phantasievolle Produkte feilgeboten wie etwa ein Spezial-Klondike-Fahrrad oder Maschinen, die den Goldkies ohne Anstrengung ausbaggern sollten. Hellseher gab es, die bereit waren, die fündigsten Stellen zu verraten, und Bauernfänger, die auf alle mögliche Art und Weise versuchten, Leichtgläubige um ihr Geld zu bringen. Da gab es Karten zu kaufen, die den Weg zu einem nur so von Gold strotzenden »geheimen« Schacht zeigten, man konnte Anteile an »bombensicheren« Gruben erwerben oder sich bei einem Schürfer einkaufen, der im Besitz von wertvollem Grund und Boden war.

Die Goldsucher kamen sogar in Sonderzügen aus dem Osten nach Seattle. Sie wurden schon auf dem Bahnhof von Leuten mit »phantastischen Angeboten« in Empfang genommen. Reporter kamen, um bekannte Reisende zu interviewen. Eine Gruppe von Carl L. Lokke aus Minneapolis erregte Aufmerksamkeit, weil ihr zehn Norweger, zwei Dänen, zwei Schweden und zwei Amerikaner angehörten. Die Skandinavier waren gewarnt worden, daß Seattle eine »schmutzige, hüglige, neblige und unfreundliche Provinzstadt« sei. Lokke hingegen beschrieb sie als »sprühend vor Leben«, eine Stadt, wo man all die unerläßlichen Dinge kaufen konnte wie die »Klondike-Schutzhüte«, die »Klondike-Entfroster« oder die zerlegbaren Boote à la Klondike. Außerdem konnte man sich im Klondike-Hotel einquartieren und sich die Haare im Klondike-Friseurgeschäft schneiden lassen.[8]

Arthur Arnold Dietz fand Seattle furchtbar überfüllt und voller Betrüger. »Ich hatte gedacht, daß einen New Yorker nichts mehr erschüttern kann. Aber da hatte ich mich leider geirrt, und wir mußten zu unserem Kummer feststellen, daß wir Hunderte von Dollars für Sachen ausgegeben hatten, die durchaus vernünftig aussahen – bis wir damit nach Alaska kamen.«[9]

Dietz schrieb seine Eindrücke nieder, nachdem er von einer mit schlimmen Erfahrungen gespickten Reise nach Alaska zurückgekehrt war. Man kann seine Bitterkeit verstehen, wenn man liest: »Diese Stadt war verruchter als Sodom. In ihr führte der Teufel das Regiment. Es war ein einziges Knäuel von Kriminalität, die von Stadtoberen gedeckt wurde. Jedes nur denkbare illegale

Geschäft konnte man hier finden.«[10] Zum Beispiel hatte man der Dietzschen Gruppe 100 Pfund eingedampfte Eier verkauft, die sich später als Maismehl entpuppten.

Waren die Reisenden auf der Hut, dann konnten sie sich allenfalls vor unehrlichen Händlern schützen, waren aber trotzdem gierigen Reedereien und deren Agenten ausgeliefert. Carl Lokke etwa erwarb in Minneapolis Fahrkarten zweiter Klasse für den Dampfer »City of Seattle«, mußte aber dann feststellen, daß es auf dem Schiff nur die billigere Touristenklasse gab, wo »die Passagiere wie Hunde und nicht wie Menschen behandelt wurden«.[11] Jeder Klapperkasten, dem man noch eine Fahrt nach Norden zumuten konnte – sei es mit Segeln oder unter Dampf –, wurde vollgepackt, ohne daß man sich um die Zahl der Reisenden kümmerte. Daß Bedienung und Essen schlecht waren, galt natürlich auch bald als normal. Wollte man sich dem großen Strom anschließen, dann mußte man einen hohen Preis zahlen und mangelnden Komfort hinnehmen. Trotz allem bewies das Gold seine mächtige Zugkraft.

7 Skagway and Soapy Smith

William Moore war ein vorausschauender Mann. Als im späten Juli 1897 die »Al-Ki«, die »Portland« und andere Schiffe Goldsucher aus Seattle, Tacoma, Victoria und San Francisco anlandeten, hatten sich die Vorhersagen des 74jährigen erfüllt. Moore hatte 50 Jahre in den Goldgräberlagern des Westens hinter sich, und 1888 kam er zu dem Schluß, daß über kurz oder lang ein ganzer Menschenstrom sich in das Innere Alaskas ergießen werde und daß dieser Strom dann der Route über die Pässe am Ende des Lynn-Kanals folgen werde. Moore machte sich mit den beiden Pässen vertraut – den einen nannte er selbst den »Weißen«, der andere war als Chilkoot-Paß bekannt – und errichtete dann nicht weit vom Fuße des Weißen Passes entfernt an der Skagway Bay ein Blockhaus. Der Weiße Paß war 45 Meilen lang und nicht so gefährlich wie der Chilkoot-Paß, der zehn Meilen kürzer war. Drei Meilen westlich von Moores Haus lag die kleinere Bucht, die sich Dyea Inlet nannte, und wenig weiter landeinwärts begann der Chilkoot-Paß, auch Dyea Trail genannt. In Dyea errichtete John J. Healy – ebenfalls in weiser Voraussicht – schon 1886 seinen Handelsposten.

Skagways Lage ist ausgesprochen malerisch. Es gibt viel Wald, und rundherum liegen Berge, die jedoch wegen ihrer Entfernung nicht bedrückend wirken. Bewässert wird das Gebiet durch den Skagway River, der die Waldgebiete durchfließt, bis er sich in das kristallklare Wasser des Lynn-Kanals ergießt. Das Winterwetter ist an der Küste nie zu streng, obwohl es häufig zu starken Regen- und Schneefällen kommt. Manchmal herrscht auch ein starker Wind, aber die lähmende Kälte des Landesinneren ist unbekannt.

In dieser hübschen Gegend gingen 1897/98 zahllose Männer und Frauen an Land. Sie hatten es eilig und interessierten sich nicht sonderlich für die landschaftliche Schönheit, geschweige denn für den Rechtsanspruch Moores auf die Gegend. Frank Reid, seines Zeichens Landvermesser und Kämpfer gegen die Indianer, bestimmte, wie die Straßen angelegt werden sollten, und Zimmerleute arbeiteten in den noch verbleibenden Sommer- und Herbstwochen am Bau von Läden und Wohnungen. Moore wurde aufgefordert abzuziehen, und als er sich weigerte, half man nach. Ordentliche Gerichtsverfahren mußten auf später verschoben werden. Zunächst brauchte man Saloons, Geschäfte, Hotels und Häuser, um die Goldsucher zu beherbergen. Zwar erkannte ein Gericht vier Jahre später die Ansprüche Moores an, aber in den ersten fiebrigen Tagen von Skagway hatte man für solche Feinheiten keine Zeit.

Der Name Skagway leitet sich von dem indianischen »Skagus« ab, was soviel wie »Heimat des Nordwindes« bedeutet, und das scheint nicht unpassend, denn die Stadt wurde in wahrer Windeseile errichtet. Auch das benachbarte Dyea wuchs zur gleichen Zeit zu einem Ort von einigen festen Gebäuden und vielen Zelten an, allerdings nicht so schnell wie Skagway, weil hier ein besserer Ankerplatz für Schiffe vorhanden war.

Die erste Ausgabe der »Skagway News« erschien am 15. Oktober 1897. Allerdings war sie keineswegs die erste Zeitung in Alaska: In Juneau und Sitka gab es bereits seit Jahren Zeitungen, und auch im Inneren erschien schon die »Yukon Press«, und zwar von 1894 bis 1899 halbjährlich. Aber die »Skagway News« war das erste Blatt der Klondike-Ära. Konkurrenten wurden die »Skagway Daily Alaskan« und die »Dyea Trail«. Nach der Art der Western-Zeitungen lobten sie alles Eigene und verspotteten den Nachbarn.

Die »Dyea Trail« erschien im Januar 1898 zum ersten Mal. Ihr Herausgeber, Charles D. Ulmer, griff die Zeitungen von Skagway mit Wollust an. Diese hatten sich natürlich gütlich daran getan, Dyea als Landeplatz schlechtzumachen und demgegenüber die Vorteile von Skagway über den grünen Klee zu loben. »So minderwertig wir hier auch sind«, schrieb Ulmer, »und so schlecht uns sowohl die ›News‹ als auch der ›Alaskan‹ machen wollen, wir enthalten uns einer direkten Antwort auf derartige schlimme Klecksereien.« Der »zum Himmel stinkende« Artikel im »Alaskan« falle nur auf seine Stadt zurück und sei ein Makel für die Autoren. Die Lobhudeleien in den Schlagzeilen der Nachbarpresse seien zu schlimm, um sie wiederzugeben, was auch für die »niedrige« Sprache überhaupt zutreffe. »Von Rechts wegen müßten solche Zeitungen wegen Obszönität und Unschicklichkeit verboten werden.«[1]

Neugegründete Städte in Alaska reagierten natürlich empfindlich auf Berichte von Außenseitern. So wird in der ersten Ausgabe der »Skagway News« eine öffentliche Versammlung beschrieben, die diese Empfindlichkeit demonstriert. Major J.F.A. Strong von der »Skagway News« verlas vor den Versammelten einen Artikel aus der »Seattle Times«, in dem kaum ein gutes Haar an Skagway gelassen wurde. Unter anderem hieß es da, in Skagway wimmele es von Leuten – etwa 1500 an der Zahl –, die vom Winter überrascht wurden, ehe sie den Chilkoot-Paß überqueren und nach Klondike gelangen konnten. Diese seien »dem Hunger und der Verzweiflung nahe«, wurde erklärt. Nun konnte nicht die Rede davon sein, daß es in Skagway nicht genug zu essen gegeben hätte, und so erregten sich die Versammlungsteilnehmer lautstark über die »Lügner und Wortverdreher« von Seattle.[2] Solche Berichte waren in der Tat ärgerlich: Die Goldsucher mußten fürchten, daß sich ihre Verwandten daheim Sorgen machten, und die Geschäftsleute hatten Angst, daß Stories dieser Art die Goldsucher in andere Städte trieben.

Das erste Goldgräberlager Alaskas nach den Funden vom Klondike unterschied sich erheblich von Circle, der ersten Ortschaft im Inneren. Circle hatte eine gewisse Stabilität, die man Skagway nicht nachsagen konnte. Zum einen war seine Bevölkerung zahlenmäßig viel geringer und leichter überschaubar, zum anderen hatten die Bewohner nüchternere Zielvorstellungen und mehr Bürgersinn. Im Unterschied zu Circle verfügte Skagway von Anfang an über einige der Segnungen der zivilisierten Welt: Schon im Herbst 1897 gab es eine Zeitung und Kirchen. Aber diese Anzeichen einer »feineren« Kultur vermochten nicht die Rechtlosigkeit zu bändigen, die sich im Winter 1897/98 in Skagway breitmachte. Und auch die vielgepriesene Versammlung der Schürfer konnte mit den turbulenten Verhältnissen der Küstenstadt nicht fertig werden. Die Effektivität der Goldgräberversammlungen stieg und fiel damit, daß es in dem entsprechenden Gebiet eine überschaubare Zahl von Schürfern gab, die dasselbe Ziel verfolgten. Skagway dagegen war – bis auf eine Handvoll Geschäftsleute und eine Gruppe von berufsmäßigen Schwindlern – ein Durchgangsort. Die Neuankömmlinge wollten keine Gemeinde aufbauen, sondern so schnell wie möglich über die Berge ziehen, und diejenigen, die aus dem Landesinneren zurückkehrten, interessierten sich nur für das nächste Schiff nach Süden.

So ist es denn auch kaum zu verwundern, daß Skagway in die Hände einer organisierten Verbrecherbande fiel, die für reichlich sechs Monate in der Stadt und ihrer unmittelbaren Umgebung eine Herrschaft der Gesetzlosigkeit errichtete. Viel ist über den »König von Skagway«, Soapy Smith, geschrieben worden. Smith war von imponierendem Äußeren – er war groß, schlank, gut aussehend und trug einen schwarzen Bart – und hatte sich vor Jahren in den Goldgräberlagern des Westens einen Namen als Falschspieler gemacht. 1892 hatten er und seine Bande es fertiggebracht, den Ort Creede in Colorado vollständig in ihre Hand zu bringen, indem sie ihre eigenen Leute bei der Besetzung der öffentlichen Ämter durchboxten. Smith zeigte sogar Humor, wenn er hier und da einmal mit dem Gesetz in Konflikt kam. Als ein Strafrichter in Denver ihn einmal mit einer Buße belegen wollte, weil er einen illegalen Spielsalon unterhielt, argumentierte der zungenfertige Bandit, daß der Salon eigentlich eine erzieherische Aufgabe erfülle, nämlich die, Leute von ihrer Spielleidenschaft zu heilen. Als Beweis zeigte er das Schild vor, das über dem Eingang des Etablissements hing und in lateinischer Sprache – Caveat Emptor – den Kunden auf sein eigenes Risiko hinwies.

Alaska war genau das richtige für Soapy Smith. Nachdem er sich die Situation im Herbst 1897 erst einmal angesehen hatte, organisierte er eine regelrechte »Lumpenbande«. Er postierte die Leute auf dem Kai von Seattle, auf den einlaufenden Schiffen, im ganzen Stadtgebiet von Skagway und an sonstigen günstigen Orten, damit sie die Neuankömmlinge seinen verschiedenen Unternehmen zuführten. Zu diesen gehörte eine Bar mit Spielsalon, das Telegrafenamt, ein Allerweltsladen, ein Spezialbüro für billige Fahrkarten und ein Informationsbüro. Von dem Moment an, wo das unglückliche Opfer in einer dieser Einrichtungen eine Brieftasche mit sichtlich lohnendem Inhalt sehen ließ, war das Weitere klar. Wenn nicht ein kühner Dieb sofort zugriff, dann gab es eben jemanden, der den Reisenden kurz darauf erleichterte. Sogar der Aufruhr, von dem solche Räubereien auf offener Straße begleitet wurden, war sorgfältig in Szene gesetzt. Der Dieb selbst wurde natürlich nie gefaßt und das Gestohlene nicht wieder gefunden, aber immerhin konnte so ein unglücklicher Reisender in Sachen Gold meistens damit rechnen, daß ihm der »gutmütige« Smith das Geld für die Rückfahrt nach Seattle vorschoß.

Unter den hundert oder mehr Rauhbeinen, die sich in dieser Art um das »Fortkommen« von Goldsuchern oder zurückkehrenden Schürfern bemühten, waren immerhin einige, die es an Talent durchaus mit ihrem Anführer aufnehmen konnten. »Seine Ehrwürden« Bowers etwa sah aus und sprach auch wie der kultivierte Geistliche, der zu sein er vorgab; und er war stets bereit, Verwirrten auf den »rechten« Weg zurückzuhelfen. »Slim Jim« Foster machte mit seiner Jugend und seinem guten Aussehen einen unbedingt vertrauenswürdigen Eindruck, so daß es ihm ein leichtes war, Männer in die Spielhölle Smith' zu lotsen. »Der alte Tripp« spielte mit großem Erfolg die Rolle des Klondike-Pioniers, der den Neuen mit Auskünften unter die Arme greifen konnte, während er in Wirklichkeit ihren Geldwert errechnete.

Die Glücksspiele in Soapys Saloon, Jeff's Place, waren alle so manipuliert, daß das Haus davon profitierte. Außerdem gab es in der ganzen Stadt weder einen Angestellten noch einen Polizisten, noch einen Richter, bei dem der Betrogene Hilfe hätte finden können. Einige von Smith' Unternehmen grenzten sogar an das Erlaubte. Männer mit Familie hinterließen auf dem Telegrafenamt gern eine Botschaft für die Menschen daheim, denen sie ihre glückliche Ankunft mitteilen wollten. Welcher einsame Reisende hatte schon etwas dagegen, fünf Dollar für das Telegramm nach Hause zu zahlen – und dann noch einmal fünf für die Rückantwort, die ganz bestimmt in ein paar Stunden da war? Allerdings – bis nach Skagway reichten die Telegrafenlinien 1898 noch gar nicht!

Smith nutzte auch die Chancen, die der Ausbruch des spanisch-amerikanischen Krieges bot, indem er ein Rekrutierungsbüro für »Klondike-Freiwillige« einrichtete. Abgebrannte und desillusionierte Goldsucher wurden in ein Anwerbungszelt gelockt, wo ein »Arzt« sie untersuchte. Die Bewerber waren vermutlich weniger an der US-Armee interessiert als daran, kostenlos nach Seattle oder San Francisco zu kommen. »Nein, keineswegs«, wiederholte deshalb ein Mitglied der Smith-Bande regelmäßig mit freundlicher Stimme, »es kostet keinen Cent.« Man brauche auch keineswegs unbedingt in die Armee eintreten, »aber die Untersuchung muß sein. Das Kriegsministerium verlangt das ohne Fehl.«[3]

Henry Toke Munn wurde Zeuge einer solchen Farce. Männer, die auf den Rekrutierungsbluff hereingefallen waren, standen in dem Anwerbungszelt, mußten sich völlig ausziehen und hilflos zusehen, wie ein bewaffneter Bandit alle Taschen umdrehte, sich Geldgürtel zeigen ließ und die Opfer dann zum Hintereingang hinausbeorderte. Immer wieder gab es neue Dumme, die auf diese Weise ausgeraubt wurden. Die Polizei zu rufen half nichts, also griffen einige der Beraubten zur Selbsthilfe. Munn verbrachte sechs Nächte in Skagway, und er berichtet, daß es jede Nacht Schießereien gab. Eines Nachts wurde Oberst Sam Steele von den Mounties des Nordwestens durch Schüsse aus dem Schlaf geschreckt. Flüche und Pistolenschüsse wechselten sich ab, während der Kampf tobte. Steele und ein weiterer Offizier der Mounties, Major Zachary Taylor Wood, beschlossen, sich da herauszuhalten, denn die Macht Ihrer Majestät der Königin reichte nicht bis Alaska. »Kugeln pfiffen durch die dünnen Bretter (unserer Hütte), aber der Vorgang war so gewöhnlich, daß wir nicht einmal aufstanden.«[4]

Laut Steele war Skagway »so etwa die Stadt mit den meisten Verbrechen der Welt«. Raub und Mord waren alltägliche Begebenheiten. Die Bande Smith', die mehr als 100 Mann zählte, »machte mit der Stadt, was sie wollte. Praktisch die einzigen, die vor ihr sicher waren, waren die Angehörigen der Mounties... Es gab weder Recht noch Ordnung, und ehrbare Leute besaßen keinerlei Schutz vor den Banditen, die dort ihr Handwerk betrieben. Stärke bedeutete Recht.«[5]

Unvorsichtige Männer, die auf der Suche nach Unterhaltung in eins der Varieté-Theater Skagways gingen, wurden in den Pausen von den »Schauspielerinnen« umgarnt, die sich ihre Aufmerksamkeit mit Drinks abkaufen ließen. Ein unerfahrener junger Mann, der für Steele Fracht über den Weißen Paß transportierte, bezahlte in einem der Theater 750 Dollar für eine Kiste

Zigarren und 3000 Dollar für Getränke. Und dann hatte der Besitzer des Neppladens noch die Stirn, sich bei Steele zu beschweren, daß ihm der junge Mann noch 1000 Dollar für sein Vergnügen schuldig geblieben sei. Steele machte allerdings keine Anstalten, das Geld zu beschaffen.

Eine direkte Begegnung mit dem Erzschurken von Skagway hatten die Mounties allerdings. Bis zum späten Frühjahr 1898 hatten die Mounties 150000 Dollar an Zollgebühren von den Goldsuchern kassiert, und diese wollten sie jetzt abtransportieren. Die Vorsichtsmaßnahmen, die sie dafür trafen, zeugen von der großen Hochachtung vor Soapy. Major Zachary Taylor Wood, nach seinem Großvater, dem früheren US-Präsidenten, benannt, wurde mit der Durchführung des Geldtransports betraut. Er wollte das Geld aber nicht mit einer auffälligen Bewachung zur Küste bringen, weil dabei am Ende eine peinliche Schießerei auf amerikanischem Gebiet herausgekommen wäre. Deshalb verpackten Wood und seine Eskorte die kostbare Ladung in einfachen Satteltaschen. Zur Begründung der Reise hatte Steele vorher die Parole ausgegeben, daß Wood auf einen anderen Posten versetzt worden sei. Derartig vorbereitet, bewältigte Wood die Strecke sicher, aber die Bande versuchte dennoch ihr Glück, als die Mounties per Boot von Dyea nach Skagway fuhren, um dort an Bord des wartenden Dampfers zu gehen. Es gelang Wood aber, die Bootsladung voll Gesindel auf achtbare Distanz zu halten, bis er den Kai von Skagway erreicht hatte. Hier war die »Tartar« der Canadian Pacific Railway vertäut, aber erneut versuchten Männer der Smith-Bande die Zugänge zu besetzen. Allerdings waren die Seeleute der »Tartar« mit Gewehren ausgerüstet, so daß die Bande nicht zum Zuge kam. Wood schlug Soapys Einladung nach Skagway dankend aus und begab sich an Bord des sicheren Schiffes.

Der Trick mit der Rekrutierung war nicht die einzige List, mit der Smith Kapital aus dem spanisch-amerikanischen Krieg schlug. Zu seinem Bemühen, sich nach außen hin als respektabler Bürger aufzuführen, paßte es, daß er eine zivile Miliz aufzog, die sich aus den Männern seiner Bande zusammensetzte – und das Kriegsministerium von der Verfügbarkeit der Gruppe für den Einsatz im Ausland unterrichtete. Washington übermittelte seinen Dank, wollte aber auf die Streitmacht aus Skagway lieber verzichten. Dieser negative Bescheid war durchaus keine kalte Dusche für Soapy, und er ließ sich in seiner patriotischen Begeisterung auch in keiner Weise bremsen. Anstatt seine »Miliz« aufzulösen, paradierte er mit ihr durch die Stadt, um seine Macht zu zeigen. Am Nationalfeiertag, dem 4. Juli 1898, ritt Soapy stolz auf einem weißen Hengst an der Spitze seiner Truppe durch die Hauptstraße. Als »erstem Bürger« seiner Stadt oblag es ihm auch, bei den Festlichkeiten zum Unabhängigkeitstag eine Rede zu halten. Die Sache wurde zu einem richtigen Triumph für Smith, und seine Rede hallte förmlich von vaterländischem Geist wider. Er spendete den Leistungen und dem Charakter der Amerikaner beredtes Lob, und die standfesten Männer des Westens sahen sich geradezu als Helden. Daß es in Skagway keine effektiv arbeitenden Bundesgerichte und -polizisten gab, erwähnte Soapy nicht.

Im Sommer 1898 beschloß eine Handvoll Bürger Skagways, Recht und Ordnung in der Stadt wiederherzustellen. Der Ingenieur Frank Reid und der Journalist J.F.A. Strong gehörten zu denen, die das Komitee der 101, eine Art Bürgerwehr, gründeten. Sie gaben eine öffentliche Erklärung mit folgendem Wortlaut heraus:

Warnung

Ein Wort an alle, die Augen haben zu lesen: Alle Schwindler und Betrüger werden hiermit aufgefordert, Skagway und den Weißen Paß zu verlassen. Wer diese Warnung nicht beachtet, muß sich auf sofortige Maßnahmen gefaßt machen!

Gezeichnet – Das Komitee der Hunderteins.[6]

Smith ließ sich so etwas nicht zweimal sagen. Er gab eine Erklärung des »Komitees der 303« heraus:

Bekanntmachung

Die Geschäftsleute von Skagway wollen der Ungesetzlichkeit vieler Neuankömmlinge ein Ende setzen. Wir fordern daher alle guten Bürger auf, an einer Versammlung teilzunehmen, bei der diese Fragen besprochen werden. Alle sollen an der Ver-

sammlung teilnehmen! Es geht um Sofortmaßnahmen zur Besserung der Lage.

Dies sei eine Warnung an alle diejenigen, die das Bild unserer Stadt verunzieren! Wir treffen uns um genau 8.00 Uhr abends in der Sylvester Hall.

Gezeichnet – Jefferson R. Smith, Vorsitzender[7]

Bei der öffentlichen Versammlung sprach Smith vor einem großen Publikum. Er rief ihnen zu, Außenstehende versuchten, die Stadt in ihre Hand zu bekommen und den Männern der ersten Stunde ihre Macht wegzunehmen. Ein Mob aus allen Teilen der Welt schicke sich an, die Ordnung zu stören. Lauter Beifall begrüßte die Ausführungen des Schwindler-Königs.

Eine ganze Menge Leute in der Stadt ließ sich tatsächlich von Smith' Pose eines Wahrers von Recht und Ordnung irreführen. Andere durchschauten ihn zwar, befürchteten aber Schlimmes und wollten sich aus der Schußlinie halten, wenn es zum Zusammenstoß zwischen zwei Gruppen kam.

Smith ließ ein weiteres Plakat aufhängen:

Öffentliche Warnung

Die Gruppe, die sich als Komitee der Hunderteins bezeichnet, wird darauf hingewiesen, daß alle von ihr begangenen Taten umgehend von den guten Bürgern Skagways bestraft werden. Sie werden einzeln und unter Einbeziehung ihres Besitzes für jede Ungesetzlichkeit zur Verantwortung gezogen. Das Komitee der 303, das für Gesetz und Ordnung steht, wird dafür sorgen, daß Recht Recht bleibt. Erpresser oder eigenmächtige Bürgerwehren werden nicht geduldet.

Gezeichnet – Das Komitee der 303 für Recht und Ordnung[8]

Eine Zeitlang verhielt sich die Bürgerwehr ruhig. Die meisten ihrer Mitglieder waren besonnene Männer. Sie baten die kleine Garnison der US-Armee im benachbarten Dyea um Unterstützung, aber das Militär hatte in solchen Dingen keine Befugnisse. Kein Offizier, der seine fünf Sinne beisammen hatte, hätte eingegriffen, wenn es ihm nicht ausdrücklich befohlen worden wäre.

Die Einwohner von Dyea beobachteten die Vorgänge in Skagway mit Neugier und Abscheu – sowie mit einer gewissen Selbstgerechtigkeit, weil es in ihrem Gemeinwesen ordentlich zuging. Im März zitierte die »Dyea Trail« die von den beiden Komitees herausgegebenen Bekanntmachungen und meinte dazu schlicht: »Und so sieht es dort also aus!«[9]

Am Ende brauchte man noch nicht einmal Vertreter des Gesetzes, um dem berüchtigten Bandenführer das Handwerk zu legen. Ein paar Tage nach den glorreichen Feiern zum Unabhängigkeitstag berief das Komitee der 101 ein Treffen der Bürgerwehr ein, um die Aktivitäten von Smith zu erörtern. Eine derartige offene Herausforderung des ersten Bürgers der Stadt konnte natürlich nicht unwidersprochen hingenommen werden. Ein Mann, der das normale Rechtssystem und seine Organe nicht anerkannte, konnte sich mit der Existenz einer konkurrierenden Ordnung nicht abfinden.

Die Bürgerwehr beschloß ihre Zusammenkunft mit der Absendung einer Botschaft an Smith, er habe 24 Stunden Zeit, um den ganzen Goldstaub herauszugeben, den er vor kurzem einem Opfer abgenommen hatte. Auf den Straßen standen Männer in kleinen Gruppen zusammen, sprachen erregt und behielten dabei die Szene im Auge. Smith' Leute trieben sie auseinander. Daraufhin setzte das Bürgerwehrkomitee ein weiteres Treffen für 23.00 Uhr desselben Abends an.

Smith' Gegner versammelten sich zur angegebenen Stunde, kamen aber kaum dazu, die Ereignisse zu besprechen, denn Smith ging zur offenen Attacke über. Bewaffnet mit zwei Revolvern und einer doppelläufigen Winchester, die er schußbereit im Arm trug, marschierte Smith geradewegs zum Versammlungsort und rief der Menge zu: »Schert euch ins Bett!«[10] Smith hatte 14 seiner Männer als Leibwächter mitgebracht, die zwar keine Waffen zeigten, jedoch allen als Revolverhelden bekannt waren.

An der Tür des Versammlungssaales trat der Landvermesser Frank Reid Smith entgegen. Smith richtete seine Winchester direkt auf die Brust des Mannes. Beide schossen im gleichen Augenblick und brachen zusammen. Smith war tot, und Reid hatte nur noch kurze Zeit zu leben. Die Kumpane des Bandenführers drängten nach vorn, zogen sich dann aber doch wieder zurück, als ein Mann der Bürgerwehr die Winchester Smith' drohend gegen sie richtete. Erst vier Tage war es her, daß Soapy stolz auf einem Schimmel die Parade für den 4. Juli angeführt hatte. Die Leibwächter und die anderen Mitglieder der Bande gaben bald Fersengeld, aber da inzwischen an den ins Landesinnere führenden Pässen und auf den Kais am Hafen Posten aufgestellt worden waren, wurde es nichts mit dem Ausreißen, und die meisten wurden gefaßt. Diejenigen, die nicht vor Gericht gestellt wurden, verbannte man aus der Stadt.

Soapys Herrschaft hatte vom Winteranfang 1897 bis zum Juli 1898 gedauert – eine lange Zeit, wenn man die Verwegenheit seiner Anhänger und einige der Typen betrachtet, die unter den Goldsuchern waren. Die letzteren waren in den meisten Fällen bewaffnet und nicht unbedingt verweichlichte Stadtbewohner. Im Gegenteil: Viele von ihnen waren schon lange Zeit im Wilden Westen und daran gewöhnt, sich ihrer Haut zu wehren. Liest man Beschreibungen Skagways aus dieser Zeit, dann muß man den Eindruck gewinnen, daß Zehntausende von Goldsuchern unter dem tyrannischen Joch von Smith zitterten. Das ist natürlich reichlich übertrieben. Ohne Zweifel waren die Verbrechen der Bande ebenso zahlreich wie unverschämt, aber alles in allem müssen die Männer doch recht vorsichtig zu Werke gegangen sein. Auch sie kannten sich im Westen aus und hatten gelernt, einen Bogen um Männer mit Erfahrung und Mut zu machen, die Glücksspiele verachteten und ihren Blick drohend gegen jeden richteten, der ihnen zu nahe kam, und dabei auch sichtbar nach ihrer Waffe griffen. Die Strolche hielten sich lieber an die Leichtgläubigen, die Betrunkenen und die naiven Glücksspieler. Männer, die betont ihren eigenen Angelegenheiten nachgingen, wurden nur in seltenen Fällen belästigt. Die Diebe und Betrüger fanden hinreichend Opfer unter den Schwachen und Dummen. Schließlich ist es eine bekannte Tatsache, daß Gewohnheitsverbrecher nie unnötige Risiken eingehen. Jim Geoghegan, einer der Goldsucher, berichtete, daß er durch Skagway spazierte, ohne Smith oder einen seiner Männer auch nur zu sehen.

»Wer sich nicht betrinkt, wird nicht ausgenommen«, war sein Motto.[11]

Was Smith' Stellung stärkte, waren seine Glaubwürdigkeit, die Unterstützung durch andere Bürger Skagways und die allgemeine Gleichgültigkeit derer, die von seinen Leuten nichts zu befürchten hatten. Smith kannte den rauhen Westen und verstand es, mit erfahrenen Burschen richtig umzugehen. Da war etwa Arthur Walden, der Frachtfahrer für Forty Mile, der »Soapy persönlich kannte und stolz darauf war«. Er war sicher vor ihm, weil er kein Geld hatte, aber auch, »weil er klug genug war, seinen Mund zu halten«.[12] Mike Mahoney, ein gestandener Hundeschlittenfahrer, behauptete, Smith habe ihm einen Job angeboten, aber er habe ihn abgelehnt. Wenn man den Berichten glauben darf, dann hatte Mahoney die Aufmerksamkeit von Smith erregt, als er Goldschürfer vor der Falschspielerei warnte, die in Jeff's Place betrieben wurden. Trotzdem sei ihm nichts geschehen. Sowohl Walden als auch Mahoney waren offensichtlich von der Persönlichkeit Smith' beeindruckt.

Aber den meisten Goldsuchern ging es wie Lynn Smith, der 1898 mit ansah, wie die Smith-Bande in Wrangell einen Mann am hellen Tage ausraubte. »Ungefähr hundert von uns standen da und sahen zu – und jeder hatte Angst, einzugreifen.« Als Lynn Smith nach Skagway kam, wurde er auch Zeuge einer Schießerei, aber weder er noch andere scherten sich darum. Sie hatten gelernt, daß »ganz gleich, in was für einer Menge man sich befindet, es das beste ist, den Mund zu halten und seinen Geschäften nachzugehen. Dann läuft man nie Gefahr, von Außenstehenden angegriffen zu werden, und das ist besonders wichtig, wenn man unerfahren und mittellos ist.«[13]

Frank Reid, der Mann, der Smith getötet hatte, wurde postum von den Bürgern Skagways geehrt. Sein Grab bekam einen Marmorstein mit der Inschrift: »Er gab sein Leben für die Ehre Skagways.« Aber als die Goldsucher weiterzogen, war Soapy derjenige, der in ihrem Gedächtnis haftenblieb. Er wurde zu einem festen Bestandteil der Erzählungen, die sich um den Goldrausch rankten, und gehört – im Guten wie im Schlechten – noch immer zu den bekanntesten Gestalten der Geschichte Alaskas.

8 Der Chilkoot-Paß und der Weiße Paß

Unter den 60000 Goldsuchern der Jahre 1897/98 war ein kräftiger junger Mann von 21 Jahren namens Jack London. Er kam aus Kalifornien. London und seine Partner gehörten zu den 30000 bis 40000 Goldsuchern, die den Weg über einen der beiden Pässe vom Ende des Lynn-Kanals aus wählten, um nach Klondike zu gelangen. Wiederum die meisten von ihnen – so auch London – gaben dem Chilkoot-Paß den Vorzug vor dem Weißen Paß. Auf beiden Routen erreichte man die Seen, die die Quellgewässer des Yukon River bilden, nach etwa 30 bis 40 Meilen (von Skagway oder Dyea aus gerechnet). Von der Küste nach Dawson City betrug die Entfernung rund 600 Meilen, wovon man im Sommer den größten Teil auf dem Wasser zurücklegen konnte. Aber es waren die ersten 18 Meilen von Dyea bis zum Gipfel, die den Reisenden die meisten Schwierigkeiten bereiteten. In der ganzen Geschichte der amerikanischen Westwärtsbewegung gibt es kein anderes Wegstück, über das so viel und so unterschiedlich geschrieben worden ist. Die Strapazen der Route spiegelten sich in vielen persönlichen Berichten von Goldsuchern wider, sie wurden in Führern, Broschüren und Tausenden von Zeitungsartikeln geschildert – und natürlich auch in den Geschichten von Jack London.

Im Sommer 1897, als London die Berge überquerte, war der Chilkoot-Paß schon seit langem einer der meistgenutzten Zugangswege in das Innere des Landes. Er hatte Reisenden schon immer Schwerstarbeit abverlangt, aber erst als die Goldsucher in großer Zahl kamen, verbreitete sich die Kunde, daß es sich doch um mehr handelte als nur ein steiles, zerklüftetes Stück Gelände. Völkerwanderungen tragen immer zur Legendenbildung bei. Aus dem Gewöhnlichen, dem Normalen wird – allein durch die Beteiligung so vieler – eine Angelegenheit von heroischen Ausmaßen. So verhielt es sich auch mit dem Chilkoot-Paß und dem Rest der Wegstrecke zum Klondike, aus denen in den Erzählungen ein furchterregender Sperriegel, ein himmelhoch aufragender Gipfel wurden – kurz, eine Sache, an der es sich erweisen mußte, ob man ein ganzer Kerl war oder nicht.

Von Sheep Camp aus, am Fuß der Berge acht Meilen landeinwärts gelegen, geht es zehn Meilen steil aufwärts bis zum Gipfel. Der Höhenunterschied beträgt etwa 1100 Meter. Besonders schwierig wird der Anstieg auf den letzten 300 Metern, wo die Steigung etwa 35 Prozent beträgt. Aber solche statistischen Angaben sagen nichts über die Wirklichkeit von Chilkoot aus. Sie erklären nicht, warum der Paß in der Vorstellung von Zehntausenden von Goldsuchern ein so Ehrfurcht einflößender Berg war. Was den Chilkoot zu einem so schrecklichen Hindernis machte, das waren die Bedingungen von damals, 1897/98. Folgte man dem Pfad unter idealen Wetterbedingungen, auf festem Schnee, etwa gegen Frühjahrsanfang, dann war das **eine** Sache. Etwas ganz anderes aber war es, wenn man den Treck im Winter in einem Schneesturm unternahm und bei jedem Schritt im tiefen Pulverschnee versank. Als Leutnant Schwatka, Henry Davis, Arthur Walden und andere Reisende der ersten Stunde den Paß überquerten, wurden sie nicht von Tausenden ängstlicher Männer und Frauen bedrängt, die manchmal der Hysterie nahe waren. Sie hatten sich nicht in der Gesellschaft von Menschen befunden, die geradewegs aus Büros und Läden gekommen waren, kaum an körperliche Anstrengungen gewöhnt und – oft genug – zu alt oder zu jung für solche Strapazen war. Oft waren diese Menschen natürlich auch einfach zu unbekümmert und unerfahren, um wenigstens günstiges Wetter für ihren langen Marsch abzuwarten. Man kann also sagen, daß das wirklich Schlimme für die Goldsucher am Chilkoot ihre eigene große Zahl und die dadurch aufgeladene Stimmung war. Wenn der Marsch so schrecklich schien, dann deshalb, weil viele, die ihn unternahmen, unwissend, falsch informiert, ungeschickt, schlecht vorbereitet und schwach waren. Und die, die es schafften, hatten Grund genug, sich denen überlegen zu fühlen – und derer gab es viele –, die in Skagway ankamen, den Chilkoot sahen und wieder kehrtmachten, ohne den Treck auch nur versucht zu haben.

Es ist gar nicht möglich, sich ein wirklich zutreffendes Bild von der seelischen Verfassung der Goldsucher zu machen, wenn sie in die Nähe der Pässe kamen. Wie reagierten sie allein schon auf das dichte Menschengewimmel in Skagway und Dyea? Was sie sich unter der Route vorstellten, hing von den Berichten ab, die sie gelesen oder gehört hatten. Die Standfestigkeit des einzelnen mußte erweisen, wie weit er dem Fieber der Massen widerstehen und einen klaren Kopf behalten konnte. Fehlinformationen trugen mehr zur allgemeinen Angst bei als die tatsächlich zu bewältigenden Hindernisse und wurden so zu einem ernst zu nehmenden Faktor bei dem ganzen Unternehmen. Nur wenige Produkte der großen Gerüchteküche ließen sich bis auf ihren Ursprung zurückverfolgen, aber ihre Auswirkungen auf die Atmosphäre während des Trecks und in den Camps waren in der ganzen Periode des Goldrausches deutlich fühlbar. Gerüchte nährten sich von den phantastischen Erwartungen der Goldsucher ebenso wie von ihren düsteren Ahnungen. Gerüchte waren für die Tausende ruheloser Glücksritter einmal Quelle neuer Hoffnungen, das andere Mal Grund tiefer Niedergeschlagenheit. Zuweilen waren sie der Funke, der sie zu schier unmöglichen Leistungen anspornte, manchmal aber auch der Anlaß zu Panik und zur Umkehr.

Was den Pfad über den Chilkoot zu einer so harten Prüfung für die meisten Goldsucher der Jahre 1897/98 machte, war die Tatsache, daß sie den Weg nicht nur einmal, sondern viele Male zurücklegen mußten, um ihr Gepäck hinüberzubringen. Im Durchschnitt hatten die Goldsucher zwischen 1000 und 2000 Pfund Gepäck und Vorräte bei sich, wenn sie eintrafen, und die meisten hatten nicht genug Geld, um die Sachen befördern zu lassen. Das bedeutete, daß viele 20mal und öfter über den Paß mußten, wenn sie erst einmal bis Sheep Camp gekommen waren.

Jack London und seine Begleiter brauchten zwei mühevolle Tage, um auf einer schwierigen Strecke ganze zwei Meilen voranzukommen, und sie hatten noch Glück mit dem Wetter. London äußert sich recht stolz über die Praxis, die er sich bei dieser Art des Gepäckmarsches aneignete. Als er mit seiner Gruppe das letzte Stück der Paßstrecke erreichte, einen drei Meilen langen Anstieg zum Lake Lindemann, hatte es London zur Fertigkeit eines Chilkat-Indianers gebracht: »Ich bewältigte die Strecke vier Mal am Tage hin und zurück und transportierte dabei jedesmal 150 Pfund. Das heißt, daß ich an den schwierigsten Stellen der

Route pro Tag 24 Meilen zurücklegte, zwölf davon mit 150 Pfund auf dem Rücken.«[1]

In seinem Roman »A Daughter of the Snows« beschreibt London äußerst lebendig eine lange Reihe sich unter ihren Lasten krümmender Wanderer:

Es war, als ob die Zeit zurückgedreht war und Fortbewegung und Transport wie in den primitivsten Zeiten vor sich gingen. Männer, die in ihrem ganzen Leben nie mehr als Bleistifte gehoben hatten, waren jetzt die Träger schwerer Lasten. Sie gingen nicht mehr hocherhobenen Hauptes einher, sondern beugten ihren Körper nach vorn und zeigten mit dem Kopf zur Erde. Jeder Rücken war zu einem Packsattel geworden, und unter den Schulterriemen bildeten sich Blasen. Die Männer schwankten unter der ungewohnten Last, ihre Beine waren wie trunken vor Müdigkeit und taumelten in verschiedene Richtungen, bis das Sonnenlicht dunkler wurde und Träger und Last am Wegesrand hinsanken.[2]

Im Herbst 1897 versuchten es viele Leute mit dem Weißen Paß, weil sie vermuteten, daß der Weg ins Innere hier leichter sei. Der Weiße Paß ist niedriger als der Chilkoot und auch weniger steil, hat aber seine eigenen, besonderen Schwierigkeiten. Lasttiere eigneten sich nicht für den Chilkoot, so daß Reisende mit solchen Tieren lieber den sanfteren Anstieg der Wegstrecke wählten, die von Skagway ausging. Der Weg über den Weißen Paß erwies sich als Todesfalle für Pferde und Maultiere. Zu Hunderten stürzten sie von dem schmalen, sich windenden Pfad in die Tiefe, andere blieben im Schnee oder Schlamm stecken oder brachen sich die Beine beim Überqueren von Felsströmen. Die Tiere waren ohnehin durch das enorme Gewicht ihrer Lasten überfordert, und die ganze lange Reihe mußte oft anhalten, wenn irgendwo ein Hindernis den Weg blockierte. Die armen Tiere mußten zusätzlich zu ihren Lasten oft noch die erbarmungslosen Schläge ihrer Besitzer erdulden, die ihre Verzweiflung an ihnen ausließen; und so blieben viele einfach am Wege liegen. Der von ihren Kadavern gesäumte Weg wurde zum »Dead Horse Trail«.

Starker Schneefall machte das Passieren des Pfades im Winter 1897/98 unmöglich und deckte die die Luft verpestenden verwesenden Tierleichen zu. Nach der Schneeschmelze im Frühjahr ging die ganze Prozession von neuem los, aber der unbeschreibliche Dreck erlaubte ein Fortkommen nur im Schneckentempo. Goldsucher wurden vor der Benutzung des Pfades gewarnt, wegen des Drecks und des Gestanks. Angelo Heilprin zählte fast 1000 Pferdeleichen, was etwa einem Kadaver auf 150 Meter entsprach. 1898 begann der Bau der Eisenbahn am Weißen Paß, und im Jahr darauf fuhren Züge auf der Strecke, die hauptsächlich wegen der Tierquälerei in Erinnerung bleibt.

Und doch sind nicht nur Scheußlichkeiten und übermenschliche Anstrengungen am Klondike zu vermelden. Man mußte auch ausruhen. Hatten die Männer einen Platz erreicht, auf dem sie ihr Gepäck abladen konnten, um zurückzukehren und die nächste Ladung zu holen, dann entstand eine regelrechte Zeltstadt. Die müden Männer konnten sich in einem Saloon eine Erfrischung holen oder auch ein Glücksspiel versuchen. Sogar »Hotels« gab es. Mrs. George Black bezahlte einen Dollar für ein Bett im »Grand Pacific Hotel« in Sheep Camp. Mrs. Black meinte zwar dazu, das Hotel habe auf sie mehr den Eindruck eines Holzschuppens gemacht, aber immerhin wurden einfache Dienstleistungen angeboten. So gab es Mahlzeiten für einen Dollar. Auf der anderen Seite der Wasserscheide schnellten die Preise in die Höhe. Ein Essen kostete meistens 2,50 Dollar und Kaffee mit Gebäck 50 Cents. Spirituosen und Betten kosteten überall einheitlich einen Dollar.[3]

Spieler organisierten Glücksspiele, wo immer sich eine Anzahl Leute versammelte. Einige von ihnen gehörten zur Bande von Soapy Smith und hofften, hier noch arglose Gemüter zu schröpfen, die es auf irgendeine Weise geschafft hatten, ihre Geldgürtel unversehrt durch Skagway hindurchzubringen. Andere waren »Selbständige«, die auch auf dem Weg nach Dawson waren und sich bemühten, den Boys auf dem beschwerlichen Wege etwas für ihr Geld zu bieten und ihnen die Zeit vertreiben zu helfen.

Alle diese »Unternehmer« trugen das ihre zu einer Art von Karnevalsstimmung auf dem Treck bei. Die Atmosphäre in den provisorischen »Städten« am Sheep Camp und entlang des Flusses und der Seen war keineswegs düster. Einige der Goldsucher schienen in der Tat mehr darauf aus zu sein, sich zu vergnügen, statt das gelbe Metall aufzuspüren, und sie hatten offenbar nichts dagegen, ihr Geld für Unterhaltung auszugeben. Wenn sie in Dawson den großen Wurf gemacht hatten – so mögen sie gedacht haben –, hatten sie das für Alkohol und Glücksspiel ausgegebene Geld wieder in der Tasche. Sie redeten sich ein, daß sie ab und zu auch einmal alle schlimmen Berichte über die Schrecken des Trecks vergessen (und sich statt dessen richtig erholen mußten): nach harter Arbeit völliges Ausspannen. Andere, die von Natur aus vorsichtiger waren, mochten ihren Augen nicht trauen ob des vielen Geldes, das da für Drinks und Glücksspiele zum Fenster hinausgeworfen wurde. Für sie war es hinreichend Abwechslung, wenn sie sich gegenseitig etwas erzählten und ihre Ideen darüber austauschten, wie sie beim Schürfen vorgehen wollten.

Wenn es auf der amerikanischen Seite der Grenze zu Ordnungsstörungen kam, griffen die Goldsucher zur Selbsthilfe. So hatten zum Beispiel drei Kalifornier im Herbst 1897 in der Nähe von Sheep Camp ihre Vorräte eingelagert und sich für die Winterzeit zurückgezogen. Als sie wiederkamen, stellten sie fest, daß jemand das Versteck geplündert hatte. Als man einige der gestohlenen Waren im Besitz von zwei Männern namens Hansen und Wellington wiederfand, wurde umgehend in einem Saloon-Zelt eine Versammlung einberufen, die beide des Diebstahls schuldig sprach. Wellington gelang es zwar, sich von seinen Häschern zu befreien und zu fliehen, aber er kam nicht weit, und als er die Aussichtslosigkeit der Lage einsah, schoß er sich eine Kugel in den Kopf. Hansen erhielt 50 Schläge mit einem geknoteten Seil und wurde danach nach Dyea gebracht. Um den Hals hatte man ihm ein großes Schild mit der Aufschrift »DIEB« gehängt. Wie Carl L. Lokke schreibt, gab Brady, der Gouverneur von Alaska, der kurz darauf zu einer Inspektionsreise dort eintraf, seine Zustimmung. Er erklärte: »Dies ist vielleicht nicht dem Gesetz entsprechend, aber es wird für einige Zeit Diebe in diesem Gebiet abschrecken, und zwar besser, als man das durch eine Menge moralischer Mahnungen tun könnte.«[4] Allerdings blieb Brady auch kaum etwas anderes übrig, als dieser Selbstjustiz zuzustimmen, denn die Bundesbehörden hatten weder in Skagway noch auf dem Weg zu den Goldfeldern in irgendeiner Weise für Ordnung gesorgt.

Auf der kanadischen Seite der Wasserscheide herrschte Ordnung – da paßten die Mounties auf. Schon in den ersten Stadien des großen Runs auf die Goldfelder hatten sie am Tagish Lake eine Zollstation eingerichtet, und anschließend wurden direkt auf dem Gipfel des Chilkoot-Paß Posten aufgestellt, um zu verhindern, daß unzureichend ausgerüstete Goldsucher ins Landesinnere gelangten. So richtig wußte niemand, ob der Gipfel nun eigentlich auf amerikanischer oder auf kanadischer Seite lag, aber da die Amerikaner nichts unternahmen, ergriffen eben die Mounties die Initiative. Sie ließen niemanden passieren, wenn er nicht mindestens Vorräte für ein Jahr, d. h. etwa 1000 Pfund Nahrungsmittel, bei sich hatte. Viele versuchten, sich um diese elementare Vorsichtsmaßnahme herumzudrücken, aber sie wurden unweigerlich von den bewaffneten Beamten zurückgewiesen, die Tag und Nacht dort postiert waren.

Im Winter und bei Frühlingsanfang hing die Verkehrsdichte vom Wetter ab. Bei kaltem, klarem Wetter »treckte« man gern, Schneestürme wurden nach Möglichkeit gemieden. Von März bis Anfang Mai gab es fast ständig Stürme in den Bergen, so daß sich Leute, die gerade unterwegs waren, dort, wo sie gerade waren, verschanzten und auf besseres Wetter warteten. Die Mounties hatten auch auf dem Weißen Paß eine Zollstation eingerichtet, und an beiden Stellen wurde auf die nicht in Kanada gekauften Güter Zoll erhoben. Natürlich gab es Kritik unter den Goldsuchern, aber andererseits profitierten sie zweifellos von der Anwesenheit der Mounties. Die Beamten kümmerten sich um Kranke und sorgten dafür, daß das provozierende Waffentragen, das unter den Männern im amerikanischen Westen zu einer lieben Gewohnheit geworden war, eingestellt wurde. Alle mitgeführten Waffen mußten fest im Gepäck verstaut sein – eine Maßnahme, die das Leben für alle sicherer machte. Außerdem wagte sich solcher Abschaum wie Soapy und Genossen nicht bis zu den Posten hinauf. Sie konnten nur im Trüben fischen, und die Ordnung, die die Mounties mit ihrer bekannten Unerbittlichkeit einführten, behagte ihnen nicht. Oberst Sam Steele von den Northwest-Mounties schrieb dazu:

»Man konnte richtig merken, wie sich die Haltung der Leute – gleich welcher Nationalität – änderte, sobald sie sich von den Mounties beschützt fühlten. Jeder ging seinen Geschäften nach und fühlte sich dabei so sicher wie in dem bestbehüteten Gebiet der Erde.«[5]

Zweimal passierte es, daß Lawinen aus Schnee und Eis auf die unglücklichen Goldsucher niederdonnerten. Im September 1897 rissen starke Böen die Kante eines Gletschers los, so daß ein durch starke Regenfälle entstandener See in die Tiefe stürzte. Die entfesselten Elemente rissen Zelte und Gepäck der Wanderer mit, während die Besitzer Mühe hatten, sich auf höher gelegene Plätze zu flüchten. Drei von ihnen kamen bei dem Unglück ums Leben.

Im April 1898 kam es nach wochenlangen, starken Schneefällen zu einem zweiten Lawinenunglück. Die Männer, die sich gerade auf dem steilsten Teil des Anstiegs zum Chilkoot-Paß befanden, wo man Stufen in den Fels gehauen hatte, wurden in die Tiefe gefegt, als sie vor den sich heranwälzenden Schneemassen zu fliehen versuchten. Die Lawine bedeckte eine Fläche von zehn Morgen mit 100 Meter Schnee. Mehr als hundert Männer wurden nach fieberhafter Arbeit befreit, aber etwa 50 starben.

Auch der Typhus forderte seine Opfer. 20 Männer starben im Frühjahr 1898 in Dyea an der Krankheit, und in Dawson waren es – zur selben Zeit – mehr als 80 Personen. Viele Männer ertranken am oberen Yukon, aber genaue Zahlen darüber gibt es nicht. In Berichten der Regierung wird geschätzt, daß weniger als ein Prozent von den Zehntausenden, die 1897/98 an dem großen Run nach Norden teilnahmen, auf dem Wege nach dort umkamen.[6]

Zu den üblichen Krankheiten gehörte auch die Hirnhautentzündung. Al McLeod zog sie sich zu, nachdem er gerade den Chilkoot überquert hatte. Ein Arzt aus Los Angeles wollte ihm helfen, hatte aber keine Medikamente. Er riet ihm, Whisky zu nehmen: »Es ist nichts Besseres da.« Auf sich selbst gestellt, harrte McLeod fünf Wochen in seinem Zelt bei einer Mixtur aus Whisky und Zucker aus. Seine größte Schwierigkeit war, den kleinen Ofen in Gang zu halten. Wenn er konnte, stand er auf und sammelte Holz, aber die meiste Zeit verbrachte er in seinem Schlafsack und legte Feuerholz nach, ohne dabei aufzustehen.[7]

Hatte man den Chilkoot einmal überwunden, dann lag der gefährlichste Teil des Trecks hinter einem, aber ein weiteres Problem ließ nicht auf sich warten: das Bootbauen für das nächste Stück der Reise. Für diejenigen, die über den Weißen Paß gekommen waren, spielte sich das am Lake Lindemann oder am Lake Bennett ab, für andere an den Quellflüssen des Yukon. Wer im Winter an diesen Seen ankam, hatte genug Zeit, denn vor dem Frühjahr konnte die Reise ohnehin nicht weitergehen. Man muß sich dabei klarmachen, daß die Männer diese schwere Arbeit ohne ein Sägewerk verrichteten. Die Stämme wurden auf eine etwa zwei Meter hohe Plattform gelegt. Dann mußten zwei Männer, der eine oben, der andere unten, den Stamm der Länge nach zersägen. Ihr Werkzeug war eine zwei Meter lange Schrotsäge. Wie man damals meinte, war das die schlimmste Arbeit, die man sich vorstellen konnte. Nicht nur die körperliche Beanspruchung war fast übermenschlich, auch die seelische Belastung war so groß, daß unter ihr festgefügte Partnerschaften zerbrachen und Familien auseinanderfielen. Jeder der beiden Säger glaubte bei jedem Zug, daß er eigentlich die ganze Arbeit mache, während der andere faulenze. Addison Mizner und sein Bruder Wilson fanden nie wieder zu ihrem früheren brüderlichen Verhältnis zurück, nachdem sie einmal diese Erfahrung gemacht hatten:

Derjenige, der oben steht, muß beinahe ein Seiltänzer sein, der mit neuen Muskeln ausgestattet ist, um die Säge durchzuziehen. Der Mann unten wird schwindlig davon, daß er dauernd nach oben sehen muß, um gerade zu sägen, während er Augen, Mund und Nase voller Sägemehl hat. Man kann kaum sagen, daß die eine Arbeit besser sei als die andere, und am ersten Tag haben Wilson und ich 40 Mal gewechselt. Jedes Mal behauptete er, daß ich im Vorteil sei. So haben wir eigentlich die meiste Zeit damit verbracht, rauf- und runterzuklettern.

Nach zwei Stunden hatten wir ein halbes Brett gesägt, und da fragte er mich, ob ich müde sei. Ich wollte natürlich nicht zugeben, daß ich halbtot war. Da nannte er mich einen »blöden Ochsen« – was die Stimmung auch nicht gerade verbesserte.[8]

Mizner erzählte auch die Story von den beiden Partnern, die zusammen zur Schule gegangen waren, in derselben Bank arbeiteten und Schwestern heirateten, weil sie es ohne einander nicht aushalten konnten. Die Sägerei bereitete all dem ein brutales Ende. Sie waren sogar derart verfeindet, daß sie bei der Aufteilung ihres Besitzes alles genau halbierten – auch ihre 20 Sack Mehl, die sie einzeln auseinandertrennten, anstatt jedem zehn zu geben.

Jack London und seine Gruppe erreichten Lake Lindemann im September. Nachdem sie ihr Boot fertig hatten, brauchten sie nicht viel Zeit, um an ihr Ziel zu gelangen. Für den Bootbau benötigten sie etwa zwei Wochen, und dann dauerte es nur vier Tage, bis sie den Lake Lindemann, Lake Bennett, Lake Tagish und Lake Marsh überquert hatten. Einen weiteren Tag kostete sie die Schlucht mit dem Namen Box Canyon und die gefürchteten White Horse-Stromschnellen. Für die nächsten 30 Meilen Flußreise und die Überquerung des Lake Laberge brauchten sie eine Woche, und dann folgten 400 Meilen gemütlicher Flußfahrt bis zu den Goldfeldern.

Wenn auch London und seine Begleiter dieses Stück ihrer Reise in einem Monat und ohne größere Unglücksfälle bewältigten, andere Gruppen waren weniger glücklich. Viele der Goldsucher wagten sich lieber über die Stromschnellen, als ihr Hab und Gut mühselig um die Gefahrenstelle herumzutragen. So kamen 1898 allein hier mehr als 20 Menschen ums Leben – und Dutzende der hastig zusammengezimmerten Boote gingen zu Bruch.

Als die Zahl dieser Unglücksfälle an den White Horse-Schnellen schließlich etwa 150 erreichte, griff Sam Steele ein: »Viele Ihrer Landsleute haben sowieso schon gesagt, daß die Mounties je nach Lage der Dinge ihre Gesetze machen, und deshalb will ich das jetzt auch tun – und zwar zu Ihrem eigenen Nutzen.« Frauen und Kinder sollten künftig nicht mehr in den Booten fahren dürfen: »Wenn sie kräftig genug sind, um zum Klondike zu kommen, dann können sie auch die fünf Meilen bis zum Fuß des White Horse auf dem grasbewachsenen Ufer zurücklegen.«[9] Nur solchen Booten wurde die Fahrt durch die Schnellen erlaubt, die hinreichend aus dem Wasser herausragten, um eine sichere Passage zu gewährleisten. Außerdem mußten die Skipper den Mounties beweisen, daß sie ihr Boot zu steuern imstande waren.

Alles in allem war der Run über den Chilkoot-Paß und den Weißen Paß eine unglaubliche Angelegenheit. Es war eine Bewegung von Massen ohne jede zentrale Leitung. Man hätte vom

Vorrücken einer modernen Armee sprechen können – aber einer Armee, die ohne Führer war. Sie bestand aus einzelnen und kleinen Gruppen, Leuten, die nichts weiter im Sinne hatten, als möglichst schnell ein Gebiet zu durchqueren, von dem sie in der Regel keine Ahnung hatten. Dazu kamen noch die schweren Lasten, die sie zu tragen hatten, und die manchmal grausamen Wetterbedingungen. Daß die große Mehrheit der Männer, Frauen und Kinder den Yukon sicher erreichte, muß man ihrer Durchhaltekraft und ihrem Erfindungsreichtum zugute halten. Aber auch die Mounties verdienen ein Lob, denn durch ihr Eingreifen wurden viele Katastrophen abgewendet. Es ist eigentlich eigenartig, daß sich die amerikanische Regierung durch deren Einsatz nicht dazu angeregt fühlte, auf ihrer Seite der Grenze Ähnliches zu schaffen. Tatsächlich hat Washington nicht nur in dieser Situation, sondern auch während der großen Zeit des Goldrauschs in Alaska nur sehr spärliche Maßnahmen zur Aufrechterhaltung der Ordnung ergriffen.

9 Die Rolle der Armee und Betrügereien im Hohen Norden

Hilfsmassnahmen

Der Wirbel um den Klondike führte zu einer sehr viel größeren Aktivität des Militärs im Norden. Dabei standen vier Dinge im Vordergrund: Hilfe für mittellose Goldgräber, Erkundung des Gebiets, die Einrichtung von Telegrafenverbindungen und der Bau von Straßen. Innerhalb von fünf Jahren wurde hier mehr auf die Beine gestellt als in drei Jahrzehnten davor. Der Grund waren natürlich die Goldsucher, die sozusagen in Wellen nach Alaska flossen.

Zu Beginn der militärischen Expeditionen ging es etwa zu wie in einer komischen Oper. Im Jahre 1897 wurde berichtet, daß auf die Goldgräber in Dawson City – die meisten von ihnen Amerikaner – im Winter eine Hungersnot zukomme. Der Kongreß stellte deshalb großzügig 200000 Dollar für Hilfsmaßnahmen zur Verfügung, und die Armee erhielt Order, die Ausführung der Maßnahmen in die Hand zu nehmen.

Irgendeinem Beamten kam eine glänzende Idee: Da waren doch vor einiger Zeit Rentiere aus Sibirien importiert und auf die Halbinsel Seward gebracht worden, wo sie auch prächtig gediehen. Warum sollte man sich eigentlich jetzt nicht dieser Tiere bedienen, um Lebensmittel zum Klondike zu befördern? Wenn es den Rentieren auf der Halbinsel gefiel, mußte es schließlich ein leichtes sein, mit ihnen nach Dawson City zu ziehen. – Derartige Vorschläge, basierend auf völliger Unkenntnis der geographischen Verschiedenheiten, erwiesen sich oft als Todesurteil für Projekte im hohen Norden.

Da die Schiffahrt zur Bering-See bereits unterbrochen war, ließen sich aus Alaska Rentiere nicht beschaffen. Also sandte man Sheldon Jackson, den Missionar, der die Tiere in Alaska eingeführt hatte, im Dezember 1897 nach Norwegen und Schweden. Am 27. Februar machte der Dampfer »Manitoban« in New York fest. Seine Ladung: 538 Rentiere, 113 Rentierfahrer, 418 Schlitten, 411 Geschirre und massenhaft Rentiermoos als Futter für die Tiere. Am 7. März 1898 trafen die Tiere – immer noch in guter Verfassung – und die übrige Ausrüstung in Seattle ein. Hier erreichte jedoch die Armee eine Botschaft, die besagte, daß es in Dawson City genug Lebensmittel gebe – eine gute Nachricht, denn die Expedition hätte ohnehin nicht rechtzeitig Hilfe bringen können. Unterdessen drängten die neugierigen Einwohner Seattles zum Zoo, um die fremdartigen Tiere zu betrachten, während die Militärs sorgfältig die Lage durchdachten.

Den militärischen Berichten über die Erkundung Alaskas läßt sich nicht entnehmen, was aus der Hilfsexpedition wurde. Offensichtlich hätte die Armee am liebsten nie etwas von den Rentieren gehört, und der Schreiber der Berichte ließ das Thema diskret fallen, nachdem er mitgeteilt hatte, die Tiere »sollten an Dr. Jackson übergeben werden, den zuständigen Vertreter des Innenministeriums«[1]. Die Armee hatte den schwarzen Peter also an Jackson weitergegeben und sich dadurch der Verantwortung für die sich ankündigenden Ereignisse entzogen.

Im Mai ging die Expedition in Haines an Land. Das Ziel war jetzt Circle. Man wollte über den Dalton Trail zum Klondike gelangen. Es fällt schwer, sich vorzustellen, was die Gruppe tatsächlich wollte. Der Vorrat an mitgebrachtem Futter schwand zusehends. Irgend jemand hätte eigentlich wissen müssen, daß es in dem Gebiet, das man durchqueren wollte, kein Rentiermoos gab. In jedem Fall wurde das Unternehmen in Angriff genommen – und einem sinnlosen Ende entgegengeführt.

Neun Monate lang kämpften sich die Männer, geplagt von Mücken, mühsam über Berge, Gletscher, Schneefelder und Sümpfe. Wölfe und Indianer raubten ein paar der Rentiere, aber die meisten fielen dem Hunger oder der übergroßen Anstrengung zum Opfer. Im Januar schließlich wankte die Gruppe in die Stadt Dawson. Sogar die Rentierführer waren halb verhungert und total erschöpft, und nur 114 der Tiere hatten die einjährige Hilfsexpedition überlebt.

Ein weiteres Unternehmen der Militärs bestand darin, zwei Offiziere, Hauptmann Patrick Henry Ray und Leutnant Wilds Richardson aus dem Staate Washington, der nächstgelegenen Garnison, mit der Untersuchung der Verhältnisse am Yukon zu betrauen. Die Situation, die sie vorfanden, war chaotisch. In Dawson versuchte man, Goldsuchern ohne hinreichenden Proviant die Rückkehr nahezulegen, ehe der Winter 1897 begann. Viele zogen flußabwärts in Richtung St. Michael. Circle erwachte zu neuem Leben, als gut 200 Schürfer, die im Klondike keinen ergiebigen Boden gefunden hatten, reumütig zu ihren alten »Jagdgründen« zurückkehrten. Hunderte von Männern kämpften sich in jeder verfügbaren Art von Booten flußaufwärts, um den Klondike zu erreichen, ehe das Eis das Bootfahren unmöglich machte.

In Circle wurden die Goldschürfer immer verzweifelter, als die Dampfer der beiden wichtigsten Handelsgesellschaften, der Alaska Commercial Company und der North American Trading and Transportation Company, an ihnen vorbei nach Dawson fuhren. Lebensmittel waren knapp in Circle, und ein Hungerwinter stand bevor. Auf einer Versammlung der Goldgräber wurde beschlossen, Maßnahmen zu ergreifen und notfalls auch Gewalt anzuwenden. Die beiden letzten flußaufwärts fahrenden Dampfer wurden denn auch von entschlossenen, bewaffneten Männern geentert. Von der »Weare« wurden 30 Tonnen Lebensmittel abgeladen, von der »Bella« 25. Zu Gewaltanwendung kam es nicht. Angestellte der Handelsgesellschaften halfen den Männern sogar und störten sich nicht daran, daß die Kapitäne voll ohnmächtigem Zorn zusahen. Hauptmann Ray, der sich auf der »Bella« befand, legte nur einen recht milden Protest gegen den Überfall ein – er und Richardson waren die einzigen Vertreter der US-Militärbehörde im Landesinneren.

Die Goldgräber konnten darauf verweisen, daß die Handelsfirmen den ganzen Sommer über ihre Bitten um Lieferung von Vorräten ignoriert hatten. Sie erklärten: »Es gibt kein Gesetz und keine amtliche Stelle, an die wir uns wenden könnten.«[2] Dabei war gar keine Frage, daß die Mittel nicht vorhanden gewesen wären, denn die Schürfer zahlten mit Gold für alles, was sie sich nahmen.

Ray stand den Männern von Circle wohlwollend gegenüber. Diese betrugen sich durchaus ordentlich und stellten auch Wachen bei den neuen Vorräten auf, um Diebstähle zu verhindern. Bedrohlicher sah es schon in Fort Yukon aus, 75 Meilen flußabwärts. Leutnant Richardson schickte eine dringende Botschaft an Ray, mit dem Inhalt, eine Bande von 30 bis 40 Schlägertypen, die aus Dawson kamen, wolle die beiden Geschäfte am Ort plündern.

Ray machte sich in einem kleinen Boot nach Fort Yukon auf. Der Fluß war noch offen, obwohl er schon Eis mitführte. In der Nacht konnte man das ferne Grollen des sich bewegenden Eises hören. Ein Indianer erzählte den Männern in dem Boot, dies bedeute, daß der Fluß zufriere, so daß man nun in Richtung Ufer ruderte. Das Boot kam aber nicht so weit. Zu beiden Seiten türmten sich kleine Eisberge, so daß das Boot, wie Ray es beschrieb, in einer Art Schlucht steckenblieb. Die Nacht brach herein, und die Männer entschieden sich, an Ort und Stelle zu bleiben. Die Frage war, wie weit sie noch vom Ufer entfernt waren.

Am folgenden Morgen gelang es der Gruppe, über das Eis eine Insel in der Nähe zu erreichen, und von dort wurden sie mit einer Fähre aufs Festland gebracht. Ray und 150 andere, die ebenfalls hier hängengeblieben waren, machten sich zu Fuß auf den 65 Meilen langen Weg nach Fort Yukon. Hier hatte Richardson die Dinge einigermaßen unter Kontrolle. Er hatte die Geschäftsinhaber angewiesen, auch an mittellose Goldsucher Lebensmittel auszugeben, wofür sie dann Holz sägen mußten.

Es waren trotzdem genug gesetzlose Burschen darunter, die das Lager zu einem Pulverfaß machen konnten. Eine Gruppe forderte Ray auf, sich nicht einzumischen, wenn sie sich nähmen, was sie für den Winter brauchten. Ray übernahm im Namen der Regierung beide Läden. Zusammen mit Richardson und ein paar Schürfern stand er Wache, und die Rowdies ließen von ihrem Vorhaben ab.

Sie versuchten es nun auf eine andere Tour: Sie gaben sich als mittellos aus und baten um die Vorräte. Ray willigte ein, obwohl sie alles andere als mittellos waren und sich obendrein noch um das vereinbarte Holzhacken drückten. Immerhin zogen sie jedoch aus dem Lager ab.

Zur Abschreckung ließ Ray einen Goldgräber festnehmen, der fälschlich angegeben hatte, über keine Mittel zu verfügen, und einen Wintervorrat in Empfang genommen hatte. Als man ihm die Lebensmittel ausgehändigt hatte, mietete er sich einen Mann, der ihm die Ladung für 25 Cents das Pfund von Fort Yukon nach Circle brachte. Als der unternehmerische Schürfer in Circle festgesetzt wurde, verlangten die Männer im Lager seine Freilassung. Als das verweigert wurde, brachen sie in das Gefängnis ein und befreiten den Missetäter. Dieser zog darauf mit seinen Waren in den nächsten Saloon, versteigerte sie und verspielte anschließend den Gewinn, um dann nach Dawson zurückzukehren, wo er, wie er sagte, »ein gutes Geschäft hatte«.[3] Für Ray war es ein Lehrstück in Sachen nicht durchsetzbarer Autorität. Er erkannte jedoch, daß die »alten Marschierer« nicht solch gesetzlose Gesellen waren.

Neben seinen Bemühungen, mit der Nahrungsmittelknappheit fertig zu werden, sandte Ray auch Berichte an seine Vorgesetzten mit Ratschlägen, wie man am besten im Sommer 1898 vorgehen solle. Er empfahl, einen schnellen Dampfer mit geringem Tiefgang in Auftrag zu geben, mit dem der Fluß zum Schutz der Handelsgesellschaften patrouilliert werden könne. Auch setzte er sich für die Einrichtung mehrerer Militärposten ein, von denen der erste in der Nähe der Tanana-Mündung plaziert werden sollte. Ray gab auch die geographischen Kenntnisse weiter, die er von alten Goldsuchern hatte, und drängte auf die Erkundung einer Route vom Cook Inlet über den Tanana zum Yukon, mit der Begründung, ein ganz durch amerikanisches Territorium führender Weg – entweder vom Cook Inlet oder vom Prince William Sound aus – wäre kürzer und könne im Winter offen gehalten werden. Und vor allem brauche man nicht durch ein fremdes Land, um zu den reichen Goldfeldern Alaskas zu gelangen.

Im Jahre 1898 unternahm die Armee zwei Expeditionen. Hauptmann William Abercrombie erforschte das Gebiet von Valdez bis zum Copper River; im darauffolgenden Jahr gelang es ihm, hier eine feste Route zu etablieren. Die andere Expedition wurde von Hauptmann Edwin Glenn geleitet und diente der Untersuchung möglicher Routen von Prince William Sound bzw. Cook Inlet aus ins Landesinnere. Beide Gruppen erstatteten – wenn auch relativ oberflächlich – Bericht über ihr jeweiliges Gebiet, seine Einwohner und Möglichkeiten. Zum Glück verhielten sich die Eingeborenen durchweg hilfsbereit, und mehrere Soldaten verdankten sogar ihr Leben der Gastfreundschaft der Indianer.

Die Erkundungsbemühungen der Armee machten sich jedoch kaum bemerkbar. Wohin sie kamen, waren ihnen schon Goldsucher zuvorgekommen, die nicht darauf gewartet hatten, daß der Staat ihnen die Wege ebnete. Die Armee kam zu spät, um wirklich zu helfen – das hätte man allerdings auch sagen müssen, wenn ihre Bemühungen erfolgreich gewesen wären. Vielleicht waren die Expeditionen als Überlebensübungen für die Soldaten nützlich – allgemein jedenfalls war der Nutzen minimal. Ein Historiker kritisierte, daß sich die Expeditionen »wie Schleifen« durch das Gebiet gezogen hätten statt wie eine »feste, gerade Linie«.[4] Beide Mannschaften konnten ihren Zeitplan nicht einhalten und hatten wegen ihrer zahlenmäßigen Größe Schwierigkeiten mit dem Proviant. Oft mußten sie auf dem bereits zurückgelegten Weg wieder umkehren. Wenn die Armee sich in dieser Zeit überhaupt bewährt hat, dann jedenfalls nur auf Grund der Leistungen von Hauptmann Charles Farnsworth und anderer, die mit Erfolg eine Telegrafenlinie einrichteten. Zur Erkundung brauchte man kleinere Gruppen mit größerer Beweglichkeit und fähigeren Männern, und als bleibendes Ergebnis hätten die Resultate kartographisch festgehalten werden müssen. Das blieb aber für Alaska dem United States Geological Survey (USGS) vorbehalten.

In der Tat gehört die Arbeit dieser Organisation zu den positivsten Beiträgen, die die Regierung in Alaska geleistet hat. Erste Gutachten über die Vorkommen von Erz in Alaska wurden 1895 und 1896 erstellt. Beiden Expeditionen standen jeweils nur 5000 Dollar zur Verfügung. Als das Klondike-Fieber einsetzte, erhielt der USGS mehr Mittel, so daß er die nötigen umfangreichen Messungen durchführen konnte. Anders als die militärischen Erforscher reisten die Teams der Geologen ohne viel Gepäck und in kleinen Gruppen. Ihre sorgfältigen Beobachtungen wurden in den Berichten der USGS niedergelegt. Goldsucher, die sich hier informierten, konnten sich auf die Angaben und Karten verlassen.

Alfred H. Brooks wurde während der Goldära Chef der USGS in Alaska und sollte diese Position lange Zeit innehaben.

Brooks und seine Leute mußten schon aus hartem Holz geschnitzt sein, um ihre Aufgabe erfüllen zu können, denn das Gebiet, das sie zu erforschen hatten, war alles andere als menschenfreundlich, und oft genug mußten sie sich ihren Weg mit der Axt bahnen.

1898 versuchten die USGS-Leute, den Goldsuchern zu helfen, indem sie das Gebiet kartographierten. So bereiste eine Gruppe den oberen Yukon, während eine andere von Cook Inlet aus am Susitna River entlang zum Tanana River im Inneren vordrang. J.E. Spurr führte die Expedition an, die am Susitna entlang zog, sich dann zu einem Nebenfluß des Kuskokwim durchschlug und schließlich diesem Fluß bis zur Mündung folgte. Das waren etwa 1300 Meilen. Brooks kartographierte mit seinen Männern das Gebiet des Tanana, das einige Jahre später bevorzugtes Ziel von Goldsuchern werden sollte. So erschien das Landesinnere Stück für Stück auf den Karten der USGS.

Der Schwindel vom Kotzebue Sound

Die ausgedehnten Ufer- und Wasserflächen des Kotzebue Sound liegen zu beiden Seiten des Polarkreises. Im Jahre 1898 war es ein Gebiet, das außer den Eskimo-Einwohnern kaum jemand kannte. Zu Beginn des Jahrhunderts war der russische Segler Otto von Kotzebue hierher verschlagen worden, und britische Kapitäne hatten einige Zeit hier verbracht, um nach der verschollenen Expedition von Sir John Franklin zu suchen. Außerdem war gelegentlich ein Walfangschiff hier aufgekreuzt. Missionare waren die einzigen weißen Bewohner. Flüsse wie der Noatak, der Kobuk und der Buckland mündeten in den Sund und lagerten enorme Sandmengen ab. Der Kotzebue Sound schien eigentlich kaum ein Ort zu sein, wo Gold zu finden war, und trotzdem brachten im Juli und August 1898 drei Schiffe aus Seattle und San Francisco mehr als 1200 Männer und Frauen an dieses wenig gastliche Gestade.

Einer der Goldsucher des Kotzebue Sound war Thomas R. Stewart. Er hatte sich in Albany, New York, von einer überaus positiven Beschreibung beeindrucken lassen, die von einer Reederei der Westküste in Umlauf gebracht wurde.

Die jüngsten Berichte vom Kotzebue Sound, überbracht von dem US-Zollkutter »Bear«, besagen, daß Beamte der amerika-

nischen Regierung Eingeborenen Landstücke zur Ausbeutung von Goldseifen überlassen. Eingeborene hatten schon im vorigen Jahr Goldnuggets zum Bezahlen ihrer Einkaufsrechnungen mitgebracht. Kapitän Wagner vom Schoner »Premier« hat bezeugt, daß er ein Nugget von fast zwei Unzen Gewicht von einem Eingeborenen des Kotzebue Sound erhalten hat... In Portland sind gerade zwei Prospektoren mit Gold im Werte von 15 000 Dollar aus dem Kotzebue Sound eingetroffen... Die Goldfelder liegen nur vier Tagereisen per Boot vom Anlegeplatz der Schiffe entfernt. Nichts steht einem sofortigen Schürfbeginn im Wege.[5]

Stewart war arbeitslos. Also packte er seine Sachen, setzte sich in einen Zug nach San Francisco, kaufte sich dort eine Ausrüstung und schiffte sich auf der »Catherine Sudden«, einem 400-Tonnen-Dreimaster, ein. Nach einer Reise von zwei Monaten erreichte das alte Schiff Cape Blossom, nördlich des Polarkreises gelegen. Die Goldsucher sollten nur allzu bald herausfinden, daß sie auf einen Schwindel hereingefallen waren. Ein dort ansässiger Missionar, der sich über den plötzlichen Verkehr an der abgelegenen Station wunderte, erklärte, daß es hier noch nie einen Goldfund gegeben habe. Sämtliche Behauptungen in der Broschüre hatte sich jemand aus den Fingern gesogen.

Zwei Drittel der enttäuschten Goldsucher entschlossen sich trotzdem, die Arbeit in dem Gebiet aufzunehmen. Schön, man hatte hier also noch kein Gold gefunden – dann konnten sie ja die ersten sein, die es entdeckten! Ihr Optimismus konnte sich allerdings nur mit ihrer Unwissenheit messen, denn kein einziger aus der Gruppe hatte eine Ahnung, was dazu gehörte, im hohen Norden zu überleben. Ihr Mangel an Erfahrung sollte sich bitter rächen.

Die Gesellschaft arbeitete sich am Kobuk River entlang vor – es ist einer der Flüsse, die in den Schwatka-Bergen entspringen – und richteten sich für den Winter ein Lager ein. In den langen, kalten Monaten, die folgten, wütete der Skorbut unter ihnen – zu erkennen an schmerzenden Gelenken und Zahnausfall. Mehrere Männer erfroren, einige nahmen sich das Leben. Niemand dachte mehr an die Goldsuche. Durchhalten bis zum Frühling war alles! Als das Wetter schließlich milder wurde, schrieb

Stewart: »Wir standen da und starrten mit leeren Augen über das Eis des Kobuk River. Es war die einzige Hoffnung – der Weg zurück.«[6]

Es war eine mühsame Rückkehr zur Küste. Die Stärkeren halfen den Geschwächten. Glücklicherweise war der Zollkutter »Bear« da und konnte die schwersten Fälle ins Krankenhaus nach St. Michael bringen. Andere Schiffe kamen dem Rest der Goldsucher zu Hilfe, die das Land verlassen wollten. Hunderte von verbitterten Männern verfluchten das Land und die gewinnsüchtige Reederei.

Für Stewart hatte das Abenteuer allerdings ein Happy-End. Als er noch einen Winter am Kobuk zugebracht hatte, ohne Gold zu finden, und sich zur Rückkehr anschickte, gelangte die Kunde von den Goldfunden bei Nome zum Kotzebue Sound. Nome lag nur 200 Meilen südlich, so daß Stewart, obschon gewitzt durch seine bisherigen Erfahrungen, eine Passage zu dem sich schnell ausdehnenden Bering Sea Camp buchte. Sein Glück wendete sich. Er fand reichlich Gold.

Ein anderer Goldsucher vom Kotzebue Sound traf es sogar noch besser. Er gehörte zur Mannschaft eines der 33 Segelschiffe, die mit zum Kotzebue Sound gefahren waren. Dieser Mann, sein Name war Erik Lindbloom, verließ sein Schiff und war einer der ersten, die in Nome fündig wurden. Der Ertrag machte ihn zum Millionär.

10 Reise auf dem Yukon

Für diejenigen, die von der Überlandreise zu den Goldfeldern nichts wissen wollten, gab es den Wasserweg von Seattle oder anderen Pazifikhäfen aus. Ozeandampfer brachten die Passagiere die 2750 Meilen von Seattle nach St. Michael in der Nähe des Yukon-Deltas, und hier stiegen sie um auf Flußdampfer, die sie die 1700 Meilen flußaufwärts bis nach Dawson brachten. Die ganze Strecke auf dem Wasser zurückzulegen war allerdings teurer, als wenn man die Strecke über den Chilkoot-Paß oder den Weißen Paß zurücklegte. Und man brauchte auch länger – im Durchschnitt sechs Wochen. Nur sehr wenige Goldsucher gelangten im Jahre 1897 über St. Michael nach Dawson, denn die meisten waren jahreszeitlich zu spät aufgebrochen. Der einbrechende Frost holte Hunderte von ihnen an verschiedenen Stellen des Flusses ein, wo sie dann ein Lager aufschlagen und darauf warten mußten, daß der Fluß wieder schiffbar wurde. Wenn sie genügend Proviant bei sich hatten, brauchten sie körperlich keine Not zu leiden, aber ihre Enttäuschung muß riesig gewesen sein, wenn der Winter ihnen quasi die Tür vor der Nase zuknallte. Wochenlang verbrachten sie in elender Langeweile, die noch verstärkt wurde durch das Gefühl der Bitterkeit darüber, daß jetzt vielleicht andere die Vermögen, die sie sich alle erhofften, einheimsten. Eine Handvoll der Eingeschneiten besorgte sich Hunde und zog weiter; aber viele der Männer glaubten einfach nicht, daß man auf diese Weise längere Strecken zurücklegen konnte.

Die große Masse derer, die den Yukon zum Ziel hatten, traf im Frühling 1898 in St. Michael ein, sobald das Eis in der Bering-See aufgetaut war. Unter den Tausenden, die damals diesen Weg gewählt hatten, waren auch Jeremiah Lynch, George Pilcher und Will Ballou. Allen dreien gelang es, wenigstens einen Teil ihrer Hoffnungen zu verwirklichen.

Wenn man nach Norton Sound wollte, mußte man durch die Alëuten hindurch und gelangte so manchmal nach Dutch Harbor auf Unalaska Island. Jeremiah Lynch und seine Reisegenossen mußten drei Tage in Dutch Harbor verbringen, ehe sie ihren Weg nach St. Michael fortsetzen konnten. Sie fanden den Aufenthalt zermürbend und dürften von ihrer ersten Landsichtung in Alaska kaum sehr begeistert gewesen sein. Viele der 3000 Goldsucher, denen Lynch dort begegnete, hatten weder genug Geld noch entsprechende Lagerausrüstung und blickten den kommenden Strapazen mit gemischten Gefühlen entgegen. »Wenn das Land und das Klima schon in Unalaska so aussehen«, sinnierte Lynch, »wieviel schlimmer muß es dann erst tausend Meilen weiter in diesem frostigen Norden sein?«[1] Viele fragten sich, ob sie nicht einen schrecklichen Fehler gemacht hatten, indem sie sich auf dieses Abenteuer einließen.

Als Lynch und seine Reisegefährten schließlich an ihrem Zielort St. Michael eintrafen, hatten sie wenigstens die lange Seereise hinter sich gebracht. Die Passagiere, die ihre Karten nicht bis Dawson durchgelöst hatten, mußten gleich aussteigen und am Ufer zusammen mit Tausenden von anderen auf die Flußdampfer warten. Wer – wie auch Lynch – besser vorgesorgt hatte, durfte auf dem Dampfer bleiben, bis die Anschlußboote eingetroffen waren. Hunderte von Zelten schossen um die wenigen festen Gebäude herum aus dem Boden. Es gab Läden, Lagerhäuser und Hotels und natürlich Saloons und Glücksspielsäle, in denen ein reges Leben herrschte. Wer sich für solche Vergnügungen nicht interessierte, war ziemlich schlecht dran. Selbst mit einem Spaziergang war es nichts, denn rundherum war morastige Tundra. Immerhin hatte man Zeit, noch ein paar Briefe an die Familie zu schreiben, ehe es weiter ins Landesinnere ging.

Die ersten Flußdampfer, die eintrafen, sorgten für reichlich Aufregung. Lynch und andere Passagiere sahen vom Deck der »St. Paul« zu, wie ein Flußboot auf ihr Schiff zusteuerte und längsseits ging. Schwere Kisten wurden an Bord der »St. Paul« gehievt, und man brauchte nicht lange zu raten, was sie enthielten: Klondike-Gold! Jetzt konnten sich die Männer natürlich kaum im Zaum halten. Wenn sie Glück hatten, könnten sie in ein paar Monaten mit einer ähnlichen Ladung in St. Michael eintreffen!

Die »Leah« war das Flußschiff, auf das Lynch zusammen mit anderen umstieg. Die Reederei war die Alaska Commercial

Company. Mehr Passagiere als auf dem Dampfer selbst fanden jedoch auf einer Barke Platz, die die »Leah« vor sich herschob. Sie bot für 175 Personen Platz und war an beiden Seiten mit roh gezimmerten Schlafplätzen ausgerüstet. Über die gesamte Länge hinweg verlief ein Tisch. Das Deck war überdacht, was Schutz vor Regen bedeutete, aber nicht vor Mücken. Trotz des sehr geringen Tiefgangs der Barke saß sie auf Grund, ehe die »Leah« sie durch die trüben Gewässer des Norton Sound in die Mündung des Yukon bugsieren konnte. Die erfahrenen Schiffer hatten das Fahrzeug aber bald wieder frei, und die »Leah« erreichte eine der Fahrrinnen des Flusses.

Ein Boot wie dieses konnte mit einer Barke auf dem Yukon – bei einer Gegenströmung von vier bis fünf Meilen in der Stunde – etwa sechs Meilen zurücklegen. Flußabwärts erreichte es rund 15 Meilen pro Stunde. Zwei Stunden täglich brauchte man, um Holz aufzuladen, das von Holzfällern am Fluß entlang bereitgehalten wurde. Die »Leah« verfeuerte am Tage etwa 100 Kubikmeter Holz. Die Preise schwankten von 14 Dollar pro drei Kubikmeter in Dawson bis sieben Dollar am Unterlauf. Die Frachtraten waren ziemlich hoch, weil die Schiffe jeden Tag zwischen 100 und 150 Kubikmeter Brennholz verbrauchten. Allein das Holz kostete also bei einem größeren Boot für die Strecke von St. Michael nach Dawson und zurück möglicherweise schon 15000 Dollar.

Den ganzen Weg flußaufwärts begegnete der Dampfer kleinen Booten, die in Richtung St. Michael fuhren. In ihnen reisten Männer, die in Dawson gewesen waren und jetzt ihre Abenteuer im Norden beenden wollten. An einem einzigen Tage zählte Lynch 111 Boote mit etwa 500 Enttäuschten, die den Passagieren der »Leah« alle dieselbe wenig tröstliche Botschaft zuriefen: »Umkehren, kalter Winter, schlechtes Essen, keine Arbeit, Hunderte verhungern.«[2] Das war wenig ermutigend für die Leute auf der »Leah«; offensichtlich waren diese Menschen nicht auf das Klondike-Gold gestoßen. Lynch redete sich ein, es müsse sich um »Schwächlinge« handeln.[3] Und in gewissem Sinne hatte er auch recht. Nur wenige von denen, die 1898 auf den Dampfbooten nach Dawson fuhren, sollten reichhaltige Goldseifenplätze finden, die noch nicht von jemand in Besitz genommen waren. Und doch hatte Lynch Erfolgschancen. Aber das lag daran, daß er genug Kapital hatte, um sich alles Nötige zu beschaffen.

Die »Leah« machte einen kurzen Halt in Rampart, das damals schon zu einem einigermaßen wohlhabenden, kleinen Schürfercamp gediehen war. Die Goldgräber dort freuten sich über die Post, die der Dampfer mitgebracht hatte. Für viele war es die erste Post seit mehr als einem Jahr. Im Winter 1897/98 war Rampart für viele von dem Kälteeinbruch überraschte Goldsucher zu einer Art Zuflucht geworden. Zu ihnen gehörte auch der Schriftsteller Rex Beach, Autor von Romanen und Kurzgeschichten.

Beach arbeitete im Winter als Windenmann in einem Schacht und bekam dafür fünf Dollar pro Tag sowie Kost und Logis. Als das Eis auf dem Fluß brach, betätigte er sich als Holzfäller in der Hoffnung, große Profite zu machen, wenn er Dampfer wie die »Leah« mit Feuerholz versorgte. Unglücklicherweise drückte jedoch die Konkurrenz die Preise herunter. Als er und seine Partner drei Kubikmeter Holz für 40 Dollar anboten, winkten die Flußkapitäne ab. Beach ging dann auf 35, auf 30 und sogar auf 20 Dollar herunter – und wurde das Holz schließlich erst los, als er sich mit zehn Dollar pro Klafter einverstanden erklärt hatte. Dafür mußte er das Holz aber auch noch an Deck bringen. Bis dahin hatten die Holzfäller aber auch schon wochenlang bei einer täglich sich wiederholenden Fischdiät ausgehalten, und sie waren am Ende ihrer Geduld.

Beach entschloß sich 1898, nicht mit den Goldsuchern nach Dawson zu ziehen. In Rampart konnte er Arbeit finden, in Dawson machten allzu viele wieder kehrt, weil es keine Beschäftigung für sie gab. Ohne es sich selbst richtig klarzumachen, sammelte er Stoff für Erzählungen, die ihm schließlich mehr Gold einbringen sollten, als er je aus einem Schacht hätte zutage fördern können. Einige seiner Stories hörte er von einem Texaner namens Bill Joyce, für den er während des Winters arbeitete. Das Garn, das Joyce spann, waren »lustige Geschichten von Abenteuern und schneidigen Taten, aber unter ihre Komik lag eine Schicht von Bitterkeit darüber, daß die Zeit und die Strapazen des Lebens unter freiem Himmel die Kraft seiner jungen Jahre doch sehr gemindert hatten«[4]. Joyce war über 70 Jahre alt und machte dreimal wöchentlich den 24-Meilen-Marsch von seiner Grube nach Rampart und zurück, um seine Freundin zu besuchen – und das nach zehn Stunden Schürfen!

Will Ballou und seine Gruppe aus Vermont kamen etwa zur selben Zeit in St. Michael an wie Jeremiah Lynch. Ihr Ziel war der Tanana River, aber es gab keine zuverlässigen Informationen über die Erfolgschancen in dem Gebiet. Tatsächlich waren die großen Funde noch nicht gemacht worden, wenn auch die üblichen optimistischen Berichte im Umlauf waren. Die Leute aus Vermont hatten sich schon gegen Dawson entschieden, und die entmutigenden Worte von Männern, die vom Klondike zurückkehrten, konnten sie nicht veranlassen, ihren Entschluß noch einmal zu überdenken. Rampart hörte sich besser an. In den dortigen Gruben war stetig Gold gefördert worden, und man konnte, wie es hieß, noch Schürfrechte erwerben.

Ballou und Genossen hatten eine abwechslungsreichere Flußreise als Lynch auf der »Leah«. Sogar eine Meuterei gab es. Sie ereignete sich, als der Dampfer und die von ihm geschobene Barke auf eine Sandbank liefen und es so aussah, als würden sie nie wieder loskommen. Alle Anstrengungen der Mannschaft halfen nichts, das Schiff blieb stecken, und die Passagiere, 99 an der Zahl, sahen mit wachsendem Mißmut, wie die anderen Boote vorbeidampften. Schließlich war ihre Geduld am Ende. Sie setzten ein umfangreiches Dokument auf, das von allen unterzeichnet wurde. Die Schiffsoffiziere wurden für abgesetzt erklärt. An ihre Stelle traten Männer, welche die Passagiere in jedem Fall unterstützten. Mehrere Tage lang legten die Passagiere selbst Hand an und schleppten die gesamte Fracht von Dampfer und Barke an Land. Dann wurde die Maschine wieder aufgeheizt – ohne jeden Erfolg. Das Schiff saß auf der Sandbank fest. Zähneknirschend lösten die Passagiere ihre Selbsthilfeorganisation wieder auf und gaben das Kommando an die Schiffsoffiziere zurück, die die beiden Fahrzeuge schließlich wieder freikriegten.

Der Rest der Reise ging ohne Zwischenfälle vonstatten, und Ballou erreichte seinen Zielort Rampart. Er stellte fest, daß die Preise für Grundstücke nicht allzu hoch waren, und erwarb ein Stück Land in der »Stadt« für 50 Dollar. Er und sein Partner wollten eine Blockhütte bauen, bevor sie sich an die Goldsuche machten. Ihre ersten Wochen in Rampart waren also mit dem Hausbau ausgefüllt. Das Bauholz mußte aus einem zwei Meilen entfernten Gebiet herangeschafft werden. Mitte September hatten sie eine gemütliche Behausung fertiggestellt, genug Holz für den Winter gehackt und ordentlich aufgeschichtet. Ihr Vorrats-»Keller« war gutbestückt. Ohne Neid sah Ballou der Parade der Dampfer zu, die auf dem Weg nach Dawson an Rampart vorbeifuhren, und mit Gleichmut konnte er den ersten Schneefall konstatieren. Bald würde der Fluß zufrieren, und der belebte Yukon würde wieder ruhig sein. Die Bevölkerung Dawsons betrug wahrscheinlich zwischen 40000 und 50000. Dagegen hatte Rampart nur 2000 oder 3000 Bewohner, war aber dafür sozial stabiler als die große kanadische Stadt weiter flußaufwärts. Ballou übernahm das Schürfrecht von einem Goldgräber, der noch vor dem Winter aus dem Landesinneren herauswollte, und begann zu schürfen. Will Ballou hätte es damals selbst nicht gemerkt, aber er war aus anderem Holz geschnitzt als die Mehrzahl der Goldsucher. Er fand in Rampart eine Art von Leben vor, die zwar mit Anstrengungen verbunden war und kaum Erholung bot, ihm persönlich jedoch sehr lag. Er gehörte zu der kleinen Gruppe von Männern, die seßhaft wurden. Mochten die anderen Goldsucher zu Hunderten an seinem Haus vorbeiziehen – ihn packte das Fieber nicht, er schlug Wurzeln in Rampart.

Zu den Goldsuchern des Jahres 1898, die zur gleichen Zeit wie Ballou und Lynch in St. Michael eintrafen, gehörte auch George M. Pilcher. Er wollte ursprünglich nach Dawson, aber der Exodus vom Klondike ließ ihn eine andere Entscheidung treffen. Pilcher war im Besitz einer Barkasse, die er in Seattle nach seinen eigenen Angaben hatte anfertigen lassen, und auch sonst war er gut ausgerüstet. Liest man seine Tagebucheintragungen, dann sieht man gleich, daß die Begegnung mit dem Yukon River für den jungen Goldsucher so etwas wie Liebe auf den ersten Blick war, die ein Leben lang dauern könnte:

Eine hübsche Fahrt zur Mündung des Yukon River. Mußte durch Meilen flachen Wassers, vorbei an sehr ebenem Land, auf dem sich Treibholz aufgeschichtet hatte. Dann gab es eine ausgedehnte Wiese mit allen möglichen Gräsern, Moos und Blumen. Heute abend sieht die Szenerie wie ein Traumland aus. Die See gleicht einem glatten Spiegel, und der südliche Himmel sieht feierlich aus und ist vom zartesten Gelb, so daß am Horizont Wasser und Himmel völlig ineinander übergehen. Etwas Schöneres kann man sich nur vorstellen, wenn man an die blumige Eingangspforte zum Paradies denkt oder die weichen Klänge einer Musik, die nicht von dieser Erde ist. Auch in meinen schönsten Träumen hat es nie etwas gegeben, das an diese Szene heranreicht.[5]

Pilcher, der damals 34 Jahre alt war, hatte all seine Mittel in das Abenteuer der Reise nach Norden gesteckt. Er konnte einfach nicht aufgeben und zu seiner Frau und den beiden Töchtern zurückkehren, die in Ohio geblieben waren. Wenn der Klondike ihm kein Goldglück bescherte, dann ließ sich für einen Mann, der zu harter Arbeit bereit war, vielleicht etwas anderes finden. Die große Zahl der Boote auf dem Yukon und deren Bedarf an Feuerung ließen ihn auf eine Idee kommen. Pilcher entschloß sich, am unteren Yukon ein Lager aufzuschlagen und seinen Lebensunterhalt als Holzhacker zu verdienen. In seiner Freizeit konnte er dann noch die Goldsuche betreiben. Allzu viele Männer hatten sich nur auf die Goldsuche gestürzt, und sonst nichts, Pilcher war kein Mann für solche Einseitigkeiten. Ähnlich wie Will Ballou wurde er am Yukon seßhaft, die Schönheit dieses großartigen Landes dämpfte seine Ruhelosigkeit. Sollten andere dem Sirenenklang jedes neuen Goldfundes nachlaufen – die Klänge, denen Pilcher sein Ohr öffnete, waren anders, weniger schrill.

11 Gletscherwahn

Der Valdez-Gletscher

Goldsucher, die ihre Ausrüstungen in Seattle oder anderen amerikanischen Hafenstädten eingekauft hatten, mußten auf diese Güter Zoll entrichten, wenn sie nach Kanada einreisten, ganz gleich, ob sie von Skagway oder Dyea über die Pässe kamen oder die Reise auf dem Yukon gemacht hatten. Das brachte natürlich viele auf den Gedanken, nach einer Route zu suchen, auf der man kein kanadisches Gebiet berührte. Der tiefe Einschnitt des Cook Inlet in das Gebiet Alaskas schien eine solche Möglichkeit zu bieten, jedoch existierte weder zu Lande noch zu Wasser ein sicherer Weg von Cook Inlet zum Yukon, und die Expedition der Armee, die 1898 unter der Führung von Hauptmann Edwin Glenn in das Gebiet entsandt wurde, hatte wenig Ermutigendes zutage gefördert.

Vorteilhafter schien es zu sein, vom Prince William Sound aus – das ist eine riesige Bucht am Golf von Alaska – einen Weg ins Innere zu suchen. Der Golf erstreckt sich in einem großen Bogen von der Landenge des südöstlichen Alaska bis zur Halbinsel Kenai. Auch wenn es hier einige geographische Einschnitte gibt – die Yakutat Bay, die Icy Bay und den Prince William Sound –, so sind doch die Felsmassive von St. Elias und Chugach natürliche Sperren, die weit schwieriger zu überwinden sind als die Berge im Hintergrund von Skagway. An der ganzen Golflinie entlang schieben sich riesige Gletscher bis an den See heran. Gigantische Eisbrocken stürzen oft mit ohrenbetäubendem Krachen ins Wasser.

Gegen Ende des Jahres 1897 kamen nun Gerüchte auf, daß es von Valdez aus (am Anfang des Prince William Sound gelegen) einen alten russischen Pfad zum Tal des Copper River gebe, der von dort zum Yukon River weiterführe. Einige Führer zu den Goldfeldern druckten denn auch diese Information ab, und eine

Reederei, die Pacific Steam Whaling Company, ließ mitteilen, daß sie bereit sei, Passagiere und Fracht nach Valdez zu transportieren. Bis zum Frühjahr 1898 waren zwischen 3 000 und 4 000 Goldsucher in Valdez an Land gegangen, um die neue Route auszuprobieren. Nun kann man allerdings nicht genau sagen, wie groß der Prozentsatz derer war, die tatsächlich zum Klondike wollten. Viele dürften auf Grund der Berichte über Goldfunde im Tal des Copper River selbst nach Valdez gezogen sein. Aber was auch immer ihr Ziel war, ihnen stand eine wahrhaft schlimme Reise bevor, die mit einer Tragödie endete.

Die beste Quelle für die Geschichte dieser Goldsucher ist der Bericht von Hauptmann W. R. Abercrombie über den Versuch der US-Armee, sich von Valdez aus einen Weg ins Landesinnere zu bahnen.[1] Abercrombie kam im April 1898 an und stieß an dem dreieinhalb Meilen langen Pfad von der Wasserlinie bis zum Fuß des Valdez-Gletschers auf Hunderte von Männern. Wie andere Militärs, die während der Goldära im Norden zu tun hatten, war auch er entsetzt darüber, wie unzureichend die Goldsucher ausgestattet waren. Nur wenige besaßen Lasttiere. Zum Transport des Gepäcks hatten sie zumeist Handschlitten mitgebracht, die aber unbrauchbar wurden, wenn der Schnee schmolz. Die künftigen Schürfer brachten einen Teil der mitgeführten Vorräte vom Ufer bis zu einem Versteck in der Nähe des Gletschers und kehrten dann um, um die nächste Ladung zu holen. Selbstverständlich gab es Verwechslungen, so daß die Soldaten oft Streit über Proviant und Ausrüstungen zu schlichten hatten.

Vor dem Eintreffen der Armee war aber niemand da, an den man sich wenden konnte. Und als ein Cowboy aus Montana namens »Doc« Tanner sich mit seinen beiden Partnern wegen der Aufteilung der Vorräte in den Haaren lag, kam es zu Mord und Totschlag.

Ganz ruhig und gelassen griff Tanner zur Waffe und erschoß beide Begleiter. Da blieben selbst die eilig weiterstrebenden Goldsucher stehen, um einzugreifen. Sie versammelten sich und hielten eine kurze Beratung ab. Der Strick war nach einhelliger Auffassung die einzige Antwort. Tanner hörte der Diskussion mit gefesselten Armen zu, blieb aber auch jetzt ruhig. »Klar, es ist schwer, aber ihr müßt tun, was recht ist«, meinte er. Am nächsten

Morgen, einem strahlenden Wintersonntag, gruben einige der Männer einen Pfad bis zum Fuß eines hohen Baumes. Man nahm Tanners eigenes Seil und seifte es ein, damit es besser rutschte. Auch als man ihn zu dem Baum führte, blieb Tanner gelassen. Er blickte auf das Seil und fragte: »Wißt ihr auch, daß ihr den besten Pistolenschützen in ganz Alaska aufhängt?« Seine Henker blieben stumm, streiften Tanner aber einen Mehlsack über den Kopf. Jetzt schrie der Mörder: »Jungs, wollt ihr mich etwa gerade hochziehen und dann hängen lassen? Zieht los!«[2] Vierundzwanzig Männer zogen. Später wurde Tanner am Fuße des Henkerbaumes begraben. Der Gerechtigkeit war, so gut es ging, Genüge getan. Die Goldsucher zogen weiter.

Die Soldaten, die gewohnt waren, daß alles in geordneter Weise ablief und man klar definierte Ziele verfolgte, konnten nur schwer verstehen, daß die Goldsucher in ihrem Verhalten so wenig festgelegt waren. Abercrombie bemerkte dazu: »Sie hatten nicht die geringste Ahnung von den topographischen Gegebenheiten des Landes und keinerlei bestimmten Plan, wie sie weiter vorgehen sollten.« Offenbar wählten die Prospektoren den schwierigsten Weg über den Gletscher, und wenn der Pfad einmal markiert war, dann stellten ihn die Nachfolgenden nicht mehr in Frage. Schlimmer noch war, daß sie »überhaupt keinen Schimmer hatten, wie sie sich mit den beiden wichtigsten Gütern für das Überleben im Freien versorgen sollten, nämlich Holz und Wasser«[3]. Einmal auf dem Gletscher, legten die Gruppen von Männern den 20 Meilen langen Weg zur Spitze stolpernd zurück und zogen dabei mit großer Mühe ihre beladenen Schlitten hinter sich her. Weil sie keinen Brennstoff hatten, nahmen sie ihre Nahrung ungekocht ein. Die größte Gefahr für Gletscherwanderer, die Schneeblindheit, deren Ursache das erbarmungslose Abstrahlen des Sonnenlichts von der gefrorenen Oberfläche ist, kam völlig überraschend für die meisten. Die davon Betroffenen mußten elende Qualen durchstehen und konnten sich, da sie halb erblindet waren, nicht mehr am Transport der Lasten beteiligen. Da sie ausfielen, mußten die anderen einen größeren Teil der Arbeit übernehmen – was dazu führte, daß viele Gruppen auseinanderfielen. Die Vorräte wurden an Ort und Stelle aufgeteilt. Die Männer Abercrombies wurden oft genug gerufen, um dafür zu sorgen, daß Lebensmittel und Ausrüstung fair geteilt wurden. Von den Hunderten kleiner Gesellschaften, die zusammen aus Seattle abgereist waren, blieb nach der Schätzung Abercrombies weniger als ein Dutzend intakt.

Als die Goldsucher den Gletscher überquert und das Klutina-Tal erreicht hatten, fanden sie auch Holz, das sich zum Bau von Booten eignete. Es waren zum Teil recht merkwürdige Fahrzeuge, die die Männer über den Klutina-See zum Klutina River brachten, der ein Nebenfluß des Copper River ist. Auf dem ersten Teil der Strecke ist das Wasser hier recht zahm, aber die letzten 20 Meilen der Route sind voller gefährlicher Stromschnellen. Viele der Boote gingen zu Bruch, ehe sie den Copper River erreichten. Kleidungsstücke und Vorräte blieben an den Ufern hängen, denn das Wasser war zu reißend, als daß man das Verlorene wieder hätte zusammensuchen können. Waren die Gruppen in Copper Center angelangt, dann waren sie erst hundert Meilen von der Küste entfernt, und Hunderte von Meilen trennten sie noch vom Yukon – und von einer leichten Route konnte auch jetzt keine Rede sein. Für diejenigen, die auf den Klondike zusteuerten, bedeutete das, daß sie zunächst dem Lauf des Copper River folgen, dann den Mentasta-Paß überwinden (um zum Tok River zu gelangen) und schließlich den Tanana River überqueren mußten, bis sie die Quellgewässer des Forty Mile River erreichten. An diesem Fluß mußten sie dann entlangziehen – bis zum Yukon River. Der Treck war schon schwierig genug für die, die über Packtiere verfügten, noch mühevoller mußte er für diejenigen werden, die ihre schweren Lasten in Booten über die Schnellen des Copper River ziehen mußten. Der Winter machte der strapaziösen Reise ein Ende, noch ehe die meisten am Ziel angekommen waren. Wer bis dahin noch nicht die Hoffnung aufgegeben hatte, baute sich für die kalte Jahreszeit eine Blockhütte. Auf diese Weise entstanden entlang der ganzen Route zum Forty Mile River kleine Siedlungen.

Der größte Teil derer, die den Gletscher überquert hatten, wollte aber lieber zur Küste zurück, als im Landesinneren zu überwintern. Schon im August begann der Rückstrom, der dann den ganzen Winter hindurch anhielt. Es waren viele halbverhungerte, von Skorbut befallene und verbitterte Männer, die sich da geschlagen gaben. Anfang August richtete die Armee in Valdez eine Hilfsstation ein, wo Verpflegung an Mittellose ausgegeben wurde und die Kranken behandelt werden konnten. Soldaten zogen auch auf den Gletscher, um Verletzte zu bergen. Eine Anzahl der künftigen Schürfer kam beim Überqueren von Flüssen ums Leben. Andere fielen in Gletscherspalten oder wurden von Lawinen erfaßt.

Die Männer, die wieder über den Gletscher zurückkamen, führten lauthals Klage über die Reedereien und die Regierung. Den Reedereien warfen sie vor, daß sie falsche Informationen über die Schwierigkeiten der Wegstrecke verbreitet hätten, und die Armee hätte ihrer Ansicht nach sehr viel früher eingreifen und die Wege ins Innere markieren und ebnen sollen. Diejenigen, die am Copper River ausharrten, beschuldigten staatliche Stellen, den Postdienst von der Küste aus nur unregelmäßig organisiert zu haben. Als gute Amerikaner erwarteten sie, daß die Dienstleistungen der Regierungsstellen mit ihren Pioniertaten Schritt hielten, und es schien ihnen völlig unentschuldbar, wenn dies nicht der Fall war.

Hauptmann Abercrombie verbrachte den Winter 1898/99 außerhalb und sammelte Packtiere und Ausrüstungen für die Anlage eines Pfades von Valdez ins Innere. Da Berichte über die Nöte der Goldsucher am Copper River auch die Hauptstadt Washington erreicht hatten, beauftragte der Kriegsminister Abercrombie, Hilfsgüter für die Schürfer mitzuführen. Im April kehrte er an Bord der »Excelsior« nach Valdez zurück, auf dem Schiff also, das 1897 die ersten erfolgreichen Klondike-Schürfer nach San Francisco gebracht hatte. Als das Schiff anlegte, drängten sich sofort Scharen enttäuschter Goldsucher an Bord, mit nur dem einen Gedanken, möglichst schnell wieder aus diesem Land herauszukommen, das sie vor einem Jahr oder mehr mit so großen Hoffnungen betreten hatten. Abercrombie meinte: »Man würde sich schwer tun, wollte man sich einen bunter zusammengewürfelten Haufen vorstellen. Alle hielten sich für ausgewachsene Goldgräber, obwohl viele von ihnen seit ihrer Ankunft weder eine Spitzhacke noch eine Schaufel auch nur in der Hand gehabt hatten.«[4]

Die Männer waren ziemlich heruntergekommen, und die meisten hatten wenig oder gar kein Geld. Allerdings vermerkt Abercrombie mit einigem Abscheu, daß es offenbar noch für ein fürchterliches Saufgelage reichte, als die Männer sich auf die »Excelsior« gedrängt hatten. Der Kapitän wollte sich auch der Ansicht der Goldsucher nicht anschließen, daß der Staat ihnen eine freie Rückfahrt nach Seattle schuldig sei: »Es dauerte Tage, bis ich sie von der Irrigkeit dieser Annahme überzeugen konnte.«[5]

Abercrombie wurde, als er an Land ging, von einem Agenten des Quartiermeisters Charles Brown begrüßt, der den Winter in Valdez zugebracht und, praktisch auf sich allein gestellt, den verhinderten Schürfern Hilfe geleistet hatte. »Mein Gott, Herr Hauptmann, das war einfach die Hölle! Ich kann Ihnen nur sagen, daß die schlimmen frühen Tage in Montana nicht entfernt an das heranreichen, was wir hier im Winter durchgestanden haben! Es war einfach schrecklich!«[6] Um sich von der Wahrheit dieser Sätze zu überzeugen, brauchte sich Abercrombie nur den Friedhof anzusehen, der seit seiner Abreise aus Valdez dort entstanden war. Die Opfer von Erfrierungen und Skorbut fanden hier ihre letzte Ruhestätte. Ein Blick in die Hütten der ausgepowerten Männer enthüllte die ganze Furchtbarkeit dieser Geschicke. Verkommen und elend aussehende Figuren hockten da stumpfsinnig nebeneinander, manchmal bis 20 Personen in einem Raum von 3,5 x 4,5 Metern. Dem Besucher schlug ein übler Gestank entgegen, der von den durch Skorbut und Erfrierungen schwärenden Wunden stammte. Den ganzen Winter hindurch hatten sich die hoffnungsfroh Ausgezogenen über den Gletscherpfad nach Valdez zurückgeschleppt und waren in diesen stinkenden Behausungen zusammengebrochen. Brown gab ihnen zu essen und leistete, so gut er konnte, auch medizinischen Beistand bei der Behandlung der Erfrierungen, aber ein Spital gab es natürlich nicht – noch nicht einmal eine Möglichkeit, die Erkrankten zu baden. Die am schwersten Betroffenen starben und wurden zum Friedhof geschleift. Die Übriggebliebenen starrten finster auf den Ofen – viel zu apathisch, um etwas dabei zu empfinden. Da die meisten nicht einmal ordentliche Stiefel anhatten, verließen sie die Hütten selten.

Brown konnte zwar durch seine – wenn auch beschränkte – Hilfe zweifellos viele Leben retten, man fragt sich aber doch, warum das furchtbare Elend nicht Anlaß zu einer größeren Hilfsaktion wurde. Eine gut organisierte Expedition hätte, wenn auch ganz sicher mit großen Schwierigkeiten, den gestrandeten Goldsuchern am Copper River über den Winter helfen können. Und in Valdez selbst hätte die Hilfe, die Abercrombie gegen Ende April brachte, viel früher in Angriff genommen werden können. Der Hafen war den ganzen Winter über schiffbar, so daß es von dieser Seite aus keine Hindernisse gab. Verantwortlich für die Schlamperei war die Regierungsmaschinerie in Washington, D.C., die so zögernd auf die Krise reagierte. Dieser und andere Vorfälle können nur beweisen, welche verschwommenen Vorstellungen man sich in Washington von Alaska machte. Wo war die Armee damals? Und wo blieben die US-Zollkutter?

Abercrombie konnte sofort wesentliche Verbesserungen einführen. Er besorgte Hütten für die Einrichtung eines Hospitals sowie eine Feldküche und stellte Personal für beide ein. Unter den körperlich intakten Goldsuchern wurden Holzfäller angeheuert, die als Gegenleistung pro Tag einen Dollar und zu essen bekamen. Von Hundeteams gezogene Schlitten wurden ins Landesinnere entsandt, um Proviant hinzubringen und auf dem Rückweg besonders entkräftete Männer nach Valdez zu transportieren. Etwa 500 Männer im Landesinneren konnten von der Armee mit Medikamenten und Lebensmitteln versorgt werden.

In Valdez stellte Abercrombie fest, daß etwa 70 Prozent der Goldsucher in kleinerem oder größerem Umfang seelischen Schaden genommen hatten. Ein großer, knochiger Schwede berichtete mit irren Augen von einem »bösen Gletschergeist«, der seinen Sohn auf dem Gletscher erwürgt habe. Zuerst habe er seinen Sohn attackiert, als sie ihren Schlitten zum Gipfel zogen, aber da habe man sich noch wehren können. Später jedoch, als er zusammen mit seinem Sohn in einem Schneesturm versuchte, über eine Gletscherspalte zu gelangen, da habe der Geist noch einmal zugeschlagen. Und alle Anstrengungen, die er, der Vater, unternommen habe, seinen Sohn aus der Umklammerung des Unholds zu befreien, seien umsonst gewesen. Abercrombie schreibt: »Als er mir diese Geschichte erzählte, waren zehn oder zwölf Männer in der Hütte, und ich wäre meines Lebens nicht sicher gewesen, wenn ich irgendwelche Zweifel daran geäußert hätte, daß es einen solchen Unhold auf dem Gletscher gebe. Jeder einzelne der Männer in der Hütte war fest davon überzeugt, daß es ihn gab.«[7]

Abercrombie hatte nichts an der Handlungsweise seiner Regierung auszusetzen und betonte statt dessen in seinem Bericht die mangelnde Vorbereitung der Goldsucher. »Die meisten von ihnen«, so schrieb er, »waren vermutlich vorher noch nie so weit fort gewesen, daß sie den Rauch der Fabrik, in der sie arbeiteten, nicht mehr sehen konnten.« Dreiviertel waren klug genug, aufzugeben, nachdem sie den Gletscher erlebt hatten. Diejenigen, die im Inneren blieben, »taten das wahrscheinlich eher aus einem gewissen Stolz heraus und dem Wunsch, später von den Erlebnissen in einem echten arktischen Winter erzählen zu können«. Eine Panik brach aber aus, als sich die Symptome von Skorbut zeigten. »Ein Gefühl der Verlassenheit und des Ausgestoßenseins machte sich breit. Man fühlte sich nicht nur von seinen Kameraden, sondern ebenso von der Regierung, vom Staat, im Stich gelassen.«[8] Hysterie griff um sich, als eine Gesellschaft, die sich im Winter zum Rückmarsch über den Gletscher entschlossen hatte, unterwegs zwei Drittel ihrer Mitglieder verlor, die auf dem weißen Berg einen eisigen Tod fanden.

Nachdem Abercrombie die Hilfsmaßnahmen hinreichend organisiert hatte, begann er mit dem Anlegen eines Pfades ins Innere. Dieser führte an dem Gletscher vorbei, passierte das Keystone Canyon und den Thompson-Paß und endete in Eagle am oberen Yukon. Sehr viel später wurde aus dem Pfad ein für Wagen geeigneter Weg, der dann aber nicht nach Eagle, sondern nach Fairbanks führte und sich damals Richardson Highway nannte. Für viele Jahre war es die einzige Überlandroute, die ins Innere führte.[9]

Der Malaspina-Gletscher

Der Valdez-Gletscher war nicht die einzige Eisroute dieser Art, auf der die Goldsucher ihr Ziel zu erreichen versuchten. Aus Gründen, die bisher noch niemand erraten hat, beschloß eine Gruppe von 18 Männern, vom Malaspina-Gletscher aus ins Innere vorzudringen. Arthur Dietz, Turnlehrer beim Christlichen Verein Junger Männer, gab 1896 den Anstoß zu dieser Expedition, indem er eine Anzeige in den »New York Herald« setzte und darin ein oder zwei Partner suchte, die mit ihm auf die Goldsuche am Klondike gehen wollten. Er bekam 40 Antworten und suchte sich 17 Männer aus.

Die Gruppe ging mit Ernst an die Sache heran. Den ganzen Winter 1896/97 über trafen sich die Männer jeden Sonntag in der Wohnung von Dietz, um ihr Vorhaben zu besprechen. Dietz schrieb: »Anders als viele andere Gruppen, die sich unüberlegt in das Abenteuer stürzten, hatten wir immerhin eine Vorstellung von den Schwierigkeiten, die uns bevorstanden, und wir versuchten, jede mögliche Vorsichtsmaßnahme zu treffen, um unsere Sache zum Erfolg zu führen.«[10] Unter anderem bereiteten sie sich durch das Lesen aller zugänglichen Informationen vor. So wurden etwa die Werke von Polarforschern studiert, weil sie vielleicht Hinweise für die Reise enthielten. Die große Schwemme der Broschüren über den Klondike stand offenbar noch bevor, so daß sich die Männer mit solchen Werken begnügen mußten, die in etwa ihren Erfordernissen zu entsprechen schienen. Allerdings kann der Nutzen, den die Polarforscher aus der Lektüre zogen, nur gering gewesen sein.

Die New York and Bridgeport Mining Company, wie die Gruppe sich nannte, hatte vor, in der Hauptsache in Seattle die Ausrüstung zu beschaffen. Doch Seattle erwies sich, laut Dietz, als »Sodom«. Man kaufte daher sechs Hunde, vier Bernhardiner und zwei Neufundländer in New York, ebenso das Wichtigste an Kleidung: dicke, von Spezialisten angefertigte Pullover, Manchester-Hosen, Sombreros und schwere Lederstiefel. Jeder kaufte sich darüber hinaus eine Winchester-Büchse. Offenbar hatte man auch Gefallen gefunden an einer gewissen Publicity. Zeitungen berichteten über die Absichten der Gruppe und ihre Vorbereitungen. Eine große Menschenmenge versammelte sich vor dem CVJM-Gebäude, um ihrem Aufbruch beizuwohnen, und mehrere Hundert machten die Fahrt in der U-Bahn mit, die sie zum Bahnhof brachte. Zur Expedition gehörten ein Mineraloge, ein Arzt, drei Werkzeugmacher, zwei New Yorker Polizisten, ein Klempner, ein Postangestellter, fünf Büroangestellte, ein Fabrikvorarbeiter und Dietz selbst. Man war überzeugt, daß man mit so einer Mannschaft erfolgreich sein werde.

In Seattle taten sich die Männer mit anderen Gruppen zusammen, um ein Boot zu chartern, weil die regulären Dampfer nach Alaska sämtlich ausgebucht waren. Ihr Anteil betrug 5000 Dollar – kein geringer Preis also, aber sie konnten nicht auf eine bessere Möglichkeit warten.

Es war gegen Ende Februar, als die »Barkley«, eine schon recht betagte alte Dame, die Anker lichtete und den Puget-Sund verließ. Die Fahrt nach Yakutat sollte zu einem reinen Alptraum werden. Stürme peitschten das Schiff und fegten Beiboote sowie einige der Käfige mit den Hunden über Bord. Die Ladung unter Deck mußte mitten im Sturm neu verteilt werden. Die meisten Passagiere waren zu seekrank, um ihre Betten zu verlassen, und sie hielten sich krampfhaft an ihnen fest, auch wenn alles voll von Erbrochenem war. 25 Tage später kam der Berg St. Elias in Sicht. Der majestätische, schneebedeckte Gipfel signalisierte das baldige Eintreffen am Zielort. Nicht lange darauf konnten die Passagiere auch den Malaspina-Gletscher ausmachen und hören, wie große Stücke von ihm krachend ins Meer stürzten.

Dietz hat unter dem Titel »Im Goldfieber in den eisigen Norden« über die Expedition berichtet, aber einen Grund dafür, warum der Weg über das Eis gewählt wurde, nennt er nirgends. Auch seine Zeitangaben gehen etwas durcheinander. Wenn sich seine Gruppe Anfang 1897 bildete, konnte das nicht eine Reaktion auf die Goldfunde am Klondike sein, und außerdem wären die Schiffsplätze von Seattle nicht derartig überbelegt gewesen. Wahrscheinlicher ist deshalb, daß seine Gesellschaft entweder gegen Ende 1897 oder Anfang 1898 Seattle verließ. Etwas merkwürdig bei den geographischen Gegebenheiten war auch, daß die Gruppe sich vornahm, den unteren Mackenzie River anzusteuern, von wo ein Goldfund gemeldet worden war, und in völliges Dunkel bleibt gehüllt, warum sich die Männer für die Route über den Malaspina-Gletscher entschied.

Vermutlich lag es daran, daß der Gletscher beim Studium der Karten wie ein Tor zum Kontinent aussah. Obwohl der Malaspina der größte Gletscher Alaskas ist – der Bering, der Valdez und andere sind vergleichsweise klein –, entspringt dort der Donjek, der in den White River, einen Nebenfluß des Yukon, mündet. Ganz offensichtlich hatten die New Yorker bestenfalls recht verschwommene Vorstellungen darüber, was eine Wanderung über derartiges Gelände bedeutete. Sie reisten alles andere als unbeschwert. Jeder einzelne hatte 1000 Pfund an Lebensmitteln und Gerätschaften bei sich, und zusätzlich hatte die Gruppe noch die schwere Ausrüstung zu transportieren, darunter einen Motor von 800 Pfund Gewicht.

Wenn man das Leid bedenkt, das diese Männer erfahren sollten, mag es taktlos erscheinen, wenn man hervorhebt, wie entsetzlich sie von dem Land im Norden wußten. Aber Dietz fordert letzten Endes selbst dazu heraus, wenn er Fehler nicht bei sich selbst oder seinen arglosen Genossen sucht, sondern die Regierung beschuldigt oder »irgendeinen Unhold, der das ganze Goldfieber zu seinem eigenen Gewinn angeheizt hat«. Nach der Schätzung von Dietz hat der Goldrausch zwischen 2000 und 2500 Menschenleben gefordert. Quellen nennt er dafür allerdings nicht, sondern behauptet, die Regierung selbst habe in einem Bericht von 1800 Toten gesprochen. Aber diese Zahlen sind weit übertrieben und können bestenfalls als Ausdruck der Verbitterung von Dietz gewertet werden. Er schrieb: »Die Regierung hätte etwas unternehmen müssen, um diese großen Opfer zu vermeiden.«[11] Man kann der Expedition der New Yorker alles Mitgefühl entgegenbringen und trotzdem fragen, was auch die wachsamste Regierung hätte tun können, um das Unglück abzuwenden.

Der erste Teil ihrer Reise dauerte eine Woche. Das gesamte Gepäck, das sie mitführten, mußte über eine fünf Meilen lange, schlechte Wegstrecke bis zum Rande des Gletschers gebracht werden. Packtiere hatten sie nicht, und die Schlitten nützten nicht viel, weil der Boden nur zum Teil mit Schnee bedeckt war. Die ganzen Lasten auf die dicke Eisschicht heraufzubekommen war noch schwieriger, aber am 20. April war man tatsächlich auf dem Gletscher, wo die Schlitten, jeweils von vier Hunden gezogen, eingesetzt werden konnten.

Der Gletscher war mit Pulverschnee bedeckt. Männer auf speziellen Schneeschuhen mußten den Hunden mit den Schlitten den Weg bahnen und nach Gletscherspalten Ausschau halten. Die Gruppe schaffte pro Tag mit Mühe zehn bis 15 Meilen gegen den Wind, der ihnen ständig vom Gletscher aus entgegenpfiff. Alle hatten entzündete Augen oder büßten gar teilweise ihr Augenlicht ein, solche Kraft hatte die Sonnenabstrahlung – trotz der getönten Gläser, die sie trugen. Auch der Sonnenbrand schmerzte. So verging ein Tag nach dem anderen. Man sprach kaum, außer um die Hunde anzutreiben. Nach zwei Wochen – die sich hartnäckig Vorwärtskämpfenden hatten noch immer nicht den Gipfel erreicht – brach ein furchtbarer Schneesturm los. Die Männer mußten anhalten, bis sich der Sturm gelegt hatte – und dann ihr ganzes Gepäck von einer meterhohen Schneedecke befreien.

Während sie mühsam weiterzogen, geschah ein neues Unglück: Der Schwager von Dietz, der Expeditionsarzt, stürzte in eine tiefe Spalte. Der Schlitten, die Hunde und die Medikamente verschwanden mit ihm in der Tiefe. Fast am Gipfel angelangt, traf einen anderen das gleiche Geschick, und kurz vor dem Ende des Gletschers verlor man einen dritten Mann samt Schlitten und Hunden. Es war der 2. Juni, als man nach einem sieben Wochen dauernden Alptraum, wieder festen Boden unter den Füßen hatte.

Weiter ging es ins Landesinnere, an unbekannten Strömen entlang und vorbei an den Bergen, die man mied. Am 29. Juli entschlossen sich die Männer, den schweren Motor zurückzulassen, so daß sie schneller vorwärtskämen. Unterwegs durchsuchten sie die Flußbetten nach Gold. Als einer von ihnen einem Fieber erlag, legte sich die Angst vor einem Typhusausbruch wie lähmend auf die Gruppe. Wochen vergingen, der Winter nahte. In der Nähe eines Flusses, den sie für den Tanana hielten, bauten sie eine Blockhütte und durchsuchten die Gegend systematisch nach Gold, bis die einsetzende Kälte dem ein Ende machte. Inzwischen waren neun Monate vergangen, seit sie hoffnungsfreudig aus New York aufgebrochen waren, und nun lagen Monate unfreiwilligen Müßiggangs vor ihnen. Drei der Männer machten sich auf den Weg, um ein Eingeborenendorf ausfindig zu machen. Man hörte nie wieder etwas von ihnen.

In den Wintermonaten ging den verbliebenen elf Männern jeder Sinn für Zeit verloren. Sie kamen kaum aus ihren Schlafsäcken heraus und machten keinerlei Anstrengung, etwas mit ihrer Zeit anzufangen. Nur geredet wurde! Nachdem sie zu wiederholten Malen sämtliche Gedichte und Lieder aufgesagt hatten, die sie kannten, fingen sie an, einander alles zu offenbaren, was sie in ihrem Innersten bewegte. Sie berichteten willig über Dinge, die sie sonst kaum unter der Folter ausgesagt hätten. Und immer war da die Kälte!

Als der Frühling kam, schöpften die Männer neue Kraft und begannen, an einem Berghang in der Nähe einen Schacht zu teufen. Doch der Kies über dem Muttergestein enthielt nur ganz spärliche Goldflöckchen – die Stimmung sank wieder. Wieder starb einer von ihnen, wahrscheinlich an Skorbut. Drei andere zogen aus, um in der weiteren Umgebung nach Gold zu suchen – und wurden von einer Lawine getötet. Der Sommer ging vorbei und man überlegte, ob man einen Gewaltmarsch zur Küste versuchen sollte, sobald es Schnee genug für die Schlitten gab.

Dieser Marsch hätte wahrscheinlich mit dem Tod der übrigen sieben Männer geendet, wenn sie nicht das Glück gehabt hätten, auf ein indianisches Dorf zu stoßen. Ein Weißer, der bei den Indianern lebte, zeigte den New Yorkern den Weg zu dem Küstenort Orca. Und irgendwie, nach einem wochenlangen Marsch, bei dem sie ihre gesamte Ausrüstung und die Schlitten aufgaben, einen weiteren Gletscher überquerten und sich von dem Fleisch der Hunde ernähren mußten, erreichten sie mehr tot als lebendig die Küste. Wie durch ein Wunder wurden die Feuer, die sie angezündet hatten, von einem Schiff des US-Zolldienstes bemerkt. Ein Kommando des Schiffes fand sieben Männer in ihren Schlafsäkken, vier von ihnen lebend. Am 18. April 1899 kam Dietz im Hospital von Sitka zu sich und wunderte sich, daß er überlebt hatte.

Die nicht mehr zu überbietende Ironie wurde Dietz klar, als er nach Seattle zurückkam. In einem Artikel der »Seattle Times« hieß es, seine Gruppe sei mit Goldstaub und Goldkörnern im Wert von 500000 Dollar zurückgekehrt. »Damals wurde mir schließlich klar, warum diese phantastischen Geschichten verbreitet wurden. Um das Geschäft anzuheizen! Jawohl, damit Seattle und die Reedereien ihre Geschäfte machen konnten!«[12] Dietz war keineswegs der einzige, der so verbittert war. Es gab viele andere, die ebenfalls die Selbstsucht von Unternehmern für die falschen Informationen verantwortlich machten, die zu solchen Katastrophen führten.

Es besteht auch kein Zweifel, daß falsche Berichte über sogenannte Goldfunde in Umlauf gebracht wurden: Das Fiasko vom Kotzebue-Sund geht auf dieses Konto; und es gab viele andere Fälle. Aber es ist nicht so einfach, bei der verbreiteten Hysterie und den unzähligen Gerüchten der Zeit des Goldrauschs die

Verantwortung eindeutig zu fixieren. Dietz meinte zu wissen, wen er anzuklagen hatte, aber er hat uns nicht hinterlassen, welche Fehlinformationen ihn seine ungewöhnliche Reise beginnen ließen. Er spricht zwar des längeren davon, wie besonnen seine Gesellschaft an die Vorbereitungen heranging, aber warum sie den Mackenzie River als Ziel und den Malaspina-Gletscher als Einfallstor wählte, sagt er nicht. Vielleicht besaß er eine »geheime Karte« von einer »aufgegebenen Grube«. Sollte das der Fall gewesen sein, dann wurde er tatsächlich Opfer eines Betruges – aber dann waren nicht die Reedereien oder die Regierung die Schuldigen. Informationen über die Landwege zu den Goldfeldern entlang des Yukon River und des Lynn-Kanals gab es sowohl von amtlicher als auch von kommerzieller Seite genügend. Diese zuverlässigen Daten wurden von den New Yorkern aus unbekannten Gründen nicht benutzt. Der Preis, den sie dafür zu zahlen hatten, war hoch: von den 18 Männern, die sich unter den bewundernden Zurufen einer begeisterten Menge in New York auf den Weg machten, kehrten nur vier lebend zurück, und von diesen waren zwei völlig erblindet, während die anderen beiden mit einer bleibenden Minderung ihrer Sehkraft davonkamen.

12 Die Überland- und Flußrouten

Der Dalton trail

Zu den weniger benutzten Wegen zum Klondike gehörte der Dalton Trail, der von Pyramid Harbor am Lynn-Kanal, 20 Meilen südwestlich von Skagway, bis nach Fort Selkirk am Yukon führte. Diese Strecke war länger als der Weg von Skagway oder Dyea aus, hatte dafür aber den Vorteil, daß er sich bestens für Packtiere und Vieh eignete. Jack Dalton, ein alter Hase, entdeckte diesen Zugangsweg und verlangte von den nach Klondike Ziehenden eine Gebühr für die Benutzung. Die Versuche anderer, sich »die Rechte« an einem bestimmten Weg zu sichern und dafür zur Kasse zu bitten, scheiterten allesamt. Einer, der versuchte, Gebühren für einen Weg über den Weißen Paß zu nehmen, wurde von einer Welle Goldsucher einfach beiseite gedrängt. Jack Dalton konnte das nicht passieren. Die Gebühr verweigern, hieß mit dem Leben spielen, denn Dalton verteidigte sein Recht mit der Waffe; sein Ruf als Revolverschütze war entsprechend. Die kleine Zahl derer, die seine Route benutzten, zahlte dafür 250 Dollar. In Dawson galt Dalton als Held, nachdem er im Sommer 1898, als das Fleisch knapp war, eine Viehherde von 2000 Stück die 300 Meilen lange Strecke nach dort gebracht hatte.

Der Edmonton Trail

Die von Edmonton, der Hauptstadt der kanadischen Provinz Alberta, ausgehenden Wege waren die weitesten, die 1897/98 benutzt wurden, um zum Klondike zu gelangen. Die Wegstrecken waren verschieden, die hauptsächlich benutzte Wasserroute war 2600 Meilen lang. Man benutzte den Peace River, den Athabasca River, den Lane River, den Great Slave Lake, den Mackenzie River und den Porcupine River, um schließlich Fort

Yukon zu erreichen. Der wichtigste Überlandweg maß 1446 Meilen und führte die Goldsucher über den Peace River nach Fort St. John, den Finlay River und den Kechika River entlang bis zum Watson Lake, und von da am Pelly River entlang nach Fort Selkirk.

Zwar hatten die Goldsucher, die die Wege von Edmonton aus benutzten, mehr Erfolg als diejenigen, die British Columbia durchquerten. Aber wer schließlich in Dawson eintraf, hatte mit unglaublichen Schwierigkeiten zu kämpfen. Manche waren zwei Jahre unterwegs. Eine Frau kam nach Dawson mit einem auf dem Wege geborenen Baby – was aber eigentlich nur interessant ist, wenn man weiß, daß dieses Kind auch erst unterwegs gezeugt worden war. Ungefähr die Hälfte der 1500 Personen, die von Edmonton aus loszogen, erreichten den Klondike. Die anderen kehrten entweder um oder entschlossen sich unterwegs, woanders nach Gold zu suchen. Es gab mindestens 70 Todesfälle, und – um beim Statistischen zu bleiben – etwa 20 der Prospektoren wurden, als sie Dawson erreichten, finanziell einigermaßen für ihre Mühen entschädigt.[1]

Edmonton war eine verschlafene Präriestadt von etwa 1200 Einwohnern, als das Gold im Gebiet des Klondike entdeckt wurde, und es dehnte sich wie Seattle mit dem Heranströmen der Goldsucher aus. Zu der Zeit war es der nördlichste Punkt der Canadian Pacific Railroad, und man hatte hier eine gewisse Erfahrung mit der Ausrüstung von Expeditionen in den Norden Kanadas. So war es ganz natürlich, daß künftige Goldgräber aus den Vereinigten Staaten, Kanada und anderen Ländern nach hier kamen.

Auf der Landkarte sah die Strecke von Edmonton nach Norden ganz vernünftig aus. Die ersten Goldschürfer am Yukon, Jack McQuesten, Alfred Mayo und andere, hatten die Mackenzie-Porcupine-Strecke nach Alaska benutzt. Was die Goldsucher von 1897/98 dabei allerdings übersahen, war der Unterschied im Reisemodus zwischen ihnen selbst und den Männern der ersten Stunde. Diese zogen ohne viel Gepäck los, kamen schnell voran und beschafften sich ihren Proviant unterwegs. Dagegen führten die Leute, die später zum Klondike aufbrachen, viele Zentner Lebensmittel und Ausrüstung mit sich. Hatte man Edmonton erst einmal hinter sich, gab es keine Möglichkeit mehr, Proviant nachzufassen, so daß alles, was für eine zweijährige Expedition vonnöten war, auf dem Land- oder Wasserwege mitgeführt werden mußte.

Es mutet eigenartig an, daß Goldsucher sich für diese Routen entschieden – anstatt für die relativ unbeschwerlichen und bekannten Wege zum Yukon von Skagway oder St. Michael aus. Aber wahrscheinlich spielte bei diesem Abenteuer das starke Konkurrenzdenken eine Rolle: Vielleicht konnte man die anderen schlagen, wenn man die meistbenutzten Pfade mied. Allerdings sollten sich derartige Hoffnungen für alle, deren Ausgangspunkt Alberta war, zerschlagen.

Der Stikine River

Fast 5000 der Klondike-Fahrer reisten per Dampfer nach Wrangell, einem Hafen etwa in der Mitte des schmalen, sich nach Süden erstreckenden Teils von Alaska, um von dort auf dem Stikine River zu den Goldfeldern zu gelangen. Wrangell war ehemals ein Handelsposten der Russian-American Company gewesen und hatte seine große Zeit in den 70er Jahren des vorigen Jahrhunderts gehabt, als die Goldsuche im Gebiet von Cassiar in der kanadischen Provinz British Columbia ihren Höhepunkt erreicht hatte. 1897/98 war Wrangell eine kleinere Ausgabe von Skagway und ebenso wie dieses die Heimat einer zum Teil recht rauhen Sorte von Menschen. Soapy Smith entsandte auch nach hier Mitglieder seiner Bande, um die Goldsucher nach Möglichkeit zu erleichtern, so daß auch in Wrangell diese Verbrecherbande zum beherrschenden Element der Stadt wurde. John Underwood, der als Journalist über Alaska berichtete, beschrieb Wrangell als »eine der gesetzlosesten Städte«, die er je im Westen kennengelernt habe.[2] Oberst Sam Steele von der Northwest Mounted Police kam im Februar 1898 nach dort und ließ kaum ein gutes Haar an dem Ort, den er als »schmutzig, häßlich und mit der gewohnten Zahl von Spielhöllen und anderen Etablissements niederer Sorte ausgestattet« bezeichnete.[3] Auch über die Besucher dieser Einrichtungen hatte er nicht viel Freundliches zu berichten.

Wrangell war aber auch geradezu prädestiniert für Schmarotzer und Diebe, die die Szenerie hier im Norden mit ihren zweifelhaften Talenten belebten. Man brauchte gar nicht erst Saloons und Spielpaläste für die andrängenden Goldsucher zu errichten, denn all dies war bereits vorhanden und wartete nur auf die Neuankömmlinge. Nach 15 Ruhejahren seit dem ersten Goldrausch war alles, was man zu tun hatte, dies: die Bretter abreißen, die zum Schutz vor Fenster und Türen der Lokale an der Hauptstraße genagelt worden waren: die Spinnweben wegfegen und die Tische für das damals gängige Pharo-Kartenspiel sowie die Roulette-Tische wieder aufstellen. Wurden andere Goldstädte aus dem Nichts erschaffen, so brauchte Wrangell nur wiederbelebt zu werden.

Underwood erzählt auch die Geschichte von einem jungen Mann, der es fertigbrachte, die Smith-Bande auszutricksen. Der Mann, »Single O Kid« genannt, hatte sich seinen Spitznamen wegen seiner enormen Fähigkeit, mit dem Revolver umzugehen, verdient. An einem Schießstand beeindruckte er die Menge einmal damit, daß er 125mal hintereinander genau ins Schwarze traf. Die Leute von Smith wußten das zu würdigen und machten einen Bogen um »the Kid«. Aber dann unterlief ihnen der Fehler, einem Onkel des Revolverhelden beim Poker sein ganzes Geld abzunehmen. Dieser hatte mitangesehen, wie sein Onkel betrogen wurde, und als das Spiel zu Ende war, ließ er seine »Artillerie« blitzen und steckte das ganze auf dem Tisch liegende Geld ein. Hier hatten die Mitglieder der Bande endlich einmal den kürzeren gezogen, und niemand traute sich an »the Kid« heran, bis dieser zu einem taktisch klugen Zeitpunkt dem Ort den Rücken kehrte.

Wrangell gedieh, weil es von der kanadischen Regierung als vorzüglicher Ausgangspunkt für Reisen ins Landesinnere angepriesen wurde. Die Goldsucher konnten von hier aus am Stikine River entlang zum Telegraph Creek gelangen und dann der Route zu dem 160 Meilen entfernten Teslin Lake folgen. Von dort führte der Hootlalinqua River in die Nähe der Yukon-Quellgewässer. Es wurden auch Pläne für die Einrichtung einer Dampferlinie auf dem Stikine und einer Eisenbahnverbindung vom Telegraph Creek zum Teslin Lake angefertigt, aber diesen erging es wie so vielen anderen Entwürfen für Verbindungswege in die Goldära: es wurde nichts daraus.

Klondike-Reisende, die im Winter 1897/98 auf dem Eis des Stikine vordrangen, machten sehr schlechte Erfahrungen mit dieser Reiseroute, die noch dazu länger als alle anderen außer der Strecke von Edmonton aus war. Alfred Brooks hat geschätzt, daß von den 5000 Männern und Frauen, die Wrangell verließen, etwa die Hälfte den ganzen Stikine hinaufzog und daß von diesen nur etwa 200 oder 300 sich durch Tundren und Sümpfe schließlich bis Dawson vorkämpften.[4]

Startford Tollemache, ein Kanadier, der sich sonst als Fallensteller betätigte, gehörte zu denen, die 1898 die Stikine-Route benutzten. Er hatte sich seine Ausrüstung in Victoria, British Columbia, besorgt und sich für den Stikine entschieden, weil ihm dies der beste Weg nach Dawson zu sein schien. Er machte sich also von Wrangell aus mit Hunden und Schlitten auf den Weg flußaufwärts. Er kam nicht schnell voran, weil die Frühjahrsregen den Schnee in einen dicken Matsch verwandelten. Andere Gruppen kehrten um, aber Tollemache und seine Begleiter warfen Ballast von ihren Schlitten und zogen weiter. Es wurde eine schwere Zeit für Menschen und Hunde gleichermaßen, und die Situation verschlechterte sich noch, als die Schneeschmelze einsetzte. Tollemache tötete die Hunde, die zu schwach geworden waren, und fütterte mit dem Fleisch die restlichen Tiere. Als die Gesellschaft den Strom erreicht hatte, der zum Yukon führte, waren von den ursprünglich zwölf Hunden nur noch zwei übrig. Die Weiterreise auf dem Wasser war leichter, auch wenn die Männer ihr Gepäck des öfteren abladen und um gefährliche Stellen herumtragen mußten. Es war Spätsommer, als Tollemache nach Monaten schwerster Arbeit die 1200 Meilen hinter sich gebracht hatte, und was er dann sagte, klang wenig freundlich. Der Weg, so meinte er, sei »propagiert worden als einer der besten«, habe sich aber in Wirklichkeit als einer der schlechtesten erwiesen.[5]

Der Ashcroft River

Der Ashcroft Trail war zum Teil identisch mit der Stikine-Route, führte jedoch nur über Land. Entschied man sich für diese Route, dann nahm man zunächst die Eisenbahn bis Ashcroft, British Columbia, 125 Meilen nordöstlich von Vancouver am

Thompson River gelegen. Man folgte dann der Cariboo Road und überquerte den Skeena River, so daß man beim Eintreffen am Stikine und dem Telegraph Creek die ersten 1000 Meilen hinter sich gebracht hatte. Einer derjenigen, die diese Route benutzten, ein Mann namens Walter R. Hamilton, wußte, daß 1898 1500 Personen mit 3000 Pferden dieser Strecke folgten. Von diesen gelangte allerdings nur eine Handvoll bis nach Dawson. Die anderen gaben auf und kehrten um, wenn sie ihre Pferde verloren. Entlang der ganzen Wegstrecke lagen die Kadaver, und wenn man den Berichten glauben darf, ist nicht ein einziges Tier bis zum Klondike gekommen.

Weil man für diese Strecke nicht das Geld benötigte, das man für eine Seereise nach Skagway oder St. Michael brauchte, nannte man sie die »Route des armen Mannes«. Man konnte per Dampfer nach Vancouver, British Columbia, fahren und dann den Zug nach Ashcroft nehmen – beides war billig. Nach Monaten mühsamen Wanderns durch das schwierige Gelände der Wälder British Columbias wurden die Goldsucher immer wütender, und sie gaben den Verkäufern der Ausrüstungen in Seattle, den Reedereien oder der Zeitung »Post-Intelligencer« in Seattle die Schuld daran, daß sie über diese Landstrecke falsch informiert worden waren. Einer der enttäuschten Glücksritter verewigte sich nördlich von Hazelton in der Rinde einer Schierlingstanne. Neben groben Karikaturen der angeblich verantwortlichen Bösewichter hieß es da:

Und hier ist der Chef dieses Blattes,
der verlogen erklärt,
er hat es
erfahr'n,
daß die Route des armen Mannes
ohne Zweifel die beste war.[6]

Walter Hamilton traf es besser als die meisten Goldsucher, die von Ashcroft kamen. Er erreichte Atlin in der Nähe der Yukon-Quellwässer im Januar 1899. Ein dort gemachter Goldfund zog Goldsucher und Bauarbeiter an, die ihre Jobs an der Eisenbahn über den Weißen Paß aufgaben, um ein Anrecht in dem vielversprechenden Gebiet zu erwerben. Hamilton arbeitete hier den Rest des Winters und verdiente ein gutes Stück Geld. Bis zum Spätsommer hatte er eine gute Ausrüstung beisammen, und so schloß er sich fünf anderen Männern aus Atlin an, um mit ihnen nach Dawson weiterzuziehen. Die Gruppe gelangte zunächst zum Lake Bennett und nahm von dort den Wasserweg, dem auch die Goldsucher folgten, die vom Chilkoot und vom Weißen Paß her zum Klondike wollten.

Das furchtbare Lawinenunglück vom Chilkoot-Paß im April 1898 war der Grund gewesen, weshalb Hamilton und viele andere sich für den Ashcroft Trail entschieden. Von Ashcroft aus folgten die Klondike-Reisenden der alten Cariboo-Straße nach Quesnel. Diese Straße war in den sechziger Jahren des vorigen Jahrhunderts angelegt worden, als in Cariboo Gold gefunden worden war, und sie war immer noch in einigermaßen gutem Zustand. Nachdem man die ersten 150 Meilen auf dieser Straße zurückgelegt hatte, mußte man über den Fraser River und dann weiter nach Quesnel. Von hier ging es nach Nordwesten über einen »sogenannten Weg«, den 30 Jahre zuvor eine Expedition der Western Union Telegraph angelegt hatte.[7] Schließlich gelangte man nach Hazelton am Skeena River, nachdem man unterwegs einen der wichtigsten Meilensteine des Gebietes passiert hatte, eine Hängebrücke in der Nähe der Mündung des Bulkley, die von Indianern aus dem Material gebaut worden war, das die Telegrafenmänner zurückgelassen hatten. Hamilton beschreibt auch noch andere »Sehenswürdigkeiten«, die er unterwegs vorfand, unter anderem einen »Grabstein« mit folgender Inschrift:

Gelobt sei das Andenken an (...) Möge er in der Hölle ruhen. Angeblich war er ein Führer, aber das war gelogen.[8]

Die Erbauer des »Grabsteins« waren von dem Mann in die Irre geführt worden, der vorgegeben hatte, sich in dem Gebiet auszukennen. Eigentlich hatte man ihn hängen wollen, aber er hatte wohl noch in letzter Minute Wind von der Sache bekommen und sich aus dem Staub gemacht, so daß die Genasführten sich mit dieser Erinnerungstafel rächten. –

Jetzt galt es, die Skeena-Sümpfe zu durchqueren, wo viele der geschwächten Pferde getötet werden mußten. Aber endlich war man am Stikine, wo der Ashcroft Trail mit der von Wrangell ausgehenden Route zusammentraf. Und weiter ging der lange, harte Treck zum Yukon. Unterwegs fand Hamilton eine weitere Botschaft, die in die Rinde eines Baumes geschnitzt war – diesmal klang es etwas freundlicher:

Ich denke an ein schönes Land, mit grünem, hohem Gras, wo Pferde sicher gehen können – und wir, wenn wir erst da sind.[9]

Hamilton erinnerte sich an diese Inschrift noch 60 Jahre später, als er schon über 90 war. Er meinte damals, die letzte Zeile sei für ihn der beste Ausdruck für das Denken derer, die 1898 zum Klondike zogen oder auf dem Wege dorthin ihr Leben ließen.[10]

Ebenfalls mit dem Ashcroft Trail beschäftigt sich Hamlin Garlands Erzählung »Trail of the Goldseekers«. Garland war Schriftsteller, und ihn interessierte »die Natur, nicht das Gold«. Er wollte »das Abenteuer miterleben und es beschreiben«, und diese selbstgestellte Aufgabe hat er hervorragend erfüllt.[11] Garland beschrieb die Wildheit der Szene so packend und geschickt, wie es die hastigen Glücksritter nie fertiggebracht hätten. Man sieht förmlich die Bäume und Pflanzen, die Vögel und Blumen, die Flüsse und Täler dieses gewaltigen und doch so einsamen Landes. Und sogar dieser scharfe Beobachter kapitulierte vor der Ashcroft-Route. »Wenn ich jetzt lese, was uns an Literatur über diese ›Prärie-Strecke‹ zur Verfügung stand, dann wird mir klar, wie jedes Detail der letzten Hälfte dieses Weges in einen Nebel getaucht schien. Es war, als wenn man uns in einen großen Sack geführt und ihn hinter uns zugebunden hätte.«[12] Für Garland war es ein Schock, als er erfuhr, daß es gar keinen gekennzeichneten Weg gab. Besonders das Leiden der Pferde der Goldsucher ging ihm nahe. Die Packtiere wurden auf schwierigen Pfaden vorangetrieben, wo es kaum etwas zu fressen gab und Mücken und Fliegen in Schwärmen über sie herfielen.

Am Telegraph Creek hatte Garland endgültig genug von der Ashcroft-Route. Er bestieg einen Dampfer, der ihn den Stikine River hinunter nach Wrangell brachte. Von dort nahm er ein anderes Schiff nach Skagway. Skagway war damals ruhig, denn alles, was Beine hatte, war nach Atlin gezogen. Dahin reiste auch Garland. Das Hochgefühl unter den Goldsuchern erinnerte ihn an die Landnahme in Dakota im Jahre 1883. »Dies alles hat etwas

Wunderbares, das Freiheit und Primitivität zugleich atmet«, schrieb er.[13] Aber er sah in den meisten Goldsuchern auch »Marionetten, die von einem großen Magneten angezogen werden«.[14] Die Männer sind eher schwach als stark – oder ihre Stärke liegt in der Art, wie sie ihr Wahnsinnsziel verfolgen, berichtet er. Garland sah bald nur noch »den Schmutz, die Habgier und die Dummheit der Goldsucher«.[15] Die Goldsucher waren in ein hartes Land gezogen, und dagegen nahmen sich die Landnahmen in den Rocky Mounties und Kalifornien – so Garland – ausgesprochen harmlos aus.

13 Dawson City

Den ganzen Herbst des Jahres 1896 über kamen Goldsucher von Forty Mile und Circle nach Bonanza Creek, nachdem hier George Carmack, Skookum Jim und Tagish Charley die phantastische Goldmenge im Gegenwert von vier Dollar in einer einzigen Schüssel voll Sand gefunden hatten. Joe Ladue kümmerte sich nicht um die goldträchtigen Bachläufe, sondern sicherte sich statt dessen ein Gelände auf dem Tundramoor am Yukon in der Nähe der Mündung des Klondike. Er schickte einen Boten nach Forty Mile, um seinen Anspruch auf das Land aktenkundig zu machen, dann lud er sein Sägewerk auf ein Floß und schaffte es zusammen mit einer Menge Bauholz von Ogilvie an seinen neuen Standort. Ogilvie war ein Camp am Sixty Mile River, das er nach einem kanadischen Landvermesser benannt hatte. Zunächst errichtete Ladue ein Warenlager und eine Blockhütte, die ihm sowohl als Wohnstätte wie auch als Saloon diente. Schon der Grund und Boden, den er nach dem kanadischen Geologen George Dawson nannte, erwies sich wahrlich als Goldeswert: Für die Grundstücke zahlte man schon bald Preise bis zu 15 000 Dollar pro Meter der Vorderlänge. Leute, die neu in das Gebiet kamen, nahmen sich aber nicht einmal die Zeit, ein Haus zu bauen. Sie suchten sich einfach einen Platz in der Nähe der Blockhütte Ladues und schlugen ihre Zelte auf. Dann zogen sie in aller Eile los, um sich noch nicht vergebene Schürfrechte am Bonanza Creek, am Eldorado Creek und anderen Flüßchen der Umgebung zu sichern.

Gold fand man im Überfluß in diesem Winter und Frühjahr – aber alles andere, Lebensmittel, Nägel, Werkzeug und Geräte und sogar Schreibpapier, war äußerst knapp. Die Goldsucher konnten von Glück sagen, daß William Ogilvie da war. Er war aus Forty Mile heraufgekommen, um das von Ladue beanspruchte Gelände und, was noch wichtiger war, das Gebiet an den Creeks zu vermessen, wo die Goldsucher ihre Stakes oder Schürfrechte doch sehr nach Augenmaß abgesteckt hatten. Ogilvies Arbeit ersparte ihnen viel Spannungen, die durch Überlappungen der Anrechte hätten entstehen können. Außerdem wurden natürlich die Schürfrechte der Männer erst durch die amtliche Feststellung rechtens. Hätte er nicht regelnd eingreifen können, dann wäre es um die Ausbeutung der Lagerstätten zu endlosen juristischen Streitereien gekommen, von denen letztlich nur die Anwälte profitiert hätten.

Wäre zwei Jahre darauf in Nome ein Beamter der Vereinigten Staaten mit ähnlichen Vollmachten zugegen gewesen, dann wäre dort am Anfang alles wesentlich geordneter verlaufen.

Arthur Walden, der den Rush von Circle nach Dawson mit dem Brief an Harry Ash ausgelöst hatte, war in jenem Winter ein sehr beschäftigter Mann. Er legte die Strecke von Circle nach Dawson mit Lebensmitteln dreimal zurück. Die Männer aus Circle waren natürlich erfahren genug, um zu wissen, daß in dem neuen Camp die Nahrungsmittel knapp werden würden, weil man die Dampfer mit den Vorräten aus St. Michael nicht vor Mitte Juli am oberen Yukon erwarten konnte. Wenn sie also ihre Schlitten beluden, dann waren außer den Spitzhacken und Schaufeln, den unersetzbaren Gummistiefeln, Siebschüsseln, Zelten und Decken immer Eßvorräte dabei. Wer von ihnen Hundeteams besaß, kam schnell nach Dawson, wer nur ein paar Hunde hatte, mußte schon mehr Zeit investieren, und diejenigen, die ihre Schlitten selbst ziehen mußten, waren sehr lange unterwegs. Walden überholte die Männer ohne Schlitten auf seiner ersten neuen Tour nach Dawson, kam auf seiner zweiten Reise noch einmal an ihnen vorbei – und traf sogar auf seinem dritten Trip noch einmal einige von ihnen, die sich mühsam ihrem Ziel entgegenschleppten. Mitte Mai waren aber auch die letzten in Dawson angelangt.

Walden und die anderen Bewohner Dawsons hatten außer Mehl nichts auf ihren Speisezetteln, als sie das schrille Pfeifen des ersten eintreffenden Flußdampfers aus ihren Zelten und Hütten stürzen ließ. Man schrieb den 18. Juli, als die »Bella«, beladen mit Lebensmitteln und Getränken, in Dawson festmachte. Natürlich gab es ein großes Fest: »Die paar Saloons, die es gab, öffneten ihre Türen sperrangelweit, die Drinks waren frei und *jedermann* trank über seinen Durst – einschließlich der auch vorhandenen Enthaltsamkeitsapostel.«[1]

Dawsons Wachstum machte Fortschritte im Sommer 1897, als die Glücksritter von weiter flußaufwärts und von der Küste kamen. Die Stadt wuchs auf etwa 5000 Einwohner an. Ein Jahr später sollte der große Run die Bevölkerung auf 30000 ansteigen lassen. Obwohl es den ganzen Sommer hindurch keine Ruhepause zu geben schien in der neuen Stadt – es wurde Tag und Nacht gebaut, und die Tanzlokale, Spielhöllen und Saloons schlossen ihre Türen nie –, ging doch alles durchaus friedlich vonstatten. Die kanadische Northwest Mounted Police hatte eine Abteilung in Dawson stationiert, um für Ruhe und Ordnung zu sorgen. Und so war der Ort trotz des pulsierenden Lebens durchaus ruhig. 1897 wuchs die Zahl der Mounties, der berittenen Polizisten, am Yukon von 30 auf 80 an. So wie die Vermessungsarbeit von Ogilvie viel Rechtsstreit verhütete, so sicherte die Präsenz der Mounties die Wahrung von Gesetz und Ordnung. Der Dank dafür gebührt der kanadischen Regierung, die vorausschauend genug war, fast 400000 Dollar für die Aufrechterhaltung der öffentlichen Ordnung zu investieren.

Eines der hervorstechenden Merkmale der Goldgräberei am Klondike war die relativ große Zahl von Stakes, die wirklich großen Reichtum einbrachten. Es geschah mehrfach, daß Goldgräber umgerechnet bis zu 600 Dollar des gelben Metalls in einer einzigen Schüssel fanden, und einmal sollen sogar umgerechnet 1000 Dollar Gold gefunden worden sein. Das berühmteste Beispiel lieferte der Schürfer Dick Lowe. Lowe half Ogilvie bei der Vermessung der Anrechte am Bonanza Creek. Dabei entdeckten die beiden ein kleines Rest-Claim, das durch fehlerhafte Berechnung – die Claims durften nur etwa 150 m² groß sein – zustande gekommen war. Der Rest-Claim maß an seiner weitesten Stelle nur etwa einen halben Meter. Lowe erwarb das Stück nach einigem Zögern und versuchte dann, es für 900 Dollar wieder an den Mann zu bringen – ohne Erfolg. Schließlich teufte er einen Schacht ab, fand nichts, versuchte es aber trotzdem noch mit einem zweiten. Und da hatte er Glück: Innerhalb von acht Stunden fand er Gold im Werte von 46000 Dollar! Die gesamte Ausbeute aus diesem kleinen Claim belief sich schließlich auf eine halbe Million Dollar. Verglichen damit ist es mehr als ernüchternd, festzustellen, wie das Leben Lowes weiterging – übrigens nicht untypisch für die Goldgräber von Dawson. In einer Zeitung in Fairbanks hieß es nur wenige Jahre später anläßlich Lowes Tod lakonisch: »Er hatte sich dem Alkohol ergeben.«[2]

Clarence J. Berry hatte in Kalifornien Obst angebaut, ehe er sich zunächst nach Circle aufmachte. Den Winter 1896/97 arbeitete er am Eldorado, bis er auf das Muttergestein stieß. Aber als der Schacht fertig war und es Frühling wurde, geschah das Wunder. Mit dem ersten Sieben hatte er schon 140000 Dollar verdient, und das war noch nicht das Ende. Anderen Schürfern ging es ähnlich. Jim Tweed machte innerhalb von zwei Stunden 4284 Dollar in seinem Schacht am Eldorado Creek, und am Bonanza Creek nahm Frank Dinsmore an einem einzigen Tage 24480 Dollar ein. Das Fieber der Erregung stieg mit jedem neuen Riesenfund.

Auf die phantastischen Gewinne am Bonanza und Eldorado folgten andere am Dominion Creek, am Sulphur Creek und an anderen kleinen Nebenflüssen des Indian River. Bald wurden auch Anrechte an den Abhängen der Gegend erworben, so am Gold Hill, am French Hill und an den Skookum Hills, und sie trugen reiche Ernte. Die Goldsucher siedelten sich deshalb auch oberhalb der kleinen Flußbetten, an den Abhängen von Schluchten und an Hügeln an. Hier mußte man mehr graben als unten im Tal. Albert Lancaster hob am Gold Hill einen 25 Meter tiefen Schacht aus, ehe er auf Muttergestein stieß, aber dann baute er im Durchschnitt täglich Gold im Werte von 2000 Dollar ab. Auf dem Claim neben ihm fand der Inhaber, nachdem er seinen Schacht fertig abgeteuft hatte, in den ersten drei Tagen 30 Pfund Gold – und das bei einem Preis von 17 Dollar pro Unze.

Als Walden am Ende seiner dritten Rundreise von Circle nach Dawson kam, hatte die Stadt schon ein ganz anderes Gesicht. Am Ufer des Flusses waren auf einer Strecke von einer halben Meile dicht bei dicht Boote und Flöße festgemacht worden. Viele Neuankömmlinge blieben gleich auf ihren Booten wohnen, andere schlugen ihre Zelte auf, wo gerade Platz war. Ein ansehnlicher Ort war Dawson in jenem Frühjahr 1898 nicht. Maultiere, Packpferde und Menschen bewegten sich mühsam durch die vom Schlamm schier grundlose Hauptstraße. Überall war Unrat verstreut. Ein Freund von Walden gewann eine Wette damit, daß er die Straße überquerte, indem er von einem toten Pferd zum nächsten sprang.

Bei derartigen hygienischen Verhältnissen konnte man eine Typhusepidemie geradezu vorhersagen. Die Krankheit raffte die Menschen denn auch zu Dutzenden dahin, aber die Katastrophe hatte auch ihr Gutes: die Mounties erließen scharfe Bestimmungen hinsichtlich der Sauberhaltung. Ein Glück war es auch, daß sich unter den Neuankömmlingen Menschen befanden, die nicht kamen, um dem Mammon zu frönen, sondern um dem Nächsten zu dienen. Einer von ihnen war »der Heilige von Dawson«: Pater William Hudge. Der schmächtige, asketische Jesuit hatte den ganzen Weg von seiner Missionsstation am unteren Yukon mit einer Schlittenladung voll Medikamenten zu Fuß zurückgelegt. Pater Judge wußte natürlich, daß das neue Camp verzweifelt ein Hospital brauchte, und er tat schier Übermenschliches, um diese Aufgabe zu lösen. Dabei unterstützten ihn reich gewordene Schürfer wie etwa Alex McDonald mit großzügigen Spenden. Der Geistliche organisierte den Bau und kümmerte sich um die Kranken, bis er nach Monaten aufopferungsvoller Arbeit selbst ein Opfer des Typhus wurde. Die Kräfte des 45 Jahre alten Mannes waren einfach aufgebraucht, aber die Arbeit des Priesters fand Anerkennung bei den sorgenbeladenen Goldgräbern. Wenn sie sich auch selbst dem Streben nach Reichtum verschrieben hatten, so verehrten sie doch den Gottesmann, der das Dienen am anderen vor die Selbsterhaltung setzte.

Reichlich zwei Drittel der Gruben in Dawson gehörten Amerikanern. Das kanadische Gesetz benachteiligte die Ausländer, die Schürfrechte besaßen, nicht, jedoch wurde allen Goldgräbern eine zehnprozentige Steuer auferlegt – ausgenommen die ersten 5000 Dollar Gewinn. Es bedarf kaum der Erwähnung, daß diese Steuer die Schürfer ärgerte, besonders wenn sie aus Alaska kamen, wo es keinerlei Steuern gab. Zeitweilig nahm der Groll gegen die kanadische Regierung die Ausmaße eines Aufruhrs an, und es wäre sicher zu Gewaltausbrüchen gekommen, hätten die kanadischen Behörden das Gebiet nicht fest in ihrer Hand gehabt. Der Umsicht der Regierungsbeamten und der Erfahrung der bis ins letzte integren Mounties war es zu danken, daß eine potentiell explosive Situation gemeistert wurde.

Einmal sah es allerdings ganz so aus, als wenn es zu einem Zusammenprall zwischen den Amerikanern und den Behörden kommen sollte. Gerüchte durchschwirrten das Camp, als der 4. Juli, der Nationalfeiertag der Amerikaner, nahte. Es hieß, die Mounties wollten jederlei Festlichkeit unterbinden. Zwar gründeten sich diese Berichte auf keinerlei Tatsachen, aber die Aufregung war groß. »Wir schworen uns, daß wir feiern würden – ohne Rücksicht«, erinnert sich Arthur Walden. Aber Oberst Sam Steele hatte natürlich gar nicht die Absicht, die traditionellen Feiern zu verbieten, und erließ statt dessen eine Proklamation, in der er, wie Walden meint, fast in Form eines Befehls die Erwartung ausdrückte, daß Amerikaner und Kanadier den 4. Juli gemeinsam feiern würden.[3] Alle unzufriedenen Elemente in der Stadt, die im stillen auf einen Zusammenstoß gehofft hatten, mußten sich getäuscht sehen. Die Männer vergnügten sich in den Saloons, schossen auf die blechernen Ofenrohre ihrer Nachbarn und veranstalteten Preisspiele.

Colonel Sam Steele hatte allen Grund, darauf zu vertrauen, daß seine Mounties den Einwohnern Dawsons genügenden Schutz und Ordnung boten. Mit der an ihnen bekannten Flexibilität übernahmen sie sogar den Postdienst, als dieser nicht funktionierte. Nichts machte die Schürfer nervöser, als wenn die Briefe nicht regelmäßig eintrafen.

Ein Unternehmer aus Seattle, dem der Postverkehr von der Küste nach Dawson anvertraut war, kam seiner Aufgabe nicht richtig nach: In Skagway wie in Dawson blieben die Briefe liegen. Steele entschloß sich daraufhin einzugreifen. Er teilte seine Männer als Postboten ein, und so lief die Sache wieder.

Trotzdem gab es allerhand Klagen über die Mounties. Steele bemerkte einmal, es gebe »eine beträchtliche Zahl von Ausländern, denen es wirtschaftlich sehr gut geht und die von den besten Gesetzen der Welt geschützt werden, dafür aber nicht einmal den Anstand besitzen, auf Schimpftiraden gegen die staatliche Ordnung zu verzichten«. Steele fragte sich, wieso Männer, denen man das Recht einräumte, in Kanada nach Gold zu graben, derart lautstark Kritik übten und sogar an dem Monarchen herummäkelten. Steele nahm sich einen Schauspieler vor, dessen Kritik an der Königin er mißbilligte. Steele schreibt: »Ich gab ihm die Gelegenheit zu versichern, daß derartiges in Zukunft nicht mehr vorkomme, und erklärte ihm, daß er anderenfalls verschwinden müsse. Das hatte den gewünschten Erfolg.«[4] Möglich, daß der Polizeimann die Redefreiheit nicht sehr großzügig auslegte, aber in dieser nördlichen Wildnis mußte es Grenzen geben.

Unter dem Kommando von Steele waren Tag und Nacht zwölf Polizisten in Dawson auf den Beinen. Vergnügungsstätten durften 24 Stunden geöffnet sein – außer am Sonntag, wenn alle Geschäfte zu schließen hatten –, aber die Überwachung war scharf. Falschspieler und Diebe hatten in Dawson nichts zu lachen, denn die Mounties klopften ihnen schnell auf die Finger. Manchmal waren 50 Mann gleichzeitig an der Arbeit. Mehrere Beamte spezialisierten sich darauf, Informationen über Verdächtige zu sammeln, die von Dawson angelockt wurden. Es gab Mörder, Zugräuber, Einbrecher, Geldschrank-»Spezialisten« und Diamantendiebe, Prostituierte mit ihren Zuhältern und Falschspieler in der Goldstadt, aber Dawson war nicht Skagway. Unter den wachsamen Augen der Northwest Mounted Police mußte sich das Verbrechen sehr klein machen, um durchzuschlüpfen.

Dennoch gab es Zwischenfälle genug, die der Stadt ein recht schillerndes Aussehen verliehen. Wie hätte es auch anders sein können an einem Ort, wo jeden Tag Vermögen gemacht – und jede Nacht Vermögen wieder verspielt wurden. Wo Leute vom Schlage der Mizner-Brüder und Swiftwater Bill Gates um die Aufmerksamkeit der Stadt wetteiferten, die ohnehin wie jede Goldstadt in Fieberkurven lebte.

Wilson Mizner war der bekanntere der Brüder. In Dawson sang er in Saloons, spielte dazu Klavier – und hatte ein waches Auge, wenn es darum ging, leicht einen Dollar zu »verdienen«. Die Damenwelt schwärmte für Wilson, und er erwiderte ihre Zuneigung. Nellie Lamore, Diamond Tooth (Diamantzahn) Gertie, Glass-Eyed (Glasauge) Annie und Myrtle Drummond gehörten zu den leichten Mädchen und Showgirls in Dawson, die zusammen mit Mizner Leben in die Bude und Dollars in die Sparstrümpfe brachten. Wilson setzte sich sogar dem Zorn der Mounties aus, wenn es darum ging, Nellie Lamore zu gefallen. Nellie war ganz wild auf Schokolade – vielleicht, weil Süßigkeiten hier kaum zu haben waren. Und so überfiel Wilson einmal ein Restaurant, um sich einzudecken. Der Überfall mißlang allerdings, aber Wilson konnte sich der Festnahme entziehen. Später wandte er sich weniger gefährlichen Unternehmungen zu, etwa dem Falschspiel. Nach einer Weile zog Wilson dann nach Nome, wo er etwas von der Atmosphäre Dawsons verbreitete.

Swiftwater Bill Gates gehörte ebenfalls zu den leichtfüßigen Gestalten der Goldstadt Dawson, der niemand so schnell das Wasser reichen konnte. Um seinen Namen ranken sich unzählige Legenden. Sie berichten von enormen Summen, die er mit leichter Hand ausgab, von seinen Liebesabenteuern und dem Schick, mit dem er in der Stadt auftrat. Gekleidet in einen prächtigen Prinz-Albert-Mantel, mit einem Zylinder auf dem Kopf, einer Diamantnadel im Halstuch und dem einzigen steifen Kragen in ganz Dawson machte sich Bill daran, sein neuerworbenes Vermögen in der Manier eines morgenländischen Prinzen zu verschleudern. Sein ganzes Leben war er ein kleines, schmutziges Nichts gewesen, und so wollte er jetzt seinen großen Auftritt. Die Drinks gingen alle auf Bills Rechnung, wo immer er einen Saloon betrat, und den Falschspielern lief das Wasser im Munde zusammen, wenn sie an die leichtsinnige Spielweise Bills dachten. Am meisten profitierten allerdings die Mädchen von der Großzügigkeit Gates'. Ab und zu nahm er ein paar von ihnen mit in seine Grube, damit sie dort selbst Goldkörner sammeln konnten.

Bei seinen hastig arrangierten Reisen ins Ausland prägte er den Ton für die Eldorado-Könige des Nordens. Zeitungsreporter folgten ihm auf Schritt und Tritt und konnten sicher sein, eine phantastische Reportage abzuliefern, ganz besonders, wenn er von einer Dame seines Herzens eine Abfuhr erteilt bekam. Aber wir kommen darauf noch zurück. Ähnlich wie Wilson Mizner und andere »illustre« Männer des Klondike reichte auch der Erfolg von Gates noch über den Niedergang Dawsons und das Versiegen der Goldseifenfelder hinaus. Auch in Nome und in Fairbanks stand Gates noch im Mittelpunkt des öffentlichen Interesses, und seine Glückssträhne blieb ihm treu – beim Gold wie bei den Frauen.

Die unterhaltsamen Aspekte der Geschichte Dawsons sind schon oft und in hinreichender Breite dargestellt worden. Hier soll deshalb nicht allzusehr darauf eingegangen werden, zumal in diesem Buch vor allem die Goldära Alaskas dargestellt werden soll.[5] Die Zeit des großen Wirbels im Gebiet des Klondike ging 1899 zu Ende. Die Tage des unbekümmerten Trubels waren schnell vorbei, und das Hauptaugenmerk richtete sich wieder auf Alaska. Immerhin waren einige der berühmtesten Gestalten auch hier mit von der Partie.

14 Soldaten, Seeleute und Siedler am Yukon

Es entbehrt nicht der Ironie, daß die Regierung in Washington gerade anfing, sich mit dem Goldrausch im Klondike zu beschäftigen, als viele Schürfer – von neuen Goldfunden angelockt – Kanada wieder verließen und nach Alaska zogen. Immerhin hatte das Abenteuer vom Klondike etwas Gutes für das ganze Gebiet bewirkt, denn die Vorgänge hatten Washington dazu ermuntert, den Bedürfnissen Alaskas jetzt mehr Aufmerksamkeit zu schenken. Die Nachrichtenverbindungen sowie die Aufrechterhaltung der öffentlichen Ordnung waren selbstverständlich die größten Sorgenkinder, aber es dauerte doch bis zum Spätsommer 1899, ehe wirkliche Anstrengungen unternommen wurden, diese beiden Probleme am Yukon River zu lösen. Nach reichlichem Zögern wurde der Küstenzolldienst der USA beauftragt, Patrouillen zu Fuß einzurichten, und die US-Army schickte Soldaten, die an der Mündung des Tanana River und in Eagle, unweit der kanadischen Grenze, Garnisonen aufbauten.

Der Dampfer »Nunivak« wurde eigens für die Fahrten auf dem Yukon konstruiert und dem Küstenzolldienst unterstellt. Zum Kapitän wurde Leutnant J.C. Cantwell ernannt. Ihm wurde aufgetragen, auf einer Strecke von 1000 Meilen (von der Mündung des Flusses gerechnet) für die Einhaltung der Zoll- und Navigationsbestimmungen zu sorgen, verarmten Schürfern zu helfen, die zivilen und militärischen Behörden bei der Durchsetzung der Gesetze zu unterstützen, den Fluß samt seinen Nebenflüssen kartographisch zu erfassen, Proben von Flora und Fauna sowie statistische Angaben über den Verkehr und die Goldgräberei zu sammeln.

Es war Mitte August, als die »Nunivak« nach einer Seereise von San Francisco in St. Michael eintraf. Die erste Patrouillenfahrt dauerte fast einen Monat. Cantwell fuhr gemächlich flußaufwärts und ließ dabei das Flußgebiet und die Wassertiefen ausmessen. Alle Dampfschiffe, die den Yukon von Dawson aus herunterkamen, wurden von Zollbeamten inspiziert, die sich auch die Papiere vorlegen ließen und die Sicherheitsmaßnahmen prüften. Anfang September wurde die »Nunivak« auf dem Dall River, einem nördlichen Nebenfluß des Yukon in der Nähe von Rampart, vertäut und winterfest gemacht.

Im Oktober kam die gesamte Schiffahrt zum Erliegen, und der Küstenzolldienst hatte wenig zu tun. Der Verkehr auf den Landwegen ging ihn nichts an, obwohl in diesem Winter die Goldgräber Dawson in hellen Scharen verließen, um nach Nome weiterzuziehen. Nur in seltenen Fällen suchten Goldgräber die »Nunivak« auf. Cantwell meinte, sie hätten es wohl zu eilig, um »einen Gruß zu entbieten«[1]. Mit Erstaunen registrierte der Kapitän, daß es trotz des langen und mühsamen Weges, den die Leute zurückzulegen hatten, nur wenige schwere Verletzungen gab. Der Schiffsarzt wurde nur in wenigen Fällen in Anspruch genommen.

Die Angehörigen der US-Army trafen etwa zur gleichen Zeit im Landesinneren ein wie die »Nunivak« – allerdings handelte es sich um ein sehr viel stärkeres Kontingent. Schon 1869 waren mehrere Bauplätze für militärische Anlagen empfohlen worden. Damals war Hauptmann Charles R. Raymond den Yukon bis zur Handelsniederlassung der Hudson Bay Company am Fort Yukon hinaufgefahren. Raymond hatte die Errichtung eines Postens am Zusammenfluß von Tanana und Yukon vorgeschlagen. 30 Jahre später wurde diese Anregung schließlich in die Tat umgesetzt. Zivilarbeiter und zwei Kompanien der Infanterie gingen an der Stelle an Land und begannen mit dem Bau der Häuser. Eine andere Gruppe wurde nach Eagle, weiter flußaufwärts, entsandt.

Auftrag der Army in Alaska war es nicht, für Ordnung zu sorgen – das war Sache der Zivilbehörden –, sondern sie sollte ein Telegrafensystem anlegen. Hauptmann Charles S. Farnsworth war Kommandeur der Tanana-Garnison und beaufsichtigte auch die Errichtung von Fort Gibbon. Dies lag 900 Meilen – oder 103 Stunden per Dampfer – flußaufwärts von der Yukonmündung und 700 Meilen flußabwärts von Dawson City entfernt. Heute liegt die zweitwichtigste Stadt Alaskas, Fairbanks, die es 1899 noch nicht gab, 270 Meilen flußaufwärts vom damaligen Fort entfernt. Der

Yukon hat bei Gibbon eine Breite von gut einer Meile. Oberhalb des Forts reichen bewaldete Hügel bis dicht an den Fluß heran, dessen Ufer steil abfallen. Es gab damals viel Birken und Fichten in diesem Gebiet, und letztere vor allem wurden zum Bauen verwendet. Die Gebäude wurden zumeist etwas nördlich davon errichtet, weil der Baumwuchs hier aufhörte.

Als Farnsworth mit seinen Männern hier eintraf, war der Sommer schon weit fortgeschritten, und man mußte umgehend mit der Errichtung fester Winterquartiere beginnen. Das Rennen gegen die Zeit ist schon immer ein Problem gewesen für diejenigen, die im Inneren Alaskas bauen wollen oder müssen. Das hat sich seit den Pioniertagen kaum geändert. Es war eine Zeit voller Spannungen und Ängste. Im Januar wurde immer noch gearbeitet:

Auf unserem Posten sieht es noch schlimm aus. Erst die Hälfte der Bauten ist fertig, und wir haben kein Bauholz mehr, um weiterzumachen. Man hat den Eindruck, daß unsere Arbeit und das Material für Provisorien draufgehen, und den angeheuerten Bauleuten ist es gleich, ob sie ihre Verträge erfüllen oder nicht, weil man ihnen keinerlei Sicherheiten abverlangt hat. Die Zivilarbeiter sind die allerschlimmsten. Mir wird jetzt klar, daß sie nur mitgekommen sind, um den Winter hindurch hier zu faulenzen und bei Anbruch der warmen Jahreszeit auf die Goldsuche zu gehen. Wir versuchen jetzt, Baumstämme heranzuschaffen, aber dazu stehen uns nur acht Maultiere zur Verfügung.[2]

Schließlich konnten jedoch unter Einsatz aller Kräfte – der Zivilisten wie der Soldaten – die notwendigsten Bauten fertiggestellt werden. Glücklicherweise war der Winter relativ milde.

Der Fluß war im November zugefroren. Damit fiel der Schiffsverkehr aus, gleichzeitig war man aber auch von jeder Nachrichtenverbindung mit der Außenwelt abgeschnitten, da die nächste Telegrafenstation in Dawson war, 700 Meilen entfernt. Briefe kamen manchmal durch, und zwar wurden sie von dem US-Postboten befördert, der vermutlich auf jeder Station am Yukon wie ein großer Held gefeiert wurde. Alle Zeitschriften aber und die sonstigen Postsachen, die für Alaska bestimmt waren, blieben bis zum Sommer in Seattle liegen.

Nachdem das Eis dann wieder aufgetaut war, nahm die »Nunivak« ihre Patrouillenfahrten auf dem Fluß wieder auf. Mit dem Schmelzen des Eises erschienen alle möglichen Boote auf dem Fluß, die meisten fuhren abwärts in Richtung Nome. Cantwell hatte oft Streit zwischen den Goldsuchern zu schlichten. Männer, die irgendwo am Fluß hatten überwintern müssen, waren einander oft mehr als überdrüssig geworden, und es wurden, wie so oft in der Zeit des Goldrausches, Partnerschaften gelöst und Vorräte aufgeteilt – wobei es dann meist zu weiteren Streitereien kam. Sogar Boote wurden aufgeteilt: »Es war gar nicht ungewöhnlich, daß man die beiden Hälften eines Bootes nebeneinander den Fluß hinuntertreiben sah. Man flickte die Hälften dann wieder zusammen, damit beide Teile einer auseinandergefallenen Gruppe ihre Sachen transportieren konnten. Es war eine wahrhaft neue und geradezu heroische Art und Weise, Auseinandersetzungen zu lösen.«[3]

Die Goldsucher ließen sich oft auf recht roh zusammengezimmerten Booten den Fluß hinabtreiben und hatten dabei einen Haufen Vorräte, ihre Schürfwerkzeuge und die Hunde an Bord. Cantwell war besonders beeindruckt von dem unheimlichen Heulen der auf engsten Raume zusammengepferchten Tiere. Auch Pferde wurden auf dem Fluß transportiert, und Cantwell schreibt, sie hätten sehnsüchtig nach dem Grün an den Ufern geschielt. »Auch eine Kuh konnte man ab und zu sehen oder ein Stück Schlachtvieh, das Tag und Nacht hilflos den dichten Mükkenschwärmen ausgesetzt war.« Der Zollbeamte verzeichnete auch die großen Unterschiede, die er beobachten konnte. Während sich einige unter improvisierten Sonnendächern von der Strömung treiben ließen, »legten sich andere von weniger kontemplativem Gemüt in die Ruder, als ob ihr Leben davon abhinge, daß sie so schnell wie irgend möglich voran kamen«[4].

Cantwells Einstellung den Goldsuchern gegenüber war ziemlich dieselbe wie die Captain Farnsworth', der zur gleichen Zeit damit beschäftigt war, die Telegrafenlinie ins Innere zu bauen. Farnsworth war im Jahre 1900 nach Eagle gezogen, um die Vermessungen vorzunehmen und die Strecke in Angriff zu nehmen. Die beiden Offiziere waren immun gegenüber den goldenen Verlockungen, denen die vielen anderen Männer erlagen. Beide zeigten jedoch Mitgefühl mit Prospektoren, die Pech gehabt hatten, und waren sich offenbar auch im klaren darüber, daß es sich um ein einmaliges Schauspiel handelte. »Alles in allem«, schrieb Cantwell, »muß dieser große Goldrausch als eine der denkwürdigsten Wanderungen in der Geschichte der Suche nach dem gelben Metall gelten.«[5] Nach seiner Schätzung waren vom Jahresbeginn bis zum Ende des Sommers 1900 etwa 3000 Männer und Frauen aus dem Inneren in Richtung Nome abgewandert.

Die Ordnungshüter auf dem Yukon mußten oft ein Auge zudrücken. Einmal gingen Männer des Küstenzolldienstes an Bord eines Frachtdampfers, der zum Koyukuk River wollte. Das ist der nördliche Nebenfluß des Yukon, an dem auch Gold gefunden worden war. Obwohl der Dampfer keine der erforderlichen Papiere mit sich führte, gestattete Cantwell dem Kapitän, zu dem neuen Camp weiterzufahren und die hungrigen Schürfer dort zu versorgen, ehe er sich in St. Michael einem Verhör stellen mußte. In Nulato beschwerten sich Indianer darüber, daß Weiße ihnen ihren Vorrat an Treibholz gestohlen hätten. Cantwell veranlaßte die Goldgräber, das Holz zu ersetzen und dann zur Vermeidung weiterer Zwischenfälle ein Stück weiter flußabwärts zu siedeln.

Auch eine indianische Justiz gab es in Nulato. Eine Versammlung von Eingeborenen beriet über einen Fall, bei dem ein Junge unabsichtlich den Tod eines Spielkameraden herbeigeführt hatte. Der zuständige Medizinmann redete stundenlang auf die Versammelten ein, daß die Eltern des Toten den verantwortlichen Jungen fangen und als Sklave halten sollten. Wenn er dann nicht arbeiten wollte, hätten die geschädigten Eltern das Recht, den Jungen zu töten. Cantwell löste die Versammlung auf und drohte jedem eine Strafe an, der dem Jungen etwas antun wollte. Den Medizinmann bezeichnete er als Lügner und drohte ihm an, wenn er sich nicht bessere, werde er ihn auf der »Nunivak« mit zum Ozean nehmen und ihn auf einem großen Schiff in die Ferne schikken.[6]

Ein größerer Schrecken für die Eingeborenen am Yukon war es, als die Masern unter ihnen wüteten. Alle Sommerfischfänger in ihren Lagern am Fluß wurden davon betroffen. Kurz darauf gab es auch noch Fälle von Lungenentzündung, und die Eingeborenen starben wie die Fliegen. Die Besatzung der »Nunivak« tat alles, was sie konnte, um den Kranken zu helfen, aber die Lage war entsetzlich. Cantwell berichtet, in einem Dorf, das aus 27 Personen bestand, seien nur sieben übriggeblieben, und von diesen seien nur zwei stark genug gewesen, die Lebensmittel und Medikamente zu sich zu nehmen, die man für sie daließ. Die unbestatteten Leichen wurden von Hunden gefressen, schreibt er weiter, »und überall fanden wir Zeugnisse furchtbaren Leidens und der Verzweiflung«. Eingeborene, die in der Nähe von Handelsposten oder Missionsstationen wie dem Holy Cross oder der Russian Mission lebten, »wurden mit einer Hingebung und Güte behandelt, für die man kaum die rechten Worte findet«.[7] Trotzdem waren allein in Holy Cross von 200 Eingeborenen 57 vor dem Eintreffen der »Nunivak« gestorben, und viele waren immer noch krank. Nur wenige der Eingeborenen waren gesund genug, um dem üblichen sommerlichen Fischfang nachzugehen. Cantwell machte auf diese Situation aufmerksam, so daß die Army eingreifen und die Indianerdörfer mit Vorräten aus St. Michael versorgen konnte.

Siedler wie George Pilcher und Will Ballou waren kaum davon betroffen, daß der Küstenzolldienst und die Army jetzt hier auftraten. 1898 und 1899 handelte Pilcher in der Nähe der Russischen Mission am unteren Yukon weiter mit Holz, und Ballou war als Schürfer in Rampart tätig.

Pilchers Zeiteinteilung war fast völlig von der Natur bestimmt. Jedes Frühjahr wartete er zusammen mit seinen indianischen Nachbarn auf das Aufbrechen des Eises auf dem Yukon. Dies war das erste Anzeichen neuen Lebens am Fluß. Für die Eingeborenen gingen damit auch oft die mageren Tage zu Ende, wo die Vorräte immer kläglicher wurden. Am Himmel über ihnen ließen Wildgänse wieder ihre rauhen Schreie ertönen, im Fluß gab es wohlschmeckende Fische, und das überall vorhandene Wild ließ die Herzen aller höher schlagen. Man setzte Fallen für Kaninchen und andere Pelztiere aus und ging auf die Jagd nach Vögeln, Rentieren und Elchen. Allerdings kamen mit dem Frühjahr auch die Mücken wieder, die für alle am Yukon Lebenden eine echte Plage waren.

Der Sommer bereitete immer wieder Freude. Pilcher hatte zwar genug Arbeit, aber er fand auch Zeit, in der Umgebung nach Beeren zu suchen, wobei er gleichzeitig auch die Augen für

Spuren von Gold offen hielt. Er reiste auch nach St. Michael, um sich mit Vorräten einzudecken und einmal etwas anderes zu sehen. Mitte August fingen die Blätter schon wieder an, sich anders zu färben, und es gab auch bereits die ersten Frosteinbrüche. Es wurde Zeit, die Blockhütte – Pilcher sprach immer von seinem Schloß – wieder für den kommenden Winter abzudichten. Bevor der Fluß zufror, mußte er auch sein Boot an Land ziehen und es sichern.

Mit dem ersten scharfen Frost und den ersten Schneefällen wurde es ruhig am Fluß. Ganz still wurde es allerdings nicht, denn da waren noch die Axtschläge des Holzfällers Pilcher. Für die nächste Saison auf dem Fluß mußte genügend Holz vorrätig sein. Nur an den stürmischen Tagen, wenn die Temperaturen unter – 5° Celsius absanken, oder wenn er Zahnschmerzen hatte oder »gallige Kopfschmerzen«, machte Pilcher eine Pause.

Ballou hatte Spaß an seinem Leben in Rampart von dem Augenblick im Sommer 1898 an, als er dort ankam. Es war viel harte Arbeit zu tun, aber die machte ihm auch einen gehörigen Appetit, den er bis zum Einfrieren des Flusses mit köstlichem Lachs stillte. Jeden Tag fing er vier oder fünf 15-Pfünder in seinem Netz, und alles, was er nicht selbst brauchte, verkaufte er an Restaurants in der Nähe. Zur Abwechslung gab es Elchfleisch, das einen Dollar das Pfund kostete. Ballou schätzte auch die Freiheit, die dieses Leben ihm bot, und er verglich es mit dem Leben, das seine Zeitgenossen zu Hause führen mußten, vor allem, wenn sie für große Firmen tätig waren.

Bald fror der Fluß zu, und keine heulenden Dampfer störten die Ruhe, mit der sich der Winter aus dem Landesinneren über das riesige Gebiet ausbreitete. Ballou bewunderte die Spielarten des Nordlichts und dachte an Erzählungen über die Strenge der kommenden Jahreszeit.

Das Winterwetter war gar nicht so schlimm. Was Ballou hingegen wirklich quälte, war die Tatsache, daß er keine Nachrichten von zu Hause bekam. Alle Camps am Yukon erhielten ihre Post durch Boten, die mit Hundeschlitten von Dawson kamen, aber für den heimwehkranken jungen Mann brachten sie nichts – bis April. Dann bekam er auf einen Schlag 16 Briefe, die er natürlich gierig verschlang.

Im Frühjahr 1899 fanden Ballou und seine beiden Partner Gold. Und zwar in einem ihrer Claims, das an einem Flüßchen namens Little Minook Jr. lag. Pro Schüssel fanden sie etwa den Gegenwert von zwei Dollar. Es war keine Entdeckung, wegen der man wie ein Verrückter in die Stadt eilte und allen freie Drinks spendierte. Die drei arbeiteten weiter, sprachen mit niemandem und kauften in der Umgebung weitere Claims auf. Aber gerade ihre Zurückhaltung löste schließlich einen kleinen Run auf das Gebiet aus, und bald hatten Neuankömmlinge an allen Abhängen am Little Minook Schürfrechte erworben. »Die schweigsamen Drei« hielten Tag und Nacht Feuer in Gang, um ihre Schächte durch den Permafrost zum Muttergestein vorzutreiben, wo sie auf entsprechende Beute hofften. Von guter Hoffnung beflügelt, heuerten sie sogar sechs Männer als Aushilfskräfte für ihren Claim Little Minook Jr. an und zwei weitere, die für sie an einem angeblich goldträchtigen Bach prospektieren sollten. Ende Mai hatten sie das Auswaschen des im Winter in harter Arbeit ausgehobenen Bodens abgeschlossen, und sie waren mit ihrer Ausbeute zufrieden. Sie waren zwar keineswegs Millionäre geworden, aber die Mühen des Winters hatten sich gelohnt.

Dann erkrankte Ballou an Skorbut. Der winterliche Speisezettel von Schinkenspeck und Bohnen war die Ursache der Krankheit, die die Goldgräber im Norden ebenso heimsuchte wie Seeleute. Der Friedhof von Rampart hatte nur einen »Bewohner«, als Ballou und seine Partner im Sommer zuvor dort eintrafen, aber inzwischen lagen sehr viel mehr Leute dort begraben. Hauptsächlich waren sie das Opfer von Herzkrankheiten und Skorbut geworden, aber in dem langen Winter hatte es auch einen Selbstmord gegeben, und sieben Männer waren auf dem Treck erfroren. Ballou wurde allerdings sehr schnell wieder gesund, als er in die Stadt kam und frisches Gemüse zu essen bekam.

Er legte einen Garten an und freute sich über sein Glück. Rampart hatte in seiner besten Zeit zwischen zwei- und dreitausend Bewohner gehabt, aber nur wenige Schürfer hatten es zu etwas gebracht. Hunderte zogen täglich nach Nome weiter oder verließen den Norden überhaupt. Ballou überlegte, daß jeder, der Rampart verließ, den Ruf der Stadt herabmindern würde. Das Land, so meinte er, »ist o.k. für die richtige Art von Leuten – die,

die sich einsetzen und hart arbeiten. Aber es gibt zu viele sogenannte Goldgräber, die nur an Arbeit mit dem Bleistift gewöhnt sind, und je eher die abreisen, desto besser.«[8]

Als man zum zweiten Mal in der Saison die Goldbeute auswertete, war Ballou fast am Ende: Ganze 100 Dollar hatte er verdient. Die Hochstimmung des Frühlings war verflogen, und er schrieb an seinen Bruder Walt, er würde am liebsten abreisen. »Sei ja nicht so dumm, hierher zu kommen«, fügte er hinzu, »der Boom hier ist vorbei, und die Arbeit ist viel zu schwer, als daß man sie tun könnte, nur um seinen Lebensunterhalt damit zu verdienen.«[9] Ballous Klage drückte die Lage der meisten Schürfer in Alaska treffend aus. Nur einige wenige kamen zu Reichtum, aber die große Mehrheit derer, die blieb, arbeitete hart und konnte sich mit der Ausbeute gerade über Wasser halten. Schließlich verkauften sie ihre Anrechte an große Unternehmer, die mit Baggern anrückten. Wenn die Männer dann noch ausharrten, dann nur als Angestellte der Unternehmer. 1899 wurde schweres Gerät auch am Klondike angesetzt, und Dawsons Einwohnerzahl schrumpfte, und der Glanz der Stadt verblaßte.

Angesichts der schlechten Resultate legte Ballou erst einmal eine tüchtige Ruhepause ein. Gelegentlich ging er zur Post, zeigte ein paar Goldkörner, gab ein bißchen mit seinen »Erfolgen« an und hoffte, das werde sich herumsprechen. Wenn der Frühling da wäre, würden auch neue Leute kommen, denen er vielleicht seine Claims mit Profit verkaufen könnte.

Im September 1899 beschlossen die beiden Partner Ballous, in die »Zivilisation« zurückzukehren, aber er selbst blieb. Er heuerte 14 Männer an, die bereit waren, auf Bezahlung für den Fall zu warten, daß man auf gute Funde stieß. Außerdem beschaffte er sich Kredit für den Kauf eines Dampftauers, einer Winde und anderer Geräte. Nur er wußte, welch verzweifeltes Spiel er da unternahm, aber er hoffte immerhin auf die finanzielle Unterstützung eines Mannes an der heimatlichen Ostküste.

Dann kam die Nachricht von neuen Goldfunden in Nome. An den sandigen Küsten der Bering-See hatte man Gold gefunden. Und alles war geradezu lächerlich einfach, wenn man den Geschichten von der Seward-Halbinsel glauben wollte. Man mußte sich nur mit dem einfachsten aller Geräte an den Strand begeben. Kein schweres Schaufeln, kein Auftauen oder Eindämmen, kein Anheben des schweren Bodens vom Muttergestein bis nach oben. Trotzdem ließ sich Ballou nicht beeindrucken. Die Geschichten aus Nome seien übertrieben, meinte er.

Nach einem Sommer der Ruhe, in dem er fischen und jagen ging, fühlte sich Ballou wie neugeboren. »Wenn ich drei solche Sommer hinter mir hätte, dann, glaube ich, würde ich jeden Gedanken an eine Rückkehr nach Haus aufgeben, würde mir eine Indianerfrau anschaffen und mit ihr 18 Kinder haben wie Hauptmann Mayo, der schon 32 Jahre hier ist.«[10]

Aber auch diese Stimmung verging, und im Herbst machte er sich an die Arbeit. Er nahm sich noch acht Arbeiter dazu, so daß es jetzt 22 waren, und stellte zwei Frauen als Köchinnen ein. »Zwei Dutzend Männer einen Winter lang beschäftigen, ohne einen Dollar in der Tasche zu haben oder Geld borgen zu können, das ist etwas, das man in dem übervorsichtigen alten Neu-England nicht fertigbringt, nicht wahr?« schrieb er scherzend an seinen Bruder Walt.

[11] Er hatte sich für dieses Jahr vorgenommen, entweder groß zu gewinnen oder zu verlieren. Sollte das letztere eintreten, würde er im nächsten Sommer nach Nome gehen. Immer neue Erfolgsmeldungen von der Seward-Halbinsel machten ihn nervös. Im Winter gelang es ihm, eins seiner Claims abzustoßen, so daß er schuldenfrei war. Auch vor Gericht mußte er. Zweimal mußte er seine Anrechte gegen Eindringlinge verteidigen, im zweiten Fall führte er seine Verhandlung selbst und gewann.

Im Winter erfolgte der große Exodus nach Nome. An einem einzigen Tag machten mehr als 100 Hundeteams in Rampart halt, um sich auszuruhen, ehe man weiterzog. Auch zu Fuß und sogar mit Fahrrädern kamen Männer, und manche zogen ihre Schlitten selbst. Viele Chronisten haben über den Treck von Dyea und Skagway über die Berge zum Klondike berichtet, aber die 1700 Meilen lange Reise den Yukon hinunter bis nach Nome im Winter 1899/1900 war sicher noch mühseliger, besonders für diejenigen, die keine Hunde besaßen. Ballou konnte sich nur wundern, als ein 60jähriger Mann aus seiner Nachbarschaft darauf bestand, bei minus 5° Celsius flußabwärts zu ziehen. Aber die Anziehungskraft Nomes war groß, und der Spielsalon von Tex Rickard war schon eine Goldgrube, aber auch Rex Beach sollte ein Vermögen machen.

Als im Juni die Dampfer auf dem Fluß wieder verkehrten, buchte Ballou eine Passage nach Nome, aber er wollte sich nur einmal umsehen. Nach drei Tagen in dem Camp hatte er genug. Mit Schürfen habe das nichts zu tun, meinte er, und außerdem sei ohnehin nichts mehr zu haben.[12] Als erfahrener Goldgräber war er auch über die Kriminalität in dem Ort entsetzt. Da war die Atmosphäre in Rampart harmonischer, und das war es, worauf Will Ballou Wert legte.

George Pilcher ließ sich von den Nachrichten aus Nome überhaupt nicht beeindrucken. Die »Susie«, die »Sarah«, die »Seattle«, die »Jeff Davis« und Dutzende anderer Fracht- und Personendampfer brauchten sein Holz. Er dachte gar nicht daran, sich unter den ruhelosen Mob zu mischen, der zur Seward-Halbinsel drängte, weil er ja als Holzfäller sein gutes Auskommen hatte. Sollten sich andere auf der Jagd nach leichtem Gewinn aufreiben – Pilcher hatte genug Arbeit und war zufrieden.

Teil 3
Nome, Fairbanks und andere Camps in Alaska

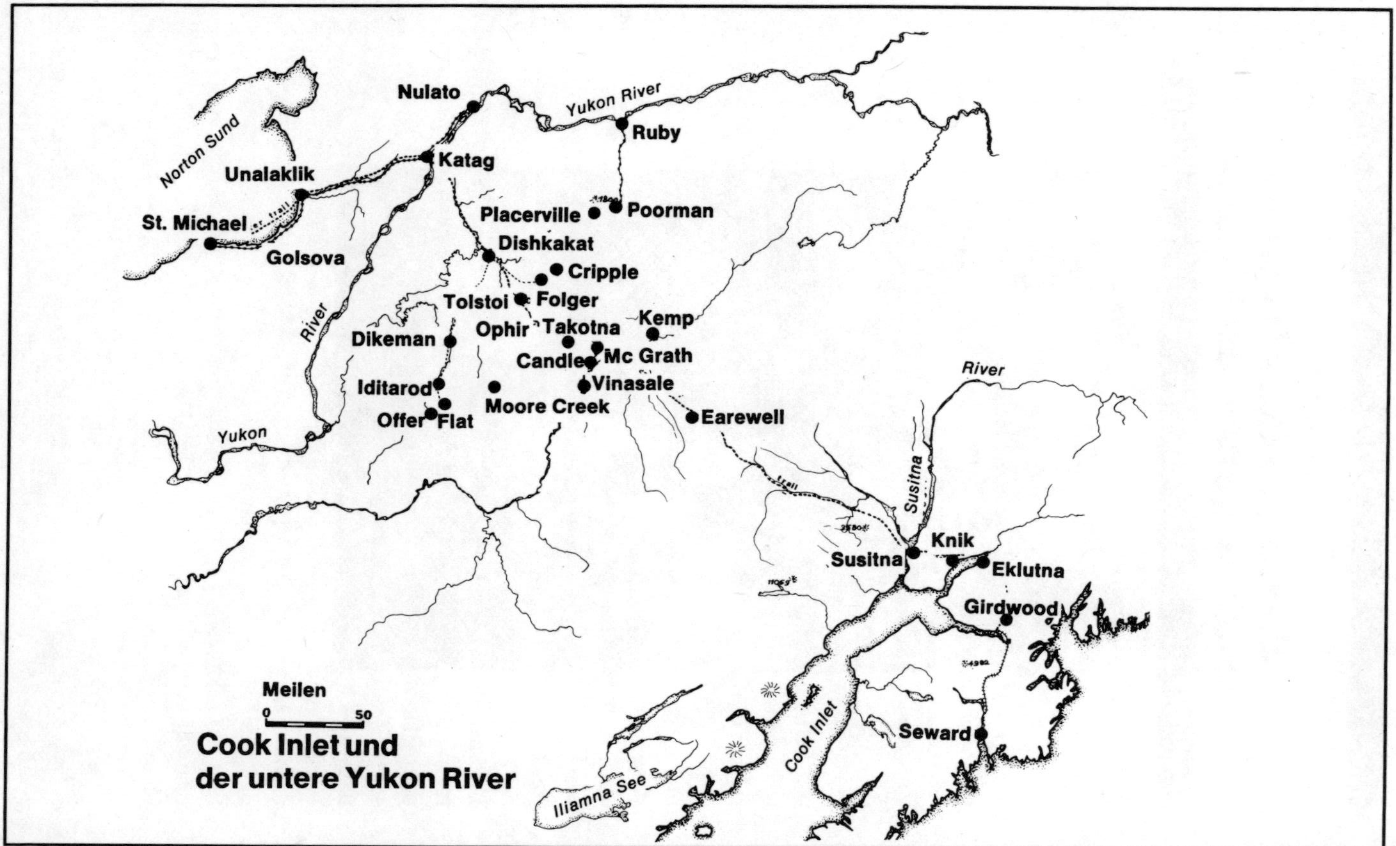

Cook Inlet und der untere Yukon River

15 Nome – Das amerikanische Klondike, 1899

Die Entdeckung

Die Seward-Halbinsel liegt nur 50 Meilen von Sibirien entfernt. Es ist, als ob die beiden Kontinente hier gewaltsam getrennt wurden, obwohl die Natur doch eigentlich die Einheit gewollt hatte. In der Tat war in einer früheren erdgeschichtlichen Zeit die Landbrücke zwischen den Kontinenten von den steigenden Wassern der Bering-See weggeschwemmt worden.

Dieser nordwestliche Zipfel Nordamerikas ist den größten Teil des Jahres über freudlos und kalt. Hier gibt es nichts von der großartigen Schönheit der südlicheren Gestade Alaskas, wo riesige Gletscher sich mit der See vereinen und bewaldete Berge sich über den Küsten erheben. Die Küste der Bering-See ist flach und eintönig: Es gibt kein Holz, keine Konturen, nichts physisch Anziehendes. Im Winter peitschen Schneestürme das Land, aber auch in den anderen Jahreszeiten wehen scharfe Winde von der See her. Die Natur hat sich bei der Ausstattung der Seward-Halbinsel von ihrer kärglichsten Seite gezeigt.

Nein, es gibt nichts wirklich Schönes hier und auch nichts Interessantes. Die Tundra ist im Sommer ein elender Sumpf und im Winter eine öde Schneewüste. Niemand, außer vielleicht ein paar Eskimos, würde sich in eine solche Gegend verschlagen lassen – es sei denn, daß man dort reich werden könnte. Dann spielen natürlich weder Kälte noch Schneestürme, weder die Kürze der Wintertage noch die hellen Sommernächte eine Rolle. Dann wird man auch vergessen, daß man bis zu acht Monaten praktisch von der Welt abgeschnitten war. Es macht auch nichts, daß man für teures Geld Lebensmittel, Geräte und alles andere, was man braucht, 3000 Meilen weit aus Seattle heranschaffen lassen muß. Kein Ungemach ist dem Menschen zuviel, wenn er dem Reichtum auf den Fersen ist. Wenn der erregte Ruf »GOLD« erschallt, gibt es kein Halten mehr.

Bei der Entdeckung von Gold hat immer der Zufall eine Rolle gespielt. Unter den Tausenden von Goldsuchern, die 1897 zum Klondike aufgebrochen waren, befand sich eine Anzahl von Leuten, die es versäumt hatte, sich rechtzeitig vor Frosteinbruch im Herbst Reisemöglichkeiten für die Fahrt den Yukon herauf zu beschaffen. Anstatt nun den Winter in dem langweiligen St. Michael herumzusitzen, überquerten sie den Norton-Sund bis zu der Stelle, wo der Fish River in die Golovin-Bucht mündet. Hier, an der Südseite der Seward-Halbinsel, die wie ein Finger nach Sibirien zeigt, erkundeten sie die Wasserläufe und entdeckten Anzeichen für das Vorhandensein von Gold. An Flüßchen mit so hübschen Namen wie Sweetcake und Ophir machten sie sich mit ihren begrenzten Mitteln an die Arbeit und hatten, als das Auswaschen im Sommer zu Ende war, immerhin so einiges vorzuweisen. Gold war also zu holen, wenn auch nicht viel, nichts, was Aufsehen hätte erregen können.

Im Herbst 1898 spielte der Zufall wiederum mit, diesmal in Gestalt eines wütenden Sturms. Eine Gruppe von Prospektoren, nämlich N.O. Hultberg, H.L. Blake, John Byrneson und J.L. Haggalin, fuhr von der Golovin-Bucht aus mit einem Fünf-Tonnen-Schoner los, um ihr Glück an den Quarzrändern der Küste weiter westlich zu versuchen.[1] Der Sturm trieb ihr Schiff in die Mündung des Snake River, das ist ein flaches Gewässer, das etwa 13 Meilen westlich von Kap Nome, wo sich bald das größte und wildeste Goldcamp Alaskas befinden sollte, in die Bering-See mündet. Ohne den Sturm wären sie nie in dieses Gebiet verschlagen worden, aber da sie nun ohnehin hier warten mußten, bis der Sturm wieder abflaute, sahen sich die Männer die Flußufer auf einer Länge von vier oder fünf Meilen etwas genauer an. Sie fanden zwar ein paar Goldspuren, aber nicht genug, um sich dafür zu begeistern. Man kehrte zur Golovin-Bucht zurück und ging auseinander. Einem von ihnen, Byrneson, wollte der Fund am Snake River aber nicht aus dem Kopf gehen, und er vertraute sich Erik Lindblom und Jafet Lindeberg an, beide ebenfalls aus Skandinavien stammend. Das Trio, das bald unter dem Namen »die drei Glückspilze aus Schweden« überall bekannt wurde (obwohl

Lindeberg Norweger war), machte sich auf den Weg nach Kap Nome.

An einem kurzen Nebenfluß des Snake River, dem Anvil Creek, fanden die drei erste Goldspuren. Es war der 22. September 1898, als sie Anrechte anmeldeten. Sie hatten Gold im Gegenwert von 30 bis 50 Dollar in ihren Schüsseln. Es war ihnen klar, daß sie einen bedeutenden Fund gemacht hatten, aber weil sie noch vor Einbruch des Winters Vorräte heranschaffen mußten, kehrten sie nach Golovin-Bay zurück. Sie erweiterten ihre Gruppe auf sieben Mitglieder, kehrten am 15. Oktober zum Snake River zurück und riefen den Kap-Nome-Bergbaudistrikt ins Leben. Sie legten die Begrenzungen des Distrikts fest, erarbeiteten Bestimmungen für das Betreiben von Bergbau und wählten A.N. Kittleson zum Katastermann.[2]

Die Bestimmungen sahen vor, daß jeder Prospektor ein Anrecht auf maximal 400 m^2 für jeden Wasserlauf haben durfte. Dazu kam das Claim, auf dem die erste Entdeckung gemacht worden war, und außerdem war den Prospektoren erlaubt, im Namen von Freunden, Verwandten oder Geschäftspartnern weitere Anrechte in Anspruch zu nehmen.

Bei der Arbeit standen Eingeborene als Hilfskräfte zur Verfügung, und bald stand am Anvil Creek ein Lager. Zu den Vorräten gehörte auch Bauholz, aus dem grobe Schwingtröge zum Auswaschen des Goldes gezimmert wurden. Mit Hilfe nur zwei dieser Tröge kamen innerhalb weniger Tage 1800 Dollar zusammen. Dann kam der Winter, und das Einfrieren der Flüsse machte eine weitere Arbeit mit diesen Geräten unmöglich. Die Schürfer verabredeten strengste Geheimhaltung und kehrten für den Winter nach Golovin Bay zurück. Aber solche goldenen Geheimnisse sind schwer zu wahren. Irgendwie – war es durch ein unvorsichtiges Wort oder ein vielsagendes Lächeln – kam die Sache ans Licht. Die Nachricht breitete sich aus wie ein Steppenfeuer, zuerst bis zu der nahegelegenen Missionsstation, dann am Yukon River entlang, und schließlich war alles kein Geheimnis mehr.

Und wieder setzte ein großer Run ein. Von Hoffnung beflügelte Männer eilten den Yukon hinab, so schnell sie ihre Füße, ihre Hunde oder ihre Fahrräder tragen konnten. Vom Goldfieber gepackt, brachten Männer und Frauen, die weder Schlitten noch

Hunde besaßen, alles, was sie an Vorräten und Geräten hatten, ohne Hilfe zum Snake River. Einige schlichen sich sogar zu nachtschlafender Zeit aus ihren Camps am Yukon, aus Dawson, Forty Mile, Rampart und Circle, um die anderen nicht auf ähnliche Gedanken zu bringen, und verschwanden in großer Eile in Richtung auf das neue Mekka.

Die Zähmung des Mobs

Als die Nachricht von dem Goldfund zur Außenwelt vorgedrungen war, war es zu spät, von den Häfen der Pazifikküste nach Kap Nome zu gelangen. Man hätte schon nach Skagway reisen müssen, dann den Zug nach Whitehorse nehmen, von dort mit der Postkutsche nach Dawson weiterfahren, anschließend die 1700 Meilen am Yukon entlang bis nach St. Michael zu Fuß zurücklegen und dann noch am Norton-Sund entlang weiterziehen müssen. Nichtsdestoweniger wuchs das Wintercamp zahlenmäßig ständig an. Die Zugewanderten waren Goldsucher, die sich schon im Norden aufhielten. Mitte Mai 1899 lebten in der Zeltstadt 250 Menschen, im frühen Sommer waren es schon 1000, und im Spätsommer bevölkerten 2000 Personen das Gebiet an der Küste der Bering-See. Ein Jahr später sollte die Einwohnerzahl auf 20000 Menschen anwachsen.

Viele geschäftstüchtige Leute verbrachten ihre erste Saison damit, Anrechte zu erwerben, ohne jedoch schon auf den Gebieten zu schürfen. Optimisten meinten, daß sich an jedem der Wasserläufe Gold finden werde, und so steckten sie von der Küste bis zum Horizont ihre Claims ab, teils in ihrem eigenen Namen, teils für Freunde, Verwandte und Geschäftsfreunde. Die Gesetze sahen vor, daß vor der Anmeldung eines Schürfrechts ein Goldfund nachgewiesen sein mußte, aber in der Praxis hatte niemand die Zeit, das nachzuprüfen. Natürlich führte das praktisch uneingeschränkte Anmelden von Stakes, besonders wenn es um sogenannte Vollmachten von Geschäftsfreunden ging, zu einem heillosen Durcheinander.[3] Der Mißbrauch der Bergbaugesetze und -vorschriften in Nome war etwas ganz Neues, verglichen mit der bis dato geübten Praxis relativer Zurückhaltung. Vielleicht muß man den Wandel als unausweichlich ansehen angesichts des Klondike-Fiebers und der Tatsache, daß die Vorschriften für Vollmachten recht vage waren. Auf jeden Fall war es eine unheilvolle Entwicklung, die zu geradezu endlosen gerichtlichen Nachspielen führte.

So trostlos auch das Äußere der Stadt und ihrer Umgebung war, so groß waren doch immerhin die Aussichten, Geld zu machen. Auch gab es Bürger, die bestrebt waren, privates Eigentum zu schützen und Gesetz und Ordnung zu wahren. Der Präsident der Handelskammer, die sich als erste Gruppe organisierte, erließ ein Dekret gegen Gewalttätigkeiten. Darin hieß es: »Wir werden den Mann hängen, der ohne Not menschliches Blut vergießt, und wenn wir bis Council City reiten müssen, um einen Galgen zu besorgen.«[4] Da Council City ziemlich weit entfernt war, klang die Drohung ernst.

Wie sich herausstellte, waren Krankheiten noch schlimmere Feinde als Verbrecher. Es gab keinerlei sanitäre Anlagen, und die ganze Gegend war voller Kot und Abfälle. Schließlich ging man zwar dazu über, den ganzen Unrat kurz vor der Eisschmelze so weit wie möglich draußen in die See zu kippen, aber das geschah erst, nachdem Typhus und andere Krankheiten eine Reihe von Menschenleben gekostet hatten.

In bemerkenswert kurzer Zeit wurden Pläne für eine ordentliche Stadt mit Straßen entworfen. Es wurden auch einige feste Häuser errichtet – meistens handelte es sich um Saloons –, aber die meisten Einwohner blieben in ihren Zelten wohnen. Die Unregelmäßigkeiten bei der Anmeldung von Ansprüchen auf Grund und Boden betrafen auch das Gebiet der Stadt. Jeder versuchte jeden bei der Erwerbung eines der kostbaren Stadtgrundstücke zu betrügen. Selbst wenn man schon ein Haus errichtet hatte, konnte man noch nicht sicher sein, denn mehrfach wurden schon fertige Bauten über Nacht wieder abgerissen.

Während des kurzen Sommers ging es im Camp lebhaft zu. Jedermann war damit beschäftigt zu bauen, die Creeks nach Goldspuren abzusuchen oder – nach den Goldfunden am Strand – Sand zu sieben.

Die besten Claims am Anvil Creek – dem Amboß-Bach – gehörten den »drei Glückspilzen aus Schweden«, die daher sehr beneidet wurden. Warum sollte so ein Lappländer wie Jafet Lindeberg, den man ins Land geholt hatte, damit er Rentiere hütete, Millionen aufhäufen dürfen, wenn so viele Amerikaner nichts bekamen? Und wie war das mit dem Schweden, dem Erik Lindblom? Vielleicht sollte man ihn auf das Schiff zurückbringen, von dem er ausgerückt war? Die Unzufriedenheit im Camp nahm die Form regelrechter Verschwörungen an. Eine Gruppe von Männern tat sich zusammen, um mit Hilfe der Versammlung der Schürfer die Bestimmungen zum Schutz von Anrechten zu lockern.

Das Bergbaurecht der Vereinigten Staaten besagte, daß außer Staatsbürgern nur solche Ausländer Anrechte auf Minerallagerstätten besitzen durften, die ihre Absicht bekundet hatten, sich einbürgern zu lassen. In den Bestimmungen hieß es jedoch auch, daß nur die Bundesbehörden das Recht hatten, Einwanderer daraufhin anzusprechen. Einfache Bürger konnten also nicht die Rechte anderer Privatpersonen in Frage stellen.

Die Goldsucher auf der Seward-Halbinsel von 1899 kümmerte allerdings dieser zweite Punkt wenig. Ihre Habgier und ihr Neid auf die »schwedischen Glückspilze«, die das Gold entdeckt hatten, trieb sie dazu, das Recht in ihre eigenen Hände zu nehmen. Bei einer Versammlung der Schürfer, auf der es sehr lautstark zuging, »beschlossen« sie, daß Fremde keine Rechte hatten und daß deshalb diejenigen, die sich auf deren ursprünglichen Claims breitmachten, kein Unrecht begingen. In der Entschließung hieß es, die Entdecker des Goldes hätten keinen rechtlichen Anspruch auf Schürfrechte, weil sie die Bestimmungen des amerikanischen Schürfrechtes nicht voll erfüllten. Die Bestimmungen seien, so wurde weiter erklärt, dem Geist wie dem Buchstaben nach verletzt worden. Die Rädelsführer hatten die Sache sorgfältig eingefädelt und schon vorsorglich mehrere Männer zum Anvil Creek entsandt. Es war vereinbart, daß bei Annahme der Entschließung in Nome ein Feuer angezündet werden sollte, und auf dieses Signal hin sollten die Anrechte der Entdecker frei sein und die Schweden mit Gewalt vertrieben werden.

Die Versammlung fand in einem Saloon statt. Bevor man dazu kam, über eine Resolution abzustimmen, die alle Claims abgeschafft hätte, betrat Leutnant Oliver Spaulding mit ein paar seiner Soldaten den Saal und forderte: »Gentlemen, ziehen Sie diese Entschließung zurück!« Ärgerliche Rufe waren die Antwort:

»Warum denn? Wir machen unsere Gesetze selbst. Was gehen uns Sie und Ihre Soldaten an?«[5] Die Goldgräber murrten und blieben bei ihrer Weigerung, den Anordnungen zu folgen. Daraufhin zog Spaulding seine Uhr und erklärte, er werde den Saal in genau zwei Minuten räumen lassen, wenn die Männer nicht von ihrer Resolution Abstand nähmen. Die zwei Minuten vergingen, und die Soldaten trieben die Menge aus dem Versammlungsraum.

Leutnant Spaulding hatte ebensowenig das Recht, die Versammlung aufzulösen, wie die Goldgräber das Recht in ihre eigenen Hände nehmen durften. Die Wut war groß, und jeder kleine Funken hätte zur Explosion führen können. Was den Ausbruch – und wahrscheinlich sogar Blutvergießen – verhinderte, war eine neue sensationelle Goldentdeckung nur wenige Tage nach der Versammlung. Direkt am Strand vor dem Lager wurde das gelbe Metall gefunden, und zwar in lohnenden Mengen.

Goldener Sand

Die goldträchtigen Strände erstreckten sich jeweils etwa 40 Meilen nach Osten und Westen (von Nome aus gesehen). Ein rund 50 Meilen langer Streifen zwischen dem Nome River im Osten und dem Penny River im Westen erwies sich als ertragreichstes Gebiet. Bei Niedrigwasser stieß man schon nach 20 cm auf festes Gestein. Zur Tundra hin verlief das Gestein in Tiefen von etwa 1,5 Meter. Nie hatte man es mit dem Graben leichter gehabt. Hier brauchte man sich nicht mühsam durch 18 Meter Permafrost zu wühlen, um das Muttergestein zu erreichen. Ein grob gezimmerter Schwingtrog, den man am Strand aufstellte, war alles, was man brauchte. Man schaufelte den kostbaren Sand hinein und schüttelte, bis sich die Goldteilchen unten absetzten. In der ersten Saison nach der Entdeckung holten etwa 2000 Männer und Frauen, Schulter an Schulter am Strand arbeitend, Gold im Werte von mehr als zwei Millionen Dollar auf diese Weise aus dem Boden. Zur gleichen Zeit gaben die Flußläufe des Gebiets für rund eine Million Dollar Gold her, und das, obwohl es schwierig war, die Leute zu den Creeks zu locken, solange der Sand an der Küste noch mehr versprach.

Auf einer Versammlung beschlossen die Goldgräber, daß es am Strand keine festen Anrechte geben solle. Jeder sollte ein Stück Boden von der Länge einer Schaufel beanspruchen können. Ein Gutteil des Bodens lag bei Hochwasser im Meer. Aber wenn die Ebbe einsetzte, strömten die Männer und Frauen in dichten Schwärmen herbei, um an einer beliebigen Stelle wieder mit der Arbeit zu beginnen.

Jetzt waren alle zufrieden. Der Strand war gewissermaßen der Schürfgrund des armen Mannes, wo jeder sein Teil bekam. Aber Harmonie war etwas, das sich in Nome niemals lange hielt. Immer wieder kam es aus Habgier zu schweren Auseinandersetzungen. Eine Bergwerksgesellschaft, die sich in der Tundra neben dem goldhaltigsten Teil des Strandes Anrechte gesichert hatte, bestand darauf, daß das Claim den Strand mit einschließe. Die Firma forderte also das Militär auf, dort schürfende Leute wegen unbefugten Betretens festzunehmen. Ein Offizier erschien denn auch mit Soldaten am Strand und schritt zu einer Massenfestnahme. Aber was nun? Es gab keinerlei zivile Behörde, vor die man den Fall der 268 »Unbefugten« hätte bringen können. Es gab kein Gefängnis, in das man sie bis zur Anhörung hätte stecken können. Das Militär wandte sich an den Kläger mit der Aufforderung, für den Unterhalt der Leute zu zahlen. Als die Firma das ablehnte, blieb den Soldaten nichts anderes übrig, als die Schürfer wieder freizulassen – worauf diese prompt ihre Arbeit am Strand wieder aufnahmen. Die Vertreter der Gesellschaft hatten die Stimmung im Camp geprüft und waren zu dem Schluß gelangt, daß es vielleicht besser sei, in Zukunft »unbefugtes Betreten« zu dulden.

Wer im Herbst 1899 nach Nome kam, fand eine Zeltstadt vor, die sich 20 Meilen am Strand entlang erstreckte. Pastor Hall Young hielt die ersten Gottesdienste. J.F.A. Strong brachte eine Zeitung, die »Nome News«, heraus. In einem eleganten Restaurant namens »Creamerie Café« wurden Schweinefleisch und Bohnen serviert, zum Preis von 1,50 Dollar. Und die »News« bemerkte dazu: »Was Delmonico für New York ist und das Palace Hotel für San Francisco, das ist für Nome die Creamerie.«[6] Man hatte also durchaus seinen Stolz draußen im hohen Norden.

Noch ein anderer Bericht erschien auf der ersten Seite des Blattes: die Ankündigung, daß Curly Carr und Ed Kelly, zwei bekannte Mittelgewichtsboxer, sich in Nome einen 20-Runden-Kampf liefern würden. Es versprach ein guter Kampf zu werden: Carr hatte vor kurzem in Dawson Billy Cooper, den Champion vom Yukon, geschlagen, und Kelly hatte an der Küste einen guten Ruf. Bemerkenswert war der Austragungsort: ein Lokal mit dem Namen »The Dexter«, dessen gemeinsame Eigentümer Wyatt Earp und Charles Hoxsie waren. Heute kennt man Earp besser als Revolverhelden des Westens und weniger als Boxmanager, aber dieser Mann, der sich einen Ruf als Buffalojäger, Deputy Marshal in Dodge City, Geschäftemacher in Tombstone, Goldgräber in Cour d'Alene und Saloonwirt gemacht hatte, war in früheren Tagen auch dem Boxsport verbunden. So war er 1896 Schiedsrichter bei dem Kampf Jack Sharkey gegen Bob Fitzsimmons gewesen. Earp war offenbar schon 1898 nach Alaska gegangen, aber belegt ist sein Erscheinen erst in Nome. Anscheinend hat er 1901 oder Anfang 1902 Nome wieder verlassen, um nach Tonopah in Nevada zu gehen, wo er einen Zeltsaloon eröffnete, den er »The Northern« nannte. Er ging dann 1903 nach Goldfield, Nevada, bis der große Boom auch hier vorbei war, und trat danach in Arizona, Kalifornien und anderen Staaten auf.[7]

In Nome gründete man eine Stadtverwaltung. Man brauchte ein Hospital und mußte für die Abfallbeseitigung sorgen, denn es gab täglich mehrere Todesfälle durch Typhus. Da die Behörden in Washington allerdings keine Bestimmungen für die Zivilverwaltung Alaskas erlassen hatten, fehlte der Stadtverwaltung die Grundlage für ihre Arbeit. Sie hatte keine Möglichkeit, Steuern einzuziehen, und war statt dessen auf Spenden von Geschäftsleuten angewiesen. Trotz dieser Probleme gelang es, die wichtigsten Aufgaben zu meistern. Zu diesen gehörte auch eine funktionierende Post. An ein reguläres Postwesen war jedenfalls für ein Jahr nicht zu denken, weshalb private Träger angestellt wurden, die eine Verbindung nach Katmai am Cook Inlet herstellen sollten – eine Strecke von 1200 Meilen durch weglose Wildnis.

Einige der Goldgräber kehrten mit beträchtlich geschwellten Taschen ins Normalleben zurück. Der Richter W.T. Hume beispielsweise, ein früherer Oberbürgermeister von Seattle, hatte 20000 Dollar in Gold bei sich. (Er sollte mehrere Jahre später unter ganz anderen Umständen aus dem neuen Camp in

Fairbanks ausziehen: als gefrorene Leiche, die man auf einem Hundeschlitten nach Valdez schaffte.) Missouri Bill gehörte auch zu den Reisenden mit überschwerem Gepäck. Er hatte zuvor in Dawson ein Vermögen gemacht. Einige Menschen hatten eben das Glück auf ihrer Seite.

Überfälle und Räubereien nahmen zu, je näher das Ende der Schiffahrt rückte. Auf viele Meilen um Nome herum gab es kein Holz, und Kohlen waren sehr knapp. Vorausschauende Leute hatten sich für den Winter Vorräte von Treibholz angelegt. Wer das nicht getan hatte, »organisierte«, wenn sich die Gelegenheit bot.

Zwielichtige Gestalten, die sich schon in Dawson einen Namen gemacht hatten, versuchten, das Geschäft mit Holz, Kohlen und Nahrungsmitteln an sich zu bringen. »Schwindler, nehmt Euch in acht!« erklärte die »News« und verlangte, Diebe sollten in ein günstigeres Klima – und vor allem weg von hier – gebracht werden.[8] Die Alaska Commercial Company stellte einen Wächter an, um ihre Waren zu beschützen. Ein Mann namens Frank Gillis wurde angeschossen, als er sich mit einem Vorrat von Büchsen aus dem ACC-Warenlager davonmachen wollte.

Eine städtische Polizeiabteilung tat ihr möglichstes, die Verbrechen niederzuhalten. Im Oktober registrierte Polizeichef Eddy 74 Festnahmen wegen Trunkenheit, Schlägereien und ungebührlichen Benehmens, 46 wegen Diebstahl und 12 wegen verschiedener Vergehen. Sechs Männer wurden des Landes verwiesen, ohne daß ihnen der Prozeß gemacht worden war. Zehn weitere wurden verurteilt und dann deportiert.[9]

Chefredakteur Strong von der »Nome News« sah immer auch die gute Seite der Dinge. Er schrieb: »Es gibt in Nome kriminelle Elemente, aber in Skagway ging es seinerzeit viel blutiger zu.«[10] Der Vergleich stimmte, war aber trotzdem wenig tröstlich. Das Skagway von Soapy Smith war eine der gesetzlosesten Städte in der Geschichte des amerikanischen Westens, und Strong war auch dort als Journalist tätig gewesen.

Der Fortschritt ließ sich nicht aufhalten. Man gründete einen Klub. Die »Literarische und Debattiergesellschaft von Nome« veranstaltete eine Diskussion darüber, ob es rechtmäßig sei, mit den Vollmachten anderer Schürfrechte zu erwerben. Den größten Eindruck machte ein Teilnehmer namens Button. Die

»News« berichtete von seiner »geradezu athletischen Phantasie, dem Fluß seiner Sprache, der ciceronischen Eloquenz und dem Byron gleichzustellenden Witz«[11]. Man las Gedichte und beschloß den Abend mit einem melodischen Duett.

Blaue Karten

Einwohner der Stadt verlangten, daß man gegen Straßenräuber und Diebe vorgehen solle, und anständige Leute fürchteten für die Sicherheit von Leben und Eigentum. In Nome gab es kein Gefängnis und keine Straßenbeleuchtung, die das Dunkel des Winters erträglicher hätten machen können. Immer lauter wurde die Forderung, man solle alle bekannten Schurken und verdächtigten Männer sammeln und aus dem Gebiet verbannen. Verbannung war die traditionell von der Versammlung der Goldgräber am Yukon verhängte Strafe, aber die Jahreszeit war inzwischen weit fortgeschritten. Man schrieb Ende Oktober, und nur noch ein Schiff, die »Bear« vom Küstenzolldienst, lag vor Nome. Kapitän D.H. Jarvis wurde gebeten, die »vierzig Räuber« von Nome mit nach Seattle zu nehmen. Er gab seine Zustimmung, und so sammelte Polizeichef Eddy ein Dutzend Männer, die weder arbeiteten noch sich sonst nützlich machten, und schickte sie an Bord der »Bear«. Für eine behördliche Anhörung hatte man keine Zeit!

Niemand von diesen Männern hat etwa versucht, nach der Rückkehr in Seattle rechtliche Schritte gegen seine Festnahme einzuleiten. Ein solcher Fall hätte interessant sein können, denn wie geht man gegen städtische Behörden vor, die ohne jede rechtliche Grundlage eingesetzt worden waren?

Als die »Bear« abgedampft war, und mit ihr ein stattlicher Teil der unangenehmeren Gestalten von Nome, beruhigte sich die Lage etwas, aber Diebstahl blieb an der Tagesordnung. »Kein Urteil kann zu hart sein für einen Dieb«, ereiferte sich die »News«.[12]

Mit Ausnahme von ein paar ganz abgehärteten Leuten gaben im Winter alle das Goldwaschen am Strand auf. An den Flußläufen wurde allerdings weiter gegraben. Zu der Härte der Arbeit kam hinzu, daß die Goldgräber nie wußten, ob nicht jemand anders ebenfalls Anspruch auf das Claim erhob. Die Unsicherheit nagte an den Nerven. Sogar der ganz und gar nicht kleinliche Wilson Mizner, eine der führenden Figuren der Unterwelt, verlor die Fassung, als er von dem beauftragten Richter Rawson in einer Zivilsache verurteilt wurde. Er mußte 25 Dollar und die Gerichtskosten bezahlen, weil er einen Mann namens Moses Rosencrantz tätlich angegriffen hatte. Wyatt Earp wurden 50 Dollar auferlegt, weil er einen Polizisten attackiert hatte.

In jenem Winter beschäftigte die Einwohner Nomes die Frage, was man draußen von ihrem Camp hielt. Natürlich würde es im Frühjahr einen Massenandrang geben. Wenn gelegentlich jemand aus Dawson über das Eis des Yukon nach Nome durchkam, dann war von Tausenden die Rede, die zu erwarten seien. Man rechnete mit 20000 bis 30000 Menschen. »Nächsten Sommer sind wir die große Attraktion«, triumphierte die »News«, nicht ohne hinzuzufügen, daß man entsprechende Vorsorge zu treffen habe. Eine kluge Planung sei notwendig, meinte das Blatt, und dazu müsse die Gewinnsucht etwas hintan gestellt werden.[13]

Mit Wohlgefallen wurde die Arbeit von Richter Rawson zur Kenntnis genommen. J. McGlade wurde zu 365 Tagen Holzsägen verurteilt, weil er Kohlen gestohlen hatte. Die strafverfolgende Behörde wurde in dem Fall von dem Stadtanwalt Key Pittman vertreten – dem Mann, der später US-Senator von Nevada wurde. Pittman war auch gleichzeitig das Opfer des Diebstahls von McGlade gewesen. Die Strafe folgte dem Vergehen auf dem Fuße: Das Urteil wurde drei Stunden nach der Festnahme McGlades gesprochen.

Rawson beendete auch das Geschäft mit dem Treibholz. Ohne sich um Präzedenzfälle für solche Eingriffe in die Freiheit des Unternehmertums zu kümmern, ordnete er an, daß niemand mehr Holz besitzen dürfe, als er für den eigenen Bedarf brauche.

Im November eröffnete Button eine Leihbücherei. Viele Saloons hatten »Sonderangebote«. Jack Mallon hatte etwas zu tief ins Glas geschaut, als er seine Erfolge beim Schürfen feierte, und dabei dann irgendwie einem anderen Zecher ins Bein geschossen. Daraufhin griff ein Stadtpolizist ebenfalls zur Waffe und erschoß Mallon. Die »News« beschuldigte den Leiter des Hospitals der Korruption und der Mißwirtschaft. Immerhin gestattete das Blatt dem Mann, sich in gleicher Ausführlichkeit zu verteidigen.

Aber wie war das nun eigentlich, wenn man unmittelbar an diesem ganzen wilden Treiben teilhatte? Für die meisten bedeutete es einen Höhepunkt in ihrem Leben, und sie waren sich dessen auch bewußt. Auch diejenigen, die eher zögernd nach Nome gekommen waren, wurden von der Atmosphäre mitgerissen. Das Beispiel von Elizabeth Robins zeigt das deutlich. Sie kam nach Nome, weil ihr Bruder hier Pastor war, und anfangs war sie entsetzt über das, was sich ihren Augen darbot. Ihr Bruder hatte ihr gesagt: »Hier in Nome siehst und erlebst du in 24 Stunden mehr als anderswo in einem ganzen Jahr.«[14]. Aber Elizabeth gefiel das, was sie sah, nicht, und ganz besonders packte sie das Entsetzen, als sich der junge Geistliche mit gezogener Pistole dagegen zur Wehr setzen mußte, daß man ihn von seinem Grundstück und aus seinem Zelt vertrieb.

Miss Robins, die später eine berühmte Schauspielerin werden sollte und besonders wegen ihrer Ibsen-Rollen bekannt wurde, hatte eine sehr mütterliche Einstellung zu ihrem Bruder. Nome war ein zu rauhes Pflaster für den 26jährigen Pastor – so glaubte sie. Die Robins seien zu fein besaitet. Aber abreisen wollte sie auch nicht. Irgendwie konnte sie sich der rauhen, aber quicklebendigen Attraktivität des Camps nicht entziehen. »Nome schlägt einen in seinen Bann. Es verlangt – und bekommt – einen Tribut, wie man ihn sonst nie zu zahlen bereit gewesen wäre, und es verliert seine Macht nur über die Toten.«[15]

Elizabeth begriff auch die Männer, die schon jahrelang dem Gold nachjagten. Sie verstand, daß sie gar nicht wieder nach Hause zurückkehren wollten: »Sie haben ganz recht. Sie sind schon zu lange fort. Wer als junger Mann hierherkommt und seine Heimkehr immer wieder aufschiebt, weil ihm die Freiheit und Ungebundenheit ins Blut übergegangen ist, der sollte sich auch darüber im klaren sein.«[16]

Es gab neue, erregende Nachrichten über einen Goldfund auf dem weit entfernten Kap York. Sicher würde bald auf der ganzen Seward-Halbinsel und in der gesamten Arktis Gold gefunden werden. Dann würde Nome, so sagten viele es voraus, Handelszentrum für eine riesige Region werden. Zwischen Nome und York wurde ein regelmäßiger Verkehr mit Rentieren eingerichtet.

Schon im Winter 1899 gab es in der Stadt 20 Saloons, sechs Bäckereien, fünf Wäschereien, zwölf Läden, drei Geschäfte für Gebrauchtwaren, vier Spirituosengroßhandlungen, vier Hotels, sechs Restaurants, sechs Pensionen, zwei Tapezierer, zwei Fotografen, einen Brauer, drei Geschäfte für Obst, Zigarren und Süßwaren, zwei Klempner, zwei Schildermaler, drei Uhrmacher, zwei Fleischmärkte, ein Geschäft für Bootsausrüstungen, einen Buchladen, drei Packer, zwei Dentisten, Gottesdienste der katholischen und der Kongregationskirche, elf Ärzte, 16 Anwälte, vier Badehäuser, einen Massagemeister, eine Bank, zwei Druckereien, einen Schmied, zwei Baufirmen, vier Barbiersalons, zwei Klubs, ein Hospital, ein Wasserwerk und eine nicht genannte Zahl von Huren. Und all dies in einem Gemeinwesen, das es wenige Monate zuvor noch gar nicht gegeben hatte. Die Einwohnerzahl lag bei etwa 3000.

In den langen und kalten Wintermonaten blühten Skandal und Klatsch und unterhielten auf ihre Weise die Leser der Zeitung. Zwei Räuber, die sich mit Mückennetzen unkenntlich gemacht hatten, überfielen einen Laden. Der Postträger Joe Carroll ließ sich dafür bezahlen, daß er Briefe nach Katmai brachte, machte sich aber ohne die Briefe davon. Das Erntedankfest wurde gefeiert, der erste Festtag Nomes. Am Weihnachtstag luden George Murphy und Tex Rickard 400 Gäste zu einem kostenlosen Mahl in den Northern Saloon ein, eine Übung, die sich dann jährlich wiederholte, solange sie Eigentümer des Etablissements waren. Nomes erstes Baby wurde geboren.

Am Neujahrstag ging es hoch her: Massenweise zogen Männer aus, um sich auf schon beanspruchtem Boden neue Claims zu sichern. Das Wetter konnte sie nicht davon abhalten, Bodenstücke abzustecken und dann wieder in die Stadt zu eilen, um den Vorgang aktenkundig zu machen. Einige Anwälte waren der Ansicht, daß sich diese Männer der – gewissermaßen – »zweiten Stunde« gegenüber denen mit dem ursprünglichen Anspruch durchsetzen würden, wenn diese nicht vor Jahresende die erforderliche Vermessungsarbeit nachwiesen. Das amerikanische Schürfrecht sah vor, daß jeder Inhaber eines Anrechtstitels pro

Jahr ein bestimmtes Quantum Arbeit zu erbringen hatte. Niemand wußte, ob das auch für die Situation in Nome zutraf, aber viele meinten eben, der Versuch könne nicht schaden.

Im Januar gab es den ersten Schneesturm des Winters. Diesen Naturgewalten waren die schwächlichen Zelte natürlich nicht gewachsen. Der Sturm blies sie in alle Richtungen auseinander. Zum Glück war aber der Winter insgesamt milde. Trotzdem gingen viele dazu über, mit griffbereiter Waffe ihre Holzstöße zu verteidigen. Fünf Prostituierte weigerten sich, eine Gebühr in Höhe von 17,50 Dollar zu zahlen, die vom Gericht für sie festgesetzt worden war. Deshalb wurden sie für eine Weile im Obergeschoß des Rathauses in ein provisorisches Gefängnis gesperrt. Das konnte ihnen wenig anhaben. Sie verbrachten ihre Zeit damit, auf englisch oder französisch mehr oder weniger anstößige Lieder zu singen, was wenigstens die Hunde in der Nachbarschaft zu lautem Heulen veranlaßte.

Der Bierpreis stieg von 30 Dollar das Faß (sechs Dutzend Flaschen) auf 60 Dollar. In den Saloons wurde für eine an der Bar ausgeschenkte Flasche ein Dollar verlangt. Diese Teuerung kam durch die Knappheit zustande. Der Saloonwirt Jim Wilson kontrollierte praktisch den gesamten Bierausschank in Nome und machte enorme Profite. Glücklicherweise war an Whisky kein Mangel.

Im März wurde für 20 Kinder der Schulunterricht eingeführt. Die Goldsuche ging weiter. Nach einer eifrig kolportierten Geschichte war ein Prospektor so verzweifelt, kein freies Stück Land mehr finden zu können, daß er ein Loch ins Eis bohrte und für ein Stück der Bering-See das Schürfrecht anmeldete.

Peter Bernard versuchte, nach Sibirien zu gelangen, schaffte es aber nicht. Immerhin erreichte er die Diomede-Inseln und berichtete über gute Aussichten für die Goldsuche. Die Eisverhältnisse in der Bering-Straße ließen ein Überqueren im Winter kaum zu. Auch in den kältesten Zeiten gab es ständig neue Risse im Eis, die die gefrorenen Massen oft weit auseinanderklaffen ließen. Bernard und andere machten Nome zum Mittelpunkt des Handels zwischen Alaska und Sibirien. Dieser bestand hauptsächlich im Austausch von erstklassigen Pelzen aus dem russischen Norden gegen minderwertigen Whisky und andere Waren.

Bis zum März hatten sich auch 837 Personen zusammengefunden, die etwas gegen die mangelhafte Sicherung von Gesetz und Ordnung unternehmen wollten. Sie unterzeichneten eine Petition, in der sie den Einsatz von Militär forderten. Der Zeitungsmann Strong ermahnte allerdings seine Mitbürger, sich nicht freiwillig der Knute des Militärs zu unterwerfen. Die meisten Goldsucher teilten die Meinung Strongs. Sie hatten sich lange genug gegen das halbmilitärische Regime aufgelehnt, das die Mounties in Dawson errichtet hatten. Davon hatten sie genug.

Bittschriften waren vermutlich in erster Linie ein Zeichen für das Herannahen des Frühlings. In einer ging es um Bürgermeister Cashel und Polizeichef Eddy. Der Stadtrat untersuchte Berichte, in denen den beiden vorgeworfen wurde, sie hätten »ein Fenster eingeschlagen und eine Frau auf die Straße in den Schnee geworfen«.[17] Einige meinten, die Offiziellen müßten nun zurücktreten, aber diese lehnten empört ab, und ein milder Stadtrat beschloß mit drei gegen zwei Stimmen, die beiden Männer freizusprechen.

Bei einer großen Versammlung ging es wiederum um die Frage der Militärgerichtsbarkeit. Die Mehrheit war noch immer dagegen. Zwar gab es viele, die das schlechte Funktionieren der städtischen Behörden kritisierten, aber man kümmerte sich auch um eine Reihe wirklich dringlicher Probleme. Die Handelskammer sammelte 7000 Dollar für Reinigungsarbeiten, und der ganze Schmutz und Abfall des Winters wurden auf das Eis hinausgekarrt.

Wann würde das erste Schiff kommen, und wie viele neue Goldsucher waren zu erwarten? Das waren die brennenden Themen, als die neue Schiffahrtssaison bevorstand. Der Journalist Strong warnte: »Der Abschaum der Vereinigten Staaten wird sich an unseren Ufern niederlassen.«[18] Er sollte recht behalten. Dawson City und andere Goldcamps hatten in den Zeiten ihre Blüte schon eine stattliche Zahl von Prostituierten, Spielern und Betrügern angelockt, aber das war nichts verglichen mit dem jetzigen Ansturm von Halbweltfiguren. Es lag wohl daran, daß mit der Reise zu den Goldstädten des Landesinneren einige Mühsal verbunden gewesen war, während es hier bestenfalls darum ging, von einem Schiff auf das andere umzusteigen.

Unterdessen kamen immer mehr Leute aus Dawson nach Nome. H.B. Levy hatte Dawson am 12. Februar verlassen und traf am 24. März ein. Er hatte die 1348 Meilen per Fahrrad zurückgelegt. Ein Ehepaar in den Flitterwochen zog nach 65 Reisetagen mit 15 Schlittenhunden in die Stadt ein. Es berichtete, daß sich Dawson allmählich leere, weil alle zur Seward-Halbinsel wollten. Auch fünf »Damen«, die einen elfjährigen Jungen als Schlittenfahrer hatten, kamen in der Stadt des Goldes an. Sie brachten wenig an weltlichen Gütern mit – eine hatte als einziges Gepäck eine Ersatzhaarnadel bei sich. Sicher würde sich ihr Vertrauen in die Großzügigkeit der Männer von Nome als richtig erweisen.

In Briefen, die nach Nome gelangten, wurden viele Informationen angefordert:

Würden Sie diesen Brief bitte beantworten und mir mitteilen, mit welcher Gesellschaft man nach Nome fahren soll. Und auch, wann ich ungefähr aus Seattle abreisen soll. Wie kommt man an den Goldsand heran? Muß man in's Wasser hinauswaten oder braucht man ein Boot? Welcher Ozean ist das, und ist das Wasser den ganzen Sommer kalt? Wieviel Geld muß man ungefähr am Anfang haben? Bitte schreiben Sie mir, was für Werkzeug ich brauche und welche anderen Vorräte. Raten Sie dazu, daß man ein Boot besorgt? Was ist ein Schwingtrog und wo kann man sich einen besorgen? Kann man mit einem Bott besser arbeiten als mit einem Schwingtrog? Ist es billiger, Vorräte mitzubringen, als sie dort zu kaufen? Soll man lieber allein arbeiten oder mit einem Partner? Bitte, antworten Sie so bald wie möglich.[19]

In den Ohren erfahrener Männer muß das in der Tat sehr naiv geklungen haben.

Leute, die auf dem Landwege kamen, waren entsetzt, feststellen zu müssen, daß das ganze Gebiet schon vergeben und die Claims amtlich bestätigt waren. Als ein argloser Neuankömmling sein Zelt auf einem leeren Grundstück in der Stadt aufschlug, kam der wütende Besitzer, riß es nieder und warf es auf die Straße. Doch es gab Schlimmeres: Billy Smith wurde erschossen, als er die Grundstücksansprüche eines anderen mißachtete. Die Stimmung in Nome gegenüber dieser Art von Vergehen wurde mit fortschreitender Saison nicht besser.

Jedermann bedauerte, daß es keine richtige Verwaltung gab und die rechtliche Lage hinsichtlich der Landrechte so unsicher war. Sam Dunham verlieh dem in gehobener Sprache Ausdruck:

Am Klondike ging es oft rauh zu,
einstecken mußten wir manchen Schlag
von der Hand derer oben
mit Lizenzgebühren und Verordnungen.
Aber das war regulär
und man wußte wenigstens Bescheid,
doch hier in Nome, da geht es
um uns'ren geldlichen Ruin.[20]

Die Gerüchteküche machte Überstunden – aber wie konnte es auch anders sein bei einer derartig dünnen Verbindung zur Außenwelt? Vermutlich war die Situation, was das Eigentum an den Strandgrundstücken betraf, erst geklärt, als der Beauftragte der USA einen Spruch verkündete, demzufolge das bei Ebbe trockene Watt dem Staat gehörte, so daß allen die gleiche Gelegenheit gegeben werden mußte, hier nach Gold zu suchen. Einen Rechtsanspruch auf ein bestimmtes Stück Land konnte es hier nicht geben. Trotz dieser Regelung stürmten im April Goldsucher in großer Zahl an den Strand, um Claims abzustecken. Dies war dadurch ausgelöst worden, daß ein Direktor der Alaska Commercial Company am Strand bzw. in seiner unmittelbaren Nähe einen Graben aushob und ein Claim anmeldete. Er behauptete, er tue das nur für den Eventualfall, aber einige Männer meinten, er habe sicher von einem neuen Gesetz erfahren, das die Aufteilung des Strandes gestatte. Und schon zog die ganze Meute los.

Ein anderes Gerücht erwies sich später als wahr. Irgend jemand wußte zu berichten, der Kongreß habe die Einrichtung von drei neuen Gerichtsbezirken für Alaska beschlossen. Nome würde einen Richter bekommen, und der werde die öffentliche Ordnung wiederherstellen. Das war eine Freudenbotschaft – aber wenn die Goldsucher vorhergesehen hätten, was die Einsetzung eines Bundesrichters für Nome bedeuten würde, dann wären sie kaum so froh gewesen.

Im April drohten die Alkoholvorräte völlig zur Neige zu gehen. Der lange trockene Winter hatte mächtig an den Schnapsmengen gezehrt, die die 20 Saloons eingelagert hatten. Anstatt nun aber das Vorhandene zu rationieren oder nach dem bekannten Rezept (eine Mixtur aus Tabasco Sauce, Wasser und Sirup) zu strecken, erhöhten die Wirte ihre Preise auf 50 Cents für einen Schnaps. Die Kundschaft stöhnte, und wieder fragte man überall, wann denn die Schiffe nun endlich kämen.

Schlechte Nachrichten gab es auch für Milchtrinker. Die einzige Kuh der Stadt gab am 19. Mai ihren Geist auf. Ganz offensichtlich kam man in Nome mit wenig Milch aus, denn die Jersey-Kuh hatte den Bedarf der ganzen Stadt einen Winter über decken können. Mehrere an Typhus erkrankte Personen, darunter Pastor Hall Young, waren sogar überzeugt, daß sie ihre Wiederherstellung der Milch zu verdanken hatten.

Der Radfahrer

Die ersten Reisenden des Jahres 1900 kamen nicht mit dem Schiff. Es waren Männer und Frauen, die schon im Norden lebten, ihre Zukunft in Nome sahen und dann irgendwie nach dort übersiedelten. Zu ihnen gehörte Ed Jesson. Er war schon 1896 nach Norden gezogen, zuerst nach Hope auf dem Cook Inlet, dann zum Klondike. Das Glück war ihm nicht hold gewesen, und im Winter 1900 jagte er am Seventy Mile River Rentiere, die er dann in der Armee-Garnison von Fort Egbert losschlug.

Der ständige Strom von Goldsuchern, die den Fluß hinunterzogen, machte ihn auch neugierig. Zuerst fuhr er mit seiner Hundemeute nach Dawson. Hier waren gerade neue Zeitungen eingetroffen. Sie berichteten über amerikanische Siege gegen die Spanier. Aber das interessierte Jesson weniger. Er hörte, daß der Bote mit den Zeitungen per Fahrrad gekommen war, und ein Fahrrad mußte also, so meinte er, gerade das richtige für eine Reise nach Nome sein. In einem Geschäft der Alaska Commercial Company erstand er also für 150 Dollar einen Drahtesel und besorgte sich außerdem mehrere Exemplare der Zeitungen.

Am 22. Februar 1900 – das Thermometer zeigte minus 5 Grad Celsius – verließ er Dawson in Richtung Nome. Acht Tage lang hatte er sich in der Beherrschung des Zweirades geübt und einiges Geschick darin erworben, es möglichst in den schmalen Schlittenspuren zu halten. Am ersten Tag kam er gut voran, aber am zweiten sank das Thermometer auf minus 10 Grad. Die Kugellager froren ein, und Jesson mußte das Rad auf die Schulter nehmen und so nach Eagle marschieren. Als es dann aber wieder etwas wärmer wurde, konnte er weiterfahren und schaffte an einem Vormittag 50 Meilen.

Bei den Indianern in Fort Yukon war das Fahrrad eine Sensation, weil sie so etwas noch nie gesehen hatten. »Jesses«, meinte einer, fast entgeistert, »weißer Mann wie böser Geist den Weg langfahren!«[21] Aber das Rad war nicht das einzige ungewöhnliche »Verkehrsmittel« auf der Strecke nach Nome. Zwischen Circle und Fort Yukon traf Jesson einen kräftigen Norweger, der am Tage 40 Meilen auf Schlittschuhen zurücklegte.

Den ganzen Weg entlang gab es etwa alle 25 Meilen Gasthäuser, und Jesson hatte so mittags regelmäßig ein warmes Essen und legte sich abends auf dem Fußboden eines überfüllten Schuppens zum Schlafen nieder. Er freute sich, daß seine Arbeit getan war, wenn er an einem Gasthaus anlangte – die anderen mußten immer erst noch ihre Hunde versorgen, ehe sie selbst zur Ruhe kamen.

An der schmalen Schlucht bei Rampart packte Jesson ein starker Rückenwind und schob ihn vor sich, bis er gegen einen Eisdamm prallte. Seine Lenkstange brach, und er verletzte sich am Knie. Mit einiger Mühe konnte er aber weiterhumpeln, bis er auf ein paar andere Männer stieß, mit denen zusammen er sich für die Nacht in einer kleinen Hütte niederließ. Zu der Mahlzeit von Bohnen und Fladen, die die Männer zubereiteten, brachte Jesson Butter und Schinkenspeck ein, und es wurde ein Festessen, um das sie mancher Millionär beneidet hätte.

Jesson flickte sein Fahrrad, so gut er konnte, wieder zusammen, und weiter ging es. Trotz des Windes schlug er ein scharfes Tempo ein, vor allem, um einen Pferdeschlitten zu überholen, der in einiger Entfernung vor ihm herfuhr und ihm die »Piste« verdarb. Jeden Tag änderte sich das Wetter. Die Tage wurden wärmer und länger, aber ab und zu fiel Schnee, der den Pfad unter sich begrub. In solchen Fällen blieb Jesson dann in einem Gasthaus, bis andere Reisende wieder neue Spuren hinterließen. Wirte wie Gäste lasen dankbar die Zeitungen, die Jesson mitgebracht hatte, und blieben manchmal die ganze Nacht auf, um sie auch ganz durchzulesen, bevor Jesson wieder weitermußte.

In Kaltag verließ der Weg nach Nome den Yukon und führte in westlicher Richtung nach Unalakleet am Norton-Sund. Die Gasthäuser wurden spärlicher, so daß Jesson sich 25 Pfund Lebensmittel auf den Gepäckträger lud, ehe er weiterfuhr. Wenn er nachts in Eingeborenenhütten schlief, bestreute er sein Nachtlager mit einer bestimmten Art von Samen, um sich die Läuse vom Leibe zu halten.[22] Seine Kleider ließ er draußen.

Das Weiterkommen wurde jetzt schwieriger. Der Boden war sehr uneben, und Schnee und Wind hielten ihn oft auf. Er konnte von Glück sagen, daß er gastfreundliche Eskimos fand, wenn kein Gasthaus vorhanden war. Wie alle alten Marschierer versuchte Jesson, jeder Situation das beste abzugewinnen. Männer, die neu ins Land kamen, hatten es schwerer, sich anzupassen. So beobachtete Jesson einen jungen Goldsucher, der sein Frühstück wieder erbrach, weil er sah, wie eine Eskimomutter das Gesicht ihres Babys sauberleckte. Für solche Empfindlichkeiten hatte Jesson kein Verständnis.

Nachdem er das Eis des Norton-Sunds überquert hatte, war es nicht mehr weit. Das Fahrrad brachte ihn schnell und sicher voran, allerdings konnte Jesson nach einem Monat unermüdlichen Vorwärtskommens inzwischen nicht mehr gut sehen, weil ihn das grelle Licht, das Schnee und Eis abstrahlten, zu oft geblendet hatte. Die meisten Einwohner Nomes scharten sich um Jesson, als er eintraf. In jenem Frühjahr hatte es sich eingebürgert, Neuankömmlinge abzupassen, weil sie vielleicht neueste Nachrichten mitbrachten. Dabei war besonders der amerikanische-spanische Krieg von Interesse.

Jessons Zeitungen waren deshalb ein großer Erfolg. Chefredakteur Strong belegte sie mit Beschlag und veranstaltete im Tanzsaal eine öffentliche Lesung. Die Menschen fanden es erquickend, Berichte aus dem »San Francisco Examiner« und dem »Seattle Post-Intelligencer« zu hören. Man löste sich mit dem Vorlesen ab und brachte Toasts auf das Schlachtschiff »Oregon« und seine Kanoniere aus, warf begeistert Mützen und Hüte in die

Luft und trank auf das Wohl von Admiral Dewey. Es war ein ausgelassener Abend, aber es sollte noch wilder werden, wenn man den Zeitungen glaubte: Im Hafen von Seattle bereiteten sich Tausende von Menschen zur Fahrt in die Bering-See vor.

Das Eis bricht

Die Bierpreise in Nome fielen von 60 Dollar das Faß auf 35 Dollar – ein sicheres Anzeichen dafür, daß Schiffe mit neuen Vorräten erwartet wurden. Schließlich bahnte sich das Walfangschiff »Alexander« den Weg durch das zerberstende Eis. Am Tag darauf folgten die »Jeanie« und die »Jeannette« durch die geöffnete Fahrrinne. Überall riesiger Jubel! Auf einmal gab es wieder frisches Gemüse, Obst, Rindfleisch, Eier und Schinken. Die lange Zeit des Abgeschnittenseins war zu Ende. Gierig verschlang man die neuesten Nachrichten.

Bald kamen die Passagierdampfer in ständigem Wechsel. Tausende von Menschen entstiegen den Schiffen und bestaunten die merkwürdige Zeltstadt. Die Einwohner ihrerseits beäugten mit einiger Skepsis, was sich da an Ausrüstungen am Strand vor den Schiffen auftürmte. Besonderes Interesse fanden einige der mechanischen Monstren, die den Sand zum Auswaschen sammeln sollten. Nome war im Begriff, eine regelrechte Stadt zu werden. Seine Geburtswehen hatten gerade erst eingesetzt.

16 Das turbulente Jahr 1900

Die Anreise

Die nach Nome reisenden Glücksritter hatten oft ereignisreiche Passagen zu überstehen. Die meisten hatten sich in Seattle ausgerüstet, das unter den Ausgangshäfen für Reisen nach Norden zum klaren Favoriten geworden war. Alle nach Alaska fahrenden Schiffe waren überbesetzt; einige Reedereien verkauften dieselben Schiffsplätze zweimal. Die Zustände waren für Passagiere wie für die Besatzung gleichermaßen unbefriedigend. Frances Ella Fitz, die als Stenografin sehr gefragt war, reiste auf einem Schiff, dessen Passagiere den Speisesaal kaum benutzten. Die chinesischen Bordköche hatten das Essen mit voller Absicht verdorben, um auf diese Weise weniger Gäste verpflegen zu müssen. Auf anderen Schiffen gab es einfach nicht genügend Lebensmittel. Der Dampfer, auf dem ein Mann namens L. H. French – ein Geschäftsmann mit Schürfinteressen – reiste, brauchte nur zehn Tage bis Nome. Trotzdem war schon bald nichts mehr zu essen an Bord. Das konnte natürlich auch eine Gefährdung der Passagiere bedeuten, denn wenn ein Schiff – was gar nicht selten vorkam – im Eis steckenblieb, dann konnte es passieren, daß es wochenlang im Meer trieb. Auch Stürme verursachten oft erhebliche Verzögerungen.

French war von den meisten seiner Mitreisenden nicht begeistert. Er teilte sie in drei Typen ein: die Abenteurer beiderlei Geschlechts, die wurzellosen Leute ohne große Pläne und schließlich die erfahrenen Goldgräber, die Kopfarbeiter und die Geschäftsleute.[1] Am Anfang der Seereise dominierten die Abenteurer. Auch die Schiffsoffiziere ließen sich von dem Angebertum derjenigen beeinflussen, die ja – ohne Zweifel – bald in den Stand der Millionäre aufrücken würden. Sie taten sich mit anderen zum Trinken zusammen und übersahen weltmännisch, wenn die Rowdies in der Menge Streitereien vom Zaun brachen. Dem Kapitän allein blieb es überlassen, für Ruhe und Ordnung zu sorgen. Einmal holte er sich zwei blaue Augen, als er Streithähne auseinandertreiben wollte. Das war allerdings ein Alarmzeichen für die »besseren Leute« an Bord. Unter Besinnung auf die klassische »Demokratie der Grenze« bildete man ein Wachkommando, dem French vorstehen sollte. Die Gruppe sorgte dafür, daß die Anordnungen des Kapitäns befolgt wurden. Tag und Nacht patrouillierten Männer auf dem Schiff und taten ihr möglichstes, um Unruhen im Keim zu ersticken. Immerhin wurde die Ordnung so wenigstens einigermaßen gewahrt. French fragte sich, wie das erst in Nome aussehen würde, wenn auf den anderen Schiffen auch so viele finstere Gestalten waren wie auf der »Victoria«.

Auf anderen Schiffen waren es die Stewards, die die Passagiere malträtierten. Sie teilten nur winzige Portionen aus und ließen sich für jeden kleinen Dienst fürstlich bezahlen. Diese Art der Behandlung kam aber nicht immer an: Rex Beach, ein stämmiger, junger Fußballathlet, nahm sich einen Steward vor und prügelte ihn windelweich. Andere Arten der Unterhaltung an Bord waren die Kartenspiele, die nie aufzuhören schienen, Ermahnungen von Geistlichen an die Adresse von Reuigen und Nichtreuigen gleichermaßen und dann immer wieder die Versuche, sich Informationen über die besten Plätze zum Schürfen, neue Techniken und ähnliches zu beschaffen. An Deck herumzugehen war wegen der großen Menschenmengen nicht möglich.

Die nach Nome fahrenden Dampfer folgten nicht der berühmten Route mit den schönen Ausblicken, sondern hielten sich weit auf dem Meer, bis sie die Inseln der Aleuten-Kette erreichten. Meist durchfuhren sie den engen Kanal von Unimak, es sei denn, sie wollten in Dutch Harbor anlegen. Dann wählten sie die Akutan-Enge. Gewöhnlich gab es nicht viel an Szenerie zu bewundern, wenn man von Vögeln und einem gelegentlichen Wal absieht.

Alle Schiffe, die zu Beginn des Sommer nach Norden fuhren, mußten in Dutch Harbor haltmachen, bis die Bering-See befahrbar wurde. In der Wartezeit schossen in Dutch Harbor Zeltsaloons und Glücksspiellokale wie Pilze aus dem Boden. Damen der Halbwelt gingen dem ältesten Gewerbe der Welt nach. Weniger anspruchsvolle Leute vergnügten sich mit Baseball. Mehrere

Anwälte, unter ihnen Lanier McKee, beschäftigten sich damit, die notwendigen Dokumente für die Gründung einer richtigen Stadt in Dutch Harbor aufzusetzen. Sie waren sich zwar im klaren darüber, daß ihre Tätigkeit möglicherweise keine Früchte tragen würde, aber jedenfalls schärften sie ihr juristisches Denken – man konnte schließlich nie wissen, ob das nicht einmal zu Reichtum führen würde. Es gab ja auch Gerüchte, daß Dutch Harbor einmal eine wichtige Station für den Handel zwischen Amerika, den asiatischen Ländern und den Philippinen werden könnte.

Einige Schiffe durften ihre völlig frustrierten Passagiere nicht an Land lassen. Die »Ohio« wurde in der Nähe von St. Michael in Quarantäne gehalten, weil an Bord Windpocken ausgebrochen waren. Unter den mißmutigen Passagieren war einer, der seinen Gefühlen Luft machte, indem er an Bord zwei Ausgaben einer Zeitung herausbrachte, die er das »Egg Island Yellow Journal« nannte. Neuigkeiten gab es nicht viele in der kleinen 8seitigen Zeitung des Joseph Lippmann, der sich selbst als »Chefredakteur, Direktor und Teufel« bezeichnete, aber immerhin brachte er seine Leser mit einigen seiner knapp formulierten Sprüche zum Lachen, wenn er etwa konstatierte: »Nome ist unvergleichlich – so miserabel ist es!«, oder wenn er gegen den Gentleman in Kabine 236 wetterte, der, wie er meinte, den Mitreisenden einen enormen Gefallen tun könne, »wenn er dem Motor seiner Schnarchapparatur Dämpfer anlegt..., damit die Göttin des Schlafs allen Bewohnern ihre süßen und erfrischenden Gaben darbringen kann.«[2] Der Rechtsanwalt G.J. Lomen und sein Sohn Carl erreichten am Nachmittag des 23. Juni 1900 an Bord der »Garonne« die Höhe von Nome. Die Passagiere mußten allerdings bis zum nächsten Tag warten, ehe sie von kleinen Booten an Land gesetzt wurden. Trotzdem waren die Passagiere in Hochstimmung. Lomen schreibt: »Viele von ihnen feierten bis nach Mitternacht – und da war es noch fast so hell wie am Tage.« Er selbst beteiligte sich nicht, sondern machte sich Gedanken über das, was bevorstand: »Am nächsten Morgen werden sich die Wege der 800 Menschen trennen, jeder wird versuchen, auf seine Weise die Dame Fortuna an den Rockschößen zu erwischen.«[3]

Die Natur hatte dem Ort an der Bering-See außer dem goldreichen Boden nicht viel mitgegeben. Um Nome herum fehlte nicht nur Wald, es gab auch kein Hafenbecken für die Schiffe, die die Tausende von hoffnungsfrohen Menschen mit ihren Vorräten und Ausrüstungen herantransportierten. Im Sommer 1900 gab es einmal sogar 70 Schiffe, die gleichzeitig auf der Reede vor Anker gegangen waren. Das war sehr gefährlich wegen der in dem Gebiet häufigen Stürme. Bei rauher See waren die Landemanöver oft gar nicht ungefährlich. Passagiere und Fracht mußten von kleinen Booten die zwei Meilen vom Schiff bis ans Ufer gebracht werden. Am Strand türmten sich die Trümmer, wenn die Landung nicht geklappt hatte, aber auch das heilgebliebene Gut beanspruchte beträchtlichen Platz.

Einmal an Land, waren die Neuankömmlinge – je nach Temperament – entweder entsetzt oder amüsiert. Erschrecken spiegelt sich in den Worten einer Sara Fell wider:

Wir gelangten abends nach Nome, diesem Strudel von Menschen. Schon von weitem konnten wir die Lichter sehen und erkennen, wie sie sich in der See spiegelten. Wir gingen die Hauptstraße entlang, die uns wie ein Hexenkessel erschien. Überall waren Menschen, und es war ein bunt zusammengewürfelter Haufen. Betrunkene Spieler krochen im Schmutz herum, schamlose Frauen, angetan mit Samt und Seide und grotesk wirkenden Spitzen, aber alle mit großen Dekolletés, führten sich in einer überaus freizügigen Weise auf. Aus den rohgezimmerten Tanzsälen übertönte das Kreischen einer Fiedel das lärmende Stampfen schwerer Stiefel, das sich ausnahm wie ein Wagenrennen auf einem leeren Dachboden. Staubwolken umlagerten uns wie dichter Nebel, und wir mußten sie wie Flüsse durchwaten, ehe wir schließlich zu unserem Hotel kamen. Nome hatte damals 30 000 Einwohner, und es fällt schwer, sie zu beschreiben. Gebildete und intelligente Männer hockten da mit dummen und bäurischen Leuten zusammen. Das eine, worin die Natur sie alle gleich gemacht hatte, war die Gier nach Gold.[4]

Wenn der Beobachter allerdings ein junger Mann von den Qualitäten Jack »Doc« Kearns' war, dann ergab sich ein völlig anderes Bild: Jahre nach seinen Erlebnissen im Norden erinnerte sich Kearns, die Front Street habe sich durch diesen Haufen von Hütten gewunden, als wenn eine Horde betrunkener Goldgräber sie abgesteckt habe.[5] Aber es war doch eine tolle Stadt, trotz des ohrenbetäubenden Lärms von jaulenden Hunden, des Gröhlens von Betrunkenen, des fortdauernden Stakkatos der Pianos in den Saloons und der schrillen Schreie der Huren nach neuer Kundschaft. Überall roch es nach Bier, Whisky, Schweiß und billigem Parfüm – eine irgendwie berauschende Mischung für Kearns. Es machte ihm Spaß zuzugucken, wenn sich die Männer auf der Straße prügelten, wenn sie spielten, tranken und sich mit den Showgirls abgaben. Er, Kearns, wollte Nome gegen keinen anderen Ort der Welt eintauschen. Allerdings war er auch nach Nome gekommen, um gerade solche Abenteuer zu suchen und der Öde einer allzu bürgerlichen Umgebung zu entfliehen. Ihm ging es nicht darum, Geld in Schürfrechten anzulegen, und die weitere Entwicklung von Nome als Camp scherte ihn wenig. Auch um seine eigene nächste Zukunft machte er sich keine Sorgen. Nome war für ihn der helle Glanz und das ungezügelte, wilde Leben, das ihm alles bot, was er sich wünschte: »Ich fand es wunderbar!«[6]

Verbrechen und Chaos

Wer im Jahre 1900 in Nome Durst verspürte, konnte zwischen nicht weniger als 50 Saloons wählen. 33 davon säumten die Front Street, die schmale Hauptstraße, durch die sich Tag und Nacht Menschen, Pferde und Hunde drängten. Hier die Namen der Saloons: Baldwin, Behrin, Belmont, Blanche's, Bohemia, Cabinet, Columbia, Dexter, Elite, Exchange, Gold Belt, Grotto, Thomas Hogan, Hub, Hunter, International, Frank Johnson, Kelly and Holland, Luckie and Moore, Madden House, Nevada, New Eldorado, Nome Liquor Co., Northern, J. T. Obrien, Ocean, Pionier, Portland, Reception, Sideboard, Southern, Treasury und Warwick. Das beliebteste Lokal war der Northern Saloon.

In der Zeit von 1900 bis 1901, als die größten Menschenmengen nach Nome kamen, war die Stadt der gesetzloseste Ort, den der Westen je gekannt hatte. Es wimmelte nur so von Spielern, Betrügern, Huren, Zuhältern, Revolverhelden und Abenteurern. Gleich, woher sie kamen und was ihre Ziele waren, ehrliche Bürger wie Verbrecher kamen nur mit dem einen Gedanken zur Seward-Halbinsel: Schnell ein Vermögen machen! Nome war so ungezähmt und turbulent wie das Skagway von 1898 und vielleicht noch schillernder.

Man braucht kaum zu erwähnen, daß es bei einer solchen Menge windiger Existenzen oft zu Gewalttätigkeiten kam. Der Streit wurde oft mit der Pistole beigelegt, und Raufereien in den Wirtschaften und Überfälle waren an der Tagesordnung. Der Geologe Alfred H. Brooks, der schon Jahre in den Goldlagern des Nordens zugebracht hatte, sah sich zum ersten Mal genötigt, zur Verteidigung eine Waffe zu tragen. Ein so ungeordnetes Zusammenleben hatte er noch nie erlebt. Der erste Laut, den Dr. John Hewitt hörte, als er den Fuß auf den Strand von Nome setzte, war ein Pistolenschuß. Es war ein Spieler im Northern, der auf einen in der Tür stehenden Mann schoß, ohne sich darum zu kümmern, daß auch jemand auf der Straße getroffen werden könnte. Will Ballou, der aus Rampart gekommen war, um sich ein Bild von der Situation zu machen, blieb nur drei Tage: »Fast jeden Morgen gab es zum Frühstück einen Toten.«[7]

So schnell die Stadt wuchs, so schnell brach auch die öffentliche Ordnung zusammen. Ein Skandal löste den anderen ab. Mehrere Offizielle der Verwaltung traten freiwillig zurück, andere wurden abgesetzt. Die Korruption breitete sich unaufhaltsam aus. Man beschuldigte sich gegenseitig, versuchte sich zu rechtfertigen und intrigierte gegen den jeweils anderen in den Kreisen der Verwaltung. Arbeit wurde nur wenig geleistet. James H. Murray wollte seinen Sohn suchen und wußte nicht, daß dieser dem Typhus zum Opfer gefallen war. Als er das Grab fand, erschoß er sich. Ein anderer Selbstmörder schrieb auf einen Zettel: »Ich bin krank, hab kein Geld und bin weit von Zuhause weg. Was hätte ich sonst tun können?«[8] Der Ruf nach einem Einsatz von Militär verhallte mehrere Male ungehört. Die »News« bedauerte in einem Leitartikel, daß so viele Personen von zweifelhaftem Ruf und so viele Geschäftsleute nach Nome kämen. Was man brauche, seien aber Schürfer. Einmal brach plötzlich ein Sturm los und demolierte die Schiffe, die nicht noch hinter der Sledge-Insel Zuflucht hatten nehmen können. Zelte, Vorräte und Ausrüstungsgegenstände waren über den ganzen Strand verstreut, mehrere Männer ertranken, andere schlugen sich um den Besitz des herrenlosen Guts.

Die »News« klagte auch über die ganzen »blöden Maschinen«, die am Strand standen. Chefredakteur Strong schrieb, die Dinger seien alle als »genau das Richtige« angepriesen worden, aber jetzt stünden sie unbenutzt im Sand herum, bis sie zerfielen. »Da gibt es viele Pumpen, und auch Windmühlen liegen da, von zeitgenössischen Don Quixotes mitgebracht. Dampfmaschinen gibt es da mit verschiedenen Pferdestärken, Rohre in allen Farben und Größen, Schwingtröge jeder nur denkbaren Konstruktion – alle als die allerbesten gelobt –, patentierte Kästen zum Durchschleusen des Goldsandes – alles in allem die größte Sammlung von Schürfgeräten, die je ein Goldgräberlager gesehen hat. Und die Besitzer werden schwören, daß in dem Sand kein Gold zu finden ist, weil die Apparate nicht funktionieren.«[9]

Rex Beach, der schon im Rampart viele Erfahrungen beim Goldgraben gemacht hatte, war der Besitzer einer dieser »blöden Maschinen«. Er war in Chicago, als er von den goldträchtigen Stränden in Nome hörte, und entschloß sich, wieder in den Norden zurückzukehren. Er borgte sich Geld und bezahlte damit einen Ingenieur, der ihm eine Maschine bauen sollte, die das Schürfen im Sand übernahm. Dann reiste er los. In Seattle buchte er eine Passage auf einem klapprigen alten Schiff, das längst ausgedient hatte. Er beschrieb Nome als eine dünne Reihe von Saloons, Hütten und Zeltunterkünften, die wie eine Wagenspur zwischen dem Strand und der baumlosen, nassen Tundra verlief und sich bis zu einer ungastlich aussehenden niedrigen Hügelkette erstreckte. Es gab Menschen, die in dieser Tundra etwas Schönes entdeckten, aber Beach gehörte nicht dazu. Er watete manchmal bis zu den Knien durch nasses Moos und Schlamm und meinte dazu: »Von dem Sandstrand abgesehen gab es keinen trockenen Ort, wo man stehen konnte – und zum Hinsetzen nahm sich sowie keiner die Zeit.«[10]

Beach fand Nome trotz aller Unbequemlichkeiten aufregend. Von Gesetz bemerkte man kaum etwas, und bei all den Streitereien um das Strandgut und den Auseinandersetzungen um die Anrechte an Grund und Boden konnte man sich in aller Ruhe aussuchen, wo man selbst mitmischen wollte. Beach war jung und kampflustig genug, um die herrschende Unsicherheit in dieser Stadt zu genießen, deren Einwohnerzahl in wenigen Wochen von 3000 auf 20000 emporgeschnellt war. Er wurde auch Zeuge einiger Schießereien, aber da handelte es sich meist um einen Streit zwischen zwei Parteien, der die Umstehenden nicht berührte.

Das mechanische Monstrum, das Beach sich hatte bauen lassen, mußte nämlich erst einmal zusammengesetzt werden, ehe es seinen Platz neben den anderen seltsamen Geräten einnehmen konnte. Die Maschine von Beach sollte mit ihren Eimern den nassen Sand von jenseits der Linie heranholen, bis zu der das Wasser bei Ebbe zurückging. Hier mußte es ja noch nicht abgebautes Gold geben, meinte Beach. Aber, wie er später kopfschüttelnd schreibt, die einzigen Gewinner bei dieser Operation waren die Erbauer der Maschinen.[11] Keiner der mitgebrachten Apparate erfüllte die in ihn gesetzten Erwartungen.

Die Männer, die Beach als Hilfskräfte angeheuert hatte, verloren noch vor ihm den Glauben an die Maschine. Sie mußten verhindern, daß sich die Schläuche und die beweglichen Teile mit Sand vollsetzten. Dabei ließ es sich nicht vermeiden, daß man mitten im eiskalten Wasser stand.

»Sie schrieen jedesmal wie die Mädchen in dem vornehmen Internat von Vassar, wenn die Brandung kam«, schrieb Beach, »und deshalb plagte ich mich wochenlang allein ab.«[12] Durch das dauernde Eintauchen in das eisige Wasser nahm Beach bald die Farbe eines Thunfisches an, und er äußerte die Befürchtung, daß er sich vielleicht auch in seinem Verhalten diesem Kaltblütler anzupassen begänne.

Sicher war es ein Vorteil, daß ein größeres Malheur dieser Schufterei ein Ende bereitete. Drei Tage lang heulte ein furchtbarer Sturm über dem Gebiet und hinterließ nichts als die Trümmer der Maschinen, die unter großen Kosten von so weit nach hier gebracht worden waren. Der Bagger der Mongollon Exploration Company hatte 74000 Dollar verschlungen – und ganze 350 Dollar an Gold eingebracht. Beach hatte die großartige Summe von 25 Dollar erwirtschaftet. Nachdem er seine Leute bezahlt hatte, blieben ihm noch ein Ölbrenner, eine Pumpe, Schläuche und eine Kiste mit eingemachten Kirschen.

Somit erging es ihm wie Tausenden anderer. Der Winter nahte, es gab keine Arbeit und kein Geld. Zu Tausenden drängten sich die Menschen an Bord der letzten Schiffe der Saison. Hunderte nahmen zu Raub und Diebstahl Zuflucht – und eine Handvoll machte ihr Glück, darunter Beach. Beachs Erfolg beruhte jedoch nicht auf irgendwelchen großen Anstrengungen.

Irgend jemand bot ihm ein Claim zum Kauf an, und er hatte das Glück, einen Partner mit etwas Geld zu finden, so daß das Geschäft abgeschlossen werden konnte. Nach ein paar Wochen Arbeit war klar, daß der Schacht viel abwerfen würde, und Beach wurden 30000 Dollar für seinen Anteil geboten. Wenn jemand vom Glück begünstigt wird, dann kann alles manchmal so einfach sein. –

Dieselbe Ausgabe der »News«, in der über all die »blöden Maschinen« geklagt wurde, berichtete auch über den Hergang einer »richtigen, wilden Schießerei«, die wegen eines Grundstücks in der Stadt entstanden war. Es ging wirklich lebhaft zu in Nome! Lucius Golden und Frank Simons fingen im Hub Saloon mit einem Glücksspiel an, bei dem keine Grenzen gesetzt waren. Als Jimmy the Goat – der Ziegenbock – 14000 Dollar gewonnen hatte, brach eine allgemeine Schlägerei aus. Jemand feuerte mehrere Schüsse ab, ehe er durch den Hintereingang flüchtete. Unterdessen war die Menge so stark angewachsen, daß das Spiel in den Northern Saloon verlegt wurde.

Jetzt stellte sich auch die »Nome Chronicle« vor, die es sich zur Aufgabe machte, »gewissenhaft und wahrheitsgemäß zu berichten«. Ihr Chefredakteur erklärte, er werde »furchtlos und gerecht Kritik an allem üben, das einer vernünftigen Ordnung im Wege steht«. Erstes Angriffsziel war die Trägheit des Richters Arthur Noyes. Auch wurde ein Gesetz gegen Landstreicherei gefordert. »Es gibt eine Menge Verbrecher, Betrüger und unsauberer Früchtchen, die vor dem Gedanken an ehrliche Arbeit ebenso zurückschrecken wie der Teufel vor dem Weihwasser.«[13]

Ein ergrauter Trinker erläuterte dem Bartender im Hunter Saloon seine Theorie über die Beurteilung der wirtschaftlichen Situation folgendermaßen:

Wie ein Camp sich entwickelt, das kann man an den Preisen für Drinks ablesen. Kosten sie 50 Cents, dann gibt es das Camp noch nicht lange, die Lage ist noch unsicher, und es ist noch ein halbes Faß vorhanden, das von außen herangeschafft worden ist. 25 Cents bedeutet, daß die Sache reguliert ist, daß es einen Haufen Neulinge gibt und daß reguläre Verbindungen mit der Außenwelt bestehen. 15 Cents bedeutet, daß es eine richtige Geschäftsbasis gibt, daß ein Gericht und eine Schule funktionieren, daß es als unschick gilt, je-

mand sein Schürfanrecht streitig zu machen, und daß die Glücksspiele ins Obergeschoß verlegt worden sind. Geht der Preis noch weiter herunter, ist das ein Gefahrensignal, und wenn ein Bier nur noch fünf Cents kostet, dann heißt das, daß die meisten schon wieder zum nächsten Goldcamp abziehen.[14]

Die Polizei nahm French Joe in Gewahrsam, weil er einem in den Madden Saloon hereinwankenden Schürfer einen Beutel mit Gold aus der Hand gerissen hatte. Der Schürfer und andere Gäste jagten Joe nach, als er durch die Hintertür wegrannte. Um seine Verfolger abzulenken, warf er den Beutel weg und konnte vorerst entkommen. Es war aber nur Sand in dem Beutel: Der Goldgräber war vorher einmal im Madden ausgeraubt worden und hatte sich jetzt betrunken gestellt, damit auf diese Weise vielleicht der Schuldige gefaßt werden könne.

Ein Mann namens Hall gewann beim Spiel im Northern Saloon 4000 Dollar. Er bestellte drei Runden für alle Anwesenden, bemerkte so nebenbei, er sei vom Klondike gekommen, bezahlte seine Rechnung von 200 Dollar und verschwand.[15]

Den Prostituierten ging es ans Portemonnaie: Wenn sie dem Marshal nicht auf Anforderung zehn Dollar zahlten, wurden sie festgenommen.

Zwei Partner, denen ein Drugstore gehörte, kriegten sich in die Wolle. Albert Hoepner behauptete, Isaac Abramson habe ihn hypnotisiert und ihn dadurch gezwungen, ihm die Hälfte von Hoepner's Drugstore abzutreten. Damit war Abramson aber nicht zufrieden. Er wollte die andere Hälfte auch noch und versuchte, Hoepner dazu zu bringen, daß er ihm direkt in die Augen sah. Dieser hatte aber inzwischen eine innere Abwehr mobilisiert und verstand es, dem Partner mit den unheimlichen Augen auszuweichen, wenn er ihm folgte. Schließlich griff Abramson zu anderen Mitteln: Er zog seine Pistole und befahl Hoepner zu verschwinden.

Als der August nahte, verfügte Nome über 100 Saloons, von denen sich aber nur 22 dazu bequemt hatten, die Jahresgebühr von 1500 Dollar zu bezahlen. Je mehr dieser Bars es gab, um so toller ging es in ihnen zu. Ein US-Marshal ließ wissen, er werde Falschspielerei unterbinden, und nahm prompt einen Mann fest, den er mit präparierten Würfeln ertappt hatte. An drei Tagen hintereinander versuchten Unbekannte, Dick Dawson's Second Class Saloon in Brand zu setzen. Saloons waren als Treffpunkte wichtig für die Goldsucher, die hierher kamen, um über ihre Angelegenheiten zu reden und sich einmal richtig auszusprechen.

C. A. S. Frost war vom US-Justizministerium nach Nome entsandt worden, um die Konspiration zu zerschlagen, die ein ernstes Problem für die Goldstadt war. Zunächst blieb Frost korrekt, er bemühte sich, Nome möglichst objektiv zu sehen, und gegenüber der Presse erklärte er mit Recht, hier lebe »die größte Zahl gefährlicher Männer und Frauen, die es je in einem Goldcamp gegeben« habe.[16] Aber schon bald ließ sich derselbe Frost von einem dieser besagten gefährlichen Männer für eine hübsche Summe Geldes kaufen. Es war das Werk Alexander McKenzies, des Anführers der sogenannten »Plünderer«. Aber darüber später mehr.

Der Lärm auf der Front Street konnte sich mit dem eines orientalischen Basars messen. Regelrechte Marktschreier verdienten einen Dollar pro Stunde damit, daß sie bestimmte Waren oder Dienstleistungen anpriesen. Ihre Stimmen trugen erheblich zur Hebung des Geräuschpegels bei. Wenn ihnen der Lohn auf 50 Cents herabgesetzt wurde, hörten sie nicht etwa auf, sondern brüllten noch lauter, um dagegen zu protestieren. Zwar konnten die Zeitungen ihre Stimme nur optisch erheben, aber der Ton ihrer Leitartikel wurde zusehends schärfer. Die »Chronicle« attackierte ihre Rivalin, weil sie gegen die Verleihung der Stadtrechte für Nome zu Felde zog. Die »Plünderer« waren natürlich auch gegen Stadtrechte, weil das Chaos ihren Zwecken besser dienlich war.

Die »Chronicle« ereiferte sich auch über das Unwesen der Straßendirnen. Zwei Prostituierte zogen eine große Menge Neugieriger an, als sie in der Second Avenue aufeinander losgingen. Sie kratzten, bissen und schlugen um sich, bis die Polizei eingriff. Die »Chronicle» bezeichnete es sarkastisch als Beweis für die »zunehmende Verfeinerung« in der Stadt, daß keiner der Männer unter den Zuschauern dem Spektakel ein Ende gemacht habe.[17]

Als ein paar Diebe es nicht fertigbrachten, den Safe eines Ladens zu knacken, schleppten sie ihn trotz seines beträchtlichen Gewichts fort. Die Deputy Marshals sahen das nicht. Sie bemerkten überhaupt kaum etwas von den häufigen Einbrüchen und Überfällen, die Abend für Abend die Szenerie auf den Straßen belebten. Den größten Teil ihrer Dienststunden verbrachten sie im Northern Saloon, wo denn auch Harmonie und Kameradschaft herrschten. Vielleicht war es für die Empfindlicheren unter ihnen auch schon zu kalt auf den Straßen. Gegen Ende September, als die eisigen Nächte das Nahen des Winters ankündigten, waren die Kohlenvorräte zunehmend das Ziel von Diebstählen. Eine Gruppe von Dieben versuchte, alle Vorräte an sich zu bringen, und stahl das »schwarze Gold« gleich tonnenweise. Eine andere Bande wollte sich die Kohlen von zwei armen Waschfrauen aneignen, als diese sich um ihren kranken Bruder kümmerten. Die »Chronicle« fand, ein solches Verbrechen sei »nun wirklich kaum zu glauben«. Die Diebe hätten für den Transport kaum Hunde einspannen können, heißt es in dem Bericht, »denn die meisten Tiere in der Stadt hätten Flüche gegen die Herren geheult, die sie zu einer solch scheußlichen Tat gezwungen hätten«.[18]

Ein Geschworenengericht empfahl, Frauen keinen Einlaß mehr in Saloons zu gewähren. Auch gegen Unzüchtigkeit auf der Straße müsse etwas unternommen werden. Auf der Second Avenue, so berichtete die Zeitung »Gold Digger«, »hängt eine ganze Kolonie angemalter französischer Frauen aus den Fenstern und ruft sich über die Straße hinweg in schrillen Tönen zu, die man noch in größerer Entfernung hören kann«. Der Schreiber meinte, zwar könne er kein Französisch, aber er könne kaum glauben, daß die »Damen« sich über die Führung des Haushalts unterhielten »oder Oden an den Mond sängen«.[19] Die Unverschämtheit ihres Benehmens spreche für sich selbst.

Auch im Oktober hielt die Welle der Verbrechen an. Etwas müsse geschehen, forderte die »Chronicle«. Entweder müßten mehr Deputies her, oder man müsse diejenigen ersetzen, die ihre Arbeit nicht täten. »Tatsache ist doch, daß viel geredet und wenig getan wird.« Nome habe mehr Vergehen zu verzeichnen als Städte mit einer halben Million Einwohner. Während die Verantwortlichen nur redeten, gingen Einbrecher und Wegelagerer ihrem Geschäft nach, und der ehrbare Bürger sei gezwungen, die Hand ständig an der Pistole zu halten.... »Nichts wird getan, was Verbrecher abschrecken könnte.«[20] Die »Chronicle« setzte sich dafür ein, daß die Verwaltung der Stadt vom Militär übernommen werde. Daraufhin wurden, wie schon einmal während der Unruhezeit von 1899, einige Soldaten benannt, die nachts zusammen mit den Polizisten die Straßen sicherer machen sollten.

Im Oktober traf man auch Vorbereitungen, mittellose Personen mit dem Militärschiff »Lawton« abzutransportieren. Die »Lawton« hatte schon im August 220 solcher Passagiere nach Seattle gebracht, aber nur 60 davon hatten tatsächlich kein Geld gehabt. Kapitän Charles French kündigte an, er werde die finanzielle Lage von Antragstellern prüfen.

Auch im November ging die Kriminalität nicht zurück, und das, obwohl die fallenden Temperaturen Übeltäter eigentlich hätten vertreiben müssen. »Das organisierte Verbrechen in dieser Stadt hat die Grenze des Tragbaren erreicht«, wetterte einer der Zeitungsschreiber.[21] Mehrere Männer waren in die Wohnung von L. Daglow an der Front Street eingedrungen, hatten ihn, während er schlief, mit Chloroform betäubt und ihm 1300 Dollar geraubt. Eine Diebesbande hortete ihre Beute in mehreren Schuppen auf einer Landzunge an der Mündung des Snake River. Nachbarn meldeten, daß die ganze Nacht Schlitten mit gestohlenen Gütern unterwegs seien. Daraufhin durchsuchte die Polizei die Schuppen und fand auch kistenweise Butter und Eier – aber keinen Beweis dafür, daß sie gestohlen worden waren.

Der Herausgeber des »Gold Digger« klagte, daß er gar nicht genug Platz in seiner Zeitung habe, um alle Verbrechen zu registrieren. Er müsse sich darauf beschränken, einige Beispiele stellvertretend für das zu schildern, was sich so an einem Wochenende abspiele: John Butcher wurde überfallen, niedergeschlagen und ausgeraubt. Die Beute der Bande: 140 Dollar. Drei maskierte Männer drangen in die Hütte eines Mannes namens Jones an der Front Street ein, durchwühlten sie und verschwanden mit 300 Dollar. Die Zeltpension von Miss Ross wurde völlig ausgeraubt. Kleidung, Goldkörner, Decken und der Ofen waren weg. Männer, die mit einem Gespann Pferde anrückten, raubten Mrs. Ohahal die meisten der 43 Sack Kohle, die sie besaß. Ihre Hilferufe fruchteten nichts. Nicht genug damit – die Männer kamen eine Stunde später noch einmal und holten auch die restlichen Säcke ab! Ein Ladenbesitzer erwischte James Smith dabei, wie er eine Zeltwand durchschnitt. Er wurde zu 60 Tagen Haft verurteilt. Der Besitzer des Golden Gate Hotel kaufte zwei wertvolle Schlittenhunde und ließ sie in ein Hundeheim bringen – um feststellen zu müssen, daß sie nur Stunden vorher dort gestohlen worden waren. Aus dem Zelt von Charles Wooy auf der Landzunge wurde eine 10 Fuß lange und sehr massive Bettstelle gestohlen, und am nächsten Abend kamen die Diebe zurück, um sich auch den Schlitten des Mannes zu holen. Curnet begann im Northern Saloon eine Schießerei und wehrte sich wie eine Wildkatze, als er festgenommen wurde. Andere Räuber stürmten in eine Hütte, griffen sich den Ofen, in dem ein Feuer brannte, warfen ihn draußen auf einen Hundeschlitten und verschwanden – alles in 60 Sekunden. Ein Soldat lief Amok und bedrohte die Leute auf der Front Street mit seinem aufgepflanzten Bajonett, während zwei andere sich in derselben Straße eine Schießerei lieferten, nachdem man sie aus einem Saloon herausgeworfen hatte.

Der »Digger« mahnte, es sei nun zuviel des Bösen geschehen. Die Bürger griffen zu den Waffen, um ihr Eigentum zu schützen, und die Diebe »müssen sich auf Überraschungen gefaßt machen«. Pläne für eine Art Bürgerwehr wurden geschmiedet.[22]

Trotz allem nahm das normale Leben seinen Fortgang. Captain Banks, ein Goldgräber, nahm die Hilfe von Deputy Marshals in Anspruch, um seine Braut zurückzuerobern. Sein Rivale hatte sich zusammen mit dem Mädchen in dessen Zimmer eingeschlossen. Banks und die Gesetzeshüter brachen gemeinsam die Tür auf, und das wiedervereinte Paar zog zum Pastor, um den Lebensbund zu schließen. Dann bezog man ein Quartier direkt über dem Nevada Saloon, schnäbelte und turtelte – und machte eine Weinzeche von 500 Dollar. Und auf einmal war alles vorbei. Mrs. Banks, »deren Flügel durch die Stürme und Leidenschaften von einigen dreißig Jahren nicht gestutzt waren«, suchte das Weite.[23] Sie war dahintergekommen, daß Banks in den Tagen des Werbens um ihre Hand eine übertriebene Darstellung von seinem Reichtum geliefert hatte. Die Männer an den Theken des Second Class, des Nevada, des Northern und des Dexter schüttelten bedenklich die Köpfe bei der Erörterung einer solchen ehelichen Disharmonie. Frauen konnten einem Mann schon einen Haufen Kummer machen. Banks büßte seine Angetraute ein – und außerdem noch eine Menge Geld. Aber er sollte auch noch seine Freiheit verlieren. Und das kam so: Er suchte seine Frau auf, um eine Aussöhnung zu versuchen, aber sie blieb hart, denn sie wollte einen Mann mit Geld. Seine Bitten waren umsonst. Schließlich wurde er wütend und zog seinen Revolver – was ihn prompt ins Gefängnis brachte. Die eingefleischten Junggesellen unter den Schürfern fühlten sich in ihren Ansichten bestätigt.

Zwischen 4000 und 6000 Menschen waren in Nome geblieben, um den zweiten Winter hier zu verbringen. Dazu schrieb einer der Journalisten: »Wir sitzen in einem Gefängnis aus Schnee und Eis, eine kleine Schar von Abenteurern, die sich als vorgeschobener Posten der Zivilisation fühlen.«[24] Dieses Gefühl, vom Winter eingesperrt zu sein, förderte ohne Zweifel die Unruhe, die Aufsässigkeit und das Verbrechen. Die Kälte konnte das nicht einfach verdrängen.

A. F. Raynor servierte geschäftig das Essen im Café Nome. Er hatte sich in St. Michael eine Küchenausrüstung einschließlich Töpfe und Pfannen besorgt und war zudem der einzige in der ganzen Stadt, der Eier besaß. Die Preise waren entsprechend hoch: Bohnen kosteten einen Dollar der Teller, Schinkenspeck und Eier 2,50 Dollar, schwarzer Kaffee 25 Cents die Tasse, eine Portion Kartoffeln (Trockenkartoffeln) 50 Cents. Manchmal brachten Eskimos ein paar frische Äschen aus den Flüssen oder Schneehühner von der Tundra. Für diese konnte Raynor jeden beliebigen Preis fordern.

Zwei Wochen, nachdem Raynor sein Restaurant eröffnet hatte, brachte jemand auf der »Centennial« eine Kuh mit nach Nome und nahm Bestellungen für einen Dollar pro Liter Milch an. Für die Erfüllung all dieser Verpflichtungen hätte das Tier 225 Liter Milch täglich geben müssen. Geliefert wurde zwar, aber um frische Milch handelte es sich offensichtlich nicht. Etwas später kaufte Raynor erfreut das zu Tode geschundene Tier und ließ wissen, daß es im Café Nome Steaks zu essen gebe. Er glaubte nicht, daß die Kuh von einem Schlachter getötet worden war, sondern hielt es für wahrscheinlicher, daß sie an Hunger eingegangen war. Noch nie hatte er eine solch knochige Angelegenheit wie dieses »Fleisch« zu Gesicht bekommen. Trotzdem servierte Raynor die Steaks. Ein Goldgräber bestellte sich eine extra große Portion und bearbeitete sein Steak nach Kräften mit Messer und Gabel. Dynamit wäre besser gewesen, und zuletzt nahm er den Brocken und warf ihn vor die Tür, wo streunende Hunde darüber herfielen.

Vor Richter Stevens ging es um den Besitz eines guten Schlittenhundes, den zwei Leute einander streitig machten. Ehe die Sache aber entschieden war, hatte ein Dritter den Hund aus dem Gerichtszimmer gestohlen. Kohlendiebe wurden wieder einmal in flagranti ertappt. Sie ließen ihre Säcke fallen und gaben Fersengeld, während Zeugen der Szene ihnen nachsetzten. Unterdessen nahm sich allerdings jemand anders der Kohlen an.

Die »News« forderte einschneidende Maßnahmen gegen das Verbrechertum. Überfälle gab es jetzt auch mitten am Tage, der ja ohnehin kurz und dunkel war, aber Festnahmen waren selten. Die Zeitung schrieb: »Wir sind einer Bande von Dieben ausgeliefert, und wir erleben eine Herrschaft des Terrors. Niemand wagt es, gegen Betrüger auszusagen, weil er Angst vor Vergeltung hat. Wenn keine Besserung eintritt, wird es bald Lynchjustiz geben und das wird unserem Ruf schaden.«[25] Auch draußen an den Flüssen war die Lage kaum anders. Die »News« berichtete: »Die Diebe sind so zahlreich, daß die Schürfer sogar ihr Essen unten in ihren Schächten aufbewahren.«[26]

Ein »Familienstreit« endete mit einer Schießerei. Stevens und Larson, beides Schürfer über fünfzig, waren seit Jahren Partner und Freunde gewesen. Sie lebten friedlich zusammen in derselben Hütte, bis ihnen eine 26 Jahre alte Frau über den Weg lief. Sie war auf der Flucht vor einem Freund, der sie geschlagen hatte. Larson nahm sie in der Hütte auf und fing eine fröhliche Feier mit ihr an. Dann weckte er Stevens und bat ihn, er solle etwas zu essen kochen. Dies jedoch kam Stevens nicht ganz fair vor, und er versetzte Larson einen Kinnhaken. Larson griff zur Axt und Stevens daraufhin zur Pistole und drückte ab. Als der Deputy Marshal eintraf, sah es um Larson nicht allzu gut aus, aber er bestand darauf, daß sein Partner ohne Strafe ausging: »Es war ja sowieso nur ein Familienstreit.«[27]

Die »News« stellte die Frage, ob eine Bürgerwehr nötig sei, um die öffentliche Ordnung wiederherzustellen, sprach sich aber dann dagegen aus. Solche Gruppierungen, meinte Chefredakteur Strong, hätten in Alaska keinen großen Erfolg gehabt. Und er mußte es wissen, denn er hatte schon als Reporter in Skagway gearbeitet, als Soapy Smith dort sein Regiment führte, und hatte sich sehr für die Schaffung einer Wehr eingesetzt, die Soapy stürzen sollte.

Im Grotto Saloon gab es eine Wohltätigkeitsveranstaltung für Frank O'Conner. Er hatte seinen Unterhalt durch den Verkauf von Zeitungen verdient. Ein Jahr zuvor bei dem allgemeinen Aufbruch von Dawson nach Nome war er allein auf dieser Strecke zurückgeblieben und beinahe erfroren. Er hatte fünf Tage hilflos im Schneee gelegen, bis man ihn fand. In Tanana hatte dann ein Chirurg der US-Army ihm beide Beine abgenommen. Die Schürfer bewunderten seinen Mut und brachten so viel Geld zusammen, daß man ihm ein Paar Holzprothesen machen lassen konnte.

Kurz vor dem Ende der Schiffahrt nahm man in den Wirtschaften 30 Diebe und allgemein bekannte Halunken fest und ließ sie auf der »Centennial« abtransportieren. Das Geld für die Überfahrt – es waren 773,50 Dollar – hatten Kaufleute aufgebracht, die dann auch den US-Marshal und das Militär aufforderten, das Gesindel abzuführen. Richter Noyes segnete das etwas regelwidrige Vorgehen ab. Einen Präzedenzfall dafür gab es allerdings: Im Jahr davor war eine ähnliche Gruppe mit dem Zollkutter »Bear« abtransportiert worden. Eines der Opfer wollte Rechtsmittel gegen die Maßnahmen einlegen, aber Richter Noyes verweigerte das. Es gab nicht mehr genug Zeit bis zum Zufrieren des Seeweges.

Ein Gerücht lockte Scharen von Schürfern an den Kuskokwim und den Koyukuk, aber sie fanden nichts. Mit dem Fortschreiten des Winters beruhigten sich die Dinge etwas. Bei einem offiziellen Weihnachtsbankett wurden Toasts auf Rechtsprechung, Gesetz und Ordnung ausgebracht. Auf diese antwortete Richter Noyes mit wohlgesetzten Worten – und niemand lachte. Noch an dem Abend wurde ein Saloon überfallen. Am Weihnachtstag 1900 gaben Tex Rickard und George Murphy im Northern ein Gratisbankett für 800 Personen. Chefredakteur Strong behagte der gesellschaftliche Stil jenes Winters in Nome nicht ganz: »Die Philister sind unter uns«, schrieb er in der »Nome News«. »Früher haben wir in dicken Stiefeln und umgehängten Pferdedecken getanzt und Schweinefleisch und Bohnen gegessen, und jetzt sieht man Frackschöße und tiefe Dekolletés. Die Neulinge haben ihre eigene Atmosphäre mitgebracht – und die ist nicht so, wie man sie sich wünscht.«[28] Die Zeitungen griffen jetzt weniger Angehörige der Verwaltung an und widmeten sich stattdessen der Aufgabe, die anderen Zeitungen zu beschimpfen. Die Wiederwahl von Präsident William McKinley war die größte Story des Winters. Man schrieb den 5. Februar 1901, als ein Postträger mit der Nachricht nach Nome gelangte.

17 Goldstadt ohne Gesetz: Nome 1900–1901

Die »Plünderer«

In der Geschichte des amerikanischen Westens gab es manche listig ausgesponnenen Betrügereien, aber sie alle wurden an Frechheit in den Schatten gestellt von dem im fernen Washington ausgeheckten Plan, die Goldfelder von Nome zu kontrollieren. Unter denen, die im Jahr 1900 in Nome eintrafen, befand sich auch der sehnlich erwartete Bundesrichter für den neu geschaffenen zweiten Gerichtsdistrikt Alaskas, Arthur H. Noyes. Die Goldgräber wähnten sich glücklich, daß Nome jetzt ein Gericht und Gesetzeshüter bekommen sollte. Weil ursprüngliche Bodenanrechte durch die Rechtsunsicherheit in Frage gestellt wurden und es bei den Streitereien oft um Leib und Leben ging, war man froh, daß nun endlich Klarheit geschaffen werden sollte. Aber es wurde nichts daraus! Die Lage verschlechterte sich vielmehr, denn Richter Noyes war ein Hochstapler, und seine Bestallung als erster Richter des neuen Bundesgerichtsbezirks war von Alexander McKenzie und seinesgleichen inszeniert worden. In diesen Plan waren hochgestellte Persönlichkeiten eingeweiht. Überhaupt zeichnete sich die Ära McKinley durch extreme Kriminalität aus.

Wenn je eine Stadt eine ehrliche Ordnungsmacht brauchte, dann war es das Nome des Jahres 1900. Statt dessen kam Noyes – das willige Werkzeug in der Hand einer Gruppe von Gaunern, zu denen auch mehrere Anwälte Nomes gehörten, die sich selbst aktiv daran beteiligten, anderen ihre Schürfrechte streitig zu machen. Einer beanspruchte z. B. den besten Grund und Boden Jafet Lindebergs, einen der Entdecker des Goldgebiets.

In keiner anderen der Goldstädte des Nordens gab es derartig viele Versuche, anderen ihre Anrechte, ihr Claims, abzujagen. Man konnte seines Eigentums nur sicher sein, wenn man buchstäblich darauf saß – und eine Waffe bei sich hatte! Denn nicht selten passierte es, daß Besitzer mit Waffengewalt vertrieben wurden. Sowohl um Schürfgrundstücke als auch um Hausgrundstücke in der Stadt kam es zu Schießereien. In Circle und den anderen Goldcamps des Yukon hatte es derartiges kaum gegeben. Die Goldgräber erkannten die Rechte der anderen an. Aber in Nome herrschte völlige Anarchie. Altgediente Schürfer, die seinerzeit über die kanadischen Behörden in Dawson gestöhnt hatten, sehnten jetzt die von den Mounties garantierte Disziplin herbei. Einer dieser Männer, Walter A. Starr, meinte zu den Schüssen in der Front Street und der Manipulierung der Gerichte: »Nome ist eine Schande für das ganze Land.«[1]

Und betrügerische Anwälte, die sich in den Besitz fremder Claims bringen wollten, hatten leichtes Spiel. Im Jahr 1900 reiste Anwalt O.P. Hubbard nach Washington, D.C., um einmal zu sehen, was sich tun ließe. Wie er gleich feststellte, war da eine ganze Menge zu tun. Zu der Zeit erörterte der Senat gerade eine Gesetzesvorlage, bei der es darum ging, in Alaska eine Zivilverwaltung einzuführen. Senator Henry Hansbrough von North Dakota machte einen »bescheidenen« Vorschlag: Fremde Staatsangehörige sollten in Alaska keine Schürfrechte erwerben dürfen, und außerdem wollte er, daß eine entsprechende Bestimmung rückwirkend in Kraft gesetzt werden sollte. Die Anregung zu der Regelung war von Alexander McKenzie ausgegangen, und der wiederum war von Hubbard dazu angestiftet worden. Hubbard hätte sich keinen besseren Mann für seine Zwecke denken können. McKenzie, ein Riese von einem Mann, war der politische Boß von North Dakota und als führender Republikaner ein guter Freund von Präsident William McKinley. Jahrelang hatte er sich als Lobbyist für die Northern Pacific und die Great Northern-Eisenbahnen eingesetzt. Früher übrigens, als er noch im Westen als Sheriff wirkte, galt er als furchtloser Verteidiger des Gesetzes. Offenbar war die Korruption mit dem Alter gekommen.

McKenzie, der in Nome ansässige Anwalt Robert Chipps und Hubbard gründeten die Alaska Gold Mining Company mit einem Aktienkapital von 15 Millionen Dollar. 49 Prozent davon waren für den Ankauf (vermutlich unrechtmäßiger) Ansprüche zweiter »Besitzer« vorgesehen, der Rest sollte an Freunde im Kongreß und Geldanleger gehen.

Die »Plünderer« – wie sie Rex Beach in seinem berühmten Roman nennt – wollten dann die so erworbenen Claims ausbeuten, das Gold öffentlich ausstellen und die Gesellschaftsaktien verkaufen. Alle Beteiligten würden einen phantastischen Profit machen. Sieht man einmal von der unerhörten Frechheit ab, die dem Projekt zugrunde lag, dann war es fast bewundernswert, wie die Gangster den Zeitfaktor nutzen wollten. Selbst wenn schließlich gerichtliche Anordnungen vorlagen, die den ursprünglichen Besitzern recht gaben, dann waren diese immer noch die Dummen, denn der größte Teil des Goldes war inzwischen längst abgebaut worden.

Die Beratung des Gesetzeszusatzes von Hansbrough beschäftigte den Senat einen Monat.[2] Senator Thomas H. Carter von Montana, ebenfalls ein Mann McKenzies, gehörte zu den wichtigsten Befürwortern. Beide Senatoren sprachen mit viel Einfühlungsvermögen von den Tugenden des gewöhnlichen Amerikaners und recht herabsetzend von Fremden. Aber schließlich wurde der Zusatz doch abgelehnt. Damit gaben sich die »Plünderer« allerdings keineswegs geschlagen. Der emsige Senator Carter hatte den Vorsitz in dem Ausschuß, der sich mit der Gesetzgebung für Alaska befaßte. Er sorgte dafür, daß den Bundesrichtern sehr weitreichende Vollmachten in ihren riesigen Bezirken verliehen wurden. Arthur H. Noyes aus Minneapolis wurde von McKenzie als der ideale Richter für den zweiten Gerichtsdistrikt ausgewählt.

Die Wahl Carters für das Amt des US-Staatsanwalts fiel auf Joseph K. Wood, und zum US-Marshal ernannte er C.L. Vawter. Beide kamen aus Montana. Carters Schwager sollte als US-Bevollmächtigter eingesetzt werden und dabei gleichzeitig die Interessen Carters in der Alaska Gold Mining Company wahrnehmen. Diese Männer stiegen zusammen mit McKenzie und Noyes in den Zug nach Seattle und erreichten Nome am 19. Juli 1900. 20000 Menschen harrten der Dinge, die die Durchsetzung des Bundesrechts mit sich bringen sollte.

Innerhalb von vier Tagen kontrollierte McKenzie alle strittigen Claims. Die Prozedur war ganz einfach: Man folgte der früheren Praxis. Das Gericht ernannte einen Verwalter, bis die verworrenen Eigentumsfragen geklärt waren. Diesen Posten besetzte Noyes mit McKenzie – einem Freund, der die Güte gehabt hatte, einst in Minneapolis die Hypothek, die auf seinem Haus lastete, zu bezahlen. McKenzie verlangte von der Anwaltsfirma Hubbard, Beaman und Hume die Hälfte aller Rechtstitel der Zweitansprüche, die sie besaß, und bot ihr dafür Aktien an. Er bestand darauf, daß Wood mit einem Viertel an der Anwaltsfirma beteiligt wurde und daß er ebenfalls eine Viertel-Beteiligung erhielt.

Zeuge dieser Geschäfte zwischen McKenzie und den Anwälten war Hubbards Sekretärin Frances Ella Fitz. Sie war im Besitz einer der wenigen Schreibmaschinen in Nome und konnte ein dementsprechendes Gehalt verlangen. Sie schrieb sich 15 Stunden täglich buchstäblich die Finger wund und fertigte auch die Dokumente an, in denen McKenzie zum Verwalter von Claims bestellt wurde, die Hubbard beanspruchte, obwohl das betreffende Land schon von anderen besetzt war. Noyes unterschrieb die Schriftstücke, ohne sie auch nur gelesen zu haben. McKenzie stellte nur eine bescheidene Kaution von 5000 Dollar pro Schürfrecht – und das, obwohl einige der Schächte damals täglich bis zu 15000 Dollar in Gold abwarfen. Der Verwalter McKenzie ließ die Arbeit selbstverständlich nicht einstellen, sondern heuerte statt dessen alle verfügbaren arbeitslosen Schürfer an, so daß das Gold geradezu in die Bankdepots floß.

Aber auch die Erstbeansprucher, die »Glückspilze aus Schweden«, waren unterdessen nicht müßig geblieben. Sie taten sich mit Charles D. Lane zusammen, einem gefuchsten Goldgräber aus Kalifornien, der ebenfalls mehrere Claims aufgekauft hatte. Ihre Anwälte versuchten – allerdings ohne Erfolg –, Noyes dazu zu bewegen, die Bestallung McKenzies rückgängig zu machen. Noyes lehnte ab. Später sollte sich ein Berufungsgericht in San Francisco verwundert fragen, warum im Falle von Schürfrechten überhaupt die Einsetzung eines Verwalters nötig war: »Die Anordnung war derartig willkürlich und ohne gesetzliche Grundlage, daß man vergeblich nachzuvollziehen versuchte, wie ein Justizorgan jemals so etwas hervorbringen konnte.«[3] Welche Verhöhnung der Gerechtigkeit!

Die Bemerkung des Gerichts in San Francisco bezog sich vor allem auf die Liste der Dinge, die Noyes beschlagnahmen ließ: Vorräte, Werkzeuge, Zelte, Schleusen, Abtaugeräte, Pferde, den persönlichen Besitz der Goldgräber und sogar Goldstaub, der aus anderen Claims stammte. McKenzie und Noyes waren in der Tat unersättlich. Und McKenzie ließ keine Gelegenheit aus, sich in Nome mit seiner Macht und seinem Einfluß zu brüsten. Er schien auch praktisch unangreifbar. Er erklärte ganz offen, daß der Richter ihm seinen Job verdanke: »Laß die doch alle zur Hölle fahren«, rief er, »mir kann niemand etwas anhaben. Ich habe zu viel Einfluß im Hauptquartier!« Das »Hauptquartier« war Washington, wo McKenzie in der Tat viele Freunde hatte. Für die Versuche der ursprünglichen Entdecker des Goldes, zu ihrem Recht zu kommen, hatte der Hüne, dem schottisches wie irisches Blut in den Adern floß, nur Spott übrig: »Gib mir eine ganze Scheune voll Schweden, und ich werde sie wie Schafe vor mir hertreiben«, höhnte er.[4] San Francisco, wo das Berufungsgericht saß, war 3000 Meilen entfernt, und eine Telegrafenverbindung gab es noch nicht.

Immerhin konnten die in die Enge getriebenen ursprünglichen Besitzer noch vor Einbruch des Winters einen Hilferuf nach San Francisco schicken, so daß das Justizministerium in großer Eile einen Sonderbeauftragten nach Nome entsandte. Aber dieser Mann war C. A. S. Frost, und der Bande gelang es, ihn zu kaufen, indem sie seine Ernennung zum stellvertretenden Staatsanwalt des Bezirks durchsetzte.

Alle Schürfer in Nome konnte McKenzie jedoch nicht einschüchtern. Während in San Francisco die Sache vor dem Gericht anhängig war, schickte William H. Metson, der Anwalt der »Schweden«, ein paar Männer zu den Claims am Anvil, um die Leute McKenzies hinauszuwerfen. »McKenzies Männer reagierten etwas langsam«, berichtete Metson, »aber dann ging ein Schuß los, und auf einmal hatten sie es sehr eilig.«[5] Als McKenzie davon erfuhr, wandte er sich an den Kommandeur von Fort Davis, Major Van Arsdale, der Metson und McKenzie zu sich beorderte. Bei dem direkten Zusammentreffen ging es hoch her, und Metson und McKenzie warfen sich gegenseitig Golddiebstahl vor.

»Warte nur, bis ich dich draußen habe«, drohte der Verwalter. »Meinen Sie damit, Sie schießen, sobald wir draußen sind?« fragte Metson. »Das kann auch gleich hier losgehen«, schrie McKenzie erbost.[6]

Beide Männer griffen zu ihren Waffen. Metson hatte nur eine ziemlich kleinkalibrige Pistole, und er dachte sich, daß er wohl auf den Kopf seines riesigen Widersachers zielen müßte, um ihn aus dem Verkehr zu ziehen. Aber bevor einer der beiden abdrücken konnte, wurden sie von Soldaten festgehalten. Man beruhigte sich etwas, und McKenzie bot Metson eine Million Dollar an, wenn er Ruhe gebe, aber dieser lehnte das Angebot empört ab.

Vor dem Ende des Sommers erging ein Spruch von dem Berufungsrichter William Morrow zugunsten der Erstbesitzer. McKenzie verlor seine Stellung als Verwalter. Aller Besitz mußte an die ursprünglichen Eigentümer zurückgegeben werden. Alle gerichtlichen Auseinandersetzungen um die Anrechte wurden ausgesetzt. Richter Morrow hatte die Gangster mit einem einzigen Streich zur Strecke gebracht.

McKenzie versuchte noch, sich mit dem Gold aus dem Staub zu machen, aber das wurde von den Behörden unterbunden. Wie sich die Dinge im einzelnen abspielten, ist umstritten. Einige der Beteiligten wollten sich erinnern, daß eine wütende Menschenmenge McKenzie zu der Bank mit dem Goldhort verfolgt und das Gebäude gestürmt habe. Wären nicht gerade noch rechtzeitig ein paar Soldaten erschienen, hätte man McKenzie gelyncht. Wahrscheinlicher klingt der Bericht des Goldgräbers Dan Sutherland: »Ich schloß mich einer Menschenmenge an, die ihn mit Argusaugen verfolgte, wie er von der Stedman Avenue zum Zelt von General Randall ging. Er war schon eine eindrucksvolle Gestalt, wie er da ganz ruhig, aber mit durchdringenden Augen entschlossen daherging. Niemand wagte sich an ihn heran.«[7] Auch hielt McKenzies Ruf als »schnellster Schütze in Dakota« die vor Wut kochenden Schürfer im Zaum. Der ehemalige Sheriff flößte den Goldgräbern Respekt ein, aber er hielt sich auch dicht an die anwesenden Soldaten.

Als Noyes den Bescheid des Gerichts erhielt, reagierte er so, wie man es von ihm erwarten mußte: Er ignorierte ihn. Anstatt das Gold den wirklichen Eigentümern zurückzugeben, ordnete er die Bewachung der Bank durch Soldaten an. McKenzie hatte ihn immer noch fest in der Hand, aber seine Angst wuchs jetzt deutlich. Wieder wurden die Anwälte der Erstentdecker nach San

Francisco entsandt, und wieder erhielten die Plünderer somit einen Aufschub von einem Monat.

Schließlich trafen zwei Deputy Marshals aus San Francisco ein. Das war am 15. Oktober 1900. Sie nahmen McKenzie fest und befahlen ihm, das Banksafe zu öffnen. Als er sich weigerte, gingen die Deputies dem Tresor mit Brechstangen zu Leibe und gaben das Gold an die Besitzer zurück. McKenzie war erledigt. Noyes versteckte sich in seinem Gerichtszimmer, bis man McKenzie an Bord eines Schiffes gebracht hatte. Immerhin sandte er seinem Drahtzieher ein paar Worte des Mitgefühls nach. In Kalifornien verurteilte Richter Morrow McKenzie zu einem Jahr Gefängnis – mit dem Ergebnis, daß McKenzies Genossen nichts unversucht ließen, um Präsident McKinley zu einer Begnadigung zu veranlassen. Und trotz des Widerstandes von Richter Morrow wurde McKinleys alter Freund freigelassen.

Und in Nome saß Noyes immer noch ein. Der Richter hatte inzwischen begonnen, stark zu trinken. Bei Sitzungen des Gerichts brachte er mit seiner Unentschlossenheit alle zur Verzweiflung. Vermutlich war es ganz gut, daß das Gericht nicht zu oft tagte. In Zeitungsartikeln wurde der Richter aufgefordert, etwas mehr Tempo vorzulegen, um anhängige Sachen erledigen zu können. Später forderten sie seinen Rücktritt, was auch von der Anwaltskammer befürwortet wurde. Es war ein langer Winter, Verbrechen gab es viele, aber die Justiz döste vor sich hin.

Als die Schiffahrt wieder in Gang kam, erreichte Noyes die Aufforderung, sich nach San Francisco zu begeben, um sich wegen Mißachtung des Gerichts zu verantworten. Ganz Nome strahlte vor Freude. Endlich war ein Ende des ganzen Schwindels und der Schlamperei in Sicht. Aber Noyes informierte die Presse, daß er zu bleiben beabsichtige. Da kannte jedoch die mühsam zurückgehaltene Wut der Bürger keine Grenzen mehr. Kaufleute, Anwälte und Schürfer formierten sich zu Bürgerwehren. Man hielt die Zeit für gekommen, Noyes, Wood und ihre Kumpane am nächsten besten Baum aufzuknüpfen. Und siehe da, gerade noch rechtzeitig besann sich der Richter eines besseren und beschloß, nach San Francisco zu fahren und sich der höheren Instanz zu stellen.

Seine allerletzte Amtshandlung brachte noch einmal die Bürgerwehr auf den Plan. Ein Claim am Glacier Creek wurde von

Freunden von Noyes beansprucht, die den Schacht gewaltsam besetzt hielten. Noyes ordnete zwar an, daß das Grundstück an die ursprünglichen Besitzer zurückgegeben werden müsse, aber noch von Bord des Schiffes widerrief er während einer kräftig-feuchten Abschiedsparty mit seinen Freunden den Befehl.

Daraufhin beschoß die Bürgerwehr, die Dinge mit Gewalt zurechtzurücken. 63 bis an die Zähne bewaffnete Männer belegten den Eisenbahnzug zwischen der Stadt und den Gruben mit Beschlag, umstellten die Schächte und fielen über die Wachen her. Eine der Wachen wurde verletzt, die anderen wurden mit dem Tode bedroht, wenn sie es wagen sollten, zurückzukehren. Bereinigen mußte diese ungesetzliche Angelegenheit später Richter James Wickersham, den das Justizministerium von Yukon nach Nome beordert hatte.

In San Francisco erhielt Noyes eine Geldstrafe von 1000 Dollar, Bezirksstaatsanwalt Wood wurde zu vier Monaten Haft verurteilt. Die Geringfügigkeit der Strafen zeigt, daß Washington immer noch seine schützende Hand über die »Plünderer« hielt. Diese behielten jedenfalls im Senat ihren Einfluß bei. Im Februar 1901 bezog sich Senator William Stewart von Nevada noch einmal auf Nome: »Die Lage dort ist schlimmer als alles, was man unter spanischer Herrschaft in Kuba oder auf den Philippinen erlebt hat ... und alles, weil es keine ordentliche Rechtsprechung gibt.«[8] Senator Hansbrough konnte eine derartige Anspielung auf Richter Noyes kaum übersehen, der damals immer noch in Nome saß. Hansbrough verlas deshalb dem Haus einen Brief von Noyes, in dem dieser sich selbst und McKenzie gegen den Vorwurf der Korruption verteidigte. Wie Noyes es darstellte, wurden Bestechungsgelder in Nome nur von den Gegnern McKenzies ins Spiel gebracht. Ins Protokoll wurde auch der Text einer vierseitigen Anschuldigung aufgenommen, in der Einzelheiten solcher Bestechungsfälle aufgeführt waren. Hansbrough sah dabei kühl über die Tatsache hinweg, daß das US-Berufungsgericht im Falle McKenzie diese Vorwürfe geprüft und sie als haltlos verworfen hatte.

Senator Richard Pettigrew von South Dakota verteidigte Noyes ebenfalls als »tüchtigen und ehrlichen Mann« und McKenzie als einen »Mann von Charakter, Können und Wohlstand«.[9] Wollte man Pettigrew glauben, hatte eine Anzahl von Schwindlern aus Kalifornien versucht, sich der Schürfrechte der Entdecker des Goldes zu bemächtigen. An diesem Vorhaben hätten sie jedoch McKenzie und Noyes gehindert, und diese Schwindler versuchten nun unter Anwendung von Millionen von Dollar, die mutigen Verteidiger des Rechts in ein schlechtes Licht zu rücken. Pettigrew hatte sogar die Unverschämtheit, das zuständige Gericht anzugreifen: »Dieses Verfahren sollte eigentlich das Gericht in San Francisco bei jedem ehrlichen Mann in Verruf bringen.«[10] Das Oberste Gericht teilte diese Ansicht allerdings nicht. Einen Monat nach dieser Senatsrede bestätigte es die Verurteilung McKenzies.

Sogar noch 1902 – nach der Verurteilung von Noyes – verteidigten ihn seine Freunde im Senat, aber jetzt wurde der Skandal durch die »Washington Post« zum ersten Mal dem breiten Publikum vor Augen geführt. Senator Ben Tillman von South Carolina verlas den Artikel der »Post« vor dem Senat, und eine Debatte folgte. Die »Post« hatte festgestellt, daß sowohl Noyes als auch Bezirksstaatsanwalt Joseph Wood, der zu vier Monaten Gefängnis verurteilt worden war, immer noch vom Staat ihre Gehälter bezogen. »Da gibt es eine Clique von Politikern, die über einen ganz erstaunlichen Einfluß verfügen. Alle diese Männer kommen aus dem Westen, und sie haben es verstanden, ohne Aufsehen, dafür aber um so effektiver, jeden Fortschritt in diesem bemerkenswerten Rechtsfall zu blockieren.«[11]

Hansbrough erwiderte, »daß die vorliegenden Unterlagen in diesem Fall McKenzie in vollem Umfang entlaste und die Vorwürfe, die gegen seinen Charakter und seine Integrität erhoben wurden, ad absurdum führen«.[12] Er machte dann dem Berufungsgericht Vorhaltungen, daß es überhaupt den Vorwurf der Verschwörung behandelt habe, anstatt sich auf die Anschuldigung der Mißachtung des Gerichts zu beschränken. Interessant ist in dem Zusammenhang, daß Noyes keine Berufung gegen den Spruch der zweiten Instanz einlegte. Offenbar teilte er den Glauben von Hansbrough an dessen Regelwidrigkeit nicht.

Im Februar 1902 hörten die Einwohner von Nome von der Verurteilung Noyes': Chefredakteur Strong erklärte im »Nugget«, es sei »die haarsträubendste Verschwörung in der Rechtsgeschichte Amerikas oder irgendeines anderen Landes gewesen, sich durch legalisierten Raub in den Besitz von Gold zu bringen«. Jetzt würden die Betroffenen in ihren Gefängniszellen in aller Muße ihre Schandtaten überdenken können. Sie hätten geglaubt, an den äußersten Grenzen der Zivilisation nach Belieben handeln zu können. Sie, die sie alle Raffinessen und krummen Wege des Geschäfts der Politik kennen würden, hätten wohl gemeint, daß die Goldsucher im eisigen Norden nicht klüger als Ochsen seien. Aber statt dessen seien sie auf Männer gestoßen, die ihnen an Geschick und Klugheit in nichts nachstünden. »Ihre Namen werden verflucht sein, solange noch Blut durch die Adern der Menschen Alaskas fließt.«[13]

Noch Jahre nach den Ereignissen von 1900 dachten die Pioniere von Nome an sie. Wenn sich alte Freunde trafen, diskutierten sie darüber, ob Rex Beach in seinem Buch »Die Plünderer« den Helden nach Jafet Lindeberg gestaltet hatte oder nach Gabe Price, einem Schürfer aus Kalifornien, der sich den »Glückspilzen aus Schweden« angeschlossen hatte, nachdem der Goldfund am Anvil Creek gemacht worden war. Oder man dachte ganz allgemein zurück. Willam H. Metson erinnerte sich mit einigem Stolz: »Es war eigentlich alles ganz klar, daß wir das erledigen würden. Ich hatte schon einen gewissen Ruf, als ich nach Nome kam, und ich überlegte mir, ich würde mich lieber mit den Füßen nach vorn raustragen lassen, als die weiße Fahne zu zeigen.« Metson war im Westen großgeworden, wo – wie er schrieb – »man uns beibrachte, nie das Recht eines anderen anzutasten, aber auch niemandem zu erlauben, unser Recht zu verletzen«.[14]

18 Richter Wickersham in Eagle und Nome

Das erste Gericht im Inneren

Richter Wickersham war zu der Zeit zum Richter des dritten Gerichtsdistrikts ernannt worden, als Noyes den zweiten Distrikt übernahm. Beide reisten sogar im Jahre 1900 an Bord desselben Schiffes von Seattle nach Norden. Wickershams Zielort war Eagle, ein Goldlager am Yukon in der Nähe der kanadischen Grenze. Sein Bezirk schien nicht die Bedeutung von Nome zu haben. Im Inneren war die Lage ziemlich ruhig, während Nome im Mittelpunkt des erregenden Geschehens stand. Wickersham nahm sich jedenfalls vor, nach besten Kräften zu handeln. Er konnte natürlich nicht die Umstände vorhersehen, die dazu führen sollten, daß er Noyes in Nome ablöste.

Als Wickersham über Skagway und Dawson in Eagle eintraf, errichtete er das erste Bundesgericht im Inneren Alaskas. Zunächst baute er sich selbst ein Blockhaus, ehe er sich seinen Pflichten in dem sehr ausgedehnten Gerichtsbezirk zuwandte. Niemand wußte, wie viele Eingeborene es dort gab, aber eine Zählung im Jahre 1900 ergab, daß sich nur etwa 1500 Weiße dort aufhielten. Diese Zahl sollte allerdings von 1903/04 an – als der große Run auf das Tanana-Tal einsetzte – rapide ansteigen. Die Grenzen des Bezirks waren der Arktische Ozean im Norden und die Insel Attu in der Aleuten-Kette im Westen. Die Entfernung zwischen beiden beträgt 2000 Meilen. Etwa die Hälfte von Alaska, also rund 300000 Quadratmeilen, einschließlich des großen Yukon-Tals, gehörten dazu. In diesem riesigen Gebiet gab es kein Gerichtsgebäude, kein richtiges Gefängnis, keine Schule oder sonst ein öffentliches Gebäude. Es gab auch kein Stück öffentliche Straße. Der Kongreß hatte weder Geld dafür zur Verfügung gestellt noch zugesagt. Der Distriktrichter war lediglich ermächtigt worden, zwei Stadtgrundstücke zu belegen und aus eingenommenen Gebühren ein Gerichtsgebäude und ein Gefängnis zu bauen.

In jenen Jahren war das Landesinnere Alaskas eher ein Anhängsel des kanadischen Yukon als ein US-amerikanisches Territorium. Es war sogar so, daß erst fünf Jahre nach der Ankunft von Wickersham genügend amerikanisches Geld für geschäftliche Transaktionen in Alaska vorhanden war. Bis dahin hatte als Währung entweder Goldstaub oder der kanadische Dollar gegolten.

Wickershams erste richterliche Bemühungen in Eagle bestanden darin, Spieler und Prostituierte mit dem Gesetz zu konfrontieren. Die Besitzer von Bordellen und Spielhöllen wurden festgenommen. Wickersham wollte sie »vierteljährlich mit einer Geldstrafe belegen, die dem Recht Genüge tun und gleichzeitig einen Fonds zur Aufrechterhaltung einer Polizei schaffen sollte«.[1] Ein Versuch, auf diese Weise die gesetzlichen Organe zu subventionieren, war ein Jahr davor daran gescheitert, daß die Jury innerlich auf der Seite der Angeklagten stand.

Zuerst führte der Richter den Vorsitz bei zwei Verhandlungen durch Geschworenengerichte, bei denen es um Prostituierte ging. Zu seinem Entsetzen stellte er fest, daß die Geschworenen nichts dabei fanden, daß die Frauen ihrem »Beruf« nachgingen. In einer Eintragung in sein Tagebuch beklagte sich der Richter über »die Schwäche und Feigheit der Männer von Eagle .... Männer, die auf der Seite des Gerichts stehen müßten, schimpfen statt dessen über das Gericht und lassen Gesetzesübertreter frei laufen«.[2] Es hat den Anschein, als habe ein Gefecht mit sehr klaren Fronten zwischen dem Gericht und den Saloons stattgefunden, wobei die letzteren zunächst die Oberhand behielten.

Aber dann merkten Spieler und Huren doch ziemlich plötzlich, daß die Tage der »großen Freiheit« zu Ende waren. Und als sie jetzt nacheinander vor Gericht erscheinen mußten, folgten sie dem üblichen Ritual, bekannten sich schuldig und akzeptierten eine kleine Geldstrafe, so daß sie weiterhin ihre Dienste anbieten durften. So endete also das Aufbegehren der Huren gegen das Gesetz am Yukon!

Auch in anderen Camps mußte nach dem Rechten gesehen werden, und der Richter setzte Termine für Verhandlungen in Circle und Rampart fest. Circle war in den Tagen vor Klondike das

GOLDGRÄBER IN NOME VOR DEM NORTHERN SALOON.
SIE FEIERN DIE NACHRICHT VOM SIEG ADMIRAL DEWEYS
WÄHREND DES SPANISCH-AMERIKANISCHEN KRIEGES.

OBEN: GOLDGRABEN AM STRAND VON NOME, 1900

UNTEN: ANZEIGE FÜR DIE ALASKA-YUKON-AUSSTELLUNG IN SEATTLE.

JEFFERSON »SOAPY« SMITH VOR DER TÜR SEINES SALOONS
IN SKAGWAY IM JAHRE 1898.

THE NOME BEACH WRECKER AT WORK

An industry that has almost been made to assume an air of legitimacy is shown up in its true hideousness by the accompanying allegorical caricature. Like wolves feeding on the body of one that has fallen by the trail, wreckers have been greedily patrolling the beach during Nome's two recent storms, watching for such stores as may drift ashore and claiming as a right all they rescue from the surf. Hundreds of men have engaged in this ghoul-like occupation, many no doubt hardly realizing the criminal nature of their employment. It has been a case of "an ill wind that blows nobody good" and it is a lamentable fact that more people have rejoiced in the coming of a storm and the destruction it wreaks than have lamented.

Hundreds of men lined the water front on the wild nights of August 2nd. and 7th, everything of apparent value that came ashore being seized upon and carried off as spoils. A box of canned goods or even a piece of lumber were many times responsible for fights among the wreckers and it is probable that many of them worked harder in the surf than they had ever done before at a legitimate employment. Many amusing incidents occured as well, such as the violent "ducking" of some venturesome spirit who was tempted too far into the breakers by a fat looking box, or the disappointment of another who worked like a Trojan for a cask that proved when gotten ashore to be empty.

New Suits Filed. | COMMISSIONERS APPOINTED.

THE NOME NEWS.

VOL. 1 No. 6 NOME, ALASKA, MONDAY, NOVEMBER 13, 1899. PRICE 25 CENTS

EXTRA EDITION.

JACK MALLON DIES A TRAGIC DEATH

After Attempting to Kill Geo. Stewart Meets His Own End.

FATAL SHOT FIRED BY OFFICER EDWARDS.

Mallon Shot Through the Face as He Turned and Fired Upon the Officer.

Stewart Shot Through the Left Thigh in the Little Blanche Saloon, But Will Recover—Affray Took Place About 4:30 O'Clock This Morning—An Inquest Now Being Held on Mallon's Body.

John F. Mallon, commonly called "Jack" Mallon, lies dead in the city hall. Geo. Stewart, known as "Scotty," is in St. Bernard's hospital shot through the left thigh. Stewart will recover.

Mallon was attempting to escape

witnesses, including J. S. Stackhouse, Geo. Harbach, Blanche Lamont and E. H. Zanders, Mallon pulled up his parka and whipped out a revolver. Stewart caught the gun by the muzzle, deflecting the bullet which entered his left

and Flaherty earlier in the night. After the shots were fired and while Edwards was taking Flaherty to the city jail, Capt. Holmberg stumbled over Mallon's body, it being very dark at the time. Mallon fell on his face, the snow where he fell being deeply crimsoned with his life blood. A minute or two after he was taken to the City hall he breathed his last. The body lay on its back with a fur parka on it and a fur cap on the head. The face was covered with blood and was much swollen.

It is claimed by some that Mallon had a poke containing some $800 or $900 and that efforts were being made to deprive him of it. He had been in the Little Blanche two or three times during the night and the last time he went in and bought a drink one of the men in the saloon said "Ain't I in this?" Mallon replied, "This is all the money I have but you can have a part of my drink."

Stewart, who was shot in the leg, was taken to the hospital after Dr. J. H. Koons had been summoned to attend him. At the hospital Drs. Koons and Pohl rendered the necessary surgical assistance. Stewart had lost considerable blood but is not considered to be in danger.

Some of the men who were on the

TAUZIEHEN IN FAIRBANKS AM 4. JULI, DEM AMERIKANISCHEN NATIONALFEIERTAG.

EINE KETTE AUS MENSCHEN AM CHILKOOT-PASS (1898)

OBEN: FAIRBANKS IN FLAMMEN (1906)

UNTEN: DER HAFEN VON SEATTLE WÄHREND DES GOLDRAUSCHES IM JAHRE 1898.

OBEN: DER HAFEN VON DAWSON IM JAHRE 1899.

UNTEN: SCHÜRFERVERSAMMLUNG IN ATLIN

GOLDGRÄBER BEIM EINSCHIFFEN IN DAWSON WÄHREND DER STAMPEDE NACH NOME.

OBEN: KLEINES POKERSPIEL MIT EINEM EINGEBORENEN.

UNTEN: NOME IM JAHRE 1900.

OBEN: IM HAUS VON WILL BALLOU BEI RAMPART.

UNTEN: GOLDMINE AM ANVIL CREEK IN DER NÄHE VON NOME.

BEKANNTMACHUNG DURCH DIE POST.

OBEN: GOLDGRÄBER BEI DER ARBEIT UNTER TAGE.

UNTEN: SCHUTZPATROUILLE FÜR DEN GOLDSTAUB.

CIRCLE CITY (1895)

EIN SCHLUCK AN DER BAR IN NOME.

OBEN: DIE FRONT STREET, NOMES HAUPTSTRASSE IM JAHRE 1900.

UNTEN: ÜBERQUERUNG DES VALDEZ-GLETSCHERS.

aktivste Camp am amerikanischen Yukon gewesen, aber im Jahre 1900 war es praktisch verwaist. In Rampart war schon etwas mehr los, es gab einen gewissen Wohlstand und sogar zwei wöchentlich erscheinende Zeitungen.

Auch in Rampart, wo der junge Will Ballou aus Vermont wohnte, gab es Unruhestifter. Der Chefredakteur des »Alaska Forum« begrüßte die angekündigte Gerichtssitzung. Man hatte ihn auf der Straße überfallen und ihm mit einem Revolver auf den Kopf geschlagen, weil er »Nachrichten veröffentlichte«. Die Zeitung beteuerte, »Forum« sei »unabhängig und furchtlos«.[3]

Eine andere Klage brachte John Morgan ein, der seine Hütte »an eine blonde Vertreterin der Halbwelt« vermietet hatte. Die Dame zog aber bald wieder aus, wobei sie die Einrichtung mitgehen ließ und auch die Miete zu hinterlegen vergaß. Als John sie in ihrem neuen Quartier aufsuchte und um Rückgabe seiner Sachen bat, machte sie darauf aufmerksam, daß sie den Schutz eines »ehemaligen Offiziellen« genieße und John besser verschwinde, wenn er nicht Gefahr laufen wolle, perforiert zu werden. John verabschiedete sich »ohne Ofen, ohne Bettwäsche, überhaupt ohne alles«.[4]

Aber die kleinen Vergehen in Rampart waren schnell abgehandelt. Viel mehr Zeit benötigte das Gericht bei Entscheidungen über strittige Schürfrechte. Zu denen, die mit Erfolg klagten, gehörte Will Ballou, der denn auch dem Richter Anerkennung zollte. Wenn man nachvollziehen will, warum Richter Wickersham später so viele Antipathien auslöste, muß man natürlich auch seine Urteile gebührend berücksichtigen: Der Verlierer eines Falles konnte zum ewigen Feind werden. Der Chefredakteur des »Forum« hatte viel Beifall gespendet, als der Richter eintraf, und als das Justizministerium zwei Jahre später einen Abgesandten schickte, um die Arbeit des Gerichts zu prüfen, erschien im »Forum« ein Leitartikel, der die Notwendigkeit dieser Expedition in Frage stellte. Aber dann plötzlich schoß sich das »Forum« auf Wickersham ein und gab nicht klein bei, bis die Zeitung einging.

Auch in Circle wurde Gerichtstag gehalten, obwohl es nicht mehr viel für das Gericht zu tun gab. 1896 hatte es immerhin elf Saloons gegeben. Wickersham entdeckte, daß der zuständige Marshal im Winter zuvor eine Notiz an der Gefängnistür angebracht hatte, in der die Häftlinge aufgefordert wurden, sich bis neun Uhr zurückzumelden, da sie sonst für die Nacht ausgesperrt bleiben würden. Wenn man 200 Meilen zurücklegen mußte, ehe an eine Flucht überhaupt zu denken war, und die Temperaturen auf minus 40 Grad Celsius sanken, bestand eben keine Gefahr, daß die Häftlinge die Regeln mißachteten oder flohen.

Wickersham mußte beträchtliche Strecken reisen, um in den drei verschiedenen Städten am Yukon Gericht zu halten. Im Sommer nahm er den Dampfer, aber im Winter, wenn Hundeschlitten das einzige Fortbewegungsmittel waren, wurde die Sache ungemütlicher. Wer etwa glaubt, der Reisende saß in Pelze gehüllt warm und bequem auf dem Schlitten, der, von kräftigen Hunden gezogen, durch den Schnee stob, der irrt. Tatsächlich war es zunächst einmal so, daß auf dem Schlitten nur die Vorräte lagerten und die Leute nebenher gingen. Wickersham war oft eine Woche oder länger unterwegs, um von einem Punkt zum anderen zu gelangen, und legte im Durchschnitt 20 bis 30 Meilen pro Tag zurück. So zu reisen, das war ein richtiger Sport, der nur unangenehm wurde, wenn es stürmte oder die Temperaturen zu tief absanken. War frischer Schnee gefallen, mußten die Männer vorausgehen und den Hunden eine Spur treten, und dann kam man natürlich nur langsam voran. Spaziergänge machte man im Norden nicht.

Wickersham beschrieb im »Old Yukon« eine solche Schlittenexpedition. »Unser langer, von Indianern aus Fichtenholz geflochtener Schlitten war bepackt mit Matten, auf denen Hundefutter, Reis, Schinkenspeck und manchmal Trockenfisch lagen. Dazu kamen Decken, trockene Säcke und warme Kleidung.« Obendrein enthielt die Ladung einen wohlgefüllten Eßkorb, Ersatzhundegeschirre und kleine Hundeschuhe aus weichem Elchleder für den Fall, daß sich die Tiere ihre Füße wundliefen. All das wurde in eine wasserdichte Plane gehüllt und mit Stricken festgezurrt. »Rechts vorn am Schlitten gab es eine Art Deichsel. Der Fahrer lief neben dem Seil her, an das die Hunde gespannt waren.« Er trieb sein Gespann mit der Peitsche und durch Zurufe an und lenkte den Schlitten mit der Deichselstange. »Hinten am Schlitten waren ein Paar Griffe wie an einem gewöhnlichen Pflug angebracht, mit denen der Mann hinten das Gefährt dirigieren und bei abschüssigen und vereisten Strecken geradehalten konnte.«[5]

Bald drangen unheilvolle Nachrichten über die Machenschaften von McKenzie und Noyes in Nome zu Wickersham am oberen Yukon, aber offiziell hatte er mit diesen Angelegenheiten nichts zu tun. Aber als sich die Lage auf der Seward-Halbinsel verschlechterte und die »Plünderer« entlarvt wurden, fiel die ganze Sache an Wickersham. Der amerikanische Justizminister beorderte ihn nach Nome, damit er dort vorübergehend das Gericht übernehme. Richter Noyes war nach Washington gerufen worden.

Die Wiederherstellung der Autorität

Der korrupte und unfähige Richter Noyes hatte Nome im August 1901 verlassen. Richter Wickersham kam im September in die Stadt. In der Zwischenzeit nahmen die Gewalttätigkeiten um die Claims am Glacier Creek so stark zu, daß das Militär Wachen an den Schächten postierte. Praktisch – wenn auch nicht formell – herrschte dort Kriegsrecht. Wieder hatte das Militär seine Befugnisse überschritten, dadurch aber wahrscheinlich weitere Waffengänge verhindert.

Im »Nugget« erschien ein Vers des »Stadtdichters« von Nome, San Dunham, dessen Rat von den Schürfern beachtet wurde:

Ihr Männer, die ihr grabt nach Gold:
ich rat euch sehr,
wenn ihr euer Claim behalten wollt,
erzählt es Anwalt nicht noch Freund,
und bleibt an Ort und Stelle
mit geladenem Gewehr.[6]

Wäre Wickersham auch korrupt gewesen, hätte sich die brodelnde Stimmung auf der Seward-Halbinsel wahrscheinlich explosionsartig Luft gemacht. Drei Jahre lang hatten die Leute darunter gelitten, daß es keine wirksame Rechtsprechung gab. Erst hatten sie ungeduldig darauf gewartet, daß der Kongreß endlich handelte und ein Gericht einsetzte, und dann wurde der Posten mit einem korrupten Richter besetzt.

Hunderte von Streitfällen um Claims, die Noyes nie in Angriff genommen hatte, warteten auf Erledigung. Wickersham begann sofort mit der Arbeit. Er ließ die Anwälte kommen und erklärte ihnen, sie dürften ihn nicht allein im Gericht aufsuchen, da es keinerlei geheime Absprachen geben könne. Er werde auch keine Verschiebungen bis zum nächsten Sommer dulden. Die Rechtsanwälte müßten bis zur Einstellung der Schiffahrt die entsprechenden Fälle vorbereiten, so daß streitende Parteien oder Zeugen vor dem Winter abreisen könnten.

Der Richter und seine Gehilfen arbeiteten Tag und Nacht, und dasselbe taten auch die Anwälte. Unter ihnen waren Männer, die später zu Ruhm gelangen sollten. Key Pittman sollte US-Senator von Nevada werden. Albert Fink erwarb sich einen hervorragenden Ruf als Prozeßanwalt in Alaska und verteidigte in den zwanziger Jahren u. a. Al Capone. G.L. Lomen sollte später Richter in Nome werden. Es muß aber auch einige Schurken gegeben haben. Oft waren es Anwälte, die andere dazu anstifteten, schon angemeldete Claims ihrerseits zu beanspruchen. Einige Goldsucher gaben gleich den Namen eines Anwalts mit an, wenn sie Ansprüche anmeldeten: Sie sparten so die Kosten für die spätere Engagierung eines Rechtskundigen.

Während die Fälle vorbereitet wurden, nahm sich Wickersham gewisser Eigentümlichkeiten bei den Ordnungshütern von Nome an – auch ein Erbe der Zeit McKenzies. Auch hier bot sich ein Bild der Korruption: R.N. Stevens, vormals aus North Dakota, war US-Bevollmächtigter, amtlicher Friedensrichter, Katasterbeamter sowie Nachlaß- und Untersuchungsrichter. Im Jahr davor hatte er sich noch obendrein zum Amtsrichter ernennen lassen.

Wickersham zwang Stevens, seine Buchführung über amtliche Einnahmen und Ausgaben offen darzulegen. Daran ließ sich ablesen, daß der Bevollmächtigte es gut mit sich gemeint hatte in Nome. Seine Einnahmen beliefen sich auf 22 895,65 Dollar. Und wie es sich so ergab, betrugen die Ausgaben 22 700,45 Dollar. Abgeliefert hatte er 483 Dollar. Als Spesen rechnete er der Regierung die Miete für sein Haus an sowie den Preis für Kohlen, Lebensmittel und Gehälter für – unter anderem – seine Frau und seine Tochter. Außerdem bezog er als Amtsrichter noch ein Extra-Gehalt. Wickersham entfernte ihn aus allen seinen Ämtern. Er hatte dazu die nötigen Vollmachten. Darüber hinaus erklärte er das Amtsgericht Nome für illegal und schaffte damit die Richterstelle ab. Ihm lagen jedoch keine Beweise vor, die eine strafrechtliche Verfolgung möglich gemacht hätten, und das ärgerte ihn, denn er war überzeugt, daß Stevens zusammen mit McKenzie und Noyes tief in die Sache mit den umstrittenen Claims verstrickt war. Stevens seinerseits ging in Nome herum und gab bei alten Kumpanen damit an, daß Freunde in Washington für die Ablösung Wikkershams sorgen würden, wenn er sie nur erst erreichen könne.

Als nächsten nahm Wickersham US-Marshal Frank Richards – ebenfalls ein McKenzie-Freund – unter die Lupe. Richards wohnte wie Wickersham im Golden Gate Hotel, aber die Aufzeichnungen des Marshals über seine Ausgaben wiesen aus, daß er zweimal soviel zahlte wie der Richter. Wickersham erkundigte sich beim Hotelbesitzer und erfuhr, daß solche kleinen Gefälligkeiten gegenüber Personen mit offiziellem Status am Ort die Regel seien. Die Offiziellen behielten dann die Differenz zwischen den tatsächlichen und den aufgeführten Kosten für sich. Der Richter fand keine Handhabe, Richards aus dem Amt zu entfernen, aber er konnte ihm mit den gefälschten Abrechnungen das Leben schwermachen.[7] Es war Wickersham klar, daß es in Nome so lange keine ehrliche Polizeigewalt geben würde, wie Richards Marshal bliebe.

Richards sorgte regelmäßig für einseitige Besetzungen von Geschworenengerichten. Jedesmal wenn es um Freunde ging, holte sich Richards nebenan in Joe Jourdans Saloon ein paar Zecher, die willens waren, den »Anregungen« von Richards zu folgen.[8] Schließlich gelang es Wickersham aber doch, Marshal Richards und Jourdan wegen Mißachtung des Gerichts anzuklagen. Die Freunde von Richards und die Polizei versuchten alles, um die Zeugen einzuschüchtern und gefügig zu machen, aber umsonst! Die Beweise gegen ihn waren zu eindeutig.

Der Gerichtssaal war bis auf den letzten Platz besetzt. Albert Fink, der als Anwalt clever genug war, die Aufmerksamkeit eines Mannes wie Al Capone auf sich zu lenken, verteidigte die Angeklagten. Distriktstaatsanwalt John McGinn sah endlich seine Stunde gekommen: Allzu oft hatte er Fälle wegen der Machenschaften von Richards verloren. Wickersham sprach beide Angeklagten schuldig, belegte sie jedoch zur allgemeinen Überraschung nur mit je 300 Dollar Geldstrafe. Er war zu der Überzeugung gelangt, daß ein schärferes Urteil ihm »in Washington nur schaden würde, weil alles, was aus Nome kommt, dort ohnehin schlecht ankommt«.[9] Aber Washington stand in diesem Fall hinter dem Richter. Später kam ein Sonderbeauftragter des Justizministeriums nach Nome, prüfte die Amtsführung von Richards – und warf ihn hinaus.

Wickersham ging ein durchaus riskantes Spiel ein, als er »die feigen und korrupten« Beamten entfernte. Er war sich im klaren darüber, daß die Plünderer immer noch gute Freunde in Washington hatten. Das wurde sichtbar, als Präsident McKinley McKenzie begnadigte und Noyes nur eine leichte Strafe bekam. Der Richter ahnte in etwa, daß das Justizministerium lieber ihn als Marshal Richards von der Bühne verschwinden sehen wollte.

Das Geschworenengericht wollte Anklage gegen Richter Noyes erheben, aber Wickersham brachte die Geschworenen davon ab, indem er darauf hinwies, daß Noyes in San Francisco abgeurteilt worden war. Noyes war zu einer Geldstrafe von 1000 Dollar wegen Mißachtung des Gerichts verurteilt worden – eine leichte Strafe, aber doch schmachvoll genug für einen Richter. Noyes starb wenige Monate darauf, und Wickersham meinte, man solle diesen Schandfleck des Richterstandes vergessen.[10] Wickersham bewies Milde Noyes gegenüber. Für ihn war er eher auf Abwege geführt worden als korrupt gewesen. Die zuerst eingetroffenen Goldgräber und ihre Anwälte lobte er, weil sie »die erstaunlichste, mutigste und gefährlichste Attacke in der amerikanischen Jurisprudenz« geführt hätten.[11]

Im weiteren Verlauf des Winters fand der Richter auch Zeit, sich am gesellschaftlichen Leben in Nome zu beteiligen. So nahm er an einem Diner teil, zu dem Jafet Lindeberg geladen hatte. Die Tischmitte zierte eine Porzellanplatte mit Goldkörnern, die einen Wert von etwa 3800 Dollar besaßen. Die Gäste wurden aufgefordert, sich eins als Andenken auszusuchen. Als mit einiger Verspätung die Nachricht von der Ermordung Präsident McKinleys in der Stadt eintraf, hielt Wickersham eine Gedenkrede. Die erste Postsendung des Winters brachte dem Richter eine tragische

Nachricht: Sein achtjähriger Sohn war in Tacoma, Washington, gestorben. Voller Trauer, aber ungebeugt arbeitete Wickersham weiter. Die Anwälte Nomes bezeugten ihm in einer Resolution ihr Mitgefühl.

Als der Januar heranrückte, hatte Wickersham einen guten Teil der vielen anstehenden Fälle bearbeitet und dabei oft von 9 Uhr morgens bis 10.30 Uhr abends Gericht gehalten. Die Zufriedenheit war allgemein, wenn auch natürlich einige, die ihre Prozesse verloren hatten, laut Kritik übten. Der Richter hatte Haltung gezeigt und souverän seine Ziele verfolgt. Sein Ruf war gesichert, und Mitglieder der Anwaltskammer baten den Justizminister, Wickersham als Nachfolger von Noyes einzusetzen. Für das nächste Vierteljahrhundert sollte er eine der führenden politischen Gestalten Alaskas bleiben. Das Vertrauen in die Rechtsprechung war wiederhergestellt.

Den Monat Februar über waren Gerichtsferien, während derer Wickersham mit dem Hundeschlitten eine Fahrt zum Kap Prince of Wales unternahm. Nach einer weiteren Sitzungsperiode im Frühjahr bereitete er sich auf die Rückkehr in seinen eigenen Gerichtsdistrikt und sein Haus in Eagle vor. Als man ihn im Jahr zuvor nach Nome entsandt hatte, war sein Distrikt langweilig gewesen, aber jetzt, wo sich die Dinge auf der Seward-Halbinsel etwas beruhigten, wurde es im Inneren wieder lebhafter. Bald nach seinem erneuten Eintreffen in Eagle begann ein neuer Goldrausch, dessen Ziel diesmal das Tanana-Tal war, wo später auch Fairbanks entstehen sollte.

19 Die Gründung von Fairbanks

Auf dem Wege nach Nome begegnete Richter Wickersham in St. Michael E.T. Barnette. Dieser arbeitete als Schürfer für einen Zollbediensteten und hatte ein Dampfboot, die »Lavelle Young«, gemietet. Es war der Anfang einer langjährigen »Verbindung« zwischen den beiden Männern – der eine im Dienste der Justiz, der andere als professioneller Betrüger. Barnette wollte am Oberlauf des Tanana einen Handelsposten einrichten und belud deshalb sein Boot mit Vorräten, um zunächst den Yukon hinaufzufahren.

Als die »Lavelle Young« 1901 den großen Fluß hinauffuhr und jeden Tag nur zwei Stunden an Stationen – wie der von George Pilcher – anlegte, um Feuerholz zu laden, da war an dem Zielort schon so einiges los. Mehrere Prospektoren hatten im Tanana-Tal Anzeichen für gute Goldseifenvorkommen entdeckt. Ein Italo-Amerikaner namens Felix Pedro – auch Pedroni genannt – war schon seit Jahren auf Goldsuche im Norden und fest überzeugt, daß am Tanana großer Reichtum lagerte. Schon mehrere Jahre vorher hatte er an einem damals noch namenlosen Nebenfluß des Tanana etwas Gold entdeckt. Er markierte die Fundstelle sorgfältig und prägte sich die Lage ein, so gut er konnte, bevor er nach Circle zog, um sich mit Vorräten einzudecken. Als er, dergestalt ausgerüstet, zu der Fundstelle zurückkehren wollte, konnte er sie zu seinem Entsetzen nicht wiederfinden.

Aber Pedro ließ nicht locker. Entschlossen und mit Geschick arbeitete er weiter und stieß zusammen mit seinem Partner Tom Gilmore auch auf vielversprechende Vorkommen am Fish Creek und am Goldstream. Gerade als er sich anschickte, wieder nach Circle zu ziehen, um mühsam neue Vorräte heranzuschaffen, sah er am Horizont Rauch. Von einem – später Ester Dome genannten – Hügel aus beobachtete er mit Freude, wie sich die »Lavelle Young« langsam den Chena River heraufarbeitete und am

Ufer festmachte. Heute braucht man von Ester Dome nur ein paar Meilen mit dem Auto bis zu der Stelle, wo sich E.T. Barnette damals zum Anlegen entschloß. Für Pedro und Gilmore waren es drei harte Tage, bis sie sich mit ihren Packpferden durch das sumpfige Land gequält hatten. Groß war ihre Freude, als sie das Dampfboot noch an derselben Stelle liegen sahen. Hier, am Chena River, entstand dann der Ort Fairbanks, etwa fünf Meilen von dessen Einmündung in den Tanana. Barnette wurde auf diese Weise zum Gründer der künftigen Stadt, obwohl er eigentlich seinen Posten weiter flußaufwärts am Tanana, bei Tanana Crossing, errichten wollte. In den Chena River war er durch Zufall gelangt, als er versucht hatte, den seichten Stellen im Tanana auszuweichen. Und als Pedro ihm von den guten Möglichkeiten der Region berichtete, beschloß er, sich hier niederzulassen.

Die »Lavelle Young« war das einzige verfügbare Dampfschiff in St. Michael, als Barnette sich auf seine Expedition vorbereitete. Ihr Kapitän war ein junger Mann namens C.W. Adams. Er übernahm die Aufgabe, Barnette und seine Handelsware sowie sechs weitere Personen, darunter Barnettes Frau Isabelle und den Koch Jujuira Wada, an ihr Ziel zu befördern. Bevor Pedro zu den Leuten auf dem Schiff stieß, waren diese sehr unzufrieden mit dem Ankerplatz am Chena. Adams erklärte, er könne mit dem Schiff den Tanana nicht noch weiter hinauffahren, und forderte Barnette auf, seinen ursprünglichen Plan fallenzulassen und einen anderen Standort für seinen Handelsposten zu wählen. Barnette bestand dagegen darauf, es noch weiter zu versuchen, aber Adams wollte davon nichts wissen. Mrs. Barnette war schon hysterisch und weinte sich die Augen aus, weil sie den Winter nicht in einer so gottverlassenen Gegend zubringen wollte. Das Gebiet schien völlig unbewohnt. In einem Umkreis von vielen Meilen gab es keinen Indianer, und Goldsucher waren – dem Anschein nach jedenfalls – auch nicht da. Adams half Barnette beim Aufschlagen von Zelten und verabschiedete sich. Barnette wollte ihm nicht die Hand geben. Zwei Jahre danach traf Adams Barnette in Dawson City wieder und stellte fest, daß er inzwischen ein sehr zufriedener Mann geworden war. Der Zufall hatte ihm goldene Chancen in den Weg gelegt – und er hatte es verstanden, sie zu nutzen.

Leute wie Pedro verdienen besondere Aufmerksamkeit. Meistens hat man zwei Typen vor Augen, wenn man an Prospektoren denkt. Da ist einmal der Mann, der plötzlich reich wird und das Geld mit vollen Händen für Wein, Weib und Gesang ausgibt, wie etwa Dicke Lowe oder Swiftwater Bill Gates. Der andere ist die personifizierte Hartnäckigkeit, der Mann, der es trotz aller Fehlschläge immer wieder versucht, der jedem Irrlicht nacheilt und unfähig ist, die Vergeblichkeit seines Tuns einzusehen.

Aber Felix Pedro und andere, ihm ähnliche Männer passen nicht in dieses Schema. Felix war ein einigermaßen schlanker Mann Anfang der Vierzig, der schon viele Jahre prospektiert hatte – aber nicht nach Gold, sondern nach Kohle. Schon als Junge war er in Bologna, im heimatlichen Italien, seinem Vater und den Brüdern ins Kohlenbergwerk gefolgt. Dann arbeitete er als Hauer in den Kohlenschächten Frankreichs und später in Amerika in den Staaten Illinois und Oklahoma sowie in Carbonado im Bundesstaat Washington. Da er nun schon an der Westküste war, brauchte er nicht mehr weit zu reisen, um sich dem Goldrausch in Caribou in British Columbia anzuschließen. Das war 1893. Von dort zog er mit nach Forty Mile im Yukon Territory, und auch im Gebiet des Klondike war er dabei, hatte aber kein Glück.

Die Fertigkeiten, die Pedro aus dem Kohlebergbau mitbrachte, kamen ihm natürlich zugute, wenn es darum ging, sich durch metertief gefrorenen Boden bis zu dem möglicherweise Gold führenden Gestein vorzuarbeiten. Aber das war nicht das entscheidende für den Goldsucher, der die Möglichkeiten eines bestimmten Gebietes zu taxieren hatte. Hier war vielmehr ein Wissen vonnöten, das man nur durch jahrelange Beobachtungen gewann.

Es hätte wenig Sinn, Pedro in ein romantisches Licht zu rücken. In seinem »Beruf« gab es wenig Glanz, dafür viel harte Arbeit, eintöniges Essen, immer nasse Kleider und kaltes Wetter, wunde Füße, einen schmerzenden Rücken. Überall lauerten Gefahren: Man konnte einem angriffslustigen Bären in die Quere kommen, oder sich fern jeder Hilfe ein Bein brechen oder auch »nur« einen Muskelriß zuziehen. Es braucht also kaum betont zu werden, daß erfahrene Goldsucher mutige und entschlossene Männer waren.

Nach Pedro und seinen Freunden kamen andere Goldsucher in das Gebiet, und keiner dieser Männer hatte mehr als einen Spaten und eine Spitzhacke bei sich. Und so vergingen Monate härtester köperlicher Arbeit, bis sie einen Schacht abgeteuft hatten, und noch einmal Monate, bis das Gestein heraufgebracht werden konnte.

Selbst im Frühjahr 1903 gab es an den Creeks noch keine Abtaugeräte, aber die Aussichten auf eine Ausbeute waren so gut, daß sie einen Run auf das Gebiet auslösten. Die meisten der neuen Goldsucher kamen vom oberen Yukon sowie aus Dawson. Sie waren wenig beeindruckt von dem, was sie sahen. Die Schürfer arbeiteten sich noch immer mit langsam brennenden Feuern durch den Permafrost. Ein großer Teil der Neuankömmlinge war eher Unternehmer als Goldgräber im eigentlichen Sinne. Sie interessierten sich dafür, welche Möglichkeiten das neue Camp für den Handel bot, und da war zunächst jedenfalls nicht viel zu holen. Die Spekulanten verdrückten sich schnell wieder und verbreiteten die Nachricht, am Tanana sei nicht viel los. Für die Schürfer war das ein Rückschlag, denn für sie hing viel davon ab, daß Kapital für Bergbaumaschinen vorhanden war.

Aber die Flaute hielt nicht lange an. Die Klagen der Enttäuschten wurden im Herbst 1904 durch Nachrichten über substantielle Goldfunde übertönt. Wieder setzte eine Massenwanderung in das Gebiet ein. Diesmal trafen die ersten auf dem Landwege von der kleinen Küstenstadt Valdez aus, 370 Meilen entfernt am Prince William-Sund gelegen, ein.

Am Erntedankfest 1903 brach der Schürfer George Preston zusammen mit sieben anderen Männern und sechs Koppeln Hunde von Valdez auf. Erschöpft und durchgefroren trafen sie am 4. Januar in Fairbanks, dem neuen Camp, ein. Nach einer Stadt sah es gerade nicht aus, und da die Leute Valdez verlassen hatten, weil die Aussichten auf Goldfunde dort so schlecht waren, hatten sie zunächst das unbestimmte Gefühl, vom Regen in die Traufe geraten zu sein. Die Stimmung blieb gedämpft, bis die Arbeit im Frühjahr reichlich Gold zutage förderte. Bis dahin hockte man beim spärlichen Licht von Kerosinlampen und Kerzen zusammen. Und etwas aufwärmen konnte man sich nur in den Saloons am Fluß.

Unter den ersten, die aus Dawson eintrafen, war George Butler, der 50 Faß Wisky mitbrachte. George freute sich, wieder auf der anderen Seite der Grenze zu sein, besonders da die kanadischen Behörden seine Schanklizenz nicht erneuert hatten. Der Wisky war bald unter den durstigen Goldgräbern aufgeteilt. 25 Cents, die kleinste im Umlauf befindliche Münze, waren in den Bars für jeden beliebigen Drink gut.

Preston nahm einen Job in dem Laden der Northern Commercial Company an. Er wurde angewiesen, ein paar noch vorhandene Sack Trockenkartoffeln zu verkaufen – aber nur in kleinen Mengen und auch nur an die, die Skorbut hatten. Die Vorräte in dem Camp waren in jenem Winter äußerst knapp. Man zahlte meist mit Goldstaub, obwohl die Handelsgesellschaft durchaus bereit war, Kredit einzuräumen. Die Firma tat ein übriges, indem sie ein kleines Kraftwerk baute und die ganze Stadt mit Strom versorgte. Das elektrische Licht trug dazu bei, das Leben in einem Gebiet angenehmer zu machen, in dem der kürzeste Tag im Winter nur vier Stunden lang ist.

Wenn sich Preston später zurückerinnerte, meinte er jedesmal, die Pioniere in dem Fairbanks von 1904 hätten die Stadt viel wilder gefunden als Dawson, wo die »Gelbbeine« – die Mounties – ein ziemlich strenges Regiment führten. An den Saloons in Fairbanks gab es keine Schlösser, die Bars an der First Avenue waren immer geöffnet – es gab 33 –, und »der Schnaps war besser als heute«.[1] Hauptfreizeitbeschäftigung für die Schürfer war Trinken oder Spielen.

Beeindruckt waren die Männer von Fairbanks, als Chee-Chaco Lil, eine wohlbekannte Prostituierte aus Dawson, dieser Stadt den Rücken kehrte und sich in der Second Avenue niederließ. Ihre Anwesenheit bewies ihren festen Glauben an die Zukunft dieses Camps. Mit ihr gab es jetzt vier Damen ihres Gewerbes in der Stadt – was in keinem Verhältnis zu der schnell wachsenden Bevölkerungszahl stand. Dann folgten aber zu Dutzenden die »Kolleginnen«, die in der Hoffnung kamen, an dem neuen Reichtum teilhaben zu können. Mit dem Anwachsen der Stadt wurde es für einsame Männer immer leichter, Frauen zu finden, entweder in den schnell errichteten Tanzsälen oder in privateren Etablissements. Dies waren zumeist »Häuser« mit nur einem Zimmer, das gerade genug Platz für einen Tisch, ein paar Stühle und ein Bett bot. So also sahen die Vergnügungstempel für die hart arbeitenden Goldgräber des Nordens aus.

Auch ohne Beweise zu haben, möchte man annehmen, daß die Girls von Fairbanks nicht an den Charme ihrer »Schwestern« in Seattle, San Francisco und anderen Orten mit milderem Klima heranreichten. Aber jedenfalls teilten sie die Geschicke der Männer in diesem klimatisch rauhen Gebiet und waren sicherlich echte Kameraden. Allgemein waren die Frauen im Norden – ob nun Ehefrauen oder Huren – handfester, gemütlicher und weniger verwöhnt als anderswo. Die Frauen Alaskas führten das Leben der Pioniere – noch Jahrzehnte nachdem der Historiker Frederick Jackson Turner das Ende des »wilden Westens« verkündet hatte.

Es dauerte nicht lange, bis Fairbanks allmählich die Umrisse einer Stadt annahm. Bauholz gab es in unmittelbarer Nähe in Mengen, und bald gab es ein Sägewerk, das die Bäume zuschnitt. Praktisch alle Häuser waren aus Stämmen gefertigt, und bald sprachen die Bewohner stolz von »der größten Blockhaus-Stadt der Welt« – ein Ruhm, den ein paar Jahre vorher Circle für sich in Anspruch genommen hatte. Jedermann war aktiv in der jungen Stadt. Einige Männer spezialisierten sich darauf, Bauholz zurechtzuschneiden und erzielten damit Preise von 200 bis 250 Dollar pro 30 Kubikmeter Bretter. Andere schleppten Fichtenstämme für ihre eigenen Hütten herbei. Das ganze Gebiet war von Fichten mit 15 bis 60 cm Durchmesser bewachsen. Der Preis für Grundstücke in der Stadt stieg unaufhörlich, während sich das Camp zusehends von einer Zeltstadt in einen Ort mit richtigen festen Häusern verwandelte. Jeder arbeitete, maß Grundstücke aus, ließ sie aktenkundig machen und baute und sägte und zimmerte.

Das Gericht wird nach Fairbanks verlegt

Es war März 1903, als Wickersham von den reichen Goldfunden im Tanana-Tal hörte. Den Namen Fairbanks – so hieß der Senator von Indiana – hatte der Jurist dem Lager gegeben, obwohl er es noch nicht einmal gesehen hatte. E. T. Barnette wollte hier seinen Handelsposten gründen, und zwar zu einem Zeitpunkt, als er noch in St. Michael die Reise flußaufwärts vorbereitete. Wickersham dachte an die Gesetzlosigkeit der ersten Saison und an Nome und erwog die Entsendung von Soldaten von Fort Gibbon nach Fairbanks. Aber dann entschloß er sich, erst einmal selbst die Stadt in Augenschein zu nehmen.

Im April brach er mit einem sechsspännigen Hundeschlitten und einem Führer von Circle aus auf. Da die Route ziemlich viel befahren war, gab es immer eine Hütte zum Übernachten. An einem sehr stürmischen Abend nächtigte er mit sieben anderen Leuten in einer Hütte von etwa vier Quadratmetern Größe. Sie war ebenso schmutzig wie stickig, aber die Dame des Hauses machte zum Frühstück gute Sauerteigpfannkuchen, und das entschädigte etwas für das Äußere.

Wickersham verliebte sich auf Anhieb in das Tanana-Tal. Seine stille ruhige Lage berührte ihn mehr als alles andere, was er bisher im Norden gesehen hatte. Auf einem grünen Hügel stehend, sah er sich satt an einer Schönheit, die ihm das Blut schneller durch die Adern trieb. Verstreut über das ganze Tal sah man große Flächen von Nadelwald, und »das ansteigende Wasser des Tanana, der sich mehrfach zu Seen ausweitet, glänzte in der Mittagssonne«. »So weit das Auge nach Osten und Westen reicht, im Süden bis zum Fuße der schneebedeckten Bergkette: Nichts als Grün!« Jenseits dieses »Ohio des Nordens« stand die riesige Alaska-Kette mit ihren vielen Gipfeln: »Zum Osten hin fallen sie ab, einer hinter dem anderen, bis der ferne Horizont die Sicht begrenzt, während die Bergkette immer noch weiter verläuft.« Er erkannte Mount Hayes, Mount Deborah und Mount Hess sowie im Westen Mount McKinley. »Dieser Berg ist für die Tena, was er für alle Menschenstämme in diesem Gebiet immer sein wird – Denali, der Hohe.«[2]

Der Tanana ist der größte Nebenfluß des Yukon. Er entspringt in der Nähe der kanadischen Grenze und windet sich Hunderte von Meilen in nordwestlicher Richtung, ehe er in den Yukon mündet. Die wenigen Indianer, die an seinen Ufern lebten, hatten die imposante Wasserstraße Tanana, den »Fluß vom Berge«, genannt. Sie schätzten seinen Reichtum an Lachs, aber von seinen verborgenen Schätzen wußten sie nichts – oder wollten nichts davon wissen. Flüsse fließen wie die Zeit, sie scheinen keine Vergangenheit zu haben. Gestern und morgen sind dasselbe wie heute.

Aber der Tanana hat eine Geschichte, eine sehr weit zurückreichende sogar, die erklärt, warum ausgerechnet seine Nebenflüsse so reich an Gold waren. Für den Geologen ist das Vorhandensein von Gold kein Mysterium. Ablagerungen von Goldseifen finden sich in dem Kies alter Flußbetten. Möglicherweise liegt es schon 150 Millionen Jahre zurück, daß die felsige Oberfläche des Tals von geschmolzenem Stein durchbrochen wurde, der von irgendeiner Kraft aus dem Erdinneren heraufgedrückt wurde. Der Fels zerbrach dadurch an vielen Stellen, und Risse öffneten sich, in die sich die glühende Mischung aus Steinen und Mineralien ergoß. Lange Zeit verging, und der Fels mit seinen Einschiebseln wurde angehoben und erosiert. Die leichteren Steine und Mineralien zerbrachen und wurden vom Wasser weggeschwemmt, aber das Gold sammelte sich in den Flußbetten und wurde später von Erosionsmaterial überdeckt. Eine ständig gefrorene Erdkruste von 20 Metern oder mehr bedeckte und schützte das kostbare Metall.

Als Wickersham zum Pedro Creek kam, wo die ersten Funde gemacht worden waren, sprach er mit Jack Costa, einem erfolgreichen italienischen Goldgräber. »Costa«, so schrieb er, »zeigte ein glückselig lächelndes Gesicht, wie jemand, der den Vollmond betrachtet, wenn er über den Ketchumstock-Bergen aufsteigt. So kam er aus seiner Grube heraus, um – wahrscheinlich zum tausendsten Mal – zu erklären: ›Meine Gott, ich 'aben das Gold gefunden‹.«[3]

Nach dem Essen in Jujuira Wadas Restaurant ernannte der Richter J. Tod Cowles zum Friedensrichter und nahm ein Angebot von Frank Cleary an, auf einem Eckgrundstück das Gefängnis zu errichten. Ein Abgesandter aus Chena meldete sich bei dem Richter und ersuchte ihn, das Gericht lieber nach dort als nach Fairbanks zu verlegen. Chena bot sich als Zentrum der Region eher an, weil dort die Dampfschiffahrt auf dem Tanana endete, während man, wollte man Fairbanks erreichen, einige Meilen des Chena-Sumpfes durchqueren mußte. Der große Vorzug von Fairbanks dagegen war – wenn man davon absieht, daß Barnette hier ursprünglich campiert hatte –, daß die benachbarten Creeks, an denen geschürft wurde, in der Nähe lagen. Diese Nähe und die Tatsache, daß Richter Wickersham sich für das von ihm so benannte Fairbanks entschied, machten einen Strich durch die Entwicklung von Chena, das nach ein paar Jahren auch von der Bühne verschwand. Heute ist praktisch nichts mehr von dieser Stadt übrig, die schon vor langer Zeit von den Fluten des Tanana weggespült wurde.

Der Tag nach der Ankunft des Richters war kalt und klar. Die Temperatur war zwar in der Nacht zuvor auf minus 45 Grad Celsius abgesunken, aber am Nachmittag herrschte wieder warmer Sonnenschein. Es war Frühling, und der stimmt optimistisch. Der Richter glaubte, daß das Tal des Tanana eines Tages der Garten Alaskas sein würde und vielleicht sogar einer Million Menschen eine Heimat bieten könnte. Wickersham beobachtete, wie die Weidenkätzchen aufgingen, und er pflückte sich einen großen Strauß Birkenzweige mit dicken Knospen. Am Himmel erschienen andere Frühlingsboten: große Schwärme wilder Gänse, die zu ihren Nistplätzen in der Yukon-Ebene flogen. Diese imposanten Vögel machten immer im Tanana-Tal halt, bevor sie ihren Weg fortsetzten. Kurz darauf wurde der Richter Zeuge des bedeutendsten Ereignisses im Frühling des Nordens, als sich mit lautem Krachen das Eis auf den Flüssen löste. Zuerst war der Tanana wieder frei, dann der Chena und bald rauschten die Wasser aller Flüsse des Tals dem Hauptstrom, dem Yukon, entgegen.

Es ist ein richtiges Vergnügen für den Leser eines Tagebuchs, schon an der Schrift die Stimmung des Verfassers ablesen zu können. Wickersham brachte seine Beobachtungen und Empfindungen an einem schönen Maimorgen in Fairbanks zu Papier, und die geschwungenen, lebhaften Buchstaben lassen einen die Vorfreude auf das kommende warme Wetter mitempfinden. Die Natur um ihn herum lebte. Es gab »Enten, Gänse, Drosseln und andere Vögel, Eichhörnchen, von überall her schallte und zwitscherte es. Das Tal des Tanana ist der Garten Alaskas«,[4] begeisterte er sich.

Der Richter hielt auch seine Eindrücke von den Menschen in dem Camp fest. Es war ein ziemlich buntes Gemisch. »Pioniere und Neulinge, Schürfer, Spieler, Indianer, Neger, Japaner, Prostituierte – es gab Musik und es wurde getrunken! Alles ist recht grob gehauen, aber gesund, und wie ich hoffe, der Anfang eines amerikanischen Dawson.«[5]

Die erste Zeitung, die in dem Tal erschien, war ganz allein von dem Richter geschrieben. Sie hieß »Fairbanks Miner«, brachte lokale Nachrichten und Anzeigen und war für den stolzen Preis von 5 Dollar zu haben. Es gab aber nur diese eine Ausgabe: Ihr Zweck war in erster Linie gewesen, Wickersham und mehreren anderen das Geld für die Ausrüstung einer Exkursion zum Mount McKinley zu beschaffen. Drei Exemplare wurden frei ausgegeben, damit man aus ihnen in den Saloons vorlesen konnte, eins erreichte die Außenwelt – und zwar den Senator Fairbanks.

Der Erscheinungstag war auch der Tag, an dem das Eis aufbrach. Wickersham schwelgte geradezu in der Betrachtung dieses »wunderbaren, majestätischen Naturereignisses, dieser Kraft, die Wasser und Eis haben. Es kam ganz plötzlich, ohne jede Warnung. Innerhalb von fünf Minuten wurde das Eis auf einmal am Ufer hochgeschoben, brach dabei in große Teile auseinander – eine vorwärtsdrängende, reißende, unwiderstehliche Lawine von Eis, Schlamm und Wasser.«[6] Bald darauf kam, über die Toppen geflaggt und mit heulenden Sirenen, das erste Dampfboot der Saison, mit Freunden und Verwandten an Bord und beladen mit frischen Vorräten.

Das Goldfieber ging nicht spurlos an Wickersham vorüber. Er erteilte einer ganzen Reihe von erfolgreichen Prospektoren eine Vollmacht, so daß sie in seinem Namen Claims anmelden konnten. Aber er ließ sich weder vom Gold noch von seinen Amtspflichten »auffressen«. Er nahm die Gelegenheit wahr, etwas über die indianische Kultur in Erfahrung zu bringen, die durch den Zustrom von Tausenden von Weißen so rapide zerfiel. Er verbrachte ganze Tage damit, den alten Koonah, den hier ansässigen Tanana-Medizinmann, zu besuchen und sich Notizen über seine Unterhaltungen mit ihm und anderen Eingeborenen zu machen. Mitten in den Niederungen der fieberhaftesten Goldgier bewies er die gelehrte Neugier des Gebildeten. Bald verfügte er über ein genügend großes Vokabular der Eingeborenensprache des Tanana-Tales. Er fand sogar die Zeit, in dem neuen Camp Vorträge über das Brauchtum der Ureinwohner des Tals zu halten.

Der presbyterianische Pastor Hall Young war einer der ersten Geistlichen, die sich in Fairbanks niederließen. Er begegnete hier Hunderten von alten Bekannten aus dem Klondike und anderen Schürferlagern, wo er seinen Dienst versehen hatte. Das Tanana-Gebiet unterschied sich von den früheren Goldzentren des Nordens durch die Anwesenheit so vieler erfahrener Goldgräber. Die Leute, die nach hier kamen, hatten es offensichtlich gelernt, wie man in Alaska lebt. Hier gab es keine Epidemien, und die Wasserversorgung war ausgezeichnet. Die Aussicht auf eine nur spärliche Versorgung mit Lebensmitteln nahmen die Menschen mit Fassung und Mut hin.

Young lobte das Klima in Fairbanks als »das gesündeste und erträglichste, das ich kenne. Krankheiten scheint es in diesem Klima nicht zu geben«.[7] Das Wetter im Inneren Alaskas ist schon immer mit Aufmerksamkeit registriert worden. Neuankömmlinge sind immer wieder erstaunt gewesen, wie die trockene Luft und die Windstille die eisigen Temperaturen mildern, die hier von November bis einschließlich März herrschen.

Der Pfarrer nahm beifällig zu Kenntnis, daß es ziemlich viele Frauen in der Gemeinde gab, und er begrüßte es, daß noch mehr ankamen. Die Gründung von Familien gab dem Ganzen eine größere Stabilität, und ohne Zweifel freute Young sich über die Anwesenheit der Frauen – wenngleich da auch der praktische Wert für ihn ins Gewicht fiel: in Gestalt des bei Eheschließungen fälligen Obulus, auf den er in der Hauptsache angewiesen war. Eine bestimmte Hochzeit erwies sich als besonders lohnend. Die Braut kannte Young aus Dawson. Sie wollte keinen anderen Pastor für die Feier haben. Sie und ihr Zukünftiger hatten sich am Koyukuk River niedergelassen, also rund 600 Meilen von Fairbanks entfernt, aber sie bestanden darauf, die Reise auch mitten im Winter zu machen. Die Gebühr für Young, überreicht vom dankbaren Bräutigam, war ein Goldklumpen im Wert von 96 Dollar.

Goldsucher am Koyukuk nahmen sich nicht immer die Zeit, einen Pastor aufzusuchen. Aus dem Jahre 1898 sind aus dieser Gegend ein paar hübsche Verse über die von einem Goldgräber namens »French Joe« bezeugte Verbindung zweier Partner erhalten geblieben:

Zehn Meilen vom Yukon am Ufer vom See
nehm' ich diesen Partner, McGillis, zu Eh'
Es gibt keinen Pastor und auch keinen Ring,
und es ist trotzdem ein rechtes Ding.

Aggie Dalton

Bei meinem Schlitten schwör' ich
unter diesem Baum,
niemand soll Raum
haben in meinem Herzen
als Aggie allein.

Frank McGillis

Zur Ehe vereine ich dieses Paar
gegen je zwei Dollar in bar.
Sie lehrt in der Schule, und er ist Farmer,
sie werden glücklich und ich nicht armer.

French Joe[8]

Zu jener Zeit wurden 387 Blockhäuser und 1000 Einwohner im Stadtkern gezählt. Außerdem lebten vielleicht noch 500 oder 1000 an den kleineren Nebenflüssen des Chena und des Tanana im Umkreis der verschiedenen Claims. Diejenigen, die sich für eine Vergrößerung des Camps einsetzten, hielten nach dem nächsten Schritt in der Entwicklung Ausschau – und das bedeutete in einem Camp im Norden bei den riesigen Entfernungen: bessere Transportmöglichkeiten. Die »Fairbanks News« forderte in einem Leitartikel, jetzt müsse die Eisenbahn her – und tatsächlich sollte es nicht allzu lange dauern, bis dieser Traum wenigstens teilweise in Erfüllung ging.

Wickerhams Zeitung warnte die Schürfer vor einem willkürlichen Abschlachten der Rentiere. »Schießt, was ihr braucht, und braucht auf, was ihr schießt, denn es kommen noch Hunderte von hungrigen Männern.«[9] Es kam vor, daß Leute trächtige Kühe in dem hohen Schnee zu Tode jagten, um Futter für ihre Hunde zu bekommen. Auf dem Speisezettel der meisten Goldgräber standen Rentierfleisch und Bohnen – manchmal auch nur Rentierfleisch.

Obwohl 200 Personen mit dem letzten Dampfer nach Nome aufbrachen, um dem drohenden Hunger zu entgehen, reichten die verfügbaren Lebensmittelvorräte dennoch für die angewachsene Bevölkerung nicht aus, und der frühe Einbruch des Winters machte eine zusätzliche Versorgung auf dem Wasserwege unmöglich. Der Kommandeur von Fort Gibbon holte beim Kriegsministerium in Washington die Erlaubnis ein, notfalls überschüssige Nahrungsmittel abgeben zu dürfen. Der Mangel trieb zunächst einmal die Preise hoch. Ein 100-Pfund-Sack Mehl kostete 35 Dollar. Tatsächlich hat in dem Winter 1903/1904 niemand im Tal Hunger gelitten. Die Rentierjäger machten gute Beute, so daß es immer reichlich Fleisch gab.

Im Winter wurde eifrig die Reklametrommel für Fairbanks gerührt. George Hill, der Chefredakteur der »Fairbanks News«, traf im Januar in Seattle ein, um die gute Nachricht vom Tanana zu verbreiten. Im Februar brach eine Anzahl von Bewohnern Seattles ins Innere auf, und als der Frühling kam, war man auch in Dawson zu einem neuen Anlauf bereit.

Bald gab es mehrere Zelt- und Hüttenstädte im Tanana-Tal: Golden City in der Nähe der Quelle des Pedro Creek, Cleary City in der Nähe der Stelle des ersten Goldfundes am Cleary Creek und Meehan am Fairbanks Creek. In jeder dieser »Städte« gab es Saloons, Läden, Huren und Gasthäuser – wenn auch alles nicht an Fairbanks heranreichte.

In Fairbanks mußte man sich schon nicht mehr mit den drei Unterhaltungsmöglichkeiten Trinken, Spielen, Huren abfinden. So gab es etwa im Fairbanks Hotel jeden Abend ein Familienkonzert, zu dem man sich richtig herausputzte. Im Salon Comet hatte man sich auf Damenfrisuren spezialisiert. In Fairbanks wuchs der Anteil der Frauen und Kinder an der Bevölkerung schneller als in irgendeinem der früheren Camps am Yukon, weil die Leute aus den schon bestehenden Gemeinden in Nome und Dawson kamen. Daher ging die Weiterentwicklung des Camps zu einer Stadt auch recht schnell vor sich. Sehr früh wurde eine Schule eingerichtet. Eine erste Klasse für neun Schüler dauerte 70 Tage und kam am 6. Mai 1904 zum Abschluß.

Das erste Bankett am Tanana fand im Restaurant Tokyo statt. Diesen etwas großspurigen Namen trug eine der üblichen

Blockhütten, bestehend aus einem einzigen Raum. Richter Wikkersham hatte die Mitglieder der Anwaltskammer und die prominenten Bürger geladen. Anwälte hatten immer viel zu tun in den Goldcamps, weil Claims manchmal doppelt beansprucht wurden oder die Schürfgrundstücke nicht ordentlich abgesteckt waren. Sieben Anwälte gab es bereits im Frühjahr 1903 in Fairbanks, und weitere sollten folgen. Die Drinks wurden aus der alten Goldwaschschüssel serviert, die Felix Pedro seiner Zeit bei sich gehabt hatte. Die Schüssel wurde Wickersham überreicht, der versprach, sie zusammen mit einer Flasche voll Goldstaub an Senator Charles Fairbanks weiterzuleiten.

Der Lebensrhythmus der Goldcamps wurde spürbar schneller, wenn im Frühjahr mit dem Aufbrechen des Eises wieder Schiffe eintrafen und man sich wieder viel draußen bewegte. Schon die unbekannten Gesichter, die mit dem Dampfboot ankamen, waren ein Erlebnis. Die Flußdampfer waren für jedermann eine wertvolle Verbindung zur Außenwelt. Mit Staunen und Lob wurde das neue Schiff, die »Tanana«, bedacht, ein schnelles und wohlproportioniertes Fahrzeug, das speziell für den Verkehr nach Fairbanks gebaut und nach dem Vorbild der Dampfer auf dem Columbia River konstruiert worden war. Die Bürger der Stadt bewunderten die Ausrüstung des 50 Meter langen Schiffes, seinen 10 Meter langen Ladebaum, die Tiefe des Frachtraums, die zwei Meter betrug. Überhaupt schien die Frachtkapazität von 225 Tonnen enorm, wenn man zudem bedachte, daß der Dampfer Platz für 150 Personen bot. Es war nicht das größte Schiff auf dem Yukon und seinen Nebenflüssen, aber die Leute von Fairbanks hatten es in ihr Herz geschlossen, besonders nachdem es mehrere Rekorde gebrochen hatte. Auf seiner Jungfernfahrt schaffte das Schiff die Strecke von St. Mary's am unteren Yukon bis nach Fairbanks in fünf Tagen und 17 Stunden.

Unter denen, die sich 1904 der Stampede von Dawson nach Fairbanks anschlossen, war auch ein sehr ungewöhnlicher Glücksritter aus Venezuela, Rafael De Nogales. Ursprünglich war er an den Yukon gekommen, um zu jagen und sich von seinen Kriegsabenteuern in China und Korea zu erholen. Mehr aus Neugier als wegen des Goldfiebers beschloß er, sich den Männern anzuschließen, die ungeduldig auf die Eisschmelze warteten, um die

Reise nach Fairbanks anzutreten. An einem Abend im Juni wurde die Stadt mit einem Schlage hellwach, als sich das Aufbrechen des Eises mit Donnergrollen ankündigte – »ein Laut, der wie süße Musik in unseren Ohren klang, der sich zu immer größerer Intensität steigerte. Plötzlich, mit einem Krachen wie von einer berstenden Granate, zersprang das Eis des Yukon vor unseren Augen in zahllose Stücke und eine Flutwelle wälzte sich heran.« Enorme Eismassen wurden in Bewegung gesetzt und »ließen die Erde unter uns erzittern«, und Nogales hörte, wie die Menschen im Camp in einen erlösten Jubelschrei ausbrachen: »Ein machtvolles, wildes Dankgebet der Goldgräber an die Mutter Natur, weil sie ihnen den Weg zum Land ihrer liebsten Träume öffnete, wo sie das gelbe Metall schürfen konnten.«[10]

Nogales und ein Partner ließen sich in einem kleinen Boot den Yukon hinuntertreiben, bis sie nach Fort Gibbon an der Einmündung des Tanana gelangten. Dort besorgten sie sich ein Kanu und begannen, den Tanana hinaufzurudern. Nogales sah bald ein, daß das Reisen im Inneren Alaskas kein Vergnügen war. Es gab noch andere Goldsucher, die wie er ihre ganzen Kräfte aufbringen mußten, um ihr Boot gegen die Strömung vorwärtszubewegen. Man hatte seine liebe Mühe, entgegenkommenden Eisstücken auszuweichen, und manchmal mußte man sich, bis zum Hals im eisigen Wasser stehend, vorwärtskämpfen. Gelegentlich sah man Rentiere und anderes Wild. Die Rentiere hielten lange genug inne, während sie in den sumpfigen Flußniederungen ästen, um die Menschen zu beäugen – so, als ob sie sagen wollten: »Warum kämpft ihr Narren so um das nutzlose Gold und stemmt euch der Natur entgegen, anstatt euch an dem Gras zu laben?«[11]

Eines Abends, als Nogales und sein Partner am Flußufer kampierten, stieß eine Gruppe verbitterter Goldsucher zu ihnen. Es waren Passagiere, die 200 Dollar gezahlt hatten, um erster Klasse, also mit allem Komfort von Dawson nach Fairbanks zu reisen. Statt dessen mußten sie feststellen, daß das kleine Dampfschiff »Diogenes« praktisch keine Vorräte an Bord hatte und nicht nur über keine Kabinen, sondern nicht einmal über Betten verfügte. Zu den Passagieren gehörten mehrere Show-Girls, die keinerlei Neigung zeigten, an Deck zu schlafen und sich ihr Essen selbst zu besorgen. Der Kapitän des Dampfers, den Nogales kannte, bat den jungen Abenteurer um Hilfe. Er solle seine aufsässigen Passagiere besänftigen. Und Nogales brachte es fertig, die Wogen zu glätten, indem er alle Spirituosen und eingemachten Leckerbissen an Bord »organisierte« und eine Party veranstaltete. Nach dieser Feier in der Wildnis setzte die »Diogenes« ihre Reise fort, und die Passagiere ertrugen – auch Nogales war an Bord – alles wesentlich gelassener.

In Fairbanks besorgte sich Nogales einen Job als Assistent des Katastermannes, dessen Buchführung sich in heilloser Unordnung befand. »Auf diese Weise wurde ich durch Zufall einer der Gründerväter von Fairbanks«, schreibt er.[12] Schon damals kursierten Gerüchte über die dunklen Seiten im Leben des wirklichen Stadtbegründers. Nogales erfuhr, daß der Händler E. T. Barnette in Montana (tatsächlich war es Oregon) eingesessen hatte. Außerdem erzählte Nogales eine Geschichte, die das Mißtrauen der Goldgräber gegenüber einem nicht namentlich genannten »Bankpräsidenten« auslöste – wahrscheinlich handelte es sich hier auch um Barnette, der vom Geschäftsmann zum Bankier avanciert war. Die Story besagte, der Bankier habe einen Banditen angeheuert, damit er Unruhe unter den Schürfern verbreitete und diese dann geneigter waren, ihren Goldstaub in seiner Bank zu deponieren. Solche Gerüchte lassen es schwerverständlich erscheinen, wie Barnette überhaupt zu diesem Posten aufsteigen und seinen Kunden später soviel Kummer bereiten konnte.

Die Berichte Nogales' über Fairbanks sind – wie die Storys so vieler Goldsucher – eine Mischung aus Tatsachen und Erfindung, die es mit Vorsicht zu genießen gilt. Die Einzelheiten, die er über Fairbanks wiedergibt, treffen im großen und ganzen durchaus zu, aber der Wahrheitsgehalt seiner Erinnerungen nimmt ab, wenn er einen von Fairbanks ausgehenden neuen Goldrausch beschreibt und dabei etwas zu dick aufträgt. Es wimmelt nur so von gierigen Wölfen, hungrigen Prospektoren, endlosen Schneestürmen und dergleichen. Eine Anekdote betrifft einen Mordprozeß, bei dem die Anrede des Richters an die Jury – »Meine Herren von der Jury, Stolz der Nation!« – mit Gelächter und Buhrufen seitens dieser Herren beantwortet worden sein soll.[13]

Zwar konnte es durchaus passieren, daß zu den Geschworenen in Alaska einige von jenen »Spekulanten und Parasiten« gehörten, die Nogales in Fairbanks beobachtet hatte, aber man kann sich kaum vorstellen, daß die Jury-Mitglieder eine solche Beschreibung des Richters wirklich übelnahmen. Nogales ist es bei der Beurteilung dieser buntgemischten Bevölkerung in den Goldcamps des Nordens einfach entgangen, daß die meisten sich in der Tat für den »Stolz der Nation« hielten.

Obwohl sich Fairbanks ziemlich ruhig entwickelte – verglichen mit Skagway und Nome –, scheinen die Gerüchte über den Gründer, den Ex-Häftling E. T. Barnette, doch den Ruf der Stadt etwas beeinträchtigt zu haben. Die Eindrücke von Nogales gewinnen durch die Memoiren eines Mannes eine gewisse Glaubwürdigkeit, der den Ort 1907/1908 besuchte. Es war der Polarforscher Ejnar Mikkelsen. Mikkelsen wurde von den prominentesten Bürgern geradezu königlich empfangen und bewirtet. Belustigt war er wegen ihrer Vorstellung, dies sei das »Paris des Nordens«. Auf einem offiziellen Bankett zu seinen Ehren saß er zwischen juwelenbehängten und auch sonst übermäßig aufgetakelten Damen und – was unwahrscheinlich ist – Männern, die in ihren Fellen schwitzten, sie aber nicht ablegen konnten, weil die darunter getragenen Hemden zerrissen waren. Wenn man Mikkelsens Bericht glauben darf, sprachen alle mit großer Sachkenntnis über die Behandlung, die ihnen in verschiedenen Gefängnissen zuteil geworden war. Ein ebenfalls anwesender Bankier (Barnette) bemerkte das Erstaunen des Forschers, verschaffte sich Gehör, indem er mit seinem Glas auf den Tisch klopfte und rief: »Freunde, redet nicht so laut über Gefängnisse. Denkt daran, daß wir einen Ehrengast haben, der vielleicht der einzige hier ist, der keine persönliche Bekanntschaft mit dem Kittchen gemacht hat.«[14] Darauf stockte die Unterhaltung – wenn auch nur für einen Augenblick.

Mikkelsens Anwesenheit in Fairbanks war der Anlaß, eine Berühmtheit zu feiern – etwas, was im Landesinneren weit weniger oft vorkam als in Nome. Die Lage Nomes an der Bering-See machte es zum natürlichen Ausgangspunkt bzw. zum Ziel mehrerer großer Arktisexpeditionen. So ehrte man hier Roald Amundsen, den unbezwingbaren Norweger, nachdem er 1906 mit seinem winzigen Gefährt »Gjoa« die Nordwest-Passage gemeistert hatte. Knut Rasmussen und Vilhjalmur Stefansson wurden ebenfalls in Nome gefeiert. Mikkelsen, der nach seiner Reise durch die Beaufort-See nach Nome gekommen war, wurde überall freigehalten. Das galt auch für die Drinks, der er im Saloon für sich und seine Trinkkumpane bestellte, und außerdem überreichte man ihm 500 Dollar, die für ihn gesammelt worden waren. Als Mikkelsen nach Fairbanks weiterzog, waren die Leute vom Tanana bemüht, dieselbe Großzügigkeit, die er auf der Seward-Halbinsel genossen hatte, an den Tag zu legen. Obwohl er selbst Hunde und einen Schlitten besaß, sorgten die Bewohner von Fairbanks dafür, daß er bequemer mit dem Postschlitten nach Valdez kam!

Mikkelsen war wenig beeindruckt von den Frauen, die er in Fairbanks antraf, wußte aber Interessantes von den Damen zu berichten, denen er in den Gasthäusern unterwegs begegnete. Auf dem Wege nach Fairbanks stellte er zwei verschiedene Typen fest. Der eine trug einen Revolver an ihren Oberschenkel geschnallt, hatte harte, durchdringende Augen und fest zusammengekniffene Lippen. Das waren die robusten, zielstrebigen Frauen, die auf Gold aus und zu Opfern bereit waren. Alles an ihnen schien zu sagen: »Faß mich nur an, wenn du Mut hast!« Es wurde auf der Stelle ruhig in einem Rasthaus, wenn eine von ihnen hereinkam. Eine solche Frau »kümmerte sich nur um ihre eigenen Angelegenheiten und zügelte durch ihre bloße Willensstärke diejenigen, die sonst so wild waren«.[15]

Der andere, lustigere Typ kam unter dem Geklingel der Schlittenglöckchen an, blätterte sich lächelnd aus den Pelzschichten auf ihrem Schlitten und war weich und weiblich. Sie grüßte alle freundlich, aß und trank, zeigte sich dankbar für die Aufmerksamkeit der Männer und richtete ihr Augenmerk auf den reichsten unter ihnen. Wenn sie schließlich wieder abzog, dann am Arm eines glücklichen Mannes. Die Männer, die Zuschauer solcher Szenen in einem der Gasthäuser des Nordens waren, quittierten den Auftritt beider Typen von Frauen gleichermaßen, indem sie in den Ofen spuckten und erklärten, es sei »ein tolles Weib«. Aber bei der robusteren Frau war diese Bewunderung nicht mit Verachtung gemischt.

Es gab auch andere Frauen, die nicht in dieses Schema hineinpaßten, die keine der beiden Arten der Goldsuche betrieben. Mikkelsen ruhte sich zusammen mit einigen anderen Männern in einem Rasthaus am Valdez Trail aus, als sie das zu spüren bekamen. Unter den Leuten, die ins Landesinnere reisten, war auch eine Frau, die zu ihrem Mann in Fairbanks wollte. Sie hörte besorgt zu, als die Männer sich gegenseitig mit Schauergeschichten über die Härten des Lebens im Norden überboten. Als sie immer wildere Anekdoten auftischten, brach sie in Tränen aus und rief, sie wolle wieder nach Hause. Das ernüchterte die Angeber, die prompt ihre Übertreibungen zugaben. Natürlich waren es gerade solche Frauen, die, indem sie ihre Ängste überwanden, dazu beitrugen, daß aus den Goldgräbercamps stabile Gemeinden wurden.

Das grosse Feuer

Am 22. Mai 1906 wurde die größte Blockhüttenstadt der Welt von einem verheerenden Feuer heimgesucht, das die Stadtmitte praktisch auslöschte. Zum Glück war gerade Frühling, so daß der Verlust für die Betroffenen weniger hart war und man sogleich an den Wiederaufbau gehen konnte. Wäre das Feuer im Winter an einem der extrem kalten Tage ausgebrochen, hätte man kaum ein Haus retten können, weil die Feuerlöschgeräte eingefroren gewesen wären. Das hätte das Ende von Fairbanks sein können, wenn die Geschäftsinhaber beschlossen hätten, lieber in Chena oder an einer anderen Stelle neu aufzubauen. Aber so dämpfte die Feuersbrunst den Optimismus der Menschen nur vorübergehend, und bald sah man Schilder wie »Totalausverkauf wegen Feuer«, während gleichzeitig die Geschäftsleute schon wieder aufbauten.

Die Furcht, daß nun die Vorräte nicht mehr reichen würden, wurde am Tage danach durch eine Anzeige der Northern Commercial Company in der Zeitung beseitigt, in der es hieß: »Es gibt genug Vorräte für alle in der Stadt. Die Preise werden nicht angehoben.«[16] Die Saloons blieben in Fairbanks nicht lange geschlossen. Die beliebte Fraction Bar war ausgebrannt, aber schon am nächsten Tage machte sie als Gartencafé weiter. In Annoncen hieß es, man »biete« eine »frische Bar, frische Luft und gute Behandlung«.[17] Innerhalb eines Monats stand der größte Teil der Stadt wieder – für eine so kurze Zeit eine Leistung, die sowohl etwas über die Energie der Menschen als auch über die Qualität des Bauens aussagt.

Die Erbauer von Fairbanks waren energiegeladen – und großzügig. Ein Beispiel: Im Jahre 1908 kam ein Schürfer, der für die Brüder Berry arbeitete, bei einem Unfall ums Leben. Niemand wußte viel über ihn, weil er erst einen Monat zuvor angekommen war, aber man fand in seinen Sachen die Anschrift seiner Frau und benachrichtigte sie. Man fand auch einen blauen Babystrumpf, den der Schürfer zur Erinnerung an seine kleine Tochter mitgenommen hatte, als er nach Alaska aufbrach. Das rührte die Leute von Fairbanks, und man veranstaltete eine Sammlung. Nach drei Wochen schickte man der Witwe die stolze Summe von 7500 Dollar, damit sie ihr Kind ernähren und schließlich auch auf das College schicken konnte.

Im Jahre 1906 wurde John P. Clum zum Postmeister von Fairbanks gewählt. Das muß den meisten der alten Hasen mehr als leichtgefallen sein, denn damit war sichergestellt, daß diese wichtige Einrichtung von jemandem verwaltet wurde, der den Norden wirklich kannte. Im März 1898 war Clum zum Postinspektor für Alaska ernannt worden, und er hatte in dieser Funktion 8000 Meilen in Alaska und dem Yukon-Territorium zurückgelegt. In Haines, Sheep Camp, Eagle, Fort Yukon, Rampart und anderen Orten hatte er neue Postämter eingerichtet. Nach einer Rundreise durch das Yukon-Territorium zog der Inspektor zum Cook Inlet weiter, um Postämter in Tyonek, Sunrise und Homer zu eröffnen. Clum verließ Alaska nach jenem hektischen Sommer, aber im Jahre 1900, als der große Run auf Nome einsetzte, schickte man ihn wieder nach Norden, diesmal als Sonderagent, und er verbrachte die nächsten fünf Jahre in Nome. Hier richtete er in der Front Street eine kostenlose Postauslieferung ein. Es war der erste derartige Dienst in Alaska.

Clum nahm seine Familie mit nach Fairbanks und kaufte ein Blockhaus mit fünf Räumen. Der Winter kam 1906 spät, aber als er schließlich da war, gab es nur lange Gesichter: »Die Sonne ging um halb zwölf strahlend auf, beschrieb einen kleinen Bogen über dem südlichen Horizont – und verschwand um halb zwei. Zwei Stunden Sonnenschein, aber kein Jota Wärme in den goldenen Strahlen. Der Dämon Kälte saß uns im Nacken, schweigend, beharrlich, unbarmherzig.«[18] Wenn der Postmeister morgens aufstand, mußte er seinen Waschbärenmantel anziehen sowie seine

Pelzmütze und die Filzschuhe, ehe er das Feuer in der Küche in Gang bringen konnte. Lange Zeit machte es Spaß, gegen die Kälte anzugehen, aber schließlich wurde es lästig, wenn 18 Tage lang die Temperaturen immer nur zwischen minus 20 und 40 Grad schwankten.

Trotz des eisigen Wetters kam die Post ziemlich regelmäßig durch. Auf der Strecke von Valdez nach Fairbanks wurden zu allen Jahreszeiten Pferde eingesetzt – ebenso zwischen White Horse und Dawson. Wenn die Post im Winter in Fairbanks eintraf, »brauchte man so ein Paket nur anzufassen, und schon taten einem die Finger weh, so daß man schnell wieder losließ«.[19] Die Post mußte angewärmt werden, ehe man sie sortieren konnte.

Wie so viele Bewohner Alaskas hatte Clum schon früher Erfahrungen in anderen Teilen des amerikanischen Westens gemacht. 1880 hatte er mit einer Handpresse und ein bißchen Bleisatz den »Tombstone Epitaph« ins Leben gerufen. Aber so weit entfernt Fairbanks ihm auch bei seinem Besuch im Jahre 1905 erschien, seine Zeitungsdruckerei war »die beste auf dem Markt«.[20] Clum war eine von drei prominenten Gestalten aus Arizona, die eine Rolle in der Goldära Alaskas spielten. Ed Scheifflin, der Begründer von Tombstone, suchte 1882 am Yukon nach Gold, und auch Wyatt Earp gehörte zu denen, die das Goldfieber nach Nome lockte. Clum war in Arizona berühmt geworden, als er mit Geronimo und dessen Apachenkriegern verhandelte und sie dazu brachte, sich der Regierung zu ergeben.

Fairbanks erging es während der Depression von 1907/1908 nicht anders als anderen amerikanischen Städten: Es hatte Geldsorgen. Es war nur wenig Bares vorhanden. »Fairbanks war eine isolierte, abgeschlossene Gemeinde mit finanziellen Schwierigkeiten.«[21] Die Lösung des Problems bestand darin, daß die Banken ihre eigene »Währung« herausgaben. Clum war eine von drei Personen, die ihre Unterschrift unter die Noten setzten. Und das Provisorium funktionierte! Alle Noten wurden im Frühjahr wieder eingelöst. Für Clum war dies ein Beispiel für den Erfindungsreichtum und die Ehrlichkeit im Norden. Aus seinen Erfahrungen in Arizona wußte er, daß zur Tradition der Pioniere sowohl Verdienstvolles als auch Schandbares gehörte.

20 Der Lebensstil im Tanana-Tal

Eine Welle von Verbrechen

Der »Bandit mit dem blauen Parka« war anfangs der am meisten gefeierte Kriminelle am Tanana. Er hieß Charles Hendrickson und war auf der Strecke aktiv, die von Fairbanks zu den Creeks führte. Mehrfach wurde er gefaßt, aber immer wieder entkam er seinen Wärtern und kehrte an die Stätte seines Wirkens zurück. Einmal brach er aus einer Blockhütte aus, die in Fairbanks als Gefängnis diente. Dann sprang er in den Yukon, als er mit einem Dampfschiff in ein Gefängnis auf der McNeil-Insel in der Nähe von Tacoma, Washington, gebracht werden sollte. Er kehrte nach Fairbanks zurück und fuhr fort, Reisende auszurauben.

Seine häufigen Auftritte vor Richter Wickersham liefen recht routinemäßig ab, wie die »Times« berichtet: »Der Angeklagte war so schnell mit seiner Erklärung ›Nicht schuldig‹ zur Stelle wie der Richter mit seiner Antwort ›Bis zum Prozeß einsperren‹, so daß man den Eindruck haben konnte, diese kleinen Sitzungen seien für den Richter ebenso langweilig wie für den Angeklagten.«[1]

So sportlich sah man aber die Dinge nicht, wenn Hendrickson frei war. Im Sommer 1905 gab es einmal derartig viele Überfälle, daß die Leute in der Stadt auf Anregung der »News« das Recht selbst in die Hand nehmen wollten. Bei einer Versammlung überlegte man es sich dann zwar doch anders, und die Männer gingen auseinander, aber die »News« fuhr fort, den örtlichen Behörden kräftig die Leviten zu lesen.

Auch die Zeitungen von Seattle griffen die Sache auf. Die »Seattle Times« schaltete sich ein, als Al White in seiner Eigenschaft als Präsident der Ortsgruppe des Propektorenverbandes ein Telegramm in die Hauptstadt Washington schickte, in dem er um die Entsendung von US-Militär aus Fort Gibbon ersuchte, damit die Ordnung in Fairbanks wieder hergestellt werde. Marshal George Perry fühlte sich durch diese Darstellung etwas in seinem Stolz verletzt, die seine Fähigkeiten in einem wenig günstigen Licht erscheinen ließ. Er telegrafierte seinerseits an den »Seattle Post-Intelligencer«, um die Angaben Whites zu widerlegen und zu versichern, daß Fairbanks eine ordentliche Stadt sei.

Die »Times« stellte sich auf die Seite Whites und behauptete, daß es von Januar bis Mitte August 1905 in Fairbanks 14 Raubüberfälle gegeben habe und nicht nur fünf, wie Perry erklärte. Sie schrieb: »In Perrys Amt schien man nichts von den Raubüberfällen zu wissen.«[2] Die Chronologie der Ereignisse, wie sie die »News« darstellte, war durchaus eindrucksvoll:

> Maskierter Mann raubt 479 Dollar im Pionier Saloon.
> Überfall auf eine Hütte am Cleary Creek. Drei Männer werden gezwungen, 20000 Dollar herauszugeben. Verbrecher läßt Gold während Verfolgung fallen, kann aber entkommen.
> Zwei Männer auf der Creek Road überfallen.
> Bürgerwehr wird organisiert und vom Archidiakon Hudson Stuck unterstützt, da die Gesetzeshüter nicht mit der Situation fertig werden. Der Marshal hat Einwände, Bürgerwehr wird wieder aufgelöst.
> Neuer Einbruch in ein Haus.
> Überfall auf der Creek Road.
> Die Alaska Express Co. stellt bewaffnete Posten ein, um Gold zu transportieren.
> Zwei neue Deputies kommen. Glücksspiele werden verboten, um unerwünschte Elemente loszuwerden.
> Frachtfahrer werden überfallen.
> Ein Zelt, ein Schacht und ein Schürfer werden Opfer eines Überfalls.
> Frachtfahrer wird von Mann in blauem Parka überfallen. Zwei weitere Männer von Mann mit blauem Parka überfallen.

Vier verschiedene Männer von Mann mit blauem Parka überfallen. Außerdem noch zwei weitere Überfälle.
Sonntag. Suche nach Tätern wird organisiert.
Überfall in der Nähe von Sister's Rasthaus. Postkutsche am selben Tage überfallen. Bandit erbeutet 3,50 Dollar und gibt dem Opfer 50 Cents zurück – »für einen Drink«.
Lee St. James mißachtet Befehl eines Banditen, anzuhalten, und wird durch Schuß verletzt. Belohnung von 1000 Dollar ausgesetzt. Hendrickson wird festgenommen, entkommt aber mit Hilfe einer Eisensäge, während er auf Prozeß wartet.[3]

Der grosse Goldraub

Der größte Raub in der Geschichte des Tanana-Tals galt einer Sendung von Goldbarren im Werte von 179000 Dollar, die mit dem Dampfer nach Seattle gebracht werden sollte. Robert E. Miller, der Hauptakteur, war Wachmann auf der »Tanana«, die das Gold über das erste Wegstück beförderte. Als Vorbereitung hatte Miller Bleischrot auf das Schiff gebracht und es in seiner Kabine versteckt. Um nicht aufzufallen, hatte er das schwere Material in mehreren Portionen an Bord geschafft. Als die »Tanana« abgedampft war, um Passagiere und Ladung in Fort Gibbon an die »Ida May« zu übergeben, brach Miller eine der Kisten mit den Goldbarren auf, entnahm 38 und ließ zwei zurück. Dann füllte er die Kiste mit dem Bleischrot und brachte die Barren in seine Kabine.

Diese Ereignisse waren natürlich im Juli 1906 die große Sensation im Tanana-Tal. Die Zeitungen forderten eine schnelle Aufklärung des Falles. Die Polizei hatte es relativ leicht, denn einer von Millers Komplicen wurde beobachtet, wie er einen äußerst schweren Koffer schleppte und außerdem nicht den normalen Weg nahm, der ihn durch die Cushman Street geführt hätte. Und siehe da, in dem Koffer war tatsächlich ein Teil des Goldes, das auf der »Tanana« wieder nach Fairbanks zurückgelangt war.

Während man Miller und Komplicen in Gewahrsam nahm, fand man den größten Teil der Beute unter den Dielenbrettern seiner Kabine. Der Prozeß konnte der allgemeinen Anteilnahme sicher sein, und auch die Verurteilung Millers war gesichert, da einer seiner Kumpane sich freikaufte, indem er gegen ihn aussagte. Vielleicht war es ein Fehler, daß Millers Pläne keine großzügige Aufteilung der Beute vorsahen. Die beiden Männer, die ihm halfen, sollten jeweils nur 1000 Dollar bekommen, wenn sie das Gold für ihn nach Seattle brachten. Miller sei eben »ein Napoleon der Finanzen«, bemerkte die »Times«.[4]

Landstreicher

Wenig Geduld hatte man mit Leuten, die offenbar mittellos in Fairbanks eintrafen. Wenn sie für eine geregelte Verdienstmöglichkeit keinerlei Interesse aufbrachten, dann sah man ihre Anwesenheit als schädlich für die Geschäftswelt und sogar als mögliche Beeinträchtigung von Sicherheit und öffentlicher Ordnung an. In einer so kleinen Gemeinde mußten Landstreicher sofort auffallen, und der Polizeichef nahm sich den Mann meistens sehr bald vor, um ihm ein paar gezielte Fragen bezüglich seiner Pläne zu stellen. Fiel die Antwort ausweichend oder grundsätzlich nicht zufriedenstellend aus, dann wurde eine »blaue Karte« ausgehändigt. Das bedeutete, wie ein Witzbold es einmal formulierte, daß der Empfänger berechtigt war, auf eigene Kosten das Land zu verlassen.

Gelegentlich kamen Gerüchte auf, die gesamte Unterwelt von Dawson rücke geschlossen nach Fairbanks vor. Das reichte schon aus, um einige Geschäftsleute in Panik zu versetzen, und in den Zeitungen erschienen prompt Leitartikel, in denen die Stadtbewohner aufgefordert wurden, die Polizei gegen die Eindringlinge zu unterstützen.

Ausbrüche aus dem Gefängnis kamen regelmäßig vor. Es gehörte auch nicht viel Kraft oder Einfallsreichtum dazu, sich aus dem muffigen kleinen Blockhaus zu befreien, das der Stadt als Gewahrsam diente. Aber die Ausreißer konnten sich ihrer Freiheit meist nur kurze Zeit erfreuen, denn der Mangel an Verkehrsmitteln engte ihre Chancen, weit zu kommen, erheblich ein.

Ein tollkühner Überfall bewegte die Gemüter im Herbst 1905. Zwei maskierte Männer stießen direkt zur Quelle des Reichtums vor, indem sie in den Schacht auf dem Grundstück 9 Below Cleary eindrangen. Der Mann, der dort mit dem Tauapparat arbeitete, wurde mit vorgehaltener Pistole gezwungen, die Tagesausbeute – 3000 Dollar – herauszugeben.

In Seattle hatten geübte Betrüger bald heraus, wer zur Goldsuche in Tanana unterwegs war, und nahmen den Arglosen aus, wie sie es früher mit den Klondike-Reisenden getan hatten. So begegnete ein aus Idaho kommender Mann in Seattle drei Leute, die großes Interesse daran zeigten, ihn für eine Goldmine anzuheuern, die sie angeblich bei Fairbanks besaßen. Allerdings hatte das Trio gerade ein kleines »rein technisches« Finanzproblem, so daß sich der Neuankömmling dazu überreden ließ, einen auf seinen Namen ausgeschriebenen Scheck gegen einen Scheck einzutauschen, der von den dreien auf die First National Bank of Fairbanks ausgestellt war. Alles schien in Ordnung, weil die Seattler auf der »Ohio« mit nach Alaska reisen wollten. Leider verschwanden sie, bevor das Schiff auslief. Der Goldsucher kam in Valdez um eine Illusion ärmer und finanziell gebrochen an, denn der Scheck, den er angenommen hatte, war natürlich wertlos.

Das Amtsgericht

Während vor dem Bundesgericht in Alaska gewichtige Sachen wie Streitigkeiten über Schürfrechte und Mord und Totschlag abgehandelt wurden, beschäftigten sich die Amtsgerichte mit den geringeren Vergehen. Eine der farbigsten Gestalten unter den ersten Richtern an diesen Gerichten war Lewis T. Erwin in Fairbanks. Journalisten waren begeistert von der Art, wie er sein Geschäft anpackte, und der Richter seinerseits tat auch gelegentlich etwas mehr, als unbedingt notwendig war, um sich vor der Presse in Position zu setzen. Als Dr. Joseph Weyerhorst, der später auch vor anderen Gerichten in anderer Angelegenheit auftreten mußte, einmal seine Frau allzu heftig verprügelt hatte, nahm der Richter die Gelegenheit wahr, die Geschichte der westlichen Zivilisation Revue passieren zu lassen. Der Richter begann mit einer Bemerkung über das vorbildliche Leben Ciceros, »dessen

Reden über die Moral und die Liebe zum Heim die Grundlage für die Liebe und den Respekt bilden, die wir heute für unsere Frauen empfinden«. Die »Fairbanks Times« berichtete weiter, dann habe Erwin über die Entfaltung des Christentums referiert und die Verfeinerung der Zivilisation erörtert, ehe er wieder zum eigentlichen Thema zurückgekehrt sei. Der Reporter hatte offensichtlich ebenso viel Spaß an der Schilderung wie der Richter an seiner Rhetorik: »Hätte er vor 10000 Menschen geredet, sie wären wie ein Mann aufgesprungen und hätten ›Nieder mit Weyerhorst‹ gerufen.«

Richter Erwin nahm sich Zeit. »Ich bedaure, Sir, daß Ihre Frau nicht hier war, um gegen Sie auszusagen. Aber, Sir, wenn ich recht unterrichtet bin, hat sie Angst, Sie könnten sie töten... Ich werde jedoch den Zweifel daran zu Ihren Gunsten auslegen.« Der Richter zögerte dann etwas, ehe er eine bescheidene Geldstrafe von 100 Dollar verhängte – sehr zur Erleichterung des Angeklagten. Aber er war noch nicht am Ende. Nach einer kleinen Pause erlegte der Richter ihm noch eine 50tägige Haftstrafe auf. »Bei dieser Ankündigung zeigte der Doktor Symptome einer Lähmung«, schrieb die »Times«.

In jenen Tagen gab es in diesem Gebiet viele Amerikaner, die erst vor kurzem eingewandert waren. Trotzdem schien niemand sonderlich an deren Akzent Anstoß zu nehmen. Im Fall Weyerhorst jedoch unterstrich eine Zeitung den schweren deutschen Akzent des Angeklagten.[5]

Der Richterspruch paßte Weyerhorst nicht, und er entkam nach St. Michael, wurde aber aufgegriffen und zurückgebracht. Dr. Weyerhorst verließ Fairbanks, nachdem er seine Zeit abgesessen hatte, blieb dem Norden jedoch treu. Im Jahre 1911 berichteten Zeitungen in Alaska über neuerliche Zusammenstöße mit dem Gesetz. Diesmal wurde er in Douglas verurteilt, weil er sich als Arzt ausgegeben und ohne Erlaubnis praktiziert hatte. Der konkrete Fall, der zu seiner Festnahme geführt hatte, war eine Operation, bei der er einer Frau eine tuberkulöse Drüse entfernt hatte. Weyerhorst versicherte, er sei der einzige Arzt in der Stadt gewesen, der diese »barmherzige Tat« habe ausführen können.[6] Nicht nur, daß er seine Frau regelmäßig schlug, er war auch ein Quacksalber in der Nachfolge eines Cagliostro und John Brinkley, der durch die Verpflanzung von Ziegendrüsen zu zweifelhaftem Ruhm gelangte. Zwischen seinen Aufenthalten in Fairbanks und Douglas war der nie um neue Einfälle verlegene Doktor auch in Nome, wo er, jedenfalls zunächst, auch wohlgelitten war. Die Zeitungen berichteten voller Respekt über eine Operation, bei der er mit Hilfe einer Sehne von einem lebenden Kaninchen das Handgelenk eines verletzten Schürfers in Ordnung gebracht hatte. Der Doktor war ein leidenschaftlicher Chirurg – und das wurde ihm denn auch in Nome zum Verhängnis. Er operierte eine Frau, die gar keine Operation wollte und vermutlich auch keine nötig hatte. Sie starb. Ihre Familie protestierte. Insgesamt reichte es, um den Clan der Mediziner zum Handeln zu bewegen. Sie verlangten das Erscheinen des Doktors vor einer Prüfungsinstanz, aber Weyerhorst – mit den Gesetzen wohl vertraut – lehnte empört ab. Vor Gericht wurden von den Medizinern vorgebrachte Anklagen gegen den falschen Arzt verworfen, denn der Kongreß in Washington hatte es versäumt, für die Ausübung der Medizin in Alaska konkrete Maßstäbe zu setzen.

Die meisten der Fälle, die Richter Erwin zu behandeln hatte, waren allerdings sehr viel prosaischer als die Affäre Weyerhorst. Da hatte er etwa einen Mann wie Spence Koonce vor sich, der nach einer Saison harter Arbeit in die Stadt kam, um mit Gleichgesinnten zu feiern. Wenn er dabei dann etwas über die Stränge geschlagen hatte – und das kam öfter vor –, dann erlegte ihm der Richter wegen Ruhestörung und Trunkenheit eine Geldstrafe von 20 Dollar auf. Einmal hatte Spence allerdings die 20 Dollar nicht bei sich, hatte andererseits aber auch keine Lust, das mit Holzhacken abzuarbeiten. Das Gericht legte eine kleine Pause ein, damit sich Spence das Geld von jemandem borgen konnte, und als er damit im Gerichtssaal kein Glück hatte, erlaubte Erwin ihm, die Front Street zu betreten. Dort fand er denn auch einen Kreditgeber, und er eilte zurück, um sich seine weitere Freiheit mit den 20 Dollar zu erkaufen.

Erwin erwies sich als gute Einnahmequelle für die Stadt. Er war selbst als Schürfer im Klondike-Territorium gewesen und glaubte die Männer hier im Norden zu verstehen. Seine Maxime war: »Die Leute müssen sich an die Strafe erinnern können, sonst nützt sie nichts.«[7] Es kam selten vor, daß er Geldstrafen unter 100

Dollar verhängte. Im November 1906 konstatierte er Einnahmen aus Gerichtsstrafen in Höhe von 37688 Dollar für die sechs vorangegangenen Monate – keine geringe Summe für ein Gemeinwesen von der Größe Fairbanks.[8] Es muß einem einen gewissen Respekt abnötigen, wie die Männer und Frauen der Stadt auf diese Weise einen recht ordentlichen Beitrag zur Erhaltung der öffentlichen Einrichtungen leisteten.

Ein Mann namens Arthur Davis sollte einmal vor dem Richter erläutern, wieso er sich am Abend zuvor der Ruhestörung schuldig gemacht habe. Richter Erwin, so berichtete die Presse, wurde hellhörig, als Davis zunächst erklärte, daß er Amerikaner sei, und nun mit großer Redegewandtheit auf den amerikanischen Patriotismus überleitete. In den Zeitungen hieß es damals, der Richter habe ihn schnell unterbrechen und ihn mit 10 Dollar bestrafen müssen – denn wenn er ihn hätte weiterreden lassen, wäre es wohl dazu gekommen, daß er selbst aus lauter Rührung die Strafe für den Angeklagten bezahlt hätte.[9]

Gelegentlich mußte das Gesetz einschreiten, wenn gute Freunde sich beim Trinken über Nichtigkeiten zerstritten. So erklärte etwa eines Abends ein Mann namens William Rudolph gegenüber dem ehemaligen Feuerwehrmann Herman Graw aus Seattle, die Feuerwehr in Seattle bestehe »aus einem Haufen Schweden und sonstigen Tunichtguten«. Der Hüne Herman nahm daraufhin Bill derartig in den Schwitzkasten, daß dieser nun zu der Ansicht gelangte, daß keine Feuerwehr so schnell zum Löschen da sei wie die von Seattle. Als ein Polizist die beiden trennte, versetzte Bill in seiner Verwirrung diesem Helfer einen Faustschlag. Auch die Aussagen, die Bill am folgenden Tage vor Gericht zu Protokoll gab, waren einigermaßen verworren. Er hatte kein Geld mehr und konnte sich auch gar nicht mehr erinnern, wie lange er schon in der Stadt war. Richter Erwin entließ ihn mit einigen »väterlichen Ratschlägen«, was er tun könne, nachdem er – anstelle einer Geldstrafe – die Straßen sauber gemacht hätte.[10]

Einige Leute in der Stadt ärgerten sich allerdings über die blumige Sprache des Richters und hielten ihn für aufgeblasen. In der Tat war es Erwin ein Herzensbedürfnis, daß die Regeln der freien Rede auch im rauhen Norden eingehalten wurden. Seine moralisierende Haltung störte aber vor allem auch diejenigen, die genau wußten, daß Erwin die Gewohnheit hatte, seine Frau aus fadenscheinigen Gründen zu verprügeln. Einmal erschien ein Mann vor Gericht, dem vorgeworfen wurde, er habe seine Frau mit einer Axt bedroht. Wie es seine Art war, hielt der Richter eine flammende Rede gegen jene, die sich an einer Frau vergreifen, und überhörte geflissentlich die Verteidigung des Angeklagten, der behauptete, es habe sich lediglich um eine disziplinarische Maßnahme gehandelt. »Kein Gentleman schlägt seine Frau«, rief er aus und fügte, als er den amüsierten Blick eines Freundes, des Anwalts John Clark, bemerkte, hastig hinzu: »mit einer Axt«.[11]

Erwins Lieblingsgetränk war ein Cocktail, der hauptsächlich aus Gin und Pfefferminzstengeln bestand, und als Mint Julep hauptsächlich im Süden der USA bekannt war. Diese Mint Juleps trank er auch in den verschiedenen Saloons der Stadt – und zwar in entsprechenden Mengen. Wenn er dann nach Hause kam, war seine Laune oft schwer auszurechnen. Und machte seine Frau ihm Vorwürfe, konnte sich das fatal auswirken.[12]

Im Mai 1923 druckte die »Alaska Weekly«, die in Seattle herauskam, einen Nachruf auf den Amtsrichter, den man »von Skagway bis Nome« kannte. Besonders das Testament Erwins erregte die Aufmerksamkeit des Schreibers. So hinterließ er einer Tochter 3500 Dollar, weil sie ihm »einen freundlichen, mitfühlenden Brief schrieb, nachdem ihre Mutter mich in Topenish, Washington, hatte aus dem Zug holen und festnehmen lassen, als ich in meiner Eigenschaft als Delegierter zu einem Kongreß nach Baltimore fahren wollte«. Das Testament brachte auch zum Ausdruck, daß Erwin enttäuschte Erben von vornherein vom Prozessieren abhalten wollte. Er wies den Vollstrecker an, derlei Bemühungen »so teuer wie nur möglich« zu machen. Jeder Anfechter sollte, wenn er den Prozeß verlor, auch das ursprünglich vorgesehene Erbteil verlieren. »Während ich in den frühen Tagen mit entblößter Brust gegen die Schneestürme ankämpfte und oft genug am Rande des Todes stand«, erklärte Erwin, »können sich meine Erben der Bequemlichkeiten der modernen Zivilisation erfreuen.«[13]

In Fairbanks und anderen Städten Alaskas gesellten sich zu den Männern, die das Gold aus der Erde holten, natürlich Prostituierte und Showgirls, die ihrerseits den Schürfern das Geld wieder aus der Tasche zogen. Man hatte eine ganze Palette von Bezeichnungen für diese Frauen parat, die in Nome oder Fairbanks ihrem »Gewerbe« ebenso nachgingen wie Frauen anderswo und auch vergleichbaren Lohn empfingen. Auf diesem Gebiet gab es im hohen Norden nichts, was es nicht im »Wilden Westen« der Vereinigten Staaten auch gegeben hätte. Allerdings mußte die Prostituierte im Norden eine robuste Gesundheit haben. Alfred H. Brooks, der Direktor des US-Büros für die geologische Erforschung Alaskas, war sogar überzeugt, daß diese Frauen in dem unwegsamen Gebiet einige »elementare Qualitäten« entwickelten, die den Angehörigen ihrer Klasse in klimatisch milderen Gegenden fehlten.[14]

Auch die Tatsache, daß Alaska so schwer zugänglich war, hatte einen gewissen Einfluß auf die Prostituierten. Wenn neue Goldfunde die Männer anlockten, dann waren sie ebenso dabei wie Anwälte und Gastwirte. Entstand ein neues Camp, hatten auch sie bald ihre kleinen Blockhütten gebaut. Die Goldgräber arbeiteten schwer, waren dann aber auch dankbar, wenn sie sich in den Armen einer Frau erholen konnten. Trotzdem konnten sie es sich nicht verkneifen, gelegentlich ewas über diese Damenwelt zu witzeln, etwa so:

Lottie kam zum Lager,
sie hatte keinen Cent.
Woher das Gold sie kriegte,
das doch ein jeder kennt?[15]

Es ist schwierig festzustellen, wie viele Huren sich zu einem gegebenen Zeitpunkt in einer bestimmten Stadt befanden. Vermutlich waren Angebot und Nachfrage ausschlaggebend. Irgendwann kam aber immer einmal der Moment, wo sie den Behörden allzu zahlreich wurden. Dann wurden ihre kleinen Hütten mit hohen Zäunen umgeben. Die Kinder wurden angehalten, sich von dort fernzuhalten, und Frauen, die auf sich hielten, betraten die betreffende Straße nie. Zwar mied man in der besseren Gesellschaft diese Frauen, dennoch gelang oft genug einer von ihnen der Aufstieg, indem sie heiratete. John Wallace, einer der alten und erfahrenen Männer, berichtete über eine ehemalige Animierdame, die einen Schürfer aus Nome ehelichte – und dann darüber schimpfte, daß Prostituierte bei den Baseballspielen zuschauen durften.

Richter Wickersham ließ die Huren und Spieler im Landesinneren sowie in Nome meist in Frieden, es sei denn, es ging um die Erhebung von Steuern. Sein Nachfolger in Nome, Richter Alfred S. Moore, war da puritanischer. Er überließ diese Angelegenheiten nicht wie Wickersham den städtischen Behörden. Im Jahre 1907 ordnete er, zum Entsetzen vieler, die Schließung des einschlägigen Etablissements mit dem Namen »Stockade« an und ließ das Gebäude sogar niederreißen. Die Zeitungen lobten den Richter und sprachen sich für einen Park an dieser Stelle aus. Die ehemaligen Bewohnerinnen hatten sich natürlich innerhalb von ein oder zwei Tagen anderweitig »niedergelassen«, nur daß sie jetzt über die ganze Stadt verstreut waren. Die Freude der Reformer schlug in Niedergeschlagenheit um, denn es stellte sich heraus, daß man das Übel nur verschlimmert hatte. Doc Ed Hill, der für das Gesundheitswesen der Stadt zuständige Mann, klagte: »Man hat das Geschwür jetzt nur in viele kleine Geschwüre aufgeteilt. Früher hätte man an einer Stelle operieren können, wenn es nötig geworden wäre, jetzt gibt es 50 Stellen.«[16]

Der Bürgermeister von Nome und der Polizeichef hatten angeblich einen Sanierungsplan, der ihnen gleichzeitig einen hübschen Profit versprach. Nach einer Meldung des »Nome Gold Digger« hatten sie einen Mann angeheuert, der am Stadtrand ein neues Haus für die Damen errichten sollte. Die beiden bestritten allerdings jede Beteiligung an der Sache, und der Bürgermeister lieferte sich mit dem Chefredakteur des »Digger« ein Faustduell. Jedenfalls ließ man das Projekt fallen, und die Dirnen von Nome blieben, wo sie waren.

In Iditarod hatte man ebenfalls Schwierigkeiten mit dem Sperrbezirk. Die Mehrheit des Stadtrates stimmte dafür, die Anlage aus dem Stadtzentrum zu entfernen, damit weniger Aufsehen erregt würde. Einer der Ratsherren war darüber besonders erbost

– weil die Häuser ihm gehörten. Er meinte, er habe schwer gearbeitet, um mit den Grundstücken Geld zu verdienen, und nun wolle man die Freiheit des Unternehmertums einschränken. Aber seine Proteste nützten ihm nichts. Nun konnte ein anderer Grundbesitzer mit etwas mehr Glück die Profite einstecken.

Die Polizeigerichtsbarkeit war in der Regel eine schmutzige und deprimierende Angelegenheit, aber in Fairbanks fanden die Verantwortlichen Mittel und Wege, die Verhandlungen etwas aufzulockern. Im rauhen Norden waren menschliche Schwächen weniger schmachvoll als etwa in Amerika, und was da zutage trat, wurde von der Presse mit sichtbarem Vergnügen aufgegriffen. Die Einwohner der Stadt schätzten das besonders, weil sie die Beteiligten in den meisten Fällen gut kannten.

Als zum Beispiel der Kampf zwischen zwei Dirnen vor Gericht kam, wurde die Angeklagte aufgefordert, ihren Boxstil zu demonstrieren. Gabrièle, die Französin, gab zu, daß sie etwas von der Kunst des Preisboxens verstehe und »boxte Löcher in die Luft, um zu zeigen, wie die verschiedenen Schläge mit Wucht ausgeführt werden könnten«. Gabrièle war zweifelsohne ein schlagfertiger und entschlossener Gegner. Obwohl ein Arzt kommen mußte, um ihr Opfer, Irene Wallace, nach dem Kampf wieder zusammenzuflicken, war Gabrièle noch nicht zufrieden mit der »Bestrafung« und versuchte, sie noch weiter zu bearbeiten. Gabrièle mußte 50 Dollar Strafe zahlen, aber Irene floh voller Lebensangst mit dem nächsten Boot nach Nome »und ließ Gabrièle als Siegerin zurück«.[17]

Die Prostituierten standen auch unter dem Schutz der Polizei, wie die »Fairbanks Times« im Falle einer Dutch Lil, auch als German Lilly bekannt, berichtete. Sie wurde von einem Mann namens Elmer Hauser beraubt. Er hatte das Fenster ihrer kleinen Hütte in der Fourth Avenue geöffnet und 100 Dollar aus Lils Handtasche gestohlen, die hinter ihrer Kommode hing. Er versteckte dann seine Beute und kehrte zu Lils Hütte zurück. Als Lil auftauchte, bemerkte sie sofort das Fehlen des Geldes, verdächtigte Elmer, der inzwischen etwas angetrunken war, und stieß ihn zu Boden. Als der Chef der Polizei hinzukam, hatte ihn Lil klar in ihrer Gewalt, und Elmer hatte ihr bereits 10 Dollar zurückerstattet. Der Ordnungshüter verhalf dann der Dirne zu weiteren 55

Dollar, aber der Rest blieb verschwunden. Jedenfalls behauptete Elmer steif und fest, er habe Lil nur eine Lektion erteilen wollen, kein Geld herumliegen zu lassen.

Prostituierte sind meist gesellig und imstande, auch ihr Vergnügen selbst zu organisieren. In Iditarod veranstalteten sie jedes Jahr den sogenannten »Brezelball«, zu dem sie – vermutlich – die Männer einluden, die ihre besten Kunden gewesen waren. Fotos zeigen, daß es sich um richtige Galafeste handelte. Die großbusigen Gastgeberinnen fanden ganz offensichtlich Gefallen an diesen legitimen großen Auftritten. Gelegentlich schlossen die Frauen auch direkte Verträge mit Goldgräbern, indem sie Kapital vorschossen und dann unmittelbar am Gewinn beteiligt waren. In Nome wurden Picknicks veranstaltet, wenn im Rahmen einer solchen Partnerschaft Gold gefunden wurde. Die Prostituierten und ihre Gäste fuhren mit der Bahn zu einem der Gasthäuser, und es gab eine wilde Party. Solche Ereignisse waren eine willkommene Abwechslung. Aber man sollte sich hüten, das Leben dieser Frauen im Norden allzu rosig auszumalen. Die Zeitungen berichteten oft genug über traurige Ereignisse:

Mabel Dixon, Frau der Unterwelt, trinkt Karbolsäure.
»Australian Mabel« hatte gezecht und war verzweifelt.
An ihrem Kleid war ein Zettel befestigt, auf dem stand: »Macht's gut, Girls. Ich habe genug.« [18]

Der Wohlstand eines Goldlagers läßt sich auf mehrere Arten bestimmen. Robert Marshall vergleicht in seiner Untersuchung des Camps Wiseman am Oberlauf des Koyukuk die Zahl der »beschäftigten« Huren mit dem jährlichen Goldaufkommen. Wenn wir uns von dieser Statistik leiten lassen, sollten wir vielleicht die Goldära nicht nur für Koyukuk, sondern für das ganze Alaska im Jahre 1918 als abgeschlossen betrachten (siehe Tabelle).

Maßstab für den Wohlstand einer Goldstadt[19]

Jahr	Ständige weiße Bevölkerung	Goldförderung in Tausend Dollar	Prostituierte
1898	200	–	0
1899	120	–	0
1900	270	107	2
1901	320	173	6
1902	350	200	10
1903	300	301	7
1904	210	200	0
1905	220	165	1
1906	160	165	0
1907	120	100	0
1908	240	220	6
1909	230	420	5
1910	190	160	0
1911	160	130	5
1912	230	216	9
1913	250	368	8
1914	270	260	13
1915	300	290	14
1916	250	320	12
1917	200	250	7
1918	150	150	2
1919	130	110	2
1920	119	90	0
1921	107	78	0
1922	101	132	0
1923	97	37	0
1924	92	54	0
1925	88	50	0
1926	93	68	0
1927	98	78	0
1928	90	46	0
1929	83	32	0
1930	77	31	0
1931	71	27	0
Zusammen:		5028	

Beifall und Stöhnen mischten sich, als Henry Bloom und seine Mannen ihre Gegner beim Tauziehen demütigten. Wieder einmal hatten sich die unerschrockenen Schweden als unbesiegbar erwiesen, und die Zuschauer eilten in die Saloons, um ihre Wettschulden zu bezahlen oder – von den anderen zu kassieren. Henry Bloom nahm von den Schiedsrichtern die wohlgefüllte Kasse entgegen und wurde ohnmächtig – wie immer nach einem schweren Match.

Es war der 4. Juli, der Nationalfeiertag und damit der e inzige Festtag außer Weihnachten, der von jedermann in Alaska begangen wurde. Die Wirtschaften machten das Geschäft ihres Lebens, es gab Baseballspiele, Boxkämpfe und Wettrennen zu sehen, aber die größte Attraktion war das Tauziehen. Dieser Ausdauertest war einmal das große Hauptvergnügen in den Holzfällercamps und den Goldstätten des gesamten Westens gewesen. Der Sport entwickelte sich derart, daß halbprofessionelle Teams wie das Blooms davon leben konnten, wenn sie in der Saison herumreisten und gegen örtliche Mannschaften antraten. Diese Schaustellungen schierer Körperkraft sind inzwischen aus der Mode gekommen. Kein Wunder – sie waren gefährlich!

Henry Bloom war der Ankermann und mit 225 Pfund leichter als der Durchschnitt. Ankermänner hatten schwere Leder- und Stahlgürtel umgeschnallt, die bis zu 60 Pfund wogen und an dem 120 Fuß langen Seil aus Manilahanf befestigt waren. Ihre Aufgabe war es, sich sicher einzustemmen und zu hoffen, daß die anderen »schweren Jungens« in ihrem Team – meistens zehn an der Zahl – stärker waren als die andere Seite. Vor dem Ankermann stand der Knotenmann. Er mußte versuchen, das Seil herunterzudrücken, um die auf seinen Hintermann ausgeübte Hebelwirkung zu mildern. Die anderen acht Männer stemmten ihre Füße gegen die Querstreben, die alle 15 cm auf den Holzplanken befestigt waren, und zogen aus Leibeskräften, um die andere Mannschaft über die Ziellinie zu zerren. Der Mann, der an erster Stelle eingesetzt wurde, versuchte vor allem, sein Gegenüber mit »psychologischer Kriegführung« aus der Fassung zu bringen und die Schlacht »strategisch« zu lenken. Anderenorts war es üblich, das Match nach 30 Minuten abzubrechen, aber in Alaska wurde der Kampf bis zum bitteren Ende ausgetragen.

Manchmal gab es am 4. Juli auch Pferderennen, aber die wurden meistens von Hunden gestört, die die Pferde nervös machten. Die städtischen Behörden drohten zwar damit, Hunde zu erschießen, wenn sie Pferde belästigten, aber es hatte schließlich immer streunende Hunde gegeben, und dann wollte auch niemand die wertvollen Tiere töten. Zwar gab es im Sommer keine Arbeit für sie. Dafür mußten sie im Winter hart ran. »Bindet eure Hunde an!« hieß es auf den Plakaten, die das Programm für die Festlichkeiten verkündeten, und im allgemeinen hielten sich die Menschen auch daran. Veranstaltungen unter freiem Himmel wären sonst in Alaska unmöglich gewesen, weil es in den Camps manchmal mehr Hunde als Menschen gab.

Andere Freizeitaktivitäten für die Goldgräber Alaskas waren etwa Ausflüge auf dem Wasser. Von Nome aus konnte man über die Bering-See leicht Sibirien erreichen. Die Leute von Fairbanks fuhren gern mit dem Schiff den Chena hinunter und noch ein Stück auf dem Tanana entlang, um ein Indianerdorf zu besuchen und zu picknicken. Recht beliebt war es auch, Ausflüge auf den kurzen Eisenbahnstrecken zu machen, die zu den entfernteren Goldminen führten. Picknicks waren allerdings im tiefen Sommer wegen der Mücken nicht möglich.

Höhepunkt der Wintersaison in Nome waren die All Alaska Sweepstakes, ein Hundeschlittenrennen über 408 Meilen von Nome nach Candle und zurück. Es ging um eine Summe zwischen 4000 und 10000 Dollar und daneben natürlich um die privaten Wetten. Die Teilnehmer an diesem Marathon besaßen selbstverständlich das beste, was es an Hundematerial gab. 1910 gewann der »Eiserne« Johnson das Rennen. Er legte die Entfernung mit seinen elf Hunden in 72 Stunden zurück. Eine Rast von fünf Stunden war die einzige längere Erholungspause, die Johnson sich gönnte.

Die Teilnehmer konnten so viele Hunde anspannen, wie sie wollten, nur war es nicht erlaubt, sie abwechselnd einzusetzen. Alle Hunde mußten entweder angeschirrt oder auf dem Schlitten wieder nach Nome zurückkehren. Die Sweepstakes trugen viel dazu dabei, daß die Qualität und auch die Versorgung der Hunde verbessert wurden. Man konnte einem Team schon ansehen, wie es um seine Kondition bestellt war.

Da es entlang der Rennstrecke eine Telefonleitung gab, war man in Nome stets von dem Stand des Wettkampfes unterrichtet. In den Saloons hingen die Zwischenergebnisse aus, und die Gäste machten Reklame für ihre Favoriten und schlossen Wetten ab. Wenn der erschöpfte Sieger schließlich über die Ziellinie stolperte, war er einer der berühmtesten Männer des Nordens.

Ein anderer Wettkampf, an dem die Bewohner der Goldstädte Gefallen fanden, war das Hallenmarathonrennen. Im März 1907 war nach zwei von drei Rennen innerhalb von drei Wochen der Sieger in Nome ein bekannter Mann. Und es stand in den Zeitungen: »In der Hand eine amerikanische Fahne, die er die letzten zwei Runden getragen hatte, gewann James Wada, der japanische Vertreter, am vorigen Sonnabend das große 50-Meilen-Rennen in der hervorragenden Zeit von 7 Stunden, 49 Minuten und 10 Sekunden.«[20] James Wada hieß eigentlich Jujuira Wada und war als der Phantom-Prospektor bekannt, weil er im Jahre 1903 den ersten großen Run von Dawson City nach Fairbanks ausgelöst hatte – und dann von den enttäuschten Menschen um ein Haar gelyncht worden wäre.

In Nome fand das Rennen in der Eagles Hall statt. Die Läufer zogen beharrlich ihre Runden. 32 waren eine Meile. »Die Erregung in den letzten zwei Stunden war groß, und die Zuschauer tobten, wenn die Männer mit den letzten Kräften der Verzweiflung weiterkämpften, um den großen Preis zu gewinnen und das Geld, das ihre Freunde auf sie gesetzt hatten.«[21] Der Hundeschlittenfahrer Scotty Allen, der die Sweepstakes mehrere Male gewonnen hatte, ging hinter Wada durchs Ziel.

Allen war ein ausgesprochenes Original. Er behauptete unter anderem, er habe während des Goldrausches in Nome mit einer Hundekoppel auf dem Treibeis die Bering-See nach Sibirien überquert. Im Ersten Weltkrieg wurde Allen mit der Aufgabe betraut, 440 Schlittenhunde nach Frankreich zu bringen. Dort führte er die Aufsicht über den Transport von Munition für die französischen Truppen in den Vogesen. Ein anderes Beispiel dafür, wie in Alaska gewonnene Erfahrungen im Weltkrieg zur Anwendung kamen, war die Aufgabe, die einem Mann namens Alfred Brooks zugeteilt wurde. Brooks leitete das US-Büro für die geologische Vermessung Alaskas, und da er etwas von Goldschächten verstand, machte man ihn zum Berater für den Grabenbau.

Aber zurück zu Wada. Wir wissen wenig über diesen kleinen, kräftigen Mann, aber er muß eine der phantastischsten Gestalten der Goldära gewesen sein. Er war meistens dabei, wenn zum Aufbruch zu einem neuen Goldfund geblasen wurde. Noch 1923 berichtete die »Alaska Weekly«, Wada sei immer noch unterwegs.[22]

Wada hatte ganz am Anfang ein paar kleinere Zusammenstöße mit dem Gesetz gehabt, aber das hing wahrscheinlich in der Hauptsache mit den Geschäften zusammen, die ihn mit E. T. Barnette, dem Gründer von Fairbanks, verbanden. Nachdem er in Fairbanks mit Mühe dem Strick des Mobs entkommen war, riet man ihm, weiterzuziehen. Er folgte dem Rat und nahm ein Bündel von 40 Nerzfellen mit, die Barnette für sich beanspruchte. Barnettes Ehrlichkeit hat es nie mit seiner Geschäftstüchtigkeit aufnehmen können, und man geht wohl nicht fehl in der Annahme, daß Wada für seine Arbeit als Koch nicht entlohnt worden war und daher zur Selbsthilfe greifen mußte. Als jedenfalls Wada im Juli 1903 in Nome eintraf, wartete bereits die Polizei auf ihn. Der »Nome Gold Digger« schilderte damals ausführlich die Festnahme »des strahlenden jungen Japaners, der schon seit Jahren in Alaska ist und der einmal, wie man sich erinnern wird, fast gelyncht wurde.«[23] Freunde von Wada zahlten eine Kaution für ihn, aber er machte sich davon, ehe er vor Gericht erscheinen sollte. Die »Aztec« brachte Wada nach Seattle in Sicherheit, aber er muß die Angelegenheit später irgendwie bereinigt haben, so daß er wieder als ordentlicher Bürger in Nome auftreten konnte.

1908 zog Wada nach Katalla und in der Zeit zwischen seinen Marathonsiegen in Nome im Jahre 1907 und dem Treck nach Katalla hatte er im Gebiet des MacKenzie-Deltas nach Gold gesucht. Als 1910 in Iditarod Gold gefunden wurde, ging Wada für eine kurze Zeit nach dort, aber die Träume von reichen Goldfunden in der Gegend des Kuskokwim River trieben ihn weiter. Gegenüber Journalisten war er nie besonders vorsichtig, und im Jahre 1912 erzählte er einem Reporter aus Seattle, daß Geldgeber ihm eine Million Dollar für die Ausbeutung seiner Claims am Kuskokwim zur Verfügung gestellt hätten. Diese Aussage verbreitete sich natürlich wie ein Lauffeuer über ganz Alaska.

Wie viele Meilen hatte er zurückgelegt? Wieviel Gold hatte er wirklich gefunden? Und: Hatte er eine Familie? 1914 traf eine Frau in Fairbanks ein, die behauptete, seine Tochter zu sein. Diese und andere Fragen werden wahrscheinlich nie beantwortet werden. Sicher ist, daß er zu den großen Männern der »ersten Stunde« gehörte (siehe auch Kapitel 21).

Johnny Wallace, einer der Alteingesessenen von Nome, erinnerte sich vor allem an die gesellschaftlichen Nebenwirkungen eines der Siege Wadas. Wie es scheint, setzte eine Prostituierte 5000 Dollar auf ihn zu einem Zeitpunkt, als die Chancen fünf zu eins gegen ihn standen. Nachdem sie ihren Gewinn kassiert hatte, verließ sie Nome und begann ein neues Leben.

Klubs und Vereine

Ein großer Teil der allgemein anerkannten gesellschaftlichen Veranstaltungen wurde von den auch im übrigen Amerika bekannten Klubs getragen, als da sind die Eagles (Adler), die Moose (Elch) oder die Odd Fellows (»überzählige«, also alleinstehende Männer). Hatte ein neues Camp einmal eine bestimmte Größe erreicht, dann dauerte es gar nicht lange, bis eine solche Gruppierung einen Saal für Tanzveranstaltungen oder Ähnliches errichtete. In Fairbanks war das die Eagles Hall, ein geräumiger Bau, der an andere vermietet wurde, wenn die Eagles ihn nicht für ihre eigenen Zwecke benutzten.

Neu im Norden war die Arctic Brotherhood, die Arktische Brüderschaft, die im Februar 1899 auf dem Dampfer »City of Seattle« ins Leben gerufen wurde, als dieser nach Skagway unterwegs war. Aus der Gemeinsamkeit an Bord entstand die Idee der »Bildung einer großen sozialen Brüderschaft des Nordens, die ein Treffpunkt für die Männer aus aller Welt sein soll, die zu den Goldfeldern ziehen«.[24] Skagway wurde zum Camp Nr. 1 proklamiert, und in jeder neu entstehenden Stadt wurde bald ein Klub gegründet. Die Männer waren sehr stolz auf die Mitgliedschaft in der A.B. und hatten ihr Vereinsabzeichen, auf der eine kleine Goldschüssel mit drei Goldkörnern zu sehen war, immer angesteckt. Ein Historiker schrieb über den Klub, nie habe sich die Brüderlichkeit der Menschen deutlicher manifestiert. »Der Geist des Nordens leuchtet so klar wie die Aurora Borealis, das Nordlicht.«[25] Zuletzt gab es 30 Vereine der Arktischen Brüderschaft mit Tausenden von Mitgliedern. Ihr Hauptbetätigungsfeld lag auf dem gesellschaftlichen Sektor. Wenn Mitglieder in Not waren, wurde Hilfe geleistet, und bei Beerdigungen erschienen Abordnungen.

Eine ähnliche Gruppe waren die Pioneers of Alaska, deren örtliche Vereinigungen sich nicht als »Camps«, sondern nach den Eskimobehausungen als Iglus bezeichneten. Sie hatten sich aus dem Yukon Order of Pioneers entwickelt, der ursprünglich aus Dawson stammte. Nome war der Iglu Nr. 1. Mitglieder dieser Gruppen waren auch außerhalb Alaskas sehr aktiv, vor allem in Seattle, San Francisco und anderen Städten an der Pazifikküste, wo viele ehemalige Goldgräber lebten. Die lange Lebensdauer dieser Brüderschaften ist sicher ein Beweis für das Fortbestehen des »Geistes des Nordens«. Auch für die Männer, die nur eine Saison im Norden zugebracht hatten, war das ein bleibendes Erlebnis.

21 Barnette – Der unwürdige Begründer von Fairbanks

Der schlaue Händler

Ebenezer T. Barnette, der Begründer von Fairbanks und dessen erster Bürgermeister, war ein Schurke ersten Ranges. Er kam 1897 von Ohio aus nach Alaska, um in Circle ein Geschäft zu eröffnen. Einige der Geschäftsleute waren dafür bekannt, daß sie Schürfern in Form von Beteiligungen oder Krediten auf die Beine halfen. Zu ihnen gehörte Barnette nicht.

Es entspricht dem Sachverhalt eher, wenn man Barnette einen geizigen Opportunisten nennt. 1897 oder 1898 mußte er sich wegen Diebstahls vor der Versammlung der Goldgräber verantworten, wobei er allerdings freigesprochen wurde. Eine Lehre war ihm das offensichtlich nicht. Im Winter des Jahres 1900 brachte er den gesamten Mehlhandel in Circle an sich und diktierte fortan die Preise.[1] Die Einwohner kochten vor Wut, aber die Schürferversammlung war unterdessen den konventionelleren Formen der Gerichtsbarkeit verpflichtet, und so schritt man nicht mehr zur Tat, wie man es früher getan hätte.

Als die Alaska Commercial Company das Monopol Barnettes brach, beschloß er, sich anderswo niederzulassen. Er verließ Alaska zunächst, um sich finanzielle Unterstützung zu verschaffen. In einem Interview, das er dem »Seattle Post-Intelligencer« gab, erwähnte er das Gebiet des Tanana und erläuterte seine Zukunftsaussichten, verschwieg jedoch, daß er noch nie dagewesen war. Er versicherte, daß dort zwischen 12 und 15 Männer arbeiteten und pro Schüssel drei Dollar verdienten. In Wirklichkeit gab es 1901 kein Camp am Tanana, und auch Gold war dort noch nicht gefunden worden. Bis Barnette nach Alaska zurückgekehrt, seine Angelegenheiten in Circle geregelt und sich in St. Michael seine Ausrüstung beschafft hatte, waren viele Prospektoren in das Tanana-Gebiet vorgedrungen. Barnette borgte sich von J.H. Causten, einem Zollbeamten in St. Michael, Geld und mietete die »Lavelle Young«. Dann brach er zum Tanana auf (siehe Kapitel 19). Seine finanziellen Abmachungen mit Causten vergaß er bald, so daß dieser nach Jahren klagen mußte, um sein Geld zurückzubekommen.

Die Goldsucher waren natürlich hocherfreut. Sie konnten bei Barnette Schinkenspeck, Bohnen und Tee einkaufen und sich so die lange Reise nach Rampart oder Circle sparen. Aber Barnette wollte mehr Kunden, als sich damals dort befanden – und er hatte sich auch schon etwas ausgedacht.

Zu Barnettes Crew gehörte auch ein Japaner namens Jujuira Wada (siehe auch Kapitel 20). Er arbeitete ursprünglich als Koch für Barnette, blieb aber nicht lange in Fairbanks. Er sollte bei vielen neuen Goldfunden einer der ersten an Ort und Stelle sein. In Barnettes Plänen hatte Wada eine wichtige Rolle zu erfüllen. Barnette schickte ihn nach Dawson, um Felle zu verkaufen und die Reklametrommel für Fairbanks zu rühren. Seine übertriebenen Berichte bewirkten, daß etwa 1000 Männer sich nach dort auf den Weg machten. Barnettes Umsatz stieg beträchtlich.

Tatsächlich wußte einfach niemand, ob es im Gebiet von Fairbanks nennenswerte Goldvorkommen gab. Keiner der Schürfer, die während des Winters 1902/1903 als erste dort ankamen, hatte irgendwelche Ausrüstung bei sich. Keiner hatte Geld genug, um sich ein Taugerät anzuschaffen. Barnette wollte den Dingen etwas »vorgreifen« und machte geradezu blind auf Optimismus hinsichtlich der Zukunft des Gebietes. Diese Überzeugung teilten die Männer aus Dawson allerdings nicht. Sie blieben nicht lange. Ihr Ärger konzentrierte sich auf Wada, auf dessen Bericht von goldträchtigen Schichten in drei Meter Tiefe hin sie losgezogen waren. Wada war zusammen mit ihnen zu dem neuen Camp in Fairbanks zurückgekehrt, und einige Schürfer meinten, man solle an ihm ein Exempel statuieren. Man berief eine Versammlung der Goldgräber ein, um über eine Bestrafung zu beraten. Henry Badger übernahm den Vorsitz der Sitzung, deren Verlauf Wada den kalten Angstschweiß auf die Stirn trieb. In Wirklichkeit wußten die Männer wahrscheinlich, daß der eigentliche Schuldige Barnette hieß, aber die Verhandlung gegen den japanischen Koch gab ihnen wenigstens die Chance, ihre Wut abzureagieren.

Noch bevor Barnette Wada nach Dawson schickte, hatte er die Gemüter in Rampart angeheizt. Briefe, die er nach Dawson, Nome und Seattle geschickt hatte, blieben zunächst ohne Wirkung, obwohl er in ihnen das Blaue vom Himmel heruntergelogen hatte. Aber dann hatte er mehr Glück. Leutnant Gibbs, ein Offizier der US-Army, traf aus Fort Gibbon ein. Barnette führte ihn zu einem seiner Claims, und Gibbs entdeckte auf den ersten Blick einige Goldkörner – die der Händler zu eben diesem Zweck dort deponiert hatte. Gibbs drahtete die gute Nachricht nach Fort Gibbon, und in Rampart ließen etwa 50 Mann alles stehen und liegen, als die Kunde dort eintraf.

Die Verhältnisse im Frühjahr 1903 waren ziemlich übel. Die Vorräte waren knapp. Barnette setzte auf das Lager, aber die Gelegenheit, die Preise zu erhöhen, mochte er auch nicht vorübergehen lassen. In einem Bericht heißt es, er habe statt 25 jetzt 40 Cents für ein Pfund Mehl verlangt. Dies spielte sich vor der Zeit von Wickersham ab, so daß die Schürfer, wie in solchen Fällen üblich, ihre Versammlung einberiefen. Man einigte sich auf eine ernste Warnung an Barnette. Es ist nicht überliefert, mit welchen Worten der Abgesandte den Protest vortrug, aber man kann sich ihren Inhalt unschwer vorstellen. Doch Barnette war ein rauher Bursche, der sich nicht ohne weiteres einschüchtern ließ. Er ließ eine feste Wand um seinen Handelsposten errichten. Offenbar sollte das heißen, daß er sich mit Waffengewalt zur Wehr setzen werde, falls man ihn angriffe.[2] Die Goldgräber versammelten sich erneut, um sich abzusprechen, aber diesmal wußte Barnette genug über die Stimmung unter den Männern, um sich zu einer Rücknahme der Erhöhungen zu bequemen. Außerdem machte er sich zu einer Reise in den Süden fertig. Solche plötzlichen Reisen, durch die er sich dem Zorn der Bürger von Fairbanks entzog, sollten zu einer regelrechten Einrichtung werden.

Henry Badger, der später als »Erdbeerkönig« des Tanana-Tals bekannt wurde, wußte eine ähnliche Geschichte zu erzählen. Danach besaß Barnette 17 Tonnen Mehl sowie Konserven, »die nichts wert waren«.[3] Da Barnette diese Ware natürlich auch loswerden wollte, verkaufte er seinen Kunden einen Sack mit 50 Pfund Mehl nur, wenn diese gleichzeitig auch drei Kisten mit Konserven erwarben. Eine Schürferversammlung bestimmte, jedermann könne auch einen Sack allein kaufen. Innerhalb einer halben Stunde nach Bekanntwerden der Entschließung »standen die Männer Schlange vor dem Laden«, betraten ihn durch die Eingangstür und kamen hinten mit einem Sack Mehl wieder heraus.[4] Auch mit der größten Geschäftstüchtigkeit ließ sich angesichts solcher Entschlossenheit der Schürfer nichts erreichen.

Barnettes Schwindeleien verhinderten aber nicht, daß sein Geschäft ein Erfolg wurde. Er verdiente ganz enorm. Richter Wickersham hatte sich damit einverstanden erklärt, daß Barnette zum Katasterbeamten bestellt wurde, und dafür die Benennung der Stadt nach Senator Fairbanks von Indiana durchgesetzt. Für die amtliche Registrierung der Schürfrechte kassierte Barnette Gebühren, dazu kamen die Einnahmen aus seinem Geschäft, Mieten von Grundstücken in der Stadt, der Profit der »Fairbanks News«, die er finanzierte, und die reichen Gewinnanteile an Goldminen, in die er Geld gesteckt hatte. Außerdem war er noch Postmeister und Bankier. Es mutet eigenartig an, daß die Goldgräber ihr Geld einem derart mit allen Wassern gewaschenen Händler anvertrauten. Offenbar verfügte Barnette über Qualitäten, die aus den vorhandenen Aufzeichnungen nicht hervorgehen. Wie dem auch sei, Barnette, der damit begonnen hatte, Beutel mit Gold für die Schürfer aufzubewahren, wurde Präsident der Washington-Alaska Bank, die er mit finanzieller Unterstützung aus Seattle gründete.

Trotz all dieser geschäftlichen Aktivitäten fand Barnette noch Zeit, der Gemeinde als Politiker zu dienen. Ob es Interesse am Gemeinwohl war oder der Wunsch, seine Interessen zu schützen, läßt sich nicht sagen. Jedenfalls stellte er sich für die Wahl des ersten Stadtrats zur Verfügung und gewann ein Mandat. Bei solchen Wahlen war es üblich, daß die gewählten Stadträte den Mann mit der höchsten Stimmenzahl zum Bürgermeister kürten. Diesem Brauch folgte man aber bei den ersten Stadtratswahlen in Fairbanks nicht – vielleicht aufgrund einer Absprache. Barnette hatte nur 67 Stimmen errungen – während die höchste Zahl 73 betrug –, und wurde trotzdem Bürgermeister. Die Zeitung »Alaska Forum« in Rampart kritisierte dieses Ergebnis, meinte dann aber, es sei »nicht anders, als man es von einem durchschnittlichen Stadtrat in Alaska verlangen kann«.[5]

Richter Wickersham stellte das weitere Wachstum von Fairbanks sicher, als er beschloß, mit seinem Bundesgericht von Eagle nach dort umzuziehen. Auf der Tagesordnung des Gerichts standen auch mehrere Fälle von Streitigkeiten über Schürfrechte, an denen Barnette beteiligt war. Dieser gab dem Richter zu verstehen, daß er an einer gewinnträchtigen Mine beteiligt werde, wenn er sein Amt aufgebe.[6] Wickersham ließ Barnettes Bestechungsversuche durchgehen, weil er ihn für geizig, nicht aber für unehrlich hielt. Später sollte er den Bankier allerdings besser kennenlernen. Wickersham hatte in Schürfrechten und Stadtgrundstücken investiert – die Besitzer des beliebten California Saloon zahlten ihm eine Jahresmiete von 600 Dollar –, aber zum Glück hatte er keine Geschäftsverbindungen mit Barnette, außer daß er dem Bankier einmal Geld geliehen hatte.

Wickersham traf jedoch oft mit Barnette zusammen, und zwar sowohl in Fairbanks als auch in der Hauptstadt Washington. Als Politiker brauchte er Unterstützung, und Barnette muß ihm seine Dienste angeboten haben. Es gibt keinerlei Unterlagen dafür, daß der Bankier Wickersham direkt finanziell unterstützt hat, aber die Leitartikel der »Fairbanks News« waren immer voller Lob für den Richter, bis er 1908 zurücktrat.

Die politischen Klüngel in Alaska waren genauso undurchsichtig wie überall sonst im Lande. Auffällig an der politischen Szenerie war der Status der Region als Territorium. Alle wichtigen Entscheidungen fielen in Washington, und alle Richter, jeder Marshal, jeder Bezirksstaatsanwalt und der Gouverneur wurden von der Bundesregierung ernannt. Wickersham machte sich jedesmal Feinde, wenn er eine Entscheidung über ein strittiges Schürfrecht fällte. Die Männer, die er wegen Beeinflussung der Jury in Nome verurteilte, taten alles in ihrer Macht Stehende, um ihm in Washington zu schaden. Trotzdem hielt er das Richteramt sieben konfliktreiche Jahre lang inne. Die letzten drei Jahre verweigerte der Senat die Bestätigung, so daß ihn Präsident Teddy Roosevelt nur jeweils als Interimsrichter im Amt belassen konnte. Als Abgeordneter Alaskas im Kongreß wurde er stets von neuem gewählt – insgesamt für 14 Jahre –, wenn auch das Wahlergebnis immer knapper wurde. Man mußte ein sehr zäher und ausdauernder Kämpfer sein, wenn man in der Politik Alaskas überleben wollte. Und genau das war Wickersham.

Eine ihm freundlich gesinnte Zeitung in Fairbanks war wegen der Größe und der Bedeutung der Stadt ganz besonders wichtig. Aber es gab auch schon die »Fairbanks Times«, die Wickersham mit allen Mitteln zugrunde richten wollte. Die »Times« war in diesem Bestreben auch nicht auf sich allein gestellt. Das Blatt »Alaska Forum« in Rampart begann sich 1904 auf den Richter einzuschießen und hielt das jahrelang durch. Aber die streitsüchtige »Times« hatte eine größere Leserschaft. Hämische Genugtuung sprach aus jeder Zeile, als der Senat sich 1906 gegen Wickershams Wiedereinsetzung sperrte. Und als Roosevelt die Ernennung trotzdem aussprach, meinte die »Times«, der Präsident handele gegen den Willen der Goldgräber von Alaska. »Alle sind unzufrieden, und einige haben Angst, daß er von ihrer Gegnerschaft erfährt.«[7] Gegner des Richters hatten in der Tat Grund, ihn zu fürchten, denn er konnte eine ganze Portion von Ämtern vergeben und ließ keine Gelegenheit aus, politische Gegner zu bestrafen.

Die »Times« sprach immer wieder von einer engen Beziehung zwischen Barnette und dem Richter, und ihr Chefredakteur plädierte dafür, daß ein anderer Bundesrichter zeitweilig nach Fairbanks kommen sollte, um Fälle zu erledigen, in die der Bankier verwickelt war.[8]

Barnettes Zeitung, die »News«, stand dagegen hinter Wickersham. Ihr Chefredakteur konnte es nicht verstehen, warum der Senat nicht die Bestätigung des beliebten Richters aussprach. Gelegentlich war die ganze Kommentarseite mit nichts als üppigem Lob für den Richter und scharfen Angriffen auf seine Feinde gefüllt. Vermutlich stand bei keiner der beiden Zeitungen Sorge um das Gemeinwohl Pate. Vielmehr dürften persönliche Überzeugungen und Antipathien eine viel entscheidendere Rolle gespielt haben.

Im November 1906 klagte der frühere Zollbeamte Causten, der die erste Schiffsreise Barnettes zum Tanana finanziert hatte, in Seattle gegen den zum Bankier und Bürgermeister avancierten Mann. Causten wußte schon lange, daß sein »Partner«

ein Vermögen gemacht hatte, aber er hatte Geduld walten lassen. Die Gerüchte über eine enge Beziehung zwischen Richter Wikkersham und Barnette ließen es ihm angeraten scheinen, nicht in Fairbanks gegen Barnette vorzugehen. Causten begann seinen Zivilprozeß in Seattle, indem er eine Goldladung im Wert von 200000 Dollar, die von Barnettes Bank nach dort gebracht worden war, pfänden ließ. In dem Verfahren wurde die recht peinliche Tatsache enthüllt, daß Barnette einmal im Gefängnis gesessen hatte.

Der Häftling

Barnettes Fehltritt datierte aus dem Jahre 1886. Damals hatte ihm in Oregon ein Mann namens George DeWolf 2000 Dollar anvertraut – vielleicht die erste Transaktion Barnettes. Als DeWolf sein Geld zurückhaben wollte, bekam er eine traurige Geschichte zu hören: Ein Indianer habe es ihm, Barnette, abgenommen. Es tat Barnette auch richtig leid. DeWolf ging vor Gericht, und Barnette wurde des Diebstahls für schuldig befunden und zu vier Jahren Gefängnis verurteilt. Allerdings saß er nur eineinhalb Jahre ab, dann wurde er – nach seiner eigenen Version – vom Gouverneur begnadigt. Laut Causten wurde die Strafe nachträglich verringert.

Seattle war einigermaßen schockiert von diesen Neuigkeiten über den Begründer von Fairbanks und seinen ersten Bankier. In Fairbanks schlug die Nachricht wie eine Bombe ein, aber von einem Run auf die Washington-Alaska-Bank ist nichts bekannt. Die »Fairbanks Times« gab die Nachricht über die Enthüllung zunächst kommentarlos wieder. Offenbar war die »Fairbanks News« nicht in den Besitz des durchtelegrafierten Textes gelangt, denn sie beschuldigte die »Times«, Lügen abzudrucken, und erinnerte daran, daß der Chefredakteur der »Times«, Anderson, sich einmal für Barnette eingesetzt hatte. Die »Times« gab auch sofort zu, daß Anderson 1905 die Wahl Barnettes zum Bürgermeister unterstützt habe, aber dem sei durch »falsches Spiel«[9] ein Ende gesetzt worden. Während Anderson sich im Wahlkampf engagierte, richtete sich Barnette auf seinem Claim am Dome Creek ein. Ein paar Tage später hieß es in der »Times«, es »ist verbrecherisch, die wichtigste Nachricht seit dem großen Feuer, nämlich die über den prominentesten Bürger Alaskas, zu unterdrücken« – womit angedeutet war, daß die »News« Fakten verschwieg.[10]

Die Reaktion von Richter Wickersham war etwas merkwürdig. In seinem Tagebuch finden sich Bemerkungen über Anderson: »Vor zwei Jahren war Anderson ein Landstreicher, und Barnette hat ihm geholfen.« Barnette hatte sogar seine Beziehungen zu dem Richter spielen lassen, um Anderson zum Bevollmächtigten für den Straßenbau zu machen. »Anderson ist ein Bettler, hoch zu Roß! Ein Lump und ein Erpresser! Ein feiger Rufmörder.«[11] Offensichtlich war Wickersham vor allem um seinen eigenen Ruf besorgt. Seine Feinde in Washington hatten ihm vorgeworfen, allzu freundschaftliche Beziehungen zu dem Bankier zu unterhalten, und jetzt bekamen sie noch schärfere Munition in die Hand.

Präsident Roosevelt hatte Wickersham noch nicht wiederernannt, so daß er tatsächlich Anlaß zur Beunruhigung hatte. W.F. Thompson, der Chefredakteur der »News«, sandte ein Telegramm an Roosevelt, in dem er den Präsidenten zur Amtsverlängerung Wickershams aufforderte. Einige Geschäftsleute in Fairbanks taten ein Gleiches. Percy H. Palmer schrieb dem Präsidenten, daß die Gegner des Richters aus Rache handelten – worauf die »Times« die Einwohner aufforderte, Palmers Geschäft zu boykottieren. Dies wiederum machte andere Geschäftsleute so nervös, daß sie Wickersham nicht weiter unterstützten. Dazu schreibt der Richter in seinem Tagebuch: »Die stärkste Eigenschaft eines Geschäftsmannes ist die Feigheit. Er nennt sich dann konservativ.«[12]

Die Auswirkungen der Enthüllungen über Barnette lassen sich nicht genau umreißen. Roosevelt ernannte den Richter zwar für ein weiteres Jahr, ordnete aber zur Beruhigung seiner Gegner eine Überprüfung der Rechtsprechung in Alaska an. Es wäre die dritte Überprüfung gewesen. Aus Ärger über diesen Schritt beschloß Wickersham zurückzutreten.

Barnette erhielt die Chance, sich an der »Times« und Anderson zu rächen. Ein Geschworenengericht stellte den Chefredakteur im Zusammenhang mit einem Streit über ein Claim wegen Urkundenfälschung unter Anklage. Aber irgendwie müssen die beiden Streithähne ihre Differenzen beigelegt haben. Die Beweisführung in dem Verfahren ließ keinen Zweifel an der Schuld Andersons, aber die Jury konnte sich trotzdem nicht einigen, so daß die Anklage fallengelassen wurde. Nach Wickershams Überzeugung war alles das Werk Barnettes, weil dieser dafür gesorgt hatte, daß sein Schwiegervater einer der Geschworenen war.[13] Der Ex-Richter war darüber zwar verärgert, aber nicht so stark, daß er Front gegen den Bankier gemacht hätte.

Die Einwohner von Fairbanks deponierten weiterhin ihr Geld bei der Washington-Alaska-Bank. In Zeitungsanzeigen erschien Barnettes Name nicht mehr unter der Rubrik Direktoren, aber für die Leute blieb es seine Bank – was spätere Ereignisse bestätigten. Eine einwöchige Schließung des Geldinstituts war die Folge des 1907 von Causten in Seattle angestrengten Prozesses gewesen. Sie hätte die Einzahler warnen müssen. Aber der Bank schien es ja gut zu gehen. Und auch Barnette schien es gut zu gehen, denn er zahlte 65000 Dollar für eine Pferderanch in Kentucky und erwarb auch in Mexiko Eigentum. Die Leute von Fairbanks mußten entweder alles vergessen oder dem Gauner alles vergeben haben.

Der Bankkrach

Das unsanfte Erwachen kam im Januar 1911. Die Washington-Alaska-Bank schloß ihre Tore. Unter den Kunden machte sich eine Panik breit. Wo war das Geld? Barnette war zu dieser Zeit nicht in Alaska und konnte nicht zur Rede gestellt werden.

Der Bankier wurde jedoch in Los Angeles interviewt, und er riet zur Ruhe. Alles werde wieder in Ordnung kommen. Aber in Fairbanks herrschte alles andere als Ruhe. Die »Times« berichtete, der ehemalige Häftling habe sein gesamtes Eigentum auf seine Frau überschreiben lassen und dann eine persönliche Garantie für die Bank gegeben.

Die Bankkunden waren auch nicht sonderlich erleichtert, als eine Anordnung des Gerichts bekannt wurde, in der die Bankdirektoren angewiesen wurden, für jeden Dollar Einlage 16 Cents auszuzahlen. Die Einlagen betrugen etwa eine Million

Dollar. Letzten Endes bekamen die Einzahler dann die Hälfte davon zurück. Ein Geschworenengericht wurde eingesetzt, um die Sache zu untersuchen, und die »Times« forderte die Jury auf, ihre Pflicht zu tun: »Diese Zeitung hat bei zahlreichen Anlässen in der Vergangenheit ihr Bestes getan, Barnette zu zeigen, wie er wirklich ist.«[14] Das konnte niemand bestreiten.

Zur Überraschung vieler machten sich Barnette und seine Frau mitten im Winter von Seattle nach Valdez auf den Weg. Von dort wollten sie den Valdez Trail entlang nach Fairbanks weiterreisen. Vor seiner Abfahrt aus Seattle kündigte er an, er werde so lange in Fairbanks bleiben, bis jeder Heller ausgezahlt sei. Die »Times« begrüßte die Nachricht, riet ihren Leuten aber, erst einmal ihr Geld abzuholen. »Nachher ist noch genug Zeit für Fragen und andere Einzelheiten.«[15]

Der unberechenbare Geldmann fuhr mit dem Dampfer »Victoria« nach Alaska, und in Fairbanks wartete man begierig auf eine Nachricht über das Eintreffen des Schiffes in Valdez. Statt dessen verbreitete sich die Kunde, daß die »Victoria« auf Grund gelaufen sei. Freunde Barnettes sahen sich daraufhin veranlaßt, die Presse in dem Sinne zu unterrichten, daß der Bankier natürlich in keiner Weise eine Schuld an diesem Unglück trage.

Aber schließlich war der große Tag doch da. Barnette traf ein und gab nach einiger Zeit auch eine Erklärung gegenüber der Presse ab. Dies war ein langer, vager Diskurs, in dem die Rede war von einer vorangegangenen Verschmelzung mit einer anderen Bank, von den Verbindungen der Bank zu einer Holzgesellschaft, den Entnahmen von Kapital durch Barnette sowie den Überziehungen von Konten. Der Bankier bat die Inhaber größerer Einlagen, sich zu gedulden, bis die Bank ihre Guthaben flüssig machen könne, und bot den kleineren Kunden die sofortige Auszahlung an. Dies wurde jedoch abgelehnt, und Barnette versprach nunmehr, sein privates Vermögen zu veräußern, um alle Schulden zurückzahlen zu können. Ein paar Tage darauf überschrieb er der Bank seinen ganzen Besitz an Grund und Boden in Amerika und Mexiko. Sogar die » Times« war von diesem Schritt beeindruckt, wenn ihr Chefredakteur auch noch immer nicht bereit war, seinen Verdacht aufzugeben. »Sobald wir davon überzeugt sind, daß er bei all seinen Geschäften mit den Leuten dieses Camps ehrlich und offen gehandelt hat, werden wir nicht zögern, einzugestehen, daß wir ihm unrecht getan haben.«[16]

Die Lage sollte sich aber noch verschlechtern. Anwälte machten die Einzahler darauf aufmerksam, daß Barnettes Kontrakt mit ihnen nicht bindend sei. Als Einzahler eine sofortige Barauszahlung von 50000 Dollar verlangten, lehnte der Bankier ab und erklärte, er müsse nach New York und London reisen, um sich weiteren Rückhalt zu verschaffen. Barnette bat das Gericht, die Bankkunden zur Akzeptierung des Kontrakts zu veranlassen, obwohl diese das Dokument zurückgewiesen hatten.

Über diesen ganzen Verhandlungen gingen Monate ins Land, und in ganz Fairbanks wimmelte es von Gerüchten. Zu dieser Zeit mußte sich auch das Geschworenengericht mit den Papieren der Bank beschäftigten. Die Zeitungen in Alaska haben damals kaum je den Abschluß von Gerichtsprozessen abgewartet, sondern den Schuldigen meistens schon vorher beim Namen genannt, besonders wenn der Betreffende unbeliebt war. Die »Times« interpretierte den Bericht der Grand Jury folgendermaßen: »Alle Angestellten der Bank ... sind jedenfalls indirekt schuldig, weil sie die Einzahlungen unter Vorspiegelung falscher Tatsachen entgegengenommen und das Geld in einer Weise verwendet haben, die außerhalb Alaskas nicht als zuverlässig gelten kann.«[17] Hierauf taten sich die Frauen unter den Bankkunden zusammen und forderten ein großes Treffen, das die Sache bereinigen solle. Sie reagierten damit auf den Bericht der Jury, den die »Times« allerdings falsch ausgelegt zu haben schien. Jetzt lobte die Zeitung die Frauen dafür, daß sie die Initiative ergriffen, um wieder zu ihrem Geld zu kommen – und deutete damit an, daß die Grand Jury sich geirrt hatte. Aber im Gegensatz zu dem Leitartikel in dem Blatt hatten die Geschworenen zu dieser Zeit keine klaren Beweise für eine »Vorspiegelung falscher Tatsachen« durch Angestellte des Bankhauses.

Barnette hielt es jetzt doch für geraten, sich aus dem Staub zu machen. Im Schutz der Nacht bestieg er einen Schlitten, um den Postschlitten nach Valdez unterwegs einzuholen. Seine Freunde – und davon gab es immer noch einige – kaschierten seine Abreise.

Ein großer Artikel in der »Times« forderte die Bankkunden auf, das Gericht um die Einsetzung einer anderen Grand Jury zu bitten. »Die Tatsache, daß ein Geschworenengericht seine Pflicht nicht getan hat, sollte niemanden entmutigen.«[18] 225 Kunden schlossen sich dieser Meinung an und richteten eine Petition an das Gericht, in der sie Barnette der Unterschlagung beschuldigten. Die »Times« heizte die Stimmung an. Sie verlangte, man solle die Leute ignorieren, die Obstruktion betrieben und von Barnette bezahlt würden. Diese sollten vielmehr dankbar sein, daß man nicht Hand an den Mann lege. »Dem Gesetz kann der Bankier nicht entfliehen«, rief der Chefredakteur aus.

Barnette, der Fairbanks im März in großer Eile verlassen hatte, kehrte im Juni zurück, um seine Schürfinteressen zu vertreten. Belästigt wurde er während dieses Aufenthaltes nicht. Die Angelegenheiten der Bank lagen in den Händen des Gerichts und eines Konkursverwalters. Im November waren alle übrigen Guthaben der Bank, einschließlich des Gebäudes, veräußert, aber die Einzahler hatten nur 50 Prozent ihres Geldes zurückerhalten. Barnette war der einzige, dem man die Schuld geben konnte. Das Geschworenengericht erhob Anklage gegen ihn, und er wurde in San Francisco festgenommen. Aber er bluffte weiter. Seine Festnahme nannte er einen Betrug. Er würde zahlen, obwohl er nach dem Gesetz nicht für die Schulden der Bank haften könne. Er gab an, daß gerade jetzt eine Londoner Firmengruppe über den Erwerb seines 4800 Hektar großen Grundstücks in Mexiko verhandele. Bei dem Verkauf würde mehr als genug hinsichtlich der Auszahlung der Bankkunden herauskommen.

Der Prozeß gegen Barnette und alle anderen Bankangestellten wegen Unterschlagung wurde für den Juni 1912 angesetzt. Die Verteidiger der Angeklagten machten allerdings – mit einiger Berechtigung – geltend, daß die Stimmung in Fairbanks keinen fairen Prozeß garantiere. Das Gericht gab dem statt und ordnete die Verlegung nach Valdez an. Der amerikanische Justizminister bestellte Robert Gibson als zusätzlichen Staatsanwalt. Gibson war in Pittsburgh mit Erfolg gegen einige korrupte Bankiers aufgetreten.

Als die Staatsanwaltschaft ihre Vorladungen an die Zeugen verschickte, gab es wieder Geschrei. Die meisten Geschäftsleute baten um einen Aufschub bis zum Herbst, weil es eine Katastrophe für ihre Geschäfte bedeute, Fairbanks im Juni zu verlassen. Die Handelskammer von Seattle telegrafierte an den Justizminister in eben diesem Sinne, und die Verhandlung wurde nunmehr für Dezember festgesetzt.

Vorsitzender in dem Prozeß, der einer der längsten von Alaska wurde, war Richter Thomas R. Lyons. Unter den Verteidigern Barnettes waren einige fähige Männer: Albert Fink aus Nome, Leroy Tozier aus Fairbanks, T. C. West aus San Francisco sowie die Mitglieder der in Valdez ansässigen Anwaltsfirma »Donohue, Ritchie, Brown, Lyons and Ostrander«. Die Zeitungsreporter aus Fairbanks telegrafierten ihren Blättern jeden Tag ihre Berichte über das Tagesgeschehen durch. Was sie zu vermelden hatten, waren für alle – außer den Sympathisanten Barnettes – schlechte Nachrichten. Der Bankier wurde von dem Vorwurf der Unterschlagung freigesprochen und lediglich des Vergehens für schuldig befunden, falsche Berichte herausgegeben zu haben. »Eine Tragödie«, stöhnte die »Times«. »Damit sind die Hoffnungen all derer zunichte geworden, die erwartet hatten, daß Barnette für seine Missetaten bestraft wird.«[19] Die Zeitung ereiferte sich auch gegen zwei Anwälte aus Fairbanks, deren Zeugenaussagen für den Angeklagten positiv ausfielen, und forderte ihre Entlassung aus der Anwaltskammer.

Der ehemalige Distriktstaatsanwalt von Nome, John McGinn, dessen Verleumdungsklage gegen den Journalisten Strong wir an anderer Stelle behandelt haben, war einer der von der »Times« Angegriffenen. Seine Aussagen waren eine große Hilfe für die Verteidigung. McGinn hatte vergessen, Barnette zu vereidigen, als die Bankberichte mit den falschen Angaben herausgegeben wurden.

Richter Lyons entschuldigte sich fast noch, als er Barnette zu einer Geldstrafe von 1000 Dollar verurteilte. Er bezweifele die Schuld des Bankiers, wolle sich aber hier dem Spruch der Jury nicht entgegenstellen, erklärte er. Die Staatsanwälte erhoben keine Einwände, und zu einer Berufung kam es auch nicht. Aber in Fairbanks war man über das Gericht verbittert. Mit der für die

Zeitungen Alaskas üblichen Mißachtung der Rechtsprechung erklärte die »Fairbanks News Miner«, das Verfahren sei »die schlimmste Rechtsfarce gewesen, die der Norden je erlebt hat.«[20]

Andere Blätter in Alaska sahen die Sache nicht ganz in demselben Licht. Der »Cordova Daily Alaskan« schimpfte, es sei eine Zumutung, daß der Staat soviel Zeit und Geld vergeudet habe.[21] Weder die Fakten noch das Gesetz hätten für eine Anklage gesprochen, und trotzdem habe die Staatsanwaltschaft darauf bestanden, zu prozessieren.

Einige Jahre lang hielten die Einwohner von Fairbanks die Erinnerung an den Gründer ihrer Stadt wach. Die bloße Erwähnung seines Namens reichte aus, um die Emotionen zu wekken. Aber mit der Zeit vergaß man ihn fast. Die Pioniere starben entweder aus oder zogen sich zurück. Junge Leute folgten nach. Und so geschah es, daß die Schulaufsichtsbehörde bei der Suche nach einem Namen für eine neue Grundschule den glücklichen Einfall hatte, des Stadtgründers zu gedenken. Die Ebenezer T. Barnette-Schule wurde 1960 ihrer Bestimmung übergeben. Ihr gegenwärtiger Rektor würde gern ein Porträt des Gründers aufhängen, aber aus irgendeinem Grunde hatte der große Mann Fotografen gemieden. Das einzige noch vorhandene Foto ist eine Gruppenaufnahme, und da schaut Barnette allzu unwirsch in die Linse.

Nach seinem Prozeß brachte Barnette seine Angelegenheiten in Fairbanks zum Abschluß und zeigte danach offenbar wenig Neigung, die Stadt, die er gegründet hatte, noch einmal aufzusuchen. Einer Legende zum Trotz floh er nicht nach Mexiko, um sich zu verbergen, sondern verbrachte die meiste Zeit in Los Angeles. Im Jahre 1920 berichtete der »Alaska Dispatch«, daß Isabelle Cleary Barnette geschieden worden sei.[22] Der »Alaska Weekly« brachte 1923 eine kurze Notiz über seine Aktivitäten im April desselben Jahres.[23] Was danach aus ihm wurde, ist heute noch unklar.

22 Rastlose Camps und vielbereiste Wege

In den Goldstädten herrschte meistens eine nervöse Stimmung, denn ihre Bewohner waren rigorose Opportunisten. Genau darin bestand ja dieses »Spiel«. Man setzte sich nicht zur Ruhe, sondern blieb in Bewegung, paßte auf, daß man nichts versäumte, horchte hier und da, verglich die eigenen Erfahrungen mit denen anderer, lag ständig auf dem Sprung, einem neuen Goldruf zu folgen.

Die Zeitungen berichteten eher spröde über Prospektoren, die plötzlich abreisten, besonders wenn ihnen der Ruf des Erfolgs voranging. Der Schreiber stellte dann nur die Frage, warum der schweigsame Mann sich nicht die Zeit genommen habe, sich von seinen Freunden zu verabschieden. In den Saloons blühten dann die Spekulationen. Und vielleicht spannte dann ein anderer seine Hunde vor den Schlitten und reiste so unauffällig ab, wie das mit acht heulenden Vierbeinern möglich war. Am nächsten Tage war dann überall Nervosität spürbar. Die Kaufleute sahen dem Treiben mit gemischten Gefühlen zu: Natürlich konnten sie es nicht begrüßen, daß sich die Stadt auf einmal leerte, aber ein Goldfund in der Nähe könnte das Geschäft ja vielleicht noch beleben. Und wenn der Goldfund nicht in der Nähe stattfand, dann mußte man sehen, daß man den Zug nicht verpaßte.

Eine Stampede, wie die Goldsucher nach dem Vorbild einer durchgehenden Rinderherde es nannten, kam ganz plötzlich. Aber schon ein paar Tage später waren die Männer wieder da, erschöpft und niedergeschlagen. War an dem Goldfund in der Ferne etwas dran, dann konnte das den Untergang der älteren Gemeinde bedeuten.

Solchen Stampeden schlossen sich die Schürfer besonders willig an, wenn es in noch völlig unbekannte Gebiete ging. Aber die meisten dieser Wettrennen nach dem großen Glück verliefen im Sande. Im Norden ist damals nur eine Handvoll wirklich ertragreicher Goldfelder entdeckt worden. Es gab Hunderte von Stampeden, deren Teilnehmer ungezählte Meilen zurücklegten und ungeahnte Gefahren bestanden. Man fragt sich, wieso sie derartige Mühen auf sich nahmen, wenn der Anlaß nichts weiter als ein Gerücht war. Aber die Antwort ergibt sich fast von selbst, wenn man sich in das Denken des Prospektors hineinversetzt und etwas von der Geschichte des Goldrausches weiß. Die Männer, die als erste im Klondike ankamen, waren auch nur auf ein Gerücht hin ausgezogen – und sie waren Millionäre geworden.

In den Erzählungen über die Teilnehmer an dem kalifornischen Goldrausch von 1849 ist viel von langen Reisen über Land und Fahrten mit Segelschiffen zu den Goldfeldern die Rede. Die Goldsucher von Kalifornien hatten zwar Erschöpfungszustände und klimatische Unbilden zu überstehen, aber größere Desaster kamen nur selten vor, und von denen war das tragische Ende der Donner-Gruppe das schlimmste. Hätten die nach Kalifornien ausrückenden Männer ihre Frauen, Kinder, Vieh, Möbel und Klaviere zurückgelassen, dann hätten sie sich sicher manche Not erspart. Gelegentlich verirrte sich auch einmal ein Prospektor in einer Wüste und kam dabei zu Tode, aber solche Fälle waren doch ziemlich selten.

In Alaska dagegen war der Tod ständiger Weggefährte der Goldsucher. Selbst der erfahrene Mann mit guter Ausrüstung geriet in Gefahr, wenn ein Schneesturm ihn überraschte. Wenn ein Reisender ohne Schutz und bei niedrigsten Temperaturen irgendwo haltmachen mußte, um das Ende eines Blizzards abzuwarten, hatte er, besonders wenn er allein und erschöpft war, kaum Überlebenschancen. Wer einmal im Winter auf weniger befahrenen Routen gereist war, spürte kaum eine Versuchung, die Fährnisse eines solchen Unternehmens erneut einzugehen.

Rex Beach hat einmal eine solche Expedition geschildert, nachdem ein Journalist namens Westbrook Pegler geäußert hatte, die Stories der Schürfer in Alaska enthielten wohl doch sehr viel Jägerlatein. Beach war in Nome, als die Nachricht von einem Goldfund am Candle Creek eintraf – das war in der Nähe des Kotzebue-Sund an der arktischen Küste. Er wollte eigentlich der Versuchung widerstehen, so eine Reise im Winter zu unternehmen, zumal er auch einen einigermaßen ertragreichen Schacht bei

Nome besaß. Er hatte auch Spaß am Leben: Er tanzte die ganze Nacht und arbeitete den ganzen Tag und schlief nur jede zweite Nacht. Aber da war noch sein Partner, und der überredete ihn.

Am Thanksgiving Day, also am Erntedankfest, zogen die beiden mit Schlitten und Hunden los. Die Strecke war 300 Meilen lang. Ein Hundeteam zu führen bedeutete, daß man hinter ihnen herlief. Nur wenn man über blankes Eis mußte, konnte man sich auch auf den Schlitten schwingen. Aber das kam selten genug vor. Die beiden Männer hatten sich vorgenommen, pro Tag 30 Meilen zurückzulegen. Es lief alles wie am Schnürchen. Das erste, was sie abends taten, wenn sie ihr Pensum geschafft hatten, war, den Schnee wegzuschaufeln, um an Brennmaterial heranzukommen. Reichlich zwei Stunden brauchten sie für die Zubereitung ihres Essens. Aber auch die Hunde wollten gefüttert sein. Während einer die Hunde abschirrte, schlug der andere das Zelt auf. Ein Topf voll Schnee wurde in das Feuer gestellt, das man ununterbrochen in Gang halten mußte. Wenn es sehr kalt ist, braucht man auch für ganz gewöhnliche Dinge mehr Zeit. Man kann sich in der dicken Kleidung nicht frei bewegen. Mit Fausthandschuhen ist es sehr schwer, ein Streichholz anzuzünden, aber dasselbe gilt auch für eiskalte Finger ohne Handschuhe. Die Mahlzeit für die zehn Hunde mußte schon sehr ergiebig sein, wenn sie den ganzen nächsten Tag durchhalten sollten. Die Männer, die sich am Yukon aufhielten, gaben ihren Tieren Fisch zu fressen, aber da Beach so etwas nicht zur Verfügung hatte, kochte er ihnen eine Kombination aus Maismehl und gepökeltem Schweinefleisch.

Ein Vergnügen war die ganze Sache nicht. Vor allem »immer diese Kälte«! Es war, als ob man ständig von allen Seiten unter einem Druck stand, vor dem es kein Entfliehen gab. Da war nichts Belebendes, man atmete nicht einmal tief ein oder streckte sich aus. Niemand hat an so einem strahlenden Morgen je von sich gegeben, daß er sich freue zu leben. Diese Morgenstunden waren eben nicht strahlend. Beach schreibt: »Wenn das Wetter nicht schlecht war, dann versprach es, das noch zu werden, und wir unterhielten uns kaum über etwas anderes, es sei denn über unseren schweren Stuhlgang.«[1]

Beach hat den Norden nie in ein romantisches Licht gerückt. Seine Erlebnisse waren nicht dazu angetan, die Überschwenglichkeit zu fördern. Im Winter zu reisen bedeutete, daß man seinem Körper die letzten Energien abpreßte, und das alles mit einem Küchenzettel, der aus Backpulverbrot, rohen Bohnen und fettem Schweinefleisch bestand. Der wahre Ruf der Wildnis, so erklärte Beach, sei weder das Heulen der Wölfe noch das irrwitzige Lachen des arktischen Tauchers, noch der Brunftschrei der Elche, sondern das saure Rülpsen eines schlecht ernährten Goldgräbers.

Die Reise war eintönig. Am vierten Tage wurde es bitter kalt, und die Männer mußten den vielen Windungen eines Flusses folgen, um sich nicht zu verirren. Ihr Weg wurde aber dadurch nur um so länger. »Wir sind auf dem Weg nicht einer einzigen Menschenseele begegnet und sahen keine menschliche Behausung. Wir hörten keinen Laut, außer wenn unser Schlitten mit seinen Stahlkufen irgendwo anstieß oder einer von uns gelegentlich das Schweigen brach, um zu fluchen.«[2] Aber schließlich erreichten sie ihr Ziel Candle. Ein Rasthaus, das praktisch vom Schnee begraben war, bot Schutz und Wärme nach der langen Reise – die aber, wie so oft, sinnlos war. Das bißchen Land, das noch zwischen den Claims lag und dessentwegen sie nach Candle gekommen waren, war viel zu klein, als daß man darauf hätte arbeiten können. Und so machten sie sich wieder auf den langen Trip zurück nach Nome.

Betrugsmanöver

Es war natürlich im höchsten Grade ärgerlich, auf eine Stampede hereingefallen zu sein, die durch irgendeine Angeberei, Dummheit oder unbegründete Hoffnung ausgelöst worden war. Noch peinlicher aber war es, jemandem auf den Leim zu gehen, der es darauf abgesehen hatte. »Präparierte« Goldminen und andere Betrugsmanöver gab es immer wieder. So ließ sich einmal Tom Welch, der Besitzer eines Rasthauses auf der Seward-Halbinsel, einen richtigen Plan einfallen, nach dem er sein Geschäft beleben wollte. Er heuerte einen Eskimo an, schickte ihn nach Council und ließ ihn dort ein paar Goldkörner vorzeigen, die er angeblich im Quellgebiet des Koyukuk gefunden hatte. Council leerte sich im Nu: Die etwa 200 Bewohner stürzten vom Goldfieber getrieben davon. Sie brachten 200 Meilen hinter sich und suchten die Gegend ohne jeden Erfolg ab, bis sie die Hoffnung schließlich aufgaben und nach Council zurückkehrten. Kurz danach ließ sich der Eskimo noch einmal in der Stadt blicken, und als er von einer wütenden Menge bedroht wurde, gab er die Betrügerei zu. Tom Welch, der die eigentliche Verantwortung trug, war in seinem Rasthaus am Norton Bay nicht aufzufinden. Es ist nicht überliefert, was aus ihm wurde – vielleicht hat er sich vor den getäuschten Goldsuchern in Sicherheit gebracht.

Andere Betrügereien waren wesentlich raffinierter angelegt. Berühmtheit erlangte der Fall des Midas Creek, für den George W. Duncan und Charles R. Griggs verantwortlich zeichneten. Die beiden, die selbst Prospektoren waren, berichteten im Herbst 1902 von reichhaltigen Goldvorkommen an einem Nebenfluß des Koyukuk River. Die Nachricht erregte beträchtliches Aufsehen, aber die Meinungen darüber, ob die Sache stimmte, gingen auseinander. Nicht zu leugnen war jedoch die Größe der Nuggets, die die beiden vorzeigten.

Die beiden Schurken hatten nur ein Lachen für die Zweifler übrig, dann gingen sie an Bord des letzten Schiffes und versprachen, im Frühling zurückzukommen. Wenn sie genügend Geld aufgetrieben hätten, wollten sie mit einer größeren Gruppe zum Midas Creek zurückkehren. Natürlich werde man auch Unterstützung von Leuten aus Nome annehmen, erklärten sie. Aber der richtige Prospektor wartete nicht immer auf die beste Jahreszeit. Ein paar Leute brachen noch im Winter auf, um nach dem Midas Creek zu suchen, aber ohne Erfolg. Dort lebende Eingeborene hatten nichts von irgendwelchen Goldfunden gehört. Die Goldsucher ahnten nichts Gutes.

Immerhin, die strahlenden »Entdecker« trafen im Juni wieder in Nome ein, nachdem sie nach den Gesetzen von Oregon eine Gesellschaft mit dem wohlklingenden Titel »Treasure and Midas Creeks Gold Mining Association of Alaska« gegründet hatten. Zu den Guthaben der Gesellschaft gehörten vier Claims von je acht Hektar. Jeder Teilhaber hatte bis zu 240 Anteile bekommen, die jeweils sechs Quadratmeter des Bodens repräsentierten. Was konnte man als Geldgeber verlieren, wenn Duncan und Griggs aus einem Kubikmeter Boden 449,50 Dollar herausholten?

Trotzdem blieb man in Nome geteilter Meinung. Die Zeitung »Nugget« machte sich über die Sache lustig und brachte ein angebliches Interview mit einem Gesellschafter namens Mr. Othmer, dem immer, wenn er »an Midas dachte, der Betrag von 300000000 Dollar einfiel«. Mr. Othmer erklärte, daß man mit einem solchen Betrag »Irland befreien oder die Vereinigten Staaten zum Sozialismus bekehren« könne – aber er hütete sich, seinen Gewinn für den einen oder den anderen Zweck auszugeben.[3]

Während sich die Mitglieder der Gesellschaft auf die Abreise vorbereiteten, waren ihnen schon andere Prospektoren vorausgeeilt. Gerüchteweise hieß es, der Midas liege etwa 200 Meilen von der Mündung des Koyukuk entfernt. Die Männer hielten vergebens Ausschau nach goldhaltigem Kies – aber sie waren eben nicht von den Herren Duncan und Griggs ins Vertrauen gezogen worden. Diese beiden schifften sich auf der »Louise«, die anderen Mitglieder der Expedition auf der »Research« ein. Goldsucher, die auf eigene Faust loszogen, nahmen sonstige verfügbare Schiffe – und schon war eine neue Stampede da!

Die Hoffnungen der zur Gesellschaft gehörenden Goldsucher erhielten einen Dämpfer, als ihre Führer nicht wie geplant in St. Michael zu ihnen stießen. Sie schimpften über deren Verspätung, setzten aber ihre Fahrt in Richtung Yukon/Koyukuk fort. Sie hatten ja schließlich eine Karte, auf der der Midas Creek als Nebenfluß des Hogikakat River eingezeichnet war. Zwar regte sich immer stärker der Verdacht, daß man einem Betrug aufgesessen war, aber an eine Rückkehr nach Nome war nicht zu denken, bevor man nicht gründlich nach den Schätzen des Midas Creek gesucht hatte. Nur – wo lag der Midas Creek?

Die Gesellschaft von etwa 50 Männern, darunter der zum Bevollmächtigten für den neuen Bergbaubezirk ernannte Richter F. T. Merritt, war noch unterwegs, als in Nome eine Nachricht über Duncan und Griggs – man nannte sie nur noch die Midas-Propheten – eintraf. Wie es hieß, waren sie 40 Meilen flußaufwärts von der Mündung des Koyukuk an Land gegangen. Sie hatten nur sehr wenig Verpflegung mitgenommen, etwa für 80 Dollar, und das schien kaum die Art der Verproviantierung für Männer zu sein, die sich anschickten, eine ganze Saison in einer entfernten Gegend zu verbringen. Im Northern Saloon und den anderen Wirtschaften Nomes sah man jetzt klar. Ohne Zweifel hatten Duncan und Griggs die Flucht angetreten. Die Schürfer in den Saloons gratulierten sich gegenseitig, daß sie klug genug gewesen waren, den Midas-Erzählungen keinen Glauben zu schenken.

Duncan und Griggs hatten sich am Koyukuk River, einem nördlichen Nebenfluß des Yukon, absetzen lassen, aber nur um die ihnen nachfolgenden Männer zu verwirren. Sie hatten nämlich an der Stelle ein Jahr zuvor ein Flußboot versteckt, daß sie jetzt benutzten, um dem Koyukuk wieder bis zu seiner Einmündung in den Yukon zu folgen. Hier hielten sie sich hinter den Büschen am Ufer versteckt, bis die »Research« an ihnen vorbei in den Koyukuk eingebogen war. Nun ließen sich die beiden den Yukon hinabtreiben, um dann spurlos zu verschwinden.

In Nome wurde unterdessen erzählt, daß man sie auch noch woanders gesehen habe. Einmal hieß es, sie hielten sich bei Fort Yukon auf und prahlten damit, an dem Schwindel 50000 Dollar verdient zu haben. Dann wurde behauptet, sie hätten in Dawson einen Yukon-Dampfer bestiegen und seien auf der Flucht. Wieviel Geld die Gauner sich erschwindelt hatten, war nicht klar, aber die meisten meinten, es müßten 50000 Dollar sein, wovon allein in Nome 20000 Dollar aufgebracht worden seien.

Die Goldsucher von Midas Creek hatten einiges auszustehen. Man mußte viel sumpfiges Gelände durchqueren, und die Moskitos waren eine ewige Plage. Wild gab es nur sehr wenig, und die Vorräte schrumpften schnell, so daß die Männer bald dazu übergingen, ihre Pferde zu schlachten. Von Juli bis einschließlich September suchten sie nach dem Midas, bis sie schließlich aufgaben. Nach Nome zurückgekehrt, wollten die erschöpften Goldsucher nicht viel sagen. Sie gaben sich nachdenklich, als ob sie schwere Entschlüsse zu fassen hätten. Vermutlich überlegten sie, was sie mit Duncan und Griggs anstellen würden, wenn diese ihnen noch einmal über den Weg liefen.

Eine Grand Jury, die eingesetzt wurde, um die ganze Affäre zu untersuchen, förderte einige Einzelheiten zutage. Der Goldstaub, den die Midas-Propheten in Nome herumgezeigt hatten, war von ihnen in Bettles gekauft worden. Sie besaßen zwar ein Claim an der Mündung des Koyukuk, aber Gold hatten sie dort nicht gefunden. Das Ganze war von Anfang an ein Schwindel gewesen. Die Zeitungen in Nome feuerten die Geschworenen an: »Wenn je Männer eines Verbrechens schuldig waren, dann sind es diese.«[4] Und wieder warteten die Zeitungsschreiber nicht darauf, daß ein Gericht über Schuld oder Unschuld entschied, besonders in diesem Fall, wo allgemeine Empörung vorherrschte. Nome, angestachelt von Zeitungsredakteuren wie J.F.A. Strong, dürstete nach Rache.

Auch unter den prominenten Bürgern, die auf den Betrug hereingefallen waren, war man aufgebracht. Zu den Genasführten gehörten Richter Alfred Moore, Richter F.T. Merritt und der städtische Angestellte George Borchsenius. Ihre Unterstützung des Unternehmens hatte viel zu dessen »Erfolg« beigetragen, und ihr Ruf litt dementsprechend. Nur die wohlwollenden Gemüter wiesen darauf hin, daß das promintente Trio genauso in den Schlamassel geraten sei wie alle anderen auch.

Eine frohe Botschaft traf im Oktober ein. »DUNCAN UND GRIGGS IN PORTLAND FESTGENOMMEN«, verkündeten die Schlagzeilen.[5] Umgehend veranlaßte die Grand Jury die Anklageerhebung. Die Haftbefehle wurden ausgestellt und US-Deputy-Marshal Al Cody mit der »St. Paul« nach Portland geschickt. Wegen des Winters konnte Cody erst im Frühjahr zurückkehren, aber immerhin hatte er Griggs sicher in Gewahrsam. Duncan wurde nie gefunden.

Die Faktoren Zeit und Entfernung erhöhten die Kosten für Gerichtsangelegenheiten in Alaska. So verbrachte, damit Griggs vor Gericht gestellt werden konnte, ein Deputy fast ein Jahr außerhalb Alaskas. Die Reisekosten für Angeklagte, Polizeibeamte und Zeugen wurden vom Staat getragen, aber die Leute in Alaska, die nicht müde wurden, der Regierung die Vernachlässigung Alaskas vorzuwerfen, hielten sich bei solchen Kleinigkeiten nicht auf. Im Juli war Griggs wieder in Nome, wurde vom Bezirksgericht angeklagt, sich Geld erschwindelt zu haben, und ins Gefängnis geworfen. Natürlich war man in Nome enttäuscht, daß Duncan entkommen konnte, aber um so mehr freute man sich auf den Prozeß gegen Griggs und auf seine Verurteilung. Die Jagd Codys auf Duncan war umsonst. Er verfolgte ihn von Oregon nach Vancouver in British Columbia, und von dort nach Provo in Utah, aber dann verlor er seine Spur.

Der Verteidigung gehörten James Fenton und O.D. Cochran an. Fenton beantragte die Verlegung des Verfahrens an einen anderen Ort, weil der Angeklagte in Nome keine Chance habe, fair behandelt zu werden. Obwohl Fenton entsprechende Erklärungen von sechs prominenten Geschäftsleuten vorlegte, wies der Richter den Antrag ab. Die Zeitungen applaudierten: »Griggs wird hier seine gerechte Strafe finden – wie es sich gehört.«[6]

15 Belastungszeugen traten auf, und die Jury brauchte nicht viel Zeit zum Überlegen. Der Midas-Prophet wurde zu fünf Jahren Haft auf der Insel McNeil verurteilt. Die Zeitungen äußerten sich positiv, fragten aber, wo denn das ganze Geld geblieben sei – eine Frage, die auch die Geldgeber des Unternehmens stellten.

Plötzliche Abreisen

Auch aus anderen Gründen gab es plötzlich Abreisen. Wenn man gegen Ende Oktober möglichst unbeobachtet einen Dampfer besteigen konnte, ließen sich bohrende Fragen von Geldgebern für eine Weile ausschalten. In Nome und Fairbanks war das nicht einfach, denn man kannte sich untereinander zu gut, und die Anlegestellen wurden ständig beobachtet.

Aber es kam oft genug vor, daß jemand, der kein Glück gehabt hatte, nun seinerseits seine Geldgeber enttäuschte und still und leise verschwand. Ob er in Nome die »Victoria« bestiegen hatte oder in Fairbanks den Flußdampfer »Lavelle Young«, er bekam stets einiges Magengrimmen, bis schließlich die Schiffspfeife ihr Signal zum Auslaufen gab. Die betrogenen Geschäftsleute, die zurückblieben, konnten dem Flüchtigen nur noch ein paar Flüche nachschicken. Das Geld mußten sie abschreiben.

Handelte es sich bei dem Reisenden um eine prominente Person, dann schrieben die Zeitungen meist in recht ironischem Ton: »George Corbett, der sich als Neuerer der Moral hervortat, ist ohne Ankündigung abgereist, indem er die dunklen Abendstunden wählte. Er läßt nur seine Schulden zurück.« Seine Abreise, so hieß es weiter, dürfte durch die Furcht ausgelöst worden sein, daß man »eine öffentliche Demonstration für ihn« veranstalte.[7] Wenn es sich »lohnte«, wurden manchmal Rechtsmittel eingelegt. Jeden Sommer machten die Marshals der größten Städte Rundgänge durch die Saloons in Seattle und Tacoma, um zu sehen, ob sich irgend jemand da aufhalte, den es sich festzunehmen lohnte. Fanden sie ein Opfer, dann brachten sie es nach Alaska zurück, und wenn man den Mann eines ernsthaften Vergehens für schuldig befand, wurde er von dort wiederum in den Bundesstaat Washington gebracht, dessen Gefängnisinsel McNeil das nächstgelegene Bundesgefängnis für längere Haftstrafen war.

Menschen, die wahnsinnig wurden, mußten ebenfalls abreisen. Irrsinn und Selbstmorde waren im Norden nichts Außergewöhnliches. Die Belastung durch Enttäuschungen, mangelnden Komfort, schlechte Ernährung und Einsamkeit war oft einfach zu groß. Weil es in Alaska keine Heime für Irre gab, wurden sie, wenn ein entsprechender Gerichtsbeschluß vorlag, durch einen Polizeibeamten außer Landes gebracht. Das war zwar eine Belastung für das relativ geringe Personal der Behörde, aber es gab keine andere Möglichkeit.

Selbstverständlich gab es auch ganz normale Abreisen. So war zum Beispiel der Exodus im Oktober ein ständig wiederkehrendes Schauspiel im Norden. Einige von denen, die zu diesem Zeitpunkt abreisten, wollten einfach nicht zurückkehren, entweder weil sie genug Geld gemacht hatten oder die Goldsuche aufgeben wollten. Die meisten kamen aber im Frühjahr zurück. Es waren Schürfer, die sich der wohlverdienten Ruhe hingeben oder Geld für die Anschaffung von Geräten beschaffen wollten, Frauen und Kinder, die dem strengen Winter entkommen wollten, oder Kaufleute, deren Geschäfte im Winter kaum liefen.

An der Anlegestelle mischten sich Freudenrufe mit Tränen, aber für alle war es *das* Ereignis. Während man darauf wartete, an Bord gehen zu können, nahm man einen Drink. Es war eine Szene, wie sie sich überall im Norden in ähnlicher Form abspielte. Auf dem Yukon ließen die Dampfer ungeduldig ihre Sirene ertönen, um alle, die nicht mitfuhren, von Bord zu weisen, ehe man von Rampart oder Ruby aus auf die lange Reise ging. Die Leute von Fairbanks standen am Ufer des Chena und winkten abreisenden Freunden oder Verwandten zu. Keins der Flußboote fuhr weiter als bis St. Michael an der Yukonmündung, und hier warteten die Passagiere auf die Hochseeschiffe. Reisende, die von der Seward-Halbinsel, von Valdez oder anderen Küstenstädten kamen, brauchten allerdings nicht umzusteigen.

War das letzte Boot hinter der nächsten Flußbiegung verschwunden, verlief der Pulsschlag der Stadt langsamer. Nirgends sonst in Amerika wurde der Wechsel der Jahreszeiten mit solcher Intensität wahrgenommen. Vorläufer des Herbstes wiesen schon auf den Winter hin, und der Winter brachte eine völlige Umstellung des Lebensstils mit sich. Man mußte Vorbereitungen treffen, Vorräte anlegen. Beim ersten Schnee und dem ersten Eis auf dem Fluß begann die Diskussion darüber, wie streng der Winter diesmal wohl werden würde.

Meistens taten die Zeitungsleute ihr Bestes, um ihre Leser aufzumuntern. Natürlich, so hieß es da etwa, sei es traurig, wenn Freunde abreisten, aber auf der anderen Seite seien doch die Aussichten für die Goldgewinnung nach wie vor gut (etwas anderes zu behaupten wäre eine unverzeihliche Sünde gewesen). Im Winter habe man auch mehr Ruhe und könne sich besser den vielen geplanten gesellschaftlichen Ereignissen widmen: »In der Arctic Brotherhood Hall werden Musicals aufgeführt, in der Eagles Hall treffen sich die Pfeifenraucher, und in der Pioneer Lodge finden Boxkämpfe statt. Und die großen Kanonenöfen in den Saloons, dem Eldorado, dem Bonanza, dem Board of Trade und anderen werden eine behagliche Stimmung verbreiten.«

J.F.A. Strong, Chefredakteur des »Nome Nugget«, warnte seine Leser gern vor den Gefahren der Abkapselung. Insbesondere könnten starke Vorurteile entstehen. Man habe sich nur einmal vorzustellen, wie sehr Einsiedler in ihrem Denken eingeengt würden. Von der Geschäftigkeit der Außenwelt unbehelligt zu bleiben, bringe auch Nachteile mit sich. »Wir wehren uns, wir leben, und wir glauben, daß wir denken, aber in Wirklichkeit vegetieren wir nur dahin, und um unsere Hirne sammeln sich Spinnweben. Die Isolation pfercht uns ein... es gibt kein geistiges Weiterkommen.«[8] Vielleicht ermunterte Strong die Männer mit seiner kleinen Lektion dazu, sich im Saloon um einen Ofen zu versammeln und die lähmenden Gedanken mit Whisky zu verscheuchen.

Die regulären Routen oder Trails, an denen in bestimmten Abständen Rasthäuser standen, waren ziemlich ungefährlich. Die wichtigste Überlandstrecke ins Landesinnere war der Valdez Trail. Die ursprünglich von der Regierung angelegte Route sollte eigentlich bis Eagle am oberen Yukon führen, aber nach der Entdeckung der Goldfelder am Tanana ließ man den Trail statt dessen nach Fairbanks weiterverlaufen. Der Weg war sommers und winters benutzbar, eine Ausnahme bildete nur das späte Frühjahr, wenn auftauende Flüsse und Schlamm ein Durchkommen praktisch unmöglich machten.

Reisende, die keine Lust hatten, die 376 Meilen lange Strecke zu Fuß zu bewältigen, andererseits weder Hunde noch Pferde besaßen, konnten mit einer der Postkutschen der Ed. S. Orr Stage Company fahren. Orr begann seinen Liniendienst im Jahre 1906 mit 150 Pferden und 50 Kutschern. Er beförderte Passagiere, Post und Fracht. Er nahm 75 Cents pro Pfund bei kleinen Paketen und 50 Cents bei größeren.

Die Passagiere, die 150 Dollar zu zahlen hatten, verließen Valdez am frühen Morgen und erlebten dabei eine der schönsten Landschaften des Nordens. Da war zunächst der Blick auf den Valdez-Gletscher. Es folgte eine Fahrt durch einen der schönsten Wälder Alaskas. Bald hinter Valdez stieg die Straße zum Keystone Canyon steil an. Man hatte einen phantastischen Blick in die Schlucht, an der sich der Weg entlangzog. Gekrönt wurde das Ganze von riesigen Schiefer- bzw. Granitblöcken, zwischen denen Wasserfälle in die Tiefe stürzten, die natürlich im Winter zu enormen Eiszapfen erstarrt waren. Der Anstieg erstreckte sich über 300 Meter. Bevor im Jahre 1908 die Straße durch Sprengungen so verbreitert wurde, daß große Reisewagen mit voller Bespannung durchkamen, war dieser Teil der Reise allerdings oft eine haarsträubende Angelegenheit für die Passagiere. Nur kleinere Wagen mit einem Gespann konnten den schmalen Pfad passieren, der an der Schlucht entlangführte. Anstatt sich auf das Eis des Flusses zu wagen, wo wegen der schnellen Strömung immer die Gefahr bestand einzubrechen, nahmen Reisende oft den Weg über die Felsen, die über den Rand der Schlucht hinausragten. Das war eine mühselige Sache, denn an den besonders steilen Stellen konnte man die Fahrzeuge nur mit Flaschenzügen weiterbringen.

Der höchste Punkt der Straße auf der sich an der Küste entlangziehenden Bergkette war der Thompson-Paß. Im tiefen Winter konnte man hier bestenfalls mit einem Einspänner oder mit dem Hundeschlitten fahren. Der Anstieg ist recht steil, auf den letzten vier Meilen steigt der Weg um mehr als 700 Meter an. Vom Gipfel hat man einen herrlichen Blick – wenn das Wetter es gestattet, und das ist relativ selten. Wahrscheinlicher war es, daß den Reisenden ein eisiger Wind um die Ohren fegte. Die Passagiere in den Stagecoaches der Firma Orr hatten es da besser: Sie konnten sich in die reichlich vorhandenen Pelze hüllen. Etwa hundert Meilen von Valdez entfernt lag Copper Center, die wichtigste Haltestation zwischen den beiden Endpunkten der Linie.

Die Schlitten von Orr boten auf ihren vier Doppelbänken zehn Passagieren Platz, und ein weiterer konnte beim Fahrer sitzen. Pferdestationen gab es alle 20 bis 25 Meilen, und normalerweise brauchte man für die Reise neun Tage. Abends wurde an einem der Rasthäuser haltgemacht, die den Weg in Abständen von zehn bis 15 Meilen säumten. In den besseren Häusern gab es nicht nur warmes Essen, Getränke und Schlafstätten, sondern auch einen warmen Stall für Pferde und Hunde. In den ersten Tagen nach der Entdeckung der Felder am Tanana ließ der Service hier natürlich noch einiges zu wünschen übrig. In einem Leserbrief an die »Fairbanks Times« hieß es 1906, die Rasthäuser böten nichts als »Decken, Bohnen und Zwieback«. Die Zeitung nahm die Wirte aber gleich in Schutz, indem sie erklärte, sie seien »gute Samariter«, die etwas für das Gemeinwohl täten, wenn sie für Unterkünfte an der Straße sorgten.[9] Es kam eben auf den Blickwinkel an. Jedenfalls verbesserten sich die Rasthäuser ganz erheblich, als Orr die Strecke mit seinen Eilwagen befuhr.

Die Anzeigen spielten meistens die Strapazen herunter und konzentrierten sich darauf, die unerhörten Vorzüge der Raststätten zu preisen. So hieß es über einen Betrieb am Dry Creek, er sei »eins der kleineren Häuser am Trail«, wo man wie zu Hause frische Milch, Eier und Butter vorgesetzt bekäme. »Was kann der hungrige Reisende in einer verschneiten und eisigen Wildnis mehr erwarten?«[10] Eine durchaus faire Frage!

24 Meilen weiter lag Sourdough – was eigentlich soviel wie »Sauerteig« bedeutet, aber auch eine Bezeichnung für die »alten Marschierer« der frühen Tage war. Hier wurde Mrs. Yagers ausgezeichnete Küche gelobt, die »überall am Trail bekannt ist«.[11] Sehr viel näher an Fairbanks lag Salchaket Post, dessen elektrische Lichter den Reisenden schon von Ferne grüßten, wenn er abends den Fluß überquerte. Bei der Ankunft »streckt sich einem eine Hand entgegen, um beim Aussteigen behilflich zu sein. Im Hause ist alles warm, hell und gemütlich.«[12] Die Besitzer bezeichneten es als »die beste Raststätte in Alaska« und meinten, »man muß es bedauern, wieder abreisen zu müssen, wenn man hier übernachtet hat«.[13] Es mag durchaus sein, daß das oft die Gefühle der Reisenden wiedergab – besonders wenn die Temperaturen bei minus 40 Grad Celsius lagen.

Billig war das Leben in den Rasthäusern nicht. Der Reisende mußte mit Ausgaben von acht bis zehn Dollar pro Tag rechnen. Bedenkt man die Transportkosten, dann ist es ganz natürlich, daß die Preise in der Nähe der Endstationen Valdez und Fairbanks niedriger waren als mitten auf der Strecke. Hier kosteten in der Tat Essen und Unterkunft zweimal soviel. Eine Mahlzeit verschlang zum Beispiel hundert Meilen hinter Valdez glatt zwei Dollar.

Sehr viel weniger benutzt wurde der Trail von Fairbanks nach Nome. Er folgte dem Tanana bis zum Yukon, verlief dann am Yukon entlang bis zu dem Dorf Kaltag, wo er abbog und nach Unalakleet am Norton-Sund führte. Dies war viel günstiger, als wenn man dem Lauf des Yukon in südwestlicher Richtung bis zu seiner Mündung folgte. Diese 800 Meilen lange Strecke ließ sich am besten im Winter per Hundeschlitten bewältigen. Auch an diesem Trail gab es Rasthäuser, und wenn Not am Mann war, konnte man auch bei Eingeborenen, Holzfällern oder in Posthütten Unterkunft finden.

Wo die Bohnen und der Schinken herkamen

Die Alaska Commercial Company hatte zwölf Dampfer, die auf dem Yukon und seinen Nebenflüssen verkehrten. Sie hießen: »Alice«, »Bella«, »Hannah«, Leah«, »Louise«, »Margaret«,

»Sadie«, »Sarah«, »Susie«, »Victoria«, »W. H. Seward« und »Yukon«. Außerdem verfügte die Gesellschaft über vier Seeschiffe, mit denen sie Passagiere und Handelsgüter zwischen San Francisco und St. Michael beförderte. Die Flotte der ACC war die größte und beste im Norden. Schiffe wie etwa die 185 Tonnen große »Bella« schafften die Strecke von St. Michael bis Dawson in 20 Tagen. Eine Passage von St. Michael nach Circle City kostete 65 Dollar, bis Dawson waren es 90 Dollar. Für Hunde mußte ein Drittel des normalen Preises entrichtet werden. Die Frachtraten waren hoch: 53 Cents pro Tonne je Reisestunde. Das Minimum für eine Tonne Fracht bis Dawson betrug 136 Dollar. Das Streckennetz der Dampfer auf dem Yukon und seinen wichtigsten Nebenflüssen – dem Koyukuk, dem Tanana und dem Kuskokwim – war etwa 4000 Meilen lang.

In den größeren Städten, in Nome und Fairbanks, saß die ACC – von 1901 an als Northern Commercial Company bekannt – fest im Sattel und versorgte die Gemeinden sogar mit Elektrizität. In Fairbanks wurde der Direktor der Zweigstelle, Volney Richard, zu einem regelrechten Volkshelden, weil er so wirksam mitgeholfen hatte, das große Feuer von 1906 zu bekämpfen: Die Feuerlöscher hatten damals nicht genug Wasserdruck, um den Brand einzudämmen. Andererseits gaben die Boiler des Kraftwerks nicht genug her, weil sie mit Holz beheizt wurden. Da kam Richard plötzlich auf eine Idee. Er ließ den Schinkenspeck aus dem Lagerraum holen. Fahrer trieben ihre Pferde an, um die Vorräte zum Kraftwerk zu bringen. Und tatsächlich brachte der Speck die Wende: Der Druck in den Boilern stieg – und ein großer Teil von Fairbanks konnte gerettet werden. Eine ganze Tonne der kostbaren Nahrung (50 Cents das Pfund) ging dabei drauf, aber Richard betrachtete das als gute Geldanlage.

Wie schwierig es war, die kleineren Städte zu versorgen, wird deutlich, wenn man den Handelsposten von Sunrise betrachtet, der am Turnagain-Arm, einer nördlichen Abzweigung des Cook Inlet, lag. Sunrise und Hope, das nahegelegene Camp, dehnten sich plötzlich nach Goldfunden im Jahre 1896 wesentlich aus und erfuhren dann noch einmal zwei Jahre danach, im Gefolge der Stampede zum Klondike, einen kräftigen Zuwachs. Die Schürfer brauchten natürlich einen Laden, weil es sehr teuer geworden wäre, wenn sie ihre Bedarfsgüter selbst hätten herantransportieren müssen. Der Generaldirektor der ACC, die ihr Hauptquartier auf der Insel Kodiak hatte, wurde denn auch bald aufgefordert, ein Zweiggeschäft in Sunrise einzurichten. Ein Geschäftsmann, der gerade ein Hotel dort bauen ließ, erbot sich, der Firma ein Grundstück zu beschaffen, und versicherte dem ACC-Manager, die Goldgräber warteten sehnlichst darauf, einen ACC-Laden zu bekommen.[14]

Da es in dem Gebiet etwa 400 Leute gab, schien das dem Direktor kein schlechtes Geschäft, und er schickte einen Mann mit einem gewissen Vorrat an Gütern nach Sunrise. Den Posten weiter zu versorgen, war allerdings nicht einfach. Der obere Teil des Cook Inlet fror im Winter zu, so daß der direkte Wasserweg nach Kodiak wegfiel. Von den anderen Möglichkeiten war die beste der Weg über den Prince William-Sund. Es war zwar auch im Winter relativ einfach, ihn per Schiff zu erreichen, aber wenn man Fracht von dort weitertransportieren wollte, wurde es schwierig. Zunächst mußte man von der Stelle, wo heute die Stadt Whittier liegt, einen Anstieg von rund 300 Metern überwinden, und dann galt es, einen etwa fünf Meilen breiten Gletscher zu überqueren. Die Schürfer selbst legten eine Route zum Pazifik an, der an der Kenai-Halbinsel entlanglief, aber dieser Weg war wegen der Kosten wenig geeignet. Praktisch lief also alles darauf hinaus, daß Sunrise im Winter abgeschnitten war und die Geschäftsinhaber darauf angewiesen waren, genügend Vorräte für den Winter einzulagern.

Bevor das letzte Schiff der Saison auslief und die Schürfer mitnahm, die den Winter außer Landes verbringen wollten, mußte also der Händler ziemlich genau wissen, wie viele Menschen er im Winter zu versorgen hatte. Lag er mit seiner Schätzung falsch, mußte er mit Schwierigkeiten rechnen. Waren weniger Leute da, blieb er auf seinen Sachen sitzen, waren es mehr, dann konnten bestimmte Artikel knapp werden. Ein sehr ertragreiches Goldfeld war das Gebiet von Sunrise nicht. Von 1895 bis 1900 wurde Metall im Werte von 780000 Dollar gefördert, in den Jahren 1901 bis 1906 kamen nur 543000 Dollar zusammen. Das Gebiet erlaubte also eigentlich nur 100 bis 200 Schürfer. Aber so wenig das auch zu sein scheint, eine solche Bevölkerung reichte doch aus, um ein Geschäft mit Gewinn zu betreiben, und zwar vor allem deshalb, weil der Pelzhandel zusätzlichen Profit brachte. Aber dies hätte, wie gesagt, für *ein* Geschäft gegolten, jedoch nicht für drei! Und trotzdem hatte die ACC 1897/98 noch zwei Konkurrenten in Sunrise – und das bedeutete natürlich magere Kost für alle drei.

Der Vertreter der ACC, L.B. Smith, mußte zufrieden sein, wenn er in dieser Zeit einen kleinen Vorsprung vor den anderen Läden halten konnte, denn einer der Konkurrenten war gleichzeitig Zollangestellter und konnte so einen gewissen Einfluß auf die Leute ausüben. So drückte er beide Augen zu, wenn die Besitzer der vier Saloons und der zwei Hotels ihren Whisky hereinholten. Als Gegenleistung machten diese Männer dann bei ihren Kunden Reklame für seinen Laden.

Die Korrespondenz von Smith zeigt, was in einem so entlegenen Goldgräbercamp alles von einem Handelsmann erwartet wurde. Selbstverständlich mußte er ein Gespür für die Qualität von Pelzen und Goldstaub haben. Jede Unreinheit im Gold bedeutete eine starke Wertminderung. Dann brauchte er einiges Geschick, um die Ehrlichkeit und die Erfolgschancen von Leuten zu taxieren, die bei ihm auf Pump kaufen wollten. Es war nicht ungewöhnlich, daß ein Geschäft manchen Kunden den ganzen Winter über das Geld für ihren Lebensunterhalt vorschoß – in der Annahme, daß diese im Frühjahr entsprechende Einnahmen hatten.

Im Jahre 1900 gab es außer dem Geschäft der ACC nur noch einen anderen Laden, und als die Bevölkerung 1901 zurückging, war diese Gesellschaft allein noch in Sunrise vertreten. Wenn jetzt Waren nicht rechtzeitig ankamen, wurde die Lage ernst. Smith berichtete im Juni 1901 nach Kodiak, daß ihm alle seine wichtigen Waren ausgegangen seien. »Das kann man Leuten mit Geld nicht zumuten«, schrieb er. »Wenn Männer im eisigen Wasser stehen müssen, brauchen sie unbedingt Gummistiefel. Schickt sofort Kohlen, Öl, Tomaten, Schinkenspeck, Schinken, Mais, Sahne, Schmalz etc.«[15] Es sollte noch öfter passieren, daß die Vorräte ausgingen, bevor die Schiffahrt wieder eröffnet wurde und das Lieferschiff der Gesellschaft Turnagain Arm anlaufen konnte.

Aber Klagen gab es nicht nur in dieser Richtung. Der Generaldirektor von Kodiak ermahnte Smith und andere seiner Leute oft zu vorsichtigem Wirtschaften. Als man sich in Kodiak einmal beklagte, daß der Goldstaub von Sunrise zu unsauber sei, bot Smith eine etwas unorthodoxe Erklärung an: Die große Zahl von leeren Blechbüchsen an den Creeks verunreinige das Gold! Wenn einige der normalen Warenartikel einmal nicht gut genug »gingen«, dann gab Kodiak die Erlaubnis, sie zu den in San Francisco üblichen Preisen anzubieten. Sehr ernst nahm man in Kodiak Außenstände von Kunden. Hatte ein Geschäftsführer zu viele, dann zog er sich den Zorn der Firma zu, denn es war schon schwierig genug, das Geld auf dem Rechtswege einzutreiben, wenn der Schuldner solvent war. Smith mußte einmal die lange Seereise nach Juneau auf sich nehmen, um vor dem dortigen Gericht auf Zahlung von Schulden zu klagen.

Die Gesellschaft mußte notwendigerweise den Goldgräbern – und ihrem Glück – folgen. 1910 war es soweit, daß sich ein Laden in Sunrise nicht mehr lohnte, und so wurde die rote Fahne der Northern Commercial Company eingeholt. Statt dessen gab es neue Goldfelder. Viele Schürfer zogen nach Iditarod, einem neuen Camp, etwa 400 Meilen landeinwärts vom Cook Inlet gelegen. Und natürlich brauchten die Männer jetzt in Iditarod ein Geschäft – lang lebe die NCC!

23 Als Soldat am Yukon

Wir haben bereits an anderer Stelle von Hauptmann Charles Farnsworth gesprochen, der in der Zeit von 1899 bis 1901 an der Errichtung von Militärposten in Fort Gibbon (Tanana) und Fort Egbert (Eagle) beteiligt war. Die US-Army war beauftragt worden, Telegrafenverbindungen herzustellen und in Betrieb zu nehmen – was für die Goldcamps von großer Bedeutung war. Es paßte allerdings nicht in das Konzept von Farnsworth und anderen Armeeoffizieren, Soldaten zu derartigen Bauarbeiten einzusetzen, weil das mit dem eigentlichen Beruf des Soldaten nichts zu tun hatte. Selbst im hohen Norden mußten die Einheiten immer damit rechnen, daß der Generalinspekteur zur Inspektion hereinschneite, und dann mußte die Disziplin stimmen. Der Mann, der Farnsworth 1901 in Fort Gibbon ablöste, kam in den Berichten nicht gut weg, weil der Kasernenhof einen schlechten Eindruck machte und das Exerzieren offensichtlich zu kurz gekommen war. Obwohl die Soldaten damit beschäftigt waren, den Telegrafenposten zu errichten, wurden sie an ihren soldatischen Leistungen gemessen. Das paßte natürlich den Soldaten am Yukon überhaupt nicht, und sie lehnten sich des öfteren gegen ihnen aufgetragene Arbeiten auf. Zur selben Zeit gab es auf dem Zollkutter »Nunivak« fast eine Revolte, als die Seeleute Order erhielten, ihre Winterquartiere selbst zu bauen. Hauptmann Farnsworth berichtet in seinem ersten Jahr über keine derartigen Schwierigkeiten, aber die beim Bau der Telegrafenleitung eingesetzten Soldaten verpflichteten sich auch nicht zu weiterem Dienst in der Army. Was außerdem zum Unmut der Soldaten beitrug, war ihr sehr bescheidener Sold – besonders wenn in der Nähe goldene Reichtümer lockten. Unter Farnsworth desertierten allein sieben Männer, um sich an der Goldsuche in Nome zu beteiligen.

Für die Männer im Fort Gibbon, die ihre Familien nicht bei sich hatten, waren die Wintermonate von 1899/1900 sehr langweilig. Als der Frühling kam und das Eis aufbrach, waren die

die Fluß hinauffahrenden Dampfer voller Prospektoren, die den jüngsten Gerüchten von Goldfunden nachjagten. Farnsworth hatte auch den Verdacht, daß die Reedereien, »die so gut an den Stampeden in entlegenen Gegenden verdienen«, bewußt falsche Berichte über Goldfunde verbreiteten.[1]

Das Einsetzen des warmen Wetters bereitete der erzwungenen Ruhepause ein Ende, und die Bauarbeiten wurden wieder aufgenommen. Zu den Festlichkeiten am 4. Juli 1900 gehörten die Errichtung einer Fahnenstange, Kanurennen, Schießwettbewerbe und Leichtathletik. An allen Ereignissen sowie an dem großen Ball, der Krönung des Nationalfeiertages, beteiligten sich Indianer.

Noch vor dem Ende des Sommers erhielt Farnsworth einen wenig reizvollen Auftrag. Er sollte mit seiner Kompanie nach Fort Egbert umsiedeln, das 600 Meilen flußaufwärts am Yukon lag. Der Posten war zur selben Zeit wie Fort Gibbon in der Nähe von Eagle gebaut worden. Bis zur kanadischen Grenze waren es 20 Meilen, bis nach Dawson noch 90.

In Eagle ging es damals ziemlich hoch her. Einwohner der Stadt stahlen im Camp Bauholz und versuchten, die Soldaten in die Saloons zu locken. Captain Farnsworth bewährte sich in dieser Situation jedoch in einer Weise, die ihn später bis zum Generalmajor aufsteigen ließ. Er drang bei seinen Vorgesetzten auf die Erlaubnis für den Bau eines Post Exchange (kurz PX genannt), so daß seine Männer Gelegenheit hatten, in der relativ ruhigen Atmosphäre des Forts ihr Bier zu trinken. Das schien ihm weitaus besser, als wenn die Soldaten in die lauten Saloons in Eagle ziehen müßten. Farnsworth wies auch darauf hin, daß Leute mit einem Einkommen von 25 Dollar im Monat bei Preisen von 25 Cents pro Glas nicht viel Bier trinken konnten.

Einige Einwohner Eagles sahen die Anwesenheit der Soldaten ungern und betrachteten sie als Einengung ihrer Freiheit. Es traf sicher zu, daß die Tage völliger Freiheit, wie sie die Pioniere gekannt hatten, seit dem Eintreffen der Armee und des Zollkutters vorbei waren. Eine dritte Stütze von Ordnung und Gesetz erschien im Jahre 1900 in Gestalt von Richter Wickersham.

Wickersham und Farnsworth kamen gut miteinander aus. Der Hauptmann nahm den Richter mit in das Jagdlager der

Army, und Wickersham posierte anschließend mit seiner Beute – vier Elchen – für die Kamera von Farnsworth.

Farnsworth beteiligte sich auch am gesellschaftlichen Leben in Eagle und trug dadurch zu einer Verbesserung der Beziehungen zwischen Militär und Zivilisten bei. Washington gab die Erlaubnis, das Sägewerk des Militärs für das Zuschneiden von Bauholz für das Gericht und das Gefängnis zu benutzen. Die Einwohner waren allerdings nicht darauf versessen, eine Stadtverwaltung zu unterstützen. Farnsworth bemerkte dazu: »Es ist amüsant zu beobachten, wie der Drang, sich aus den Klauen des Militärs zu befreien, von der Entdeckung überlagert wird, daß es dann ans Steuerzahlen geht.«[2] Der Hauptmann wurde Mitglied örtlicher Vereine und hielt bei der Eröffnung eines städtischen Lesesaals eine Rede. Wie sehr beide Gemeinden voneinander abhingen, zeigt sich auch daran, daß Farnsworth zweimal im Monat Tanzveranstaltungen im Fort organisierte. Bei diesen Gelegenheiten zeigte sich, was der Westen an gehobener Lebensart zu bieten hatte. So machten zwei Offiziere in ihren Paradeuniformen mit einem von vier Maultieren gezogenen Schlitten die Runde, um die 17 Damen der Stadt zu dem Tanz abzuholen.

Der Ball der Soldaten konnte in der kleinen Gemeinde aber auch Anlaß zu Unstimmigkeiten geben. James Kirk, ein presbyterianischer Pastor, hatte in Eagle kurz vor dem Eintreffen des Militärs eine Mission eingerichtet. Die Kirks waren zu dem Ball eingeladen worden, obwohl man nicht erwartete, daß sie kommen würden. Unglücklicherweise war der erste Ball auf einen Freitagabend festgesetzt worden. Farnsworth hatte nicht gewußt, daß Mrs. Kirk an diesem Tag immer einen Musikabend gab. Man ging der zweifellos schweren gesellschaftlichen Konfrontation in letzter Minute aus dem Wege, indem man den Ball verschob.

Mit dem Herannahen des Frühlings gingen die Soldaten an ihre eigentliche Aufgabe heran: den Bau einer Telegrafenleitung bis zur kanadischen Grenze. Dort sollte sie an diejenige von Dawson angeschlossen werden und damit eine Verbindung zwischen dem Fort und der Außenwelt herstellen. Farnsworth erhielt aber auch Order, eine »rein amerikanische« Telegrafenleitung zu bauen, die mehr oder weniger dem Verlauf des Yukon folgen sollte. Während die erste Aufgabe schon bald ausgeführt war, benötigte die Kompanie für die zweite zwei Jahre. Eine 250 Meilen lange Teilstrecke mußte im Frühjahr 1901 in Angriff genommen werden.

Nach dem Schmelzen des Eises machte man sich an das Vermessen und das Bauen. William Abercrombie, der als erfahrener Erforscher dem Pioniercorps der Army angehörte, sollte die weiter ins Land führende Strecke von Eagle aus vermessen, aber durch eine Verzögerung von Arbeiten an seinem Schiff in Wrangell fand er erst später Zeit, so daß Farnsworth selbst zu einer längeren Erkundungstour in das unbekannte Gebiet aufbrach. Erst als das getan war, konnte die Errichtung der Leitung beginnen.

Als diese Telegrafenleitung – und dazu eine Funkstation – in Betrieb war, oblag den Soldaten auch die Instandhaltung. In Abständen von 25 Meilen wurden kleine Reparaturstationen eingerichtet, von denen jede zweite mit drei Mann besetzt war. Die zusätzlichen Hütten sollten den Männern als Zuflucht dienen, wenn sie von Stürmen oder Kälteeinbrüchen überrascht wurden. Man kann sich kaum eine scheußlichere Aufgabe vorstellen! Die Männer bekamen einen Vorrat von Lebensmitteln für ein Jahr, Kleidung, Boote, Schlitten, Hunde und was sie für Reparaturen brauchten – und dann mußten sie praktisch zwölf Monate in völliger Isolierung zubringen. Der Army standen zur Versorgung der Stationen zwei kleine Dampfer, zwei mit Benzinmotoren ausgerüstete Barkassen sowie Maultiere, Pferde, Hunde, Wagen und Schlitten zur Verfügung.

Die Aufzeichnungen von Hauptmann Farnsworth spiegeln naturgemäß die Interessen und Ansichten eines Offiziers wider, aber es gibt auch Zeugnisse, in denen der einfache Soldat zu Wort kommt. Henry David McCary diente von 1908 bis 1910 in Fort Egbert als Kompanietrompeter. Er ist heute nicht der Ansicht, daß diese zwei Jahre besonders schwierig oder eintönig gewesen sind. Allerdings waren schon alle Gebäude und die Telegrafenleitung selbst fertig, als er ankam, so daß die Soldaten »fast nur Freizeit« hatten. Seine Jugend – er war erst 16 Jahre alt, als er nach Fort Egbert kam – schützte ihn vor vielen Versuchungen, denen ältere anheimfielen: »Ich lebte in einer reinen Phantasiewelt«, schreibt er. Es war eine Traumwelt aus den Melodien und der Atmosphäre des Nordens. Abends blies er den Zapfenstreich, und viele der Männer öffneten ihre Fenster, um ihm zuzuhören. Die Töne seines Instruments brachen sich an den etwa 1000 Metern entfernten Granitfelsen und schienen in fünffachem Echo über dem gefrorenen Yukon zu kreisen. »Ich meinte, ich spräche mit Engeln oder mit gefallenen Soldaten«, schreibt der junge Mann damals. Ein besonderer Einschnitt im Leben der Männer war es immer, wenn die mit Fahnen geschmückten Schiffe eintrafen – »wie majestätische Schwäne sahen sie aus«. McCary schildert auch, wie besorgt alle zusahen, wenn das letzte Schiff sich verzweifelt mühte, vor dem Einfrieren den Fluß hinunter zu gelangen, wie seine Antriebsräder auf Eisstücke stießen, wenn es in Richtung St. Michael und die offene See auslief.[3]

Allen Regeln zum Trotz wurde in einer Hütte etwa eine Meile von dem Posten entfernt gepokert. Die zwei Jahre, die McCary im Norden zubrachte, hörte das Pokerspiel nicht auf. McCary verbrachte praktisch seine ganze Zeit in der großen Turnhalle des Forts. Das Sportangebot war so groß, daß es ihn nicht nur fast ausfüllte, sondern ihm auch eine Laufbahn als Sportlehrer einbrachte. Außerdem wurden alle möglichen Kurse angeboten, und schließlich gab es Diskussionsabende über alle denkbaren Themen.

Es verwundert nicht, daß Männer, die beim Militär ihre Karriere suchten, sich den ständigen Bewohnern des Gebietes nicht sonderlich verbunden fühlten. Farnsworth war immer sehr besorgt über die wirtschaftlichen Möglichkeiten Alaskas. 1899 schrieb er:

Dies ist ein ödes Land, und ich würde jedem den Rat geben, nicht hierher zu kommen. Es gibt in Pennsylvania genauso gute Möglichkeiten, Geld zu verdienen, wie hier, und außerdem geht es dort nicht halb so hart und riskant zu. Ich habe noch keinen gesehen, der durch Goldgräberei reich geworden ist. Natürlich gibt es hier Gold, aber nur etwa einer von 5000 findet es – und das liegt nicht daran, daß die anderen 4999 faul oder dumm sind. Erst neulich haben wir etwas Goldstaub gefunden, als wir vor unserem Haus einen Eimer Wasser aus dem Fluß holten. Es ist überhaupt nicht schwer, hier Gold zu finden, aber es ist etwas ganz anderes, so viel zu finden, daß es sich lohnt.[4]

Und im Jahre 1900 meinte er, die Goldsucher seien »ein Haufen Spieler, die nichts können«, auch wenn sie schwer arbeiten: »Ich habe noch nie einen Menschen oder ein Tier so hart arbeiten sehen wie die Menschen hier. Sie schuften geradezu und können sich dabei nichts weiter leisten als Schinkenspeck, Bohnen und Kaffee... Die Menschen rackern sich hier in dieser Wildnis mit nichts als dem Goldsuchen ab.«[5] Nicht einmal während seines letzten Aufenthaltes in Alaska im Jahre 1910, als das Tanana-Tal – wie Nome – ein »etabliertes« Schürfgebiet und die Stampede nach Iditarod in vollem Gange war, erwähnte Farnsworth die Reichtümer dieses Landes und die Vermögen, die hier gemacht wurden. Farnsworth stand allen Berichten über neue Goldfunde skeptisch gegenüber. Er war von völlig anderer Geistesart als die Goldsucher. Die Aufgabe eines Offiziers war es, sich nicht auf riskante Dinge einzulassen, sondern auf präzise Befehle zu warten, dann konkrete Pläne zu entwerfen und diese genau auszuführen. So haben er und andere Soldaten gewiß gehandelt. In diesem Sinne haben sie auch ihre Aufgabe erfüllt, zwischen dem Inneren Alaskas – einschließlich der Goldsucher – und der Außenwelt eine Nachrichtenverbindung aufzubauen.

24 Das Leben der großen Stars

Tex Rickard, Spieler und Boxpromoter

Der Northern Saloon war das imponierendste Trink- und Spiellokal in Nome. George Lewis Rickard, besser bekannt als Tex, und George Murphy hatten ihn 1899 aufgemacht und waren recht gut damit gefahren. Rickard, der sich später auch einen Ruf als Boxpromoter machte und den Madison Square Garden erbaute, war 1896 nach Alaska gegangen. In Circle arbeitete der ehemalige Marshal aus Texas in der Spielhölle von Sam Bonnifield. Bonnifield gefiel der junge Mann, der erst 24 Jahre alt war, und als er ein neues Spiellokal baute, überließ er Rickard das alte Haus. Rikkard verlor keine Zeit, es beim Kartenspiel an einen Gast zu verlieren und dann wieder bei Bonnifield einzusteigen.

Im Jahre 1897 machte er die Stampede nach Dawson mit und erwarb Anteile an wertvollen Minen. Er verkaufte seine Anrechte für 60000 Dollar und eröffnete den Northern Saloon. Innerhalb von vier Monaten war das Etablissement, an dem noch ein Partner beteiligt war, 400000 Dollar wert. Rickard verlor seinen gesamten Anteil in einer einzigen Spielnacht. Es war überhaupt ein ziemlich bewegtes Jahr für ihn.

Gerade damals hielten sich Gerüchte über einen neuen Goldreichtum auf der Seward-Halbinsel, und so entschloß er sich, sein Glück in Nome zu versuchen. Noch bevor er Rampart erreichte, brach der Winter über den Yukon herein, so daß sich der Spieler entschied, die kalte Jahreszeit in diesem sehr lebensfreudigen Camp zuzubringen. Hier in Rampart traf er auch Rex Beach, der später die Stadt als Hintergrund für seinen Roman »The Barrier« benutzte. Beide Männer wohnten einer Schürferversammlung bei, in der es um einen Scheidungsantrag ging. Eine Indianerin bat um die Scheidung von ihrem Mann, einem »alteingesessenen« Schürfer, weil er so furchtbar schnarchte. Der Mann hatte ihr zwar versprochen, er wolle künftig auf dem Bauch schlafen, aber die Frau konnte es nicht mehr ertragen. Die Goldgräber stimmten für ihren Antrag, aber nicht, wie Beach hervorhebt, etwa aus Höflichkeit einer Frau gegenüber, sondern aus buchstäblichem Mitgefühl: Die meisten ihrer eigenen Partner schliefen ebenfalls mit offenem Mund.

Als der Frühling kam, brach Rickard zu den neuen Goldfeldern auf. Ganze 21 Dollar hatte er noch in seiner Tasche – aber das reichte. In St. Michael kaufte er ein Fäßchen Whisky, und mit dem zog er in das quirlige Nome. Im Handumdrehen war er in einem Zelt seinen Schnaps gegen gutes Geld los und steckte den Gewinn in einen neuen Northern Saloon.

Das Pech im Spiel muß eine läuternde Wirkung auf Tex gehabt haben. In den vorhandenen Zeugnissen ist jedenfalls nicht mehr die Rede von den Leichtsinnigkeiten seiner frühen Tage. In Nome war er als zurückhaltend und ehrlich bekannt, und man schätzte und respektierte ihn. Als die erste Gemeindewahl stattfand, erhielt er die meisten Stimmen und wäre auch nach der allgemeinen Praxis im Westen und Norden Bürgermeister geworden, wenn er die Ehre nicht ausgeschlagen hätte. Er meinte, es könne dem Ruf Nomes schaden, wenn bekannt würde, daß ein Spieler hier Bürgermeister wäre.

Wohl rein zufällig zählten zu den Einwohnern Nomes auch mehrere Männer, die sich später einen Namen im Showkampf machen sollten. Dazu gehören vor allem Wilson Mizner, Jack »Doc« Kearns, Tommy Burns, der spätere Schwergewichtsmeister, und Rickard selbst. Rickard veranstaltete Kämpfe im Northern Saloon, Wyatt Earp im Dexter, und Mizner betätigte sich als Promoter einiger der Boxer, so auch des jungen »Doc« Kearns. Obwohl die Bering-See weit entfernt war vom Madison Square Garden, dem später berühmtesten Austragungsort von Profiboxkämpfen, so wurde doch hier, in Nome, der Grundstein dafür gelegt – jedenfalls in Rickards Vorstellung.

Damals war der Boxsport verpönt und in den meisten Bundesstaaten verboten. Faustkämpfer schlugen sich in schmutzigen Klubs und Saloons, und es gab wenig Aufsehen und wenig Geld. Sie reisten von einer Stadt zur anderen, besorgten sich jeweils einen »Manager« und waren meist froh, wenn sie jeden Tag drei ordentliche Mahlzeiten bekamen. Trainingslager, Pressekonferenzen und das Rampenlicht kannten sie nicht. Später sollten Tex Rickard und »Doc« Kearns – als Manager Jack Dempseys – wesentlich dazu beitragen, daß Boxkämpfe zum großen Showgeschäft wurden. Rickard nahm als erster bei einem Kampf eine Million Dollar ein.

In den Theatern von Nome gab es etwa nach der Vorstellung am Samstagabend Kämpfe zu sehen. Die »Börse« bestand bei diesen Catch-as-catch-can-Veranstaltungen aus den Münzen, die die Zuschauer nach dem Kampf in den Ring warfen. Rex Beach erinnerte sich an eine Show, bei der einer der angekündigten Kämpfer ausfiel. Der andere, ein struppiger Hafenarbeiter, betrat den Ring und erklärte: »Ich bin für einen Kampf hergekommen, und ich werde gegen jeden hier antreten, der will, aber am liebsten würde ich mich mit einem gewissen Saukerl schlagen.« Als die Menge aufhorchte, brüllte er: »Ist Paddy Ryan hier? Dann soll sich der feige Hund zeigen!« Paddy ließ einen lauten Kriegsschrei ertönen und arbeitete sich von hinten zum Ring durch, indem er unterwegs die hinderlichen Kleidungsstücke abwarf. Man hielt beide Männer mit Gewalt fest, während sie sich gegenseitig beschimpften. Wetten wurden abgeschlossen, und dann konnte es losgehen.[1]

Mike Mahoney, einer der bekanntesten Reisenden des Nordens, fiel Rickard auf, als er einen anderen Mann bei einer Schlägerei im Northern Saloon nur so mit Schlägen eindeckte. Mahoney hatte einen besonderen Freistil entwickelt, bei dem er auch seine Füße gebrauchte. Ein blitzartiger Tritt vor den Solar plexus des Gegners machte diesen schnell kampfunfähig. Rickard wollte den kräftigen Burschen als Rausschmeißer anheuern, aber Mahoney wollte nicht – seine Mutter würde das nicht billigen, wenn er mit einem Saloon zu tun habe, sagte er.

Einmal standen sich im Northern Saloon Mahoney und Tommy Burns in einem Freistilkampf gegenüber. Die ersten Runden vergingen mit gegenseitigem Abtasten des Gegners, bis Mahoney die Gelegenheit zu einem seiner berühmten Tritte fand. Burns ging voll auf die Bretter und wurde ausgezählt. Es war die erste K.O.-Niederlage für den Mann, der wenige Monate danach Weltmeister im Schwergewichtsboxen werden sollte. Burns gab seine Niederlage später offen zu und schickte seinem Besieger ein Bild mit einer persönlichen Widmung.

Jahre danach erinnerte sich Rickard an die Fähigkeiten Mahoneys, als er nach Gegnern für den Champion Jack Johnson suchte. Er bot dem jungen Mann 50000 Dollar für einen Kampf an – mit der Bedingung, seine Füße nicht zu gebrauchen. Mahoney meinte, man solle Johnson dieselbe Börse für einen Freistilkampf anbieten. Es wurde nichts daraus, und Alaska war damit ohne Chance, einen Champion hervorzubringen. Damals holte Mahoney aus seinem Schacht in Fairbanks pro Woche 10000 Dollar heraus, so daß er keine übermäßige Neigung verspürte, sich als Preiskämpfer zu verdingen.

Rickard hatte Erfolg mit dem Northern Saloon, aber nicht alle Besitzer von Saloons und Spiellokalen machten einen Profit – vor allem dann nicht, wenn sie selbst mit ihren Kunden tranken. Ein Beispiel für letzteres betraf McGinley, den Besitzer des Fairbanks Hotel, und den erfolgreichen Schürfer Frank Cleary, wie McGinley ein Ire. Das Fairbanks Hotel war auch nach damaligen Vorstellungen nicht unbedingt ein Prunkhotel, aber im Jahre 1904 war es eben das erste Haus am Platze, unter anderem auf Grund seiner Lage. Das Grundstück trug an der Front Street die Nummer Eins. Im Sommer konnten die Gäste vom Hotel aus beobachten, wie auf dem Chena River die Dampfer an- und ablegten. Aber im Winter gab es natürlich nicht viel zu sehen. Die Kunden tranken, und der Wirt leistete ihnen Gesellschaft. Und so kam es dazu, daß Cleary an einem Novembermorgen einen 50prozentigen Anteil am Fairbanks Hotel gewann, mit dem der Wirt ihm seine Spielschulden bezahlte.

McGinley hatte beantragt, das Gericht möge die Transaktion für null und nichtig erklären. Bei seiner Einleitung hinsichtlich der Frage, ob der Besitzer zum Zeitpunkt der Transaktion bei vollem Verstand gewesen sei, erklärte das Gericht: »Es herrscht der Glaube vor, daß der Herr Dumme und Betrunkene schützt.«[2] McGinley verkaufte den Goldgräbern vom Tanana-Tal seinen Whisky für 50 Cents das Glas, sprach »seiner eigenen Medizin auch selbst regelmäßig zu und spielte mit seinen Kunden um Geld. Wer soll dem Gericht sagen, wie betrunken er um drei Uhr morgens war?«[3]

Richter Wickersham hielt es für nötig, den Hintergrund der Sache zu klären: »Zunächst betrachten wir McGinley, der, obwohl betrunken, seiner regulären Abendschicht als Barmann nachkam, ... wobei er seine Kunden bediente, die es – weil kein solcher Wunsch vorhanden war oder wegen der lähmenden Wirkung des Alkohols – nicht vermochten, sich zu ihren Hütten zu begeben.« Der Richter fuhr fort: »Um etwa drei Uhr morgens ... bemühten sie sich, die Härte des Lebens in Alaska zu vergessen, indem sie ihr Inneres mit nicht gezählten Drinks für 50 Cents traktierten und Gold ausgaben, das sie noch gar nicht aus der Erde geholt hatten.« Als sie solchermaßen beschäftigt waren »und zwischen zwei Drinks Atem holten«, war plötzlich ein Würfelbecher da, und angeblich fand die Wette statt. Cleary behauptete, er habe einen 5-Dollar-Schein auf den Tisch gelegt, der »die sichtbare Einlage für das Spiel war, in dessen Verlauf die Übertragung des Besitzes stattfand. Den Bekannten des Angeklagten mag es bemerkenswert erscheinen, daß dieser noch so spät in der Nacht über einen 5-Dollar-Schein verfügte.« Die Frage erhebe sich, ob die Spieler dann »die Absicht hatten, sozusagen um das Auge des Sturms herum, das dieser Geldschein darstellte, ihr Spiel zu entwickeln«. McGinley behauptete, daß »er in diesem Augenblick als Folge des Genusses der geistigen Getränke so betäubt war, daß er als nicht zurechnungsfähig zu gelten hatte ... daß sein Verstand so weit gelähmt war, daß er Eindrücke nicht mehr festhalten konnte.« Cleary andererseits schwor Stein und Bein, McGinleys kräftige Verfassung müsse garantiert haben, daß er sich an Dinge erinnere. Jedenfalls ging das Spiel weiter, »und während sich Asse und Sechsen abwechselten oder vor den verschwommenen Blicken auftauchten, markierte man durch das schweigende Heben des Zeigefingers den Ausgang des Spiels«. Auch von einem Zeugen hatte der Richter Kenntnis zu nehmen. Tupper Thompson, der hinter dem Ofen eingeschlafen war, wurde geweckt, um das Verkaufsdokument gegenzuzeichnen, das der Verhandlung zugrunde lag. Richter Wickersham mißtraute Thompson: »Daß Gericht wird nicht sicher sein können, ob sein geistiges Vermögen nicht etwa auch durch Alkoholgenuß derart abgestumpft war, daß er Dinge nicht mehr wahrnahm.« Immerhin meinte Thompson, nach seinem Urteil müsse McGinley der Betrunkenere von beiden gewesen sein, weil er sich mühsam an der Bar habe festhalten müssen, während Cleary imstande gewesen sei, ohne Halt aufrecht zu stehen. Ein weiterer Zeuge, O'Neil, half nicht viel weiter. Alles, was er noch wußte, war, daß der Angeklagte am Schluß »seinen Arm um den Hals des Klägers legte«. Ergebnis! Cleary war mit 1800 Dollar der Gewinner.[4]

Die meisten der Fälle, die vor das Bundesgericht des dritten Gerichtsbezirks gelangten, verliefen natürlich nicht so farbig wie die Sache McGinley gegen Cleary. Richter Wickersham kannte beide Beteiligte gut, und in seiner schriftlichen Entscheidung spiegelt sich der Spaß wider, den er dabei empfunden hatte (wenn auch einiges darauf hinweist, daß der Gerichtsschreiber, ein gelehrter Ire namens Richard Geoghegan, der Verfasser sein könnte). »Aus den Nebeln der Trunkenheit, die die Geisteslandschaft der Betroffenen bedeckte, ... ragen wie schroffe Gipfel einige Fakten hervor«, schrieb der Richter, der dann zu folgendem Schluß kam: McGinley hat tatsächlich einen Anteil an seinem Besitz veräußert, um damit eine Spielschuld zu begleichen, und das Gericht wird einen Spieler nicht darin unterstützen, das zurückzuholen, was er selbst beim Spiel verloren hat.«[6]

Im Dezember 1900 wurden Tex Rickard und andere Spieler in Nome festgenommen – ausgerechnet weil sie gespielt hatten. Das Bundesrecht untersagte zwar das Glücksspiel, aber im Norden war es üblich, solche puritanischen Beschränkungen zu ignorieren. Die Geschäftswelt von Nome trat für eine offene Haltung ein: Glücksspiele trugen dazu bei, das Geld frei zirkulieren zu lassen, und waren so dem Wirtschaftsleben förderlich. Seitens der städtischen Behörden ließ man das Glücksspiel unbehelligt, aber die Bundesbehörden sahen sich hin und wieder genötigt, dem Gesetz Genüge zu tun.

Manchmal lagen jedoch auch andere Gründe vor. Rikkard eröffnete sich Richter Wickersham einmal, nachdem er Nome endgültig verlassen hatte. Um sein Geschäft in Nome weiterführen zu können, mußte er zahlen, und zwar immerhin 15 Prozent seiner Einnahmen. Jeden Monat kamen US-Marshal Frank Richards und Deputy Marshal Al Cody und holten sich ihren Anteil. Anderenorts sah es nicht besser aus. Im Jahre 1902 verkaufte Rickard 50 Prozent des Northern Saloon für 50000 Dollar. In drei

Jahren hatte er eine halbe Million Dollar eingenommen, aber nur 15000 Dollar übrigbehalten. Der Spieler eröffnete dann an der First Avenue in Seattle ein sehr attraktives Lokal mit dem Namen Totem. Es war im Stile Alaskas dekoriert. Aber weil die Unterwelt eine »Beteiligung« von 20 Prozent gefordert und Rickard dies abgelehnt hatte, waren am Eröffnungsabend – und den paar anderen Abenden, die dem Totem dann noch blieben – zwei Polizisten an der Tür postiert. Angewidert kehrte Rickard bald nach Nome in den Northern Saloon zurück. Er blieb bis 1904 und verließ dann den Norden endgültig.

Richter Wickersham war nicht der Ansicht, daß Spieler verfolgt werden sollten. Er zog es vor, daß das Spielgeschäft offen blieb und man es so kontrollieren konnte. Er war der Ansicht, daß es damit weniger Betrug und Verbrechen geben würde. Solange er in Nome amtierte, war jedermann mit der Situation zufrieden, aber Richter Alfred Moore, der ihn ablöste, hatte ein scharfes Auge sowohl auf Spieler wie auch auf Prostituierte, und 1907 verbot er schließlich beides. Es war nur gut, daß Stars wie Rickard oder Mizner bis dahin andere Betätigungsgebiete gefunden hatten.

In Fairbanks verlief die Entwicklung ähnlich. Solange der dritte Gerichtsdistrikt Wickersham unterstand, gingen die Spiele normal weiter. Er verbot allerdings Glücksspiele in kleineren Goldcamps an den umliegenden Creeks, um die Spieler damit in Fairbanks zu konzentrieren, wo der Marshal eine bessere Übersicht hatte. Als Wickersham ging, kam ein neuer Richter, der alles schließen ließ. Eine Ära war vorüber!

Tex Rickard hat leider keinerlei Niederschriften von seinen Erfahrungen im Norden oder seinem übrigen Leben hinterlassen. Er lebte jedenfalls sehr schwungvoll und war immer im Gespräch. Er starb 1929 in Miami. In einem Sarg aus massiver Bronze – 2200 Pfund Gewicht gleich 15000 Dollar – wurden seine sterblichen Überreste in einem privaten Eisenbahnwagen nach New York gebracht. An jeder Haltestelle auf dem Wege warteten Trauergäste, und in New York standen die Menschen in einer Schlange, die sich über 16 Straßenblocks vom Bahnhof bis zum Madison Square Garden erstreckte, wo er aufgebahrt werden sollte. Hätte Rickard das Schauspiel sehen können, wäre ihm wahrscheinlich einer seiner bekanntesten Aussprüche eingefallen: »I never seed nothing like it« – etwa: »Sowas hab' ich noch nie nich gesehen«!

Warum konnte sich dieser Spieler und Promoter im ganzen Land derselben Beliebtheit erfreuen wie vorher in Nome? Die Antwort auf diese Frage finden wir in seiner Biographie von Charles Samuels: »The Magnificant Rube«. Rickard, der als Junge vom Lande angefangen hatte und nach der Art des Horatio Alger aufgestiegen war, hatte es fertiggebracht, in zwei der korruptesten »Berufe« ein ehrlicher Mann zu bleiben.

Wilson Mizner, der Fürst von Nome

Die Gebrüder Mizner – Wilson, Edgar und Addison – waren Opfer des Goldrausches im Klondike-Territorium, aber nur Wilson hielt es im Norden, nachdem das erste große Fieber vorüber war. Als sich seine Brüder in Richtung Süden eingeschifft hatten, schloß er sich der Stampede nach Nome an und fand hier genau den richtigen Schauplatz für seine vielen verschiedenen Talente. In Nome gab es keine Mounties, die am Sonntag dafür sorgten, daß die Wirtschaften und Spiellokale geschlossen wurden, oder die einem aalglatten Schwindler bzw. »begnadeten« Spieler einen Strich durch die Rechnung machten. Wilson Mizner war nach Ansicht seines Biographen, Alva Johnston, der »Fürst von Nome«, der zwar ungekrönt, dafür aber um nichts weniger anerkannt war. Er war die Art von Schurke, die jeder mochte – abgesehen von denen, die gerade erst auf ihn hereingefallen waren. Er war groß, sah blendend aus und stand mit seiner immer guten Laune im Mittelpunkt jeder Party. Er verfügte über einen messerscharfen Witz und entwickelte unerhörte Fähigkeiten als Raconteur, was ihn zum beliebten Unterhalter bei Trank und Spiel machte.

Es ist nicht mehr festzustellen, woher sein Spitzname »Yellow Kid« eigentlich rührte. Entweder nannte man ihn deshalb den »gelben Burschen«, weil eine Figur in einem damals beliebten Comic Strip so hieß, der wie ihm ein Zahn fehlte, oder er hatte sich den Namen verdient, weil er sich mitunter Gold aus den Haaren kämmte. Nach der letzteren Version, die so häufig ist, daß man ihr einigen Glauben schenken kann, arbeitete Mizner als Kassierer in Saloons in Dawson und Nome. Mizner war clever; und so kam er darauf, daß er seinen Verdienst durch einen einfachen Trick aufbessern konnte. Er kämmte sich etwas Sirup ins Haar, und wenn er Gold abzuwiegen hatte, mit dem die Schürfer bezahlten, dann strich er sich mit den Händen durch das Haar und konnte abends ein erkleckliches Quantum Gold aus seinem Waschwasser herausfiltern!

In Wilsons Leben ging es immer schnell zu: einmal rauf, einmal runter. Er machte Vermögen genauso schnell, wie er sie wieder loswurde. Er initiierte eine regelrechte Mode im Norden, wo Kartenspieler und ähnliche Gesellen den Leuten das Geld aus der Tasche zogen, um dann mit Goldaktien zu spekulieren. Hatte er Gewinn erzielt, eilte Mizner frohen Mutes in den Northern Saloon, wo ihm der junge, »ehrliche« Profi mit den stählernen Augen, Tex Rickard, sein Geld umgehend wieder abnahm.

Aber Mizner war nicht unbedingt auf Bargeld angewiesen. Die Kaufleute konnten jemandem, der ihnen so offen entgegentrat, selten einen Kredit verwehren. Mizner reiste, solange er in Nome war, jeden Sommer nach San Francisco, um seine Schneider, die Herren Bullock und Jones, zu konsultieren. Wilson kam jedesmal als der bestangezogene Mann Alaskas zurück – aber die Schneider kriegten ihr Geld erst Jahre später, nachdem sie es vor Gericht eingeklagt hatten.

Ein recht beliebtes »Spiel« bestand darin, daß man als erzürnter Ehemann posierte und in ein Hotelzimmer eindrang, in dem gerade ein Fremdling ein Schäferstündchen mit der ungetreuen »Ehefrau« hatte. Die »Ehefrau« gehörte natürlich auch zu dem Schauspiel. In Nome verschlief Mizner einmal beinahe so eine Verabredung, und dann konnte er den Revolver nicht finden, ohne den die ganze Sache auf den Düpierten nicht sehr bedrohlich gewirkt hätte. Er griff also eine Tomatendose, riß das Etikett ab, stürmte in das »Liebesnest« und schwor, er werde alle mit einer Büchse Dynamit in die Luft jagen. Das Opfer kaufte sich mit einem Gürtel voller Goldstaub frei.

Mizner war zwar enorm großzügig, kam aber deshalb keineswegs immer allen Verpflichtungen nach. Als die an dem Dynamitdrama beteiligte Dame ihren Anteil haben wollte, drückte er ihr die leere Tomatenbüchse in die Hand. Auf die Frage, was sie damit wohl anfangen solle, antwortete er: »Immerhin habe ich damit gerade 10000 Dollar verdient.«[7]

Einmal erzählte Wilson Jack Hines, was sich wirklich beim Tode von Big Jim Wilson zugetragen hatte. Wilson hatte die Anvil-Bar gepachtet und machte mit ihr einen Haufen Geld. Nun war es im Norden Brauch, daß die Besitzer oder Pächter für ihre Stammkunden eine Weihnachtsparty gaben – bei der natürlich alle Drinks frei waren. Im Anvil ließ sich Wilson also mit seinen 300 Pfund Lebendgewicht unter seinen Freunden nieder und forderte sie auf, auszutrinken. Es erstaunte jedermann in Nome, wieviel Schnaps Big Jim vertrug. Sein zerfurchtes Gesicht nahm zwar im Laufe des Abends einen immer violetteren Schimmer an, aber er hielt sich offenbar zugute, daß er wohl die ganze Stadt unter den Tisch trinken könne. Man feierte stundenlang an diesem Weihnachtsfest im Jahre 1900, Wilson, seine Freundin Ione, Mizner, »Hobo Kid«, »In-and-Out-Kid« und andere, bis man sich zu einem Rundgang durch die anderen Wirtschaften entschloß. Hier zahlte Wilson immer die Drinks für alle Anwesenden. Schließlich setzte sich die Gruppe zu einem ausgedehnten Mahl in einem Restaurant nieder, um dann zum Anvil zurückzukehren. Inzwischen war es Morgen geworden, und einige meinten, nun sei es wohl an der Zeit, die Party zu beenden, vor allem wegen des Zustandes von Wilson. Der war zwar bei Bewußtsein, konnte aber seinen gewichtigen Körper nicht mehr ohne Hilfe aus dem Stuhl hieven, und sein aufgedunsenes Gesicht schien jeden Moment zu explodieren. Aber Ione meinte, man solle nur ruhig fortfahren. Sie und Wilson hatten vorher Streit gehabt, und jetzt hatte sie sich einen Plan zurechtgelegt.

Mizner verfügte über die beste Baritonstimme in ganz Alaska, und Wilson verlangte nach den schönsten Balladen. Mizner sang »Tom and Ned«, eine Kriegsballade, die einen zu Tränen rühren konnte. Wilson hob sein Whiskyglas und prostete Mizner zu: »Meinem ältesten Freund – und dem besten verdammten Singvogel Alaskas!«[8] Dann kippte er seinen letzten Drink hinunter – und fiel vornüber. Er war ohnmächtig, atmete aber noch, und Ione versicherte den anderen, daß das alles ganz normal sei und man keinen Arzt brauche. Kurz danach war es zu Ende mit Wilson. Mizner und die anderen Freunde Wilsons waren zwar traurig über dieses tragische Ende einer so wunderbaren Weihnachtsfeier, ließen sich aber trösten, als Ione den Schmuck des Gastwirts unter ihnen verteilte. Mizner erhielt eine große, mit Diamanten besetzte goldene Uhr mit schwerer Goldkette und dazu ein mit Diamenten übersätes Anhängsel, das ein Vermögen wert war. Das hübsche Geschenk war denn auch der Anlaß, warum Mizner sich erinnerte: Jetzt fiel ihm ein, daß Big Jim immer gesagt hatte, Ione würde die Anvil-Bar bekommen, wenn er stürbe. Iones Plan war Wirklichkeit geworden.

Als der dürre Jack »Doc« Kearns Mizner in Nome begegnete, war er beeindruckt: »Mizner blendete mich regelrecht, und der Eindruck sollte das ganze Leben über bleiben.« Mizner war 1,85 Meter groß und wog ungefähr 220 Pfund. »Für einen Spring-ins-Feld wie mich war Mizner ein phantastischer Mann, wenn auch andere ihn für allzu auffällig, aggressiv und bombastisch hielten«, schreibt Kearns, der dann gleichzeitig Mizners Schützling und allgemeiner Laufbursche wurde und dadurch natürlich auch Zugang zur Schickeria der Stadt fand.[9] Auch in späteren Jahren verfolgte Kearns die Karriere Mizners immer mit Bewunderung, wenn dieser etwa als Manager von Boxern auftrat (beide arbeiteten in dieser Funktion kurze Zeit zusammen für den großen Stanley Ketchel), Schauspiele für den Broadway und Filmskripts schrieb oder Grundstücke in Florida verhökerte. Mizner hatte »einen Verstand wie eine Mausefalle und eine skalpellscharfe Zunge, die Unmengen neuer Ausdrücke hervorbrachte«.[10] Über Hollywood sagte er etwa, es sei »wie wenn man in einem Boot mit einem Glasboden durch eine Kloake fährt«. Gesellschaftlichen Aufsteigern riet er: »Sei nett zu den Leuten auf dem Weg nach oben, denn wenn es runter geht, kommst du wieder an ihnen vorbei.«

Für wirklich ehrliche Arbeit hatte Wilson Mizner soviel wie nichts übrig. Man kann sich zwar auch kaum vorstellen, daß er viel Zeit darauf verwandt hat, aber er hat tatsächlich einmal als Reporter für eine der Zeitungen Nomes gearbeitet. Als inoffiziellen Vertreter der Stadt schickte man ihn los, damit er die Schiffsladungen voller Neulinge begutachtete. Das gab ihm Gelegenheit, seinen Charme unter den verfügbaren hübschen Damen zu versprühen und dabei nach potentiellen Opfern unter den naiveren Männern Ausschau zu halten.

Sein ganzes Leben lang war Mizner ein Thema für die Zeitungen Alaskas. Einige Jahre nach seiner Abreise aus Nome ehelichte Mizner eine Witwe von geradezu sagenhaftem Reichtum. Mrs. Myra Yerkes' fortgeschrittenes Alter und ihre tödliche Launenhaftigkeit wurden in Mizners Augen durch die Millionen, die sie von ihrem Mann, einem Industriellen, geerbt hatte, mehr als kompensiert. Seine Freunde in New York neckten ihn immer mit seiner Heirat, und Zeitungen deuteten gehässigerweise an, er sei ein Mitgiftjäger.

Über solche Berichte ärgerte sich der ehemalige Stampeder, und schließlich veröffentlichte er seine Darstellung über diese Heirat im »New York American«. Der »Nome Nugget« und andere Zeitungen in Alaska druckten die Story dann nach. Mizner kam zu einer eher zurückhaltenden Bewertung seiner Zeit im Norden. Er behauptete nicht, ein Vermögen gemacht zu haben. Tatsächlich sei es sogar so gewesen, daß er mit weniger Geld aus Alaska zurückgekommen sei, als er mitgenommen habe, obwohl er einigen Besitz dort erworben habe. Was die Reaktion der Öffentlichkeit zu seiner Ehe mit Mrs. Yerkes anbelange, so könne er da nicht ganz folgen. Immerhin sei er zwar nicht reich gewesen, habe aber doch genug Geld zur Befriedigung seiner Bedürfnisse gehabt – und die seien nicht gering. Die Menschen in Alaska, die wußten, was er an Geld ausgab und wie hoch seine Spieleinsätze waren, konnten das nur bekräftigen. Es würde des ganzen Goldes im Norden bedürfen oder aller Millionen von Mrs. Yerkes, damit Mizner wirklich in dem Stil leben konnte, den er – und vielleicht nur er – pflegte.[11]

Die Autobiographie von Doc Kearns, »The Million Dollar Gate«, ist nicht nur wegen seiner Erinnerungen an das Leben Mizners in Nome von Interesse. Es zeigt, wie unzuverlässig die Erinnerungen sind, die man 60 Jahre später von bestimmten Ereignissen hat. Soweit sich Kearns erinnern konnte, waren alle Stampedes in Alaska eine einzige zusammenhängende Sache: Eigene Erfahrungen und von anderen Gehörtes werden bunt gemischt, die geographischen Vorstellungen gehen durcheinander, und auch die zeitlichen Abfolgen sind verzerrt. Kearns spricht immer wieder vom Klondike, obwohl er selbst nie näher als 1500 Meilen an den legendären Strom herangekommen ist. Er erinnert sich, Soapy Smith in Nome begegnet zu sein, obwohl der sagenhafte König von Skagway den Tod fand, ehe es Nome überhaupt gab. Gerade an dieser Stelle ist die Mischung von Fakten und Legenden lehrreich: Man könnte sagen, daß wenigstens in einem bestimmten Sinne »der Geist« Soapys tatsächlich in Nome lebendig war. Scotty Allen, berühmt wegen seiner Hundeschlittenfahrten, spricht in seinen Erinnerungen ebenfalls davon, daß Soapy Smith in Nome gewesen sei. Richtig ist, daß Soapy Rampart, Fairbanks, Flat und Ruby besucht hat. Mit dem Fortschreiten der Zeit wurde jeder der Pioniere in eine der berühmten Legenden des Nordens eingebaut. Man braucht sich nur diese langweiligen Wintertage in den muffigen Hütten vorzustellen oder – ein etwas angenehmerer Gedanke – in den lauten Saloons. Man braucht nur wenig Phantasie, um zu erkennen, wie oft die Aufmerksamkeit sich den Meisterstücken von Smith und seinesgleichen zuwandte. Die Stories uferten nach allen Seiten aus, und wer hätte in so angenehmer Gesellschaft und bei so vorzüglichem Whisky wohl sagen mögen, er sei nicht in Skagway gewesen, als Soapy Smith dort das Regiment führte? Sicherlich war Smith in jedem Camp des Nordens ein wirklicher Bestandteil der Szene. Das Andenken an seine Untaten ließ sein Bild nicht verblassen. Er war der größte Unhold der Legende geworden, und wann immer sich Menschen in den Wirtschaften oder den überfüllten Rasthäusern an den Straßen Alaskas zusammensetzten, dann war Soapy Smith wieder lebendig.

Jack Hines, der fröhliche Sänger von Nome

Jack Hines war ein Mann zwischen 20 und 30 Jahren, der sich als Prospektor, Journalist und Leiter einer Bergwerksgesellschaft in Nome betätigte. Als er im Jahre 1900 in die aufblühende Stadt kam, hatte er 300 Dollar in der Tasche und war entschlossen, kein normales Leben zu führen. Ein Besuch im Northern Saloon von Tex Rickard gehörte sicher dazu. Hier standen sechs Barmänner hinter der Theke und hatten alle Hände voll zu tun, ihren Gästen Bier und Whisky einzuschenken, während die Maler noch eifrig mit dem Anstreichen beschäftigt waren. Nach ein paar Drinks sang Jack eine sentimentale Ballade. Das belebte das Geschäft, und Rickard bot ihm freie Getränke an, wann immer er den Northern betrat.

In jenem ersten Sommer mietete Hines ein Claim am Anvil Creek und verdiente ziemlich viel Geld, im Durchschnitt 160 Dollar an einem Zwölf-Stunden-Tag. Bei Einbruch der kalten Jahreszeit war er reich genug, um sich entspannen und dem gesellschaftlichen Leben und den musikalischen Aufführungen im Standard Theater und im Northern Saloon widmen zu können. Kein Auge blieb trocken, wenn er seine Liedchen sang:

An einem dunklen Abend,
Schon lange ist es her,
Stand ich vor deinem Fenster,
Wo die Rosen blühn,
Und hörte dich singen ein Liebeslied
Das war so zart und so süß und so frei,
Und ich wußte nicht, daß beim Singen
Du dachtest an mich.

Hines fand, daß in Nome ein besonderer Geist vorherrschte. Er schrieb später: »Er kam von den lustigen 90er Jahren in New York und aus San Francisco, aber er hatte doch auch etwas sehr Eigenes an sich.«[12] Dies erklärte sich zum Teil aus der Isolierung während des Winters, deren Atmosphäre Hines mit der Stimmung bei einer Kreuzfahrt auf einem Ozeandampfer verglich: »Der ganze Winter war eine einzige große Feier!« Gewiß trug der junge Sänger nach Kräften zu den Feiern bei. Seine Auftritte im Northern Saloon wurden immer mit Beifall begrüßt. Wenn die harten Männer ihn zum Singen aufforderten, schmetterte Hines ihnen etwa folgende musikalische Einladung vor:

Warum schreibst du nicht nach Hause?
Was zögerst du denn nur?
Warte doch nicht länger.
Schreib doch nur einen kleinen Brief,
Ehe es zu spät ist.
Die wissen doch nicht, wo du bist,
Sonst würden sie doch schreiben,
Aber du weißt, wo ein Brief sie findet,
Also schreib doch endlich einen Gruß.

Das Liedchen hatte für viele eine besondere Bewandtnis. Der Postmeister in Nome erhielt viele Anfragen, in denen sich Familien nach dem Aufenthaltsort eines Angehörigen erkundigten. Es gab recht viele Goldsucher, die nur noch Gedankenverbindungen zu ihren Familien pflegten.

Aber auf den fröhlichen Sänger warteten auch ernste Prüfungen. Er heiratete ein hübsches Mädchen, die Tochter eines Anwalts in Nome, und führte nun ein etwas ruhigeres Leben. Allerdings war das Paar durchaus am gesellschaftlichen Treiben beteiligt, vor allem an den internationalen Veranstaltungen um Graf Constantine Podhorski, der oft geschäftlich in Nome zu tun hatte. Er war Teilhaber an der Northeastern Sibirian Company von John Rosene, der vom Zaren eine Konzession für den Betrieb eines Bergwerks erhalten hatte. Für Unternehmer im Nordosten Sibiriens war Nome nicht nur Versorgungszentrum und Verkehrsknotenpunkt, sondern auch das gesellschaftliche Mekka. Auf der russischen Seite der Bering-Straße gab es so ein weltstädtisches Zentrum nicht.

Der Graf, der von Geburt Pole war, gab auf dem russischen Kanonenboot, das ihn zwischen Asien und Amerika hin- und herbeförderte, glanzvolle Parties. Damals liefen russische Schiffe oft Nome an. Die geladenen Gäste wurden an Bord üppig mit Speisen und Getränken bewirtet, die von einem Dutzend Kellnern aufgetragen wurden, während das Schiffsorchester für musikalische Unterhaltung sorgte. Leute, die neu nach Nome kamen, konnten gar nicht genug darüber staunen, daß ausgerechnet an einem so entlegenen Ort ein solches Treiben herrschte. Podhorski war der vollendete Gastgeber, er hofierte die Damen – für die er sehr viel übrig hatte – und erging sich je nach Bedarf in einer der sechs Sprachen, die er beherrschte. Kurz vor Ende der Schiffahrt ergab es sich, daß Mary, Hines Frau, wegen einer Familienangelegenheit abreisen mußte. Ob durch Zufall oder mit Absicht – Graf Podhorski, der gelegentlich schon mit Mary geflirtet hatte, reiste auf demselben Schiff. Der Graf umwarb Mary während der Reise auf das heftigste, aber sie wußte sich seinen Überredungskünsten zu widersetzen – sie stellte das jedenfalls so dar. Schließlich war der Graf aber mit seiner Geduld am Ende und – so ihre Geschichte – drang in ihre Kabine ein und vergewaltigte sie.

Für Hines war es ein langer Winter. Irgendwie ahnte er, daß etwas geschehen war, aber was, das wußte er nicht. Endlich war das Wasser wieder frei, und Mary kam mit einem der ersten Dampfer an. Was sie berichtete, brachte Hines zu dem Entschluß, sich an Podhorski zu rächen. Er wollte den Grafen aufspüren und töten. Hines wandte sich an Al Cody, einen bekannten Privatdetektiv in Portland, Oregon, der früher US-Deputy-Marshal in Nome gewesen war. Cody berichtete, daß sich Podhorski in New York aufhalte, und Hines machte sich auf die lange Reise. Aber Freunde konnten Podhorski rechtzeitig warnen, so daß es zu keinem Zusammenstoß kam. Podhorski verschwand. Schließlich kabelte Al Cody, daß sich der Graf in Goldfield, Nevada, befinde, wo seinerzeit gerade ein neues Goldvorkommen erschlossen wurde. Hines reiste also nach Westen.

In einem Restaurant fand der junge Mann den Grafen. Er ging auf ihn zu und drückte dreimal auf den Nebenbuhler ab. Als dieser vornüberfiel, ließ Hines ohne jede Hast noch eine vierte Kugel folgen, diesmal in den Kopf des Polen. Die ruhige Besonnenheit, mit der Hines handelte, hätte ihm leicht zum Verhängnis werden können. Das Gesetz erkennt mildernde Umstände an, wenn eine Gewalttat in der Hitze einer leidenschaftlichen Erregung begangen wurde, aber das traf ja hier nicht so recht zu. Als Hines Podhorski tötete, waren Monate seit der Aktion vergangen, die den Anstoß zu seiner Tat geliefert hatte, und er war seitdem Tausende von Meilen gereist, ehe er sein Opfer fand. Zu alledem kam noch, daß er die Leute in dem Restaurant, wo eine Panik auszubrechen drohte, beruhigte, indem er die Sache erklärte, dann die Pistole einsteckte und sich dem Sheriff stellte.

Die Freunde von Hines in Nome waren in großer Sorge. In den Nachrichten, die auf der Seward-Halbinsel eintrafen, hieß es, daß die Stimmung gegenüber Hines in der Öffentlichkeit Nevadas sehr negativ sei. Marys Vater, der Anwalt O.D. Cochrane, reiste nach Nevada, um selbst die Verteidigung zu übernehmen. Er plädierte auf verminderte Zurechnungsfähigkeit im Augenblick der Tat.

In der Zeit vor dem Prozeß wirkte die natürliche Offenheit von Hines wahre Wunder. Er genoß bevorzugte Behandlung in dem Staatsgefängnis, und allmählich wandelte sich die öffentliche Meinung zu seinen Gunsten. Kein Geringerer als der Gouverneur Nevadas besuchte ihn, um ihm zu versichern, daß »jedermann in diesem Staat auf Ihrer Seite ist«.[13] Das Verfahren dauerte zwei Wochen. 25 Zeugen traten auf, um den guten Leumund des Angeklagten zu erhärten. Hines war empört, als der Staatsanwalt andeutete, Mary sei vielleicht ein williges Opfer gewesen. Cochran mußte versuchen, den Zustand der Affekthandlung bei Hines zu beweisen, nachdem er Tausende von Meilen gereist war, um Podhorski zu erschießen. Cochran versicherte, Hines habe damals nicht gewußt, was er sagte. Und trotz aller Hinweise, daß es sich hier um ein vorsätzliches Verbrechen handele, kam die Jury zu dem Schluß, daß der verliebte Graf wahrscheinlich seine gerechte Strafe bekommen hatte, und sprach Hines frei. Ganz Goldfield applaudierte diesem Richterspruch, und Nome tat dasselbe, als die Nachricht dort eintraf.

Jafet Lindeberg

Wenn Goldgräber zu Reichtum gekommen waren, warteten sie mit dem Geldausgeben nicht, bis sie in Seattle oder San Francisco waren. Jafet Lindeberg zum Beispiel, der zu den Entdeckern des Goldfeldes vom Anvil Creek bei Nome gehörte, lud gern Freunde zu reichhaltigen Picknicks ein. Geld spielte einfach keine Rolle für den Norweger, und er hatte nichts dagegen, auch seine Nachbarn an seinem goldenen Glück teilhaben zu lassen.

Ein New Yorker, der in Nome zu Besuch war, wurde einmal zu einem solchen Picknick eingeladen und war natürlich sehr beeindruckt. Die Gesellschaft reiste ein paar Meilen mit der Wild Goose Railroad – der Wildgansbahn – und zog dann mit einem ganzen Zug von Packpferden weiter über die Tundra. Es waren insgesamt so viele schwer beladene Tiere, daß der Gast annahm, es handele sich um Nachschub für eine der Goldminen des Norwegers. Aber nichts dergleichen! Als man an einen günstigen Ort gelangt war, machte das Ganze halt, und die Dienerschaft Lindebergs breitete Teppiche aus und lud Tische und Stühle, Porzellan und alle Arten von Getränken und Speisen von den Pferden.

Der Mann aus New York staunte nicht schlecht – und beging prompt einen unverzeihlichen Fauxpas. Als er einen kleinen Bach mit klarem Wasser in der Nähe bemerkte, wollte er das Wasser probieren. Lindeberg sah, daß er auf den Bach zuging, und erkundigte sich indigniert, wo er denn wohl hinwolle. Als der Gast seine Absicht kundtat, mußte er einen wahren Zornausbruch des Norwegers über sich ergehen lassen: Meine er vielleicht, daß Lindeberg irgendein Hergelaufener sei? Der Gast zeigte sich angemessen zerknirscht und machte sich darauf gefaßt, nun Bier oder Sekt trinken zu müssen – aber es kam wieder anders. Man servierte ihm eine Flasche europäischen Tafelwassers. So ein Picknick kostete Lindeberg im Durchschnitt etwa 10000 Dollar. Und er veranstaltete viele! Die heimischen Produkte Alaskas kamen bei diesen Festen zu kurz. Rentierfleisch oder Fisch aus der Bering-See erschienen nicht auf seinen Picknicktischen. Alles, was es zu essen gab, war importiert.

Die reichen Minen Lindebergs gehörten zu denjenigen, auf denen sich Mitglieder der »Plünderer« – der Bande um McKenzie und Noyes – breitmachten. Aber Lindeberg ließ sich nicht einfach die Butter vom Brot nehmen. Es waren die Anwälte, die er zusammen mit Charles D. Lane – einem Schürfer aus Kalifornien, der sich auch am Anvil Creek eingekauft hatte – engagiert hatte, um dann die Fälle vor das Bundesberufungsgericht zu bringen.

Der junge Norweger nahm das Recht gelegentlich auch selbst in die Hand, wenn er etwa eine Schar bewaffneter Schürfer anführte, die die Männer McKenzies von einem umstrittenen Claim vertrieben. Bei diesem Zusammenstoß wurde einer der McKenzie-Leute verletzt. Der damals abgegebene Schuß führte zu einer Anklage gegen Lindeberg und andere. Richter Wickersham war seinerzeit dabei, wieder etwas Ordnung in Nome einzuführen, und meinte, eine gewisse Bestrafung müsse sein. Aber Lindeberg war anderer Ansicht. Als er von der Anklageerhebung erfuhr, griff er nach seinem Mantel, nahm einen Beutel Gold aus seinem Safe und lief zum Strand. Der Dampfer »Queen«, der Nome als letzter vor dem Zufrieren verließ, hatte seine Anker bereits gelichtet, aber der nie um Rat verlegene Goldgräber heuerte schnell eine Crew an, die ihn noch rechtzeitig zu dem Schiff ruderte. Die Klugheit gebot ihm, den Winter in San Francisco zu verbringen, und als das Frühjahr kam, war Gras darüber gewachsen.

Lindeberg war auch im Winter 1903 gerade wieder in San Francisco, als Liebesgott Amor einen Pfeil auf ihn abschoß. Sein Auge fiel auf eine Miß Metson, um deren Hand er sich sogleich bemühte. Unglücklicherweise bekam ein Reporter vom »San Francisco Examiner« Wind von der Sache, und er veröffentlichte eine Story in seiner Zeitung. So wie er es darstellte, war Lindeberg nicht nur ein junger Millionär, sondern auch ein recht unbehauener Klotz, dem Miß Metson das Benehmen in der guten Gesellschaft beibringen mußte. Der Minenbesitzer war nicht nur nicht begeistert – er war empört. Hier hatte ein Journalist seine Privatsphäre verletzt. Irgendwann entdeckte er den Reporter in der Empfangshalle des luxuriösen Palace Hotels, in dem er immer zu wohnen pflegte. Er bat den Journalisten nach draußen und drosch ihn dort nach allen Regeln der Kunst zusammen. Seine Millionen hatten keinen Weichling aus Lindeberg gemacht, wie der indiskrete Reporter schmerzhaft erfahren mußte.

Auf Fotografien wirkt Lindeberg klein und schlank, aber sehr drahtig. Er arbeitete hart und hielt sich nicht mit Tagträumen auf. Einen großen Teil des Geldes, das er am Anvil Creek machte, legte er in Banken und anderen Unternehmen an. Er begründete auch eine Rentierzucht auf der Seward-Halbinsel, ein Unternehmen, das später unter Carl Lomen seinen Höhepunkt erleben sollte. Für Rex Beach war Lindeberg der Held seines Buches »Die Plünderer«. Lindeberg war natürlich in Alaska eine Art Held, aber nicht wegen einer Rolle in irgendwelchen Büchern, sondern weil man ihn als fortschrittlichen Geschäftsmann respektierte. Und selbstverständlich auch deshalb, weil er ganz einfach vom Rentierhirten zum Millionär geworden war.

Swiftwater Bill Gates

Wenn es schon zutrifft, daß niemand als Held vor seinem Diener bestehen kann, dann gilt das vermutlich noch mehr in bezug auf seine Wertschätzung durch seine Schwiegermutter. Welche Auszeichnung muß es also sein, wenn die Schwiegermutter zur Biographin ihres Schwiegersohnes wird. Diese Ehre wurde also Swiftwater Bill Gates zuteil, wenn man auch sagen muß, daß Mrs. Iola Beebe Bill keineswegs verherrlichte. Sie beschrieb ihn vielmehr »mit Warzen und allem«. Swiftwater seinerseits hinterließ kein entsprechendes Denkmal für Mrs. Beebe. Es läßt sich nicht mehr feststellen, ob er Anhänglichkeit für sie empfand oder nicht. Alles, was wir wissen, ist, daß er sie immer wieder für sich einzunehmen wußte.

Die Biographie des Goldmillionärs trägt den Titel »The True Life Story of Swiftwater Bill Gates«. Vor dem Goldfund am Klondike ließ sich nicht viel Bemerkenswertes über Bill sagen. Er war ein ganz gewöhnlicher, etwas struppiger Mann von 35 Jahren, maß 1,65 Meter und arbeitete als Tellerwäscher in einem Rasthaus in Circle. Hier hörte er von den Reichtümern des Klondike-Territoriums, zog los und erwarb das irrsinnig ergiebige Claim Nr. 13 Eldorado.

Es bereitete Mrs. Beebe sichtbaren Kummer, wenn sie berichten mußte, was Bill tat, nachdem er ohne allzu große Mühe am Eldorado Creek einen Schacht gegraben und seinen Beutel mit Gold gefüllt hatte. »Hätte er nur mit dem allereinfachsten Geschäftssinn gehandelt«, hätte er sich bei anderen Claims einkaufen und leicht schon in der ersten Saison eine Million machen können, schreibt sie.[14] Statt dessen schleppte er seinen Goldbeutel nach Dawson, ging in einen Saloon, bestellte Drinks für jedermann und posaunte seinen Erfolg in alle Welt. Außerdem kündigte er an, er wolle das beste Spiellokal in der Stadt kaufen.

Kurz darauf eröffnete Bill – in schwarzem Prince Albert-Mantel und schwarzem Seidenzylinder – das Spielkasino Monte Carlo, in dem es keine obere Grenze für die Einsätze gab. Hier sollte sich nun die große Schwäche Bills zeigen. Unter den Show-Girls, die nach Dawson kamen, um an dem Reichtum der Schürfer teilzuhaben, waren auch die hübschen Lamore-Schwestern, zielstrebige junge Damen, die wußten, wie man zu Geld kam.

Bill verliebte sich unsterblich in Gussie Lamore und bot ihr an, sie in Gold aufzuwiegen – nach seiner Schätzung waren das immerhin 30000 Dollar –, wenn sie ihn heiratete. Aber Gussie war dagegen. Sie war für bloße Freundschaft. Sie wurden also Freunde, bis sie sich aus nichtigem Anlaß zerstritten. Der Streit und die Eifersucht Bills waren Anlaß zu der berühmten Eier-Episode.

Keins der Happenings, die mit Bill zu tun hatten, ist so oft – und in so verschiedenen Versionen – wiedergegeben worden wie die Sache mit Gussie und den Eiern. Offenbar hatte Gussie eines schönen Tages am Arm eines der Rivalen von Bill ein Restaurant betreten und das teuerste Menü auf der Karte bestellt: Spiegeleier. Bill war als Beobachter dabei, und da er wußte, wie sehr Gussie Eier mochte, kaufte er alle Eier in ganz Dawson auf und – ja, und hier teilen sich nun die Ansichten: 1) ließ sie entweder alle Gussie überreichen, oder 2) ließ sie alle in die Pfanne schlagen, um sie dann aus dem Fenster zu kippen, und so den hungrigen Hunden zum Fraß vorwerfen, oder 3) ließ sie alle den Show-Girls vorsetzen, oder 4) veranlaßte etwas ganz anderes. Keine der Thesen läßt sich in diesem Fall einwandfrei nachweisen, nicht einmal der Preis der Eier. Pierre Berton versucht in seinem Buch »Klondike« alle Tatsachen aufzuspüren, aber sogar die Berichte der Augenzeugen widersprechen einander.[15] Nach den gewichtigsten Darstellungen muß man annehmen, daß Bill für zwei Kisten Eier zwei Kaffeebüchsen voll Gold gezahlt hat. Mrs. Beebe stellt es so dar, daß Bill alle Eier Dawsons für den Preis von 2280 Dollar in Gold aufkaufte und Gussie damit wieder an seinen Frühstückstisch zurückholte, weil sie sonst keine Eier bekommen hätte. Mrs. Beebe war allerdings nicht der Ansicht, daß diese Art und Weise, seine Freundin wieder zu sich zurückzuholen, einen sonderlichen Erfolg für Bill darstellte. »Wir alle hielten Bill für den Dummen, und ich glaube, jede Frau, die dies liest, wird mir zustimmen.«[16] Sie hatte kein Verständnis dafür, daß Swiftwater es vielleicht als Kompliment empfand, mit dem Spitznamen »Ritter vom goldenen Omelette« »geehrt« zu werden.

Niemand in Dawson war überrascht, als Bill Gussie zwei Kaffeebüchsen voll Gold übergab, aber die folgende Geschichte aus der Zeit seines Werbens um Gussie erregte selbst in diesem Camp starres Staunen. Sogar Männer, die Swiftwater für einen Narren hielten, wollten kaum glauben, wie trügerisch eine Frau sein kann. Nach den damals abgegebenen Schilderungen schickte

Bill Gussie allein nach San Francisco. Er wollte nachkommen, und dann sollte geheiratet werden. Gussie reiste ab, und Bill brachte seine Geschäfte zum Abschluß, um sich dann in Bay City mit ihr zu treffen, aber nun verweigerte das obstinate Mädchen wiederum seine Hand.

Bill fackelte nicht lange und heiratete Gussies Schwester Grace – um Gussie eifersüchtig zu machen. Während in Oakland, in unmittelbarer Nähe San Franciscos, ein großes Haus für das Paar hergerichtet wurde, wohnten die beiden im luxuriösen Brautzimmer des Baldwin-Hotels. Hier führte Bill aller Welt seinen Reichtum vor. Wenn man einer Schwiegermutter Glauben schenken darf, dann gab er den Hotelpagen Trinkgelder dafür, daß sie ihn gegenüber anderen Gästen als den »König vom Klondike« bezeichneten. Und das war er ja auch!

Aber auch diese »Würde« brachte ihn bei den Lamore-Schwestern nicht viel weiter. Trotz all seiner Großzügigkeit verließ ihn Grace, noch bevor das Haus in Oakland fertig war, und reichte die Scheidung ein. Wutentbrannt sagte sich Bill von den Lamores los – man könnte sich vorstellen: auch von allen anderen Frauen – und ging wieder an seine Arbeit.

Als sein Partner von der kanadischen Regierung eine Konzession zum Schürfen am Quartz Creek im Klondike erhielt, beschloß Bill, sein leicht lädiertes Ansehen wieder zu reparieren. Er reiste nach London, sicherte sich finanzielle Unterstützung und kaufte die modernsten hydraulischen Schürfmaschinen, die es damals gab. Als sie in Seattle eintrafen und Bill den Weitertransport nach Dawson vorbereitete, stellte ihn ein gemeinsamer Freund Mrs. Beebe vor. Diese schreibt darüber: »Wenn ich daran denke, was aus mir und meinen Töchtern Blanche und Bera wurde... an die Jahre des Elends, die folgten, dann frage ich mich, welche merkwürdige Schicksalsmacht unsere Wege bestimmt.«[17]

Mrs. Beebe behauptete, sie sei gleich mißtrauisch gegenüber Bill gewesen, und zwar »trotz seiner tiefen, wohlklingenden Stimme, die in der Regel augenblicklich bei neun von zehn Frauen vertrauenerweckend wirkt«.[18] Sie kannte die Stories über die Lamore-Schwestern aus der Zeitung, als sie mit ihren beiden hübschen Töchtern, auf die Bill sofort ein Auge geworfen hatte, in Richtung Norden fuhr. Aber Mrs. Beebe brauchte Hilfe. Sie hatte die Absicht, in Dawson ein Hotel aufzumachen, und Swiftwater sagte ihr seine Unterstützung zu.

Bera Beebe, 15 Jahre alt, rotbäckig und blauäugig, hatte es Swiftwater angetan. Sie mochte ihn auch,und so konnte er sie unbemerkt an Bord der »Humboldt« bringen, kurz bevor diese auslief. Aber in allerletzter Sekunde griff doch noch die Mutter ein, so daß aus der großen Liebesgeschichte nichts wurde. Dennoch, die Liebe setzt sich schließlich auch gegen die wachsamsten Eltern durch, und als man sich einen Monat darauf in Skagway wiedertraf, das damals den Höhepunkt seines Goldrausches erlebte, da war es so weit. Bill und Bera entflohen gemeinsam über den Chilkoot-Paß zum Klondike, ehe Mrs. Beebe es verhindern konnte.

Mrs. Beebe folgte ihnen. Es war der zweite Abschnitt ihrer Odyssee im Kielwasser Swiftwaters. Es war ein Weg voller Enttäuschungen und Leid, aber auch – eigentlich unerklärlicherweise – voller Verständnis für Bill. Wie schaffte es dieser heimtükkische Swiftwater, der Bera entführt hatte, Mrs. Beebe wieder für sich zu gewinnen und, nachdem er seine heiligsten Versprechen abermals gebrochen hatte, sie noch um ihr gesamtes Vermögen zu betrügen? Pierre Berton, der Chronist des Klondike-Territoriums, ist zu dem Schluß gekommen, daß Iola Beebe trotz all der ihr zugefügten Unbill Swiftwater vielleicht ebenso liebte, wie ihre Tochter Bera das tat. Bill behandelte Bera eine Zeitlang sehr zuvorkommend. Nichts war für sie zu teuer, und seien es Melonen für 40 Dollar das Stück. Mrs. Beebe zog zu den Neuvermählten und schluckte ihren Kummer hinunter. Bald sollte sie auch Großmutter werden.

Unterdessen gingen die Geschäfte Swiftwaters schlecht. Die Kreditgeber saßen ihm im Nacken, und er brauchte zusätzlich Geld für die Entwicklung seiner Mine am Quartz Creek. Nachdem er all die Mittel hineingepumpt hatte, die er sich in der Außenwelt und in Dawson besorgt hatte, ließ er sich von Mrs. Beebe 35000 Dollar geben. Als sein Partner ihm nicht wie versprochen 100000 Dollar schickte, war Swiftwater erledigt. Um sich Peinlichkeiten zu ersparen, reiste er plötzlich nach Nome ab, wo gerade wieder neue Goldfunde gemacht worden waren. Bera nahm er mit, aber das Kind ließen die beiden in der Obhut der Großmutter. Und Mrs. Beebe saß mittellos da. Bald lag sie sogar auf der Straße, weil einer von Bills Partnern sie aus Bills Blockhütte warf, als sie sich weigerte, das Bett mit ihm zu teilen.

Schließlich bekam Mrs. Beebe Neues über Gates zu hören. Mit seinem sprichwörtlichen Glück hatte er ein Claim am Dexter Creek erworben und goldhaltigen Kies gefunden. Gates und Bera verbrachten den Winter außerhalb des Landes – während die geplagte Schwiegermutter ihren zweiten Winter in Dawson verbrachte und dabei auf die öffentliche Wohlfahrt angewiesen war.

Im Frühling endlich kam ein Brief aus Chicago. Alles war in Ordnung. Gates hatte genügend Geld, um seine Schulden zurückzuzahlen. Mrs. Beebe sollte das Paar in Nome abholen, wohin Bill und Bera dann mit dem ersten Schiff der Saison kommen würden. Mrs. Beebe überlegte: »Ist es nicht eigenartig, wie eine Frau alles vergißt, was ihr ein Mann angetan hat, wenn sie meint, daß er jetzt das Richtige tut oder zu tun versucht?«[19]

Nach drei Wochen Wartezeit in Nome, wo sie Tag für Tag umsonst zur Post pilgerte, begann Mrs. Beebe, Schlimmes zu ahnen – und damit hatte sie recht. Eine Zeitung aus Seattle fiel ihr in die Hände: Seite 1 brachte die Story einer neuen Romanze von Swiftwater Bill Gates. Diesmal war seine große Liebe Kitty Brandon, wieder eine 15jährige. Bera, die inzwischen ihr zweites Kind bekommen hatte, war in Washington zurückgeblieben, und Gates war auf dem Wege nach Alaska, als er sich zu Kitty, einem Mädchen aus einer Klosterschule, hingezogen fühlte. Man riß aus und heiratete.

Jetzt verdoppelten sich allerdings die Probleme für Gates, denn nun jagte eine zweite Schwiegermutter hinter ihm her. Kittys Mutter fand Bill in einem Hotel in Seattle, aber das brachte sie nicht viel weiter. Bei solchen Gelegenheiten zeigte Bill, wie Mrs. Beebe es ausdrückt, »ein enormes Taktgefühl gepaart mit einem unwahrscheinlichen Erfindungsreichtum – Eigenschaften, die, wie seine Freunde wissen, zu seinen hervorragendsten Merkmalen zählen«.[20] Gates und Braut entkamen durch die Hintertür des Hotels, warfen sich in einen wartenden Wagen und jagten in Richtung Tacoma davon.

Mrs. Beebe und ihre von ihrem Mann verlassene Tochter ließen sich in Seattle nieder und warteten darauf, daß der Bigamist wieder auftauchte. Da Gates für die Zeitungen immer ein Thema war, konnte man sich über seine Reisen leicht informieren, und siehe da, bald erfuhren die Frauen, daß der Schürfer sich in der Stadt aufhielt. Mrs. Beebe suchte sämtliche Hotels ab und fand Bill schließlich auch, der sich in seinem Bett verstecken wollte. Im Moment, so stellte sich heraus, war Gates völlig am Ende. Seine Garderobe, die normalerweise der letzten Mode entsprach, bestand aus ein paar abgelegten Kleidungsstücken und Schuhen. Trotzdem behauptete er, daß da ein Mann in San Francisco war, der ihm das Geld zum Goldsuchen im Tanana-Tal vorschießen würde. Nur, wie sollte er ohne einen Pfennig in der Tasche nach San Francisco kommen?

Mrs. Beebe blieb sich auch jetzt treu. Nicht nur, daß sie Swiftwater bei sich übernachten ließ, ihm das Frühstück servierte und seine Kleider wusch – sie brachte auch noch ihren Schmuck ins Pfandhaus und lieh Gates das Geld, das sie dafür bekam. Und Bill zog ab nach San Francisco. Mit einer etwas aufgefrischten Garderobe und seiner blendenden Überredungskunst hatte er bald Tausende von Dollar zusammen, mit denen er nach Seattle zurückkehrte. »Nachlässig« wie er war, »vergaß« er, Mrs. Beebe aufzusuchen, die von seinem Kommen wiederum nur aus der Zeitung erfuhr. Ehe sie ihn aber zur Rede stellen konnte, befand er sich auf einem Dampfer in Richtung Norden.

Sehr schnell brachte es Gates wiederum zu einem Vermögen, diesmal auf dem Claim Nr. 6 am Cleary Creek, in der Nähe von Fairbanks. Mrs. Beebe hörte davon und machte sich auf die lange Reise ins Landesinnere. In Fairbanks stellte sie den berüchtigten Goldgräber und Schürzenjäger. Dieser versicherte ihr wieder hoch und heilig, alles werde in Ordnung kommen, wenn nur erst das Goldwaschen im Frühjahr begonnen habe. Es werde genug für alle Geldgeber und Frauen da sein.

Auch Kittys Mutter hielt sich in Fairbanks auf, wohnte in einem Zelt, das Bill gehörte, und wartete ab. Die Anwesenheit zweier Schwiegermütter störte Bill nicht weiter, er wußte einfach, daß ihm das Glück treu war, und tatsächlich brachte das Waschen der Goldseife 75000 Dollar ein. Bill und Mrs. Beebe machten sich daraufhin per Schiff auf den Weg. Auf dem Dampfer wartete ein neuer Schock auf die Schwiegermutter Nr. 1, als sie nämlich erfuhr, daß ihr Schwiegersohn zwei junge Frauen mit an Bord genommen hatte. Als der Dampfer in St. Michael anlangte, war die Geduld von Mrs. Beebe am Ende. Sie schickte ein Telegramm nach Seattle, in dem sie Bera aufforderte, beim Anlegen der »Ohio« zur Stelle zu sein, wenn sie überhaupt noch Geld bekommen wolle. Sie rüstete sich nunmehr auch für eine richtige Auseinandersetzung mit Swiftwater. Aber in Seattle verlief die Aussprache zwischen beiden auf dieselbe Art wie alle früheren Begegnungen. Die Polizei war hinter Gates her, weil Bera ihn der Bigamie beschuldigte. Das Ende vom Liede war, daß Mrs. Beebe versuchte, Bill dabei zu helfen, durch die Maschen des Gesetzes zu schlüpfen, jedoch wurde er im Hotelzimmer der Beebes festgenommen.

Dann folgte ein sehr ungewöhnliches Verfahren. Gates ließ den Richter vom Obersten Gericht kommen, bestellte mehrere Anwälte – und den Weinkellner. Eine Flasche nach der anderen belebte die Erörterungen der rechtlichen Situation. Da Bill nur wenig Geld bei sich hatte, mußte Mrs. Beebe den Wein bezahlen. Schließlich war eine Vereinbarung ausgearbeitet. Der Richter erklärte sich bereit, das Verfahren wegen Bigamie zu vertagen, wenn Gates 2250 Dollar hinterlegte. Dieses Geld war für den Unterhalt Beras und die Anwaltskosten bestimmt. Mrs. Beebe lieh Swiftwater 1250 Dollar. Bera erhielt letzten Endes 750 Dollar.

Aber die Sorgen waren für Gates noch nicht vorüber. Jetzt erschien Kitty Gates und verlangte Geld. Gates redete pausenlos auf Bera ein, in eine Scheidung einzuwilligen, weil man ihm sonst sein gesamtes Eigentum in Alaska nehmen würde und ihre Kinder dann nichts bekommen würden. Bera gab nach. Doch nun mußte er mit seiner anderen Frau, mit Kitty, fertigwerden.

Die »Fairbanks News« berichtete wie alle anderen Zeitungen Alaskas recht ausführlich über die ehelichen Schwierigkeiten Bills. Hocherfreut berichtete auch die »News« über die Beilegung des Konflikts mit Mrs. Beebe und die Anklage durch Kitty, die gerade erfolgte, als Bill anfing, sich »draußen« wohl zu fühlen.[21] Bill hatte allerdings Glück im Unglück, weil die Polizei gerade in diesem Augenblick Kitty unter dem Vorwurf festnahm, ausgerechnet in einem der besten Stadtbezirke, ein öffentliches Haus geführt zu haben. Die Polizei warf ihr vor, sie wolle Gates erpressen, und ließ durchblicken, Kitty sei schon mehrfach festgenommen worden, während Bill im Norden schwer gearbeitet habe.

Kitty ihrerseits beteuerte, die Polizei wolle ihr etwas anhängen. Gegenüber Presseleuten hatte sie geäußert, die Polizei würde sie schon des Diebstahls beschuldigen, »wenn ich meine Hand auch nur über ein leerstehendes Grundstück halte«. Außerdem stellte sich heraus, daß Kitty eine Nichte von Gates war und daß er die aufgebrachte Familie durch reiche Geschenke zum Schweigen gebracht hatte. Bald nachdem sie der Familie entronnen waren, um zu heiraten, war Gates wieder in Richtung Norden gereist, und Kitty hatte beschlossen, selbst ihren Platz in der Gesellschaft zu suchen. Sie war der »Star« in mehreren der bekanntesten Polizeigerichte zwischen Seattle und San Francisco. Ihre »Sondernummer« war nach einem Bericht der »Fairbanks Times« eine »sehr geschickte Demonstration, die darin bestand, einen Telefonapparat mit nur einem einzigen Tritt zu demolieren. Sie hatte dabei immer aufmerksame Zuschauer.«[22]

Als Swiftwater in der nächsten Saison wieder in Fairbanks war, gelang ihm noch einmal ein gutes Geschäft. Er nahm sich auch die Zeit zu einiger gesellschaftlicher Aktivität. Dan Sutherland, ein anderer Schürfer in Fairbanks und späterer Abgeordneter für Alaska im Kongreß, besaß direkt neben Bills Claim am Cleary Creek einen Schacht. Als die Goldgräber am Creek den Hut herumgehen ließen, um ein Haus für gesellschaftliche Anlässe zu bauen, stiftete Swiftwater die Bretter für den Tanzboden. Aber dann kränkte er beim Eröffnungsball alle Anwesenden, indem er mit einer Frau erschien, »deren Moral nicht den Anforderungen der brüderlichen Elite entsprachen«. Die erzürnten Schürfer warfen das Paar hinaus, Sutherland meinte allerdings, die Leute vom Cleary Creek hätten den Fehler begangen, »den besten Tänzer in der ganzen Stadt« hinauszukomplimentieren.[23] Jedenfalls wurde sichtbar, daß Swiftwater Bill Gates nicht nur Freunde, sondern auch Feinde hatte. Sein Erfolg löste bei den einen Neid, bei anderen Bewunderung und fast Ehrfurcht aus.

Inzwischen saß Mrs. Beebe wiederum ohne jede Entschädigung da, und sie entschloß sich noch einmal zu der schwierigen Reise nach Norden. Hierbei erlebte sie auf dem Yukon zweimal einen Schiffbruch. Wieder spielte sich die schon vertraute

Szene ab. »Ich werde alles in Ordnung bringen«, schwor Bill.[24] Zum letzten Mal schenkte sie ihm Glauben, aber der Kerl stahl sich aus der Stadt. Mrs. Beebe blieb ihm auf den Fersen.

In Seattle gab Mrs. Beebe die direkte Verfolgung schließlich auf und beauftragte die Gerichte, die Sache auf ihre Weise weiter zu verfolgen. Da richtete Gates unter all seinen Geldgebern eine heillose Verwirrung an, indem er seinen gesamten Besitz an Goldminen seinem Partner überschrieb und sich für bankrott erklärte. Mrs. Beebe bekam nichts. Und so geschah es, daß diese so oft betrogene und enttäuschte Frau im Jahre 1908 auf die Idee kam, mit der Biographie »The True Life Story of Swiftwater Bill Gates« einerseits zu etwas Geld zu kommen, andererseits sich zu rächen an diesem Mann und eine Antwort auf die Frage zu versuchen, wer er denn eigentlich gewesen sei. Sie schreibt: »Einige werden vielleicht sagen, Swiftwater Bill sei, als er tief in seinem Schacht am Eldorado Creek den goldenen Glanz entdeckte, so geblendet worden, daß er nie wieder einen moralischen Halt zu finden vermochte.«[25]

So »großzügig« sich Swiftwater auch in ehelichen und geldlichen Dingen zeigte, er hat sicher nicht das Urteil verdient, das ein Richter bei einem Prozeß in Seattle fällte. Es war wirklich ein Schlag unter die Gürtellinie, als der Richter begann, der »großartigen Legende über Swiftwater in der Sache Gussie Lamore und den Eiern von Dawson« den Todesstoß zu versetzen. Die »Eierfrage« tauchte noch einmal auf, als Bills Anwalt erklärte, sein Klient sei kein Millionär. Bills großer Reichtum sei ein Mythos, der sich daraus erkläre, daß Swiftwater angeblich einen enormen Preis für eine Kiste Eier gezahlt habe, um damit seiner Freundin zu imponieren.

Richter Griffin griff genüßlich lächelnd diese Gelegenheit beim Schopfe, um der Wahrheit die Ehre zu geben – und vielleicht auch ein paar Schlagzeilen zu machen: »Ich weiß, daß diese Story unwahr ist. Ich war damals in Dawson.« Der Richter erzählte dann, wie er die erste Kiste Eier angestarrt habe, und daß es Gates genau so ergangen sei. Er berichtete, daß die Hoffnung des Besitzers, damit ein Vermögen zu machen, zu Nichts zerrann, als mehrere andere Schiffe eintrafen und der Markt mit Eiern überschwemmt wurde. »Der Preis für Eier fiel sofort auf sieben Dollar für ein Dutzend, und zu diesem Preis hat sie Gates auch gekauft.«[26]

So lustig sich Geschichten dieser Art zunächst auch anhören mögen: In der Regel verbarg sich dahinter eine Menge menschlicher Tragik. Und betroffen davon waren eben auch die »Helden«, die die Geschichte Alaskas mitgeprägt haben.

25 Die Seßhafteren: George Pilcher, Will Ballou und die Comens

Am unteren Yukon

Wir haben schon zuvor einmal von den Erfahrungen zweier Teilnehmer an der Stampede von 1898 gesprochen, nämlich von George Pilcher und Will Ballou (Kapitel 10 und 14). Sie haben beide viele Jahre in Alaska gelebt, aber wenn sie auch die größeren Goldcamps gemieden haben und nicht von dem Fieber immer neuer Stampeden befallen wurden, so wurde ihr Leben doch durch den großen Goldrausch am Klondike maßgeblich beeinflußt.

Interessant ist das Verhältnis Pilchers zu den Eingeborenen, die seine Nachbarn waren. Man spürt zwar auch bei ihm die damals vorherrschende Ansicht, daß die weißen Männer den Eingeborenen überlegen seien, aber er nahm doch sehr viel mehr Anteil an deren geselligem Leben als die Pioniere in den weißen Siedlungen. Pilcher verurteilte zwar oft die »laxe Arbeitsmoral« der Ureinwohner und konnte auch zuweilen sehr zornig werden, wenn diese die Arbeit nicht so verrichteten, wie er sich das vorstellte, aber im wesentlichen ließ er sie doch gewähren. Schließlich war man auch aufeinander angewiesen. Er kaufte Dinge von ihnen und verkaufte anderes an sie, und gelegentlich heuerte er auch einen Mann zum Holzfällen an oder eine Frau zum Nähen.

Als Mann in den Blütejahren seines Lebens hatte Pilcher auch ganz natürliche Bedürfnisse, denen er mit einer jährlichen Reise nach Nome nicht Genüge tun konnte. Er hatte deshalb auch des öfteren »Töchter des Landes« in seiner Blockhütte zu Gast. Es hatte sich herausgestellt, daß das eine bessere Lösung für ihn war als eine dauerhafte Bindung. Seine »Ehe« mit einer Eingeborenenwitwe fand ein Ende, als die Verwandten der Frau sie dazu ermunterten, sich ihm während der »Flitterwochen« zu versagen.

Als sie versuchte, ihn endgültig zum Altar zu führen und deshalb auch aus dem Boot ausstieg, in dem sie eine Spazierfahrt unternommen hatten, war es mit Pilchers Geduld zu Ende. Er stellte ihre Sachen ans Ufer und ließ sich nicht erweichen, als sie ihn anflehte, sie wieder mitzunehmen. Man spürt förmlich seine Erleichterung, daß er nun wieder allein »in die gute alte Blockhütte« zurückkehren konnte.[1]

An Pilchers Grammophon hatte die ganze Gegend Spaß. Oft unterhielt er abends ganze Eingeborenenfamilien mit Musik und servierte dazu Tee. Diese »Teeparties« waren offenbar für ihn genauso wichtig wie für seine Gäste. Sie halfen, die Langeweile des Winters zu vertreiben, wenn Pilcher gelegentlich darüber klagte, daß auch diese Parties langsam zur Routine würden.

Als die Regierung in einem Dorf in der Nähe die erste Schule einrichtete, stand Pilcher dem Lehrer mit Rat zur Seite, wenn es darum ging, mit den Eingeborenen fertig zu werden. Oft trat er als Mittler zwischen den verschiedenen Kulturen auf, denn Lehrer, die mit ihren Familien nach dort kamen, hatten häufig Schwierigkeiten.

Gelegentlich besuchte der Holzfäller auch seine weißen Nachbarn. Bei solchen Gelegenheiten unterhielt er sich oft die ganze Nacht hindurch mit alten Freunden, wobei denn auch die neuesten Goldfunde ausgiebig erörtert wurden. Pilcher seinerseits erwies sich als großzügiger Gastgeber, wenn er in seiner Blockhütte Besuch hatte. Seine Besucher kamen immer gern, denn sie merkten, daß Pilcher hier wirklich zu Hause und zufrieden war. Sein Leben war echt, er hatte nichts zu tun mit Verbrechen und anderen Dingen, die zum Alltag der Camps gehörten. Wenn er einmal nach St. Michael oder Nome kam, dann unternahm er zwar einen ordentlichen Streifzug durch die Stadt, war aber auch schnell wieder »kuriert«. Nach einem Besuch in Nome 1901 schrieb er, es sei die »furchtbarste Stadt, die ich kenne. Armut, Zügellosigkeit, Mord, Raub, Zerstörung und Ruin. Mir hängt Nome nach zwei Stunden zum Halse hinaus.«[2] Er hatte allerdings auch an einem übermächtigen Kater zu leiden.

Aber einmal klopfte die Gewalt auch an Pilchers Tür. Es war an einem Wintertag, als ein Fremder, der sich Harry Bates nannte, um etwas zu essen bat. Bates war ein verzweifelter Mann, dessen wirklicher Name Loper war, und der von dem Armeeposten in St. Michael desertiert war. Nach der Mahlzeit machte sich Loper fertig zum Weiterziehen. Der Holzfäller meinte allerdings, es sei doch wohl ziemlich hart, bei so kaltem Wetter nach St. Michael zu ziehen. Darauf Pilcher mürrisch: »Es gibt viele harte Sachen im Leben.«[3] Nach derartig philosophischen Bemerkungen wandte er sich ab. In diesem Augenblick zog Loper einen Revolver und gab einen Schuß auf Pilchers Hinterkopf ab. Irgendwie verfehlte die Kugel jedoch ihr Ziel, der Holzfäller drehte sich blitzschnell um und konnte gerade noch rechtzeitig den Arm des Angreifers packen und den zweiten Schuß ablenken. Loper riß sich los und suchte das Weite. Pilcher griff nach seinem Jagdgewehr, mußte aber feststellen, daß sein Gast heimlich die Patronen herausgenommen hatte, als er das Essen zubereitete.

Was nun folgte, illustriert die Haltung vieler alter Alaskaner. Im Umkreis von Hunderten von Meilen gab es keine Polizei, aber Pilcher war entschlossen, der Gerechtigkeit zum Siege zu verhelfen. Das sollte ihn Monate kosten, aber er hat das später mit keinem Wort bedauert. Zunächst schickte er Eingeborene als Boten den Fluß hinauf und hinunter, und zwei Tage später zog er selbst los. Nach zwei Tagesmärschen fand er seinen Mann in einem Eingeborenendorf, aber weil er nicht das Leben der Bewohner aufs Spiel setzen wollte, konnte Loper noch einmal entkommen. Pilcher setzte sich auf seine Fährte und folgte ihm drei Tage lang. Dann hatte er ihn wieder eingeholt. In einer Entfernung von 200 Metern nahm Pilcher die Kapuze seines Parkas ab, damit Loper ihn erkennen konnte, und befahl ihm, stehenzubleiben. Der dachte allerdings gar nicht daran, so daß Pilcher eine Schrotladung auf ihn abfeuerte. Der so Verletzte konnte nun nicht mehr weiter, und Pilcher bezahlte einen Mann, um ihn zu bewachen, während er selbst nach St. Michael weitermarschierte und sich dem US-Marshal stellte. Er mußte ins Gefängnis, bis er und Loper vor Gericht erscheinen konnten. Loper wurde denn auch verurteilt, und Pilcher erhielt seine Freiheit zurück – aber selbstverständlich keinerlei Entschädigung für seine Mühe und die verlorene Zeit.

Das Erlebnis hatte den Holzfäller allerdings weder seelisch noch körperlich gebrochen, was auch gut war, denn nun war er 550 Meilen von zu Hause entfernt und hatte keinen Pfennig in der Tasche. Er wollte nicht warten, bis die Schiffe wieder fahren konnten, um nach St. Michael zurückzukehren, und entschloß sich, wieder den Landweg zu nehmen. Er borgte sich ein paar Dollar und legte sie für ein Fahrrad an. Am 7. April schwang er sich in den Sattel. Vermutlich war es der schwierigste Farradtrip, der jemals unternommen worden ist, denn zwischen Nome und dem unteren Yukon gab es keinerlei Straße. Bestenfalls konnte man von einem Pfad sprechen, aber der Schneematsch machte ihn auf weite Strecken unwegbar. Trotz dieser Umstände und des grellen Lichts, das der Schnee reflektierte, war Pilcher am 8. Mai wieder zu Hause. Zwar waren in den Schläuchen seines Drahtesels so viele Löcher, daß er sie mit Stricken stopfen mußte, aber er hatte es geschafft und war enorm froh, wieder in seiner Blockhütte zu sein.

Die Begründer der Zivilisation in diesem Teil der Welt mußten, ganz gleich, ob sie Weiße waren oder Eingeborene, viel praktisches Geschick besitzen und mit Mut, Ausdauer und einer guten Gesundheit ausgestattet sein. Aber zusätzlich brauchten sie auch noch eine gute Portion Phantasie, um die langen Wintermonate mit ihrer Kälte, Dunkelheit und Isolierung durchzustehen. Aber sie nahmen nicht nur die Härten des Winters auf sich, sondern sie freundeten sich irgendwie sogar mit der Eisherrlichkeit an und waren stolz auf ihre Siege über Väterchen Frost. Pilchers Selbstgenügsamkeit war charakteristisch für die Pioniere. Einmal versorgte er sich selbst und bis zu einem gewissen Grade auch seine Familie »in Amerika«, dann baute er seine Blockhütten und Vorratslager selbst, fertigte einen großen Teil der Ausrüstung an, die er benötigte, setzte seine Boote und die Schürfgeräte instand und bastelte sich auch seine Schneeschuhe. Außerdem schrieb er Knittelverse in der Art von Robert Service, Kurzgeschichten, Artikel für die Buckeye Press Association über das Leben am Yukon und verfaßte auch ein ganzes Buchmanuskript mit diesem Titel, das allerdings verlorengegangen ist. Oft zeichnete er auch nach dem Gedächtnis oder einer Photographie mit Kreide Porträts seiner Familienmitglieder. Schließlich baute er ein Gerät, das er Skigo nannte – ein Motorrad auf Skiern. Möglicherweise war er einer der ersten Erfinder des Schneemobils, das längst in den Eingeborenendörfern an die Stelle der Hundeschlitten getreten ist und bei den Städtern Alaskas als beliebtes Sportfahrzeug gilt.

Über das Zeitgeschehen war Pilcher nicht immer gut unterrichtet. Als er einmal in St. Michael war, las er in einem Magazin, das schon zwei Jahre alt war, über politische Ereignisse, von denen er überhaupt nichts gehört hatte. »Ich lebe wirklich etwas am Rand«, bemerkte er dazu, wenn auch ohne allzu große Enttäuschung.[4] Die Verbindung wurde besser, als der Rundfunk sich ausbreitete, und Pilcher begab sich an einem Herbsttag 1932 sogar von seinem Camp am Elephant Creek nach Marshall, um die Nachrichten über die Wahl Franklin Roosevelts zu hören. Über den Ersten Weltkrieg findet sich in seinem Tagebuch nur eine Eintragung, und zwar geht es um eine Rede, die jemand bei einer Tanzveranstaltung hielt und in der er darauf hinwies, wie wichtig es sei, an Material zu sparen. Die Schützengräben Frankreichs müssen für jemanden am friedlichen Yukon sehr weit weg gewesen sein.

Ein Porträt von Pilcher ist nicht erhalten, aber er muß ein sehr kräftiger Mann gewesen sein. Sein ganzes Leben hat er über Kopfschmerzen, Rippenfellentzündungen, Nervenschmerzen, Erkältungen, Grippe und Zahnschmerzen geklagt. Letztere waren das schlimmste, weil er dann immer durchhalten mußte, bis er im Sommer in St. Michael zum Zahnarzt gehen konnte. Als ob das nicht genug wäre, erlitt er noch Prellungen durch umherfliegende Holzstücke, Schneeblindheit, Erfrierungen und kolossale Kater. Aber er überstand das alles: Wenn es ein kräftiger Schluck von dem Allheilmittel »Dr. Wyley's Cureall« nicht tat, dann griff er schnell zu seiner Axt und drosch auf die Stämme los, die er als Brennholz verkaufen wollte.

Zu schürfen hat Pilcher erst 1913 angefangen. Damals gab er seine Karriere als Händler und Holzfäller auf, um zusammen mit mehreren anderen auf Claims in der Nähe von Marshall unweit seiner ersten »Residenz« am unteren Yukon nach Gold zu graben. Wie sehr ihn seine Nachbarn achteten, läßt sich daraus ablesen, daß sie ihn zum Katastermann wählten.

George Pilcher erwarb beim Schürfen keinen Reichtum, und als er sich 1940 im Alter von 77 Jahren zurückzog, hatte er lediglich seinen Lebensunterhalt verdient. 1935 schickte er seine

Tagebücher an die Universität von Alaska, wobei er sich wegen der Kürze der Eintragungen entschuldigte. »Sie waren nie für jemand anders bestimmt«, fügte er hinzu, sondern er habe nur Daten festhalten wollen, »weil ich ein einsamer Siedler war am unteren Yukon«.[5] In seiner Bescheidenheit meinte Pilcher, die Universität könne vielleicht dies oder jenes Interessante in seinen Notizen finden, und er wies auf die Eintragung hin, in der von einem Verkauf von Holz für die »Lavelle Young« die Rede war, die damals E.T. Barnette und seine Leute flußabwärts gebracht hatte – eine Expedition, die später zur Gründung von Fairbanks führen sollte. Pilcher lebt nicht mehr. Kurz vor seinem Tode wurde er außer Landes gebracht. Sein Wunsch, am Yukon River begraben zu werden, wurde leider nicht erfüllt. Aber seine Notizbücher sind voller Leben und stellen ein wertvolles Dokument über das Dasein der Pioniere am unteren Yukon dar.

Will Ballou in Rampart

Will Ballou verbrachte zwei Winter in Rampart als Goldgräber. Mit dem Geld, das er verdiente, machte er 1900 eine Reise, um seine Familie zu besuchen. Einen Winter blieb er in Vermont, um aber im Frühjahr 1901 nach Rampart zurückzukehren. Er gab gern den kleinen Tratsch des Ortes wieder:

Mein Freund Tommy McGraw ging zu Short and Dirty (klein und schmutzig) anstatt zu Scar Face (Narbengesicht) Ellen, wie sonst immer, wenn er in die Stadt kam. Als er später an der Blockhütte von Ellen vorbeikam, gab Ellen drei Schüsse mit einem 44er Colt auf ihn ab, hütete sich aber, ihn zu treffen. Er sollte nur um sein Leben betteln. Er verbrachte denn auch die Nacht bei ihr. Und die Moral: Mit den Gefühlen einer Squaw soll man nicht spielen. Er versucht, die Sache nicht bekannt werden zu lassen.[6]

Ballou war ohne Zweifel ein hart arbeitender junger Mann, aber gelegentlich nahm er sich auch die Zeit, um sich zu vergnügen. Im September 1901 machte er Ferien in Dawson. Dawson war damals nicht mehr das, was es zur Zeit der Stampede von 1898 war, aber es war immer noch das Zentrum des Yukon und hatte wesentlich mehr zu bieten als die kleineren Städte am

Fluß. Es gab allein drei Tanzsäle für die Schürfer, die für einen Dollar vier Marken erwarben. Eine war für die Tanzgirls, eine für das Haus und zwei für Drinks. »Man ahnt gar nicht, was ein Mann alles durchmachen muß, ehe er einen Tanzsaal im Westen gesehen hat«, schrieb Ballou. Er konnte sich einfach nicht vorstellen, warum Goldgräber schwer verdiente 20 Dollar für einen kleinen Kuß von einem Tanzgirl opferten.[7]

Auf seiner Reise hatte er ein Liebesabenteuer. Am Anfang der Geschichte stand eine Träne in Miß Corrine Grays Auge, deren Ursache Ärger mit den Mounties war. Die Mounties hatten es auf sie abgesehen, seit einer ihrer Offiziere ihretwegen Selbstmord begangen hatte. Das polizeiliche Interesse an ihr schädigte sie beruflich und stürzte sie in Schulden. Ihr drohte Gefängnis. Würde Ballou sie retten? Ja, das hatte er beschlossen, und Minuten, bevor sein Dampfer nach Rampart abging, schmuggelte er sie in seine Kabine. Aus Dawson herauszukommen war kein Problem, aber als der Dampfer in Forty Mile ankam, der letzten Station vor der kanadisch-amerikanischen Grenze, hatten die dortigen Mounties längst ein Telegramm in Händen, das sie von Miß Grays Abreise unterrichtete. Beamte kamen an Bord und durchsuchten das Schiff von vorn bis hinten. In Ballous Kabine fanden sie einen Schläfer, den sie nicht wecken konnten. Eine leere Whisky-Flasche, die unter dem Kopfkissen hervorguckte, lieferte die Erklärung. Die Mounties gaben auf, und die junge Frau, die er unter die Decken gesteckt hatte, konnte wieder frei atmen. Der Rest der Reise war das reine Vergnügen für Ballou, der die Dankbarkeit seiner Begleiterin auskosten konnte. Von ihm aus hätte die Fahrt »bis in alle Ewigkeit dauern können«. Man diskutierte über die Zukunft, und sie wollte in Rampart ein flottes Haus aufziehen, in dem er »sich jederzeit wie zu Hause fühlen« sollte. Für Ballou war das Ganze ein gewisser Nervenkitzel, gerade weil die Mounties die Sache so leicht hätten verderben können.[8]

Allerlei Klatsch begleitete die Ankunft des Dampfers in Rampart, wo die kleine Gemeinde mit scharfen Blicken zusah, wie der stolze Mann mit seiner hübschen jungen Dame ausstieg. Man schlug Ballou ein Schnippchen. Als er Miß Gray in seiner Blockhütte in der Stadt untergebracht hatte, mußte er für einige Zeit in seine Mine – und als er zurückkam, war das Mädchen die Verlobte eines anderen. Es war Luther Durfee, ein Freund Ballous und ein Tunichtgut. Nach einigem Zögern gab Ballou dem Paar seinen Segen. Eine Zeitlang wurde er von den »400 Mächtigen«, wie er die gesellschaftliche Elite der Stadt gern nannte, gemieden, weil man ihn obendrein auch noch verantwortlich machte für die Verbindung zwischen einer Frau zweifelhaften Rufs und dem mißratenen jungen Mann. Ballou versuchte, seine Enttäuschung mit Arbeit zu überwinden, und davon gab es auf seinen verschiedenen Claims genug.

Ballou schrieb häufig an seine Familie in Vermont und entschuldigte sich bei seinem Bruder Walt oft völlig unnötigerweise wegen seines mangelnden literarischen Talents. Es war nicht einfach, stilistisch gut zu schreiben, wenn man zusammen mit sechs oder acht anderen Männern in einer Blockhütte von fünf mal sechs Meter Größe lebte. Andererseits waren das Männer, die überall zu Hause waren und viel zu berichten wußten. Ballou bewunderte alle ihre Eigenschaften – bis auf eine: »das immerwährende Streben nach Abwechslung, Reisen und Aufregung, das sie immer in Bewegung hält und immer pleite macht«. Er meinte gegenüber seinem Bruder: »Ist dir klar, was ich an diesem Leben mit diesen reisenden Leuten finde, von denen jeder ... das Einkommen eines ganzen Winters am nächsten Spieltisch auf den Kopf haut und dann entweder flußaufwärts oder abwärts ins nächste Camp zieht?«[9]

Im Sommer 1902 ließ sich Ballou für eine Zeit von der Northern Commercial Company anheuern, die 40 Meilen nordöstlich von Rampart in Fort Hamlin ein Geschäft schloß. Ballou war sicher, daß er die Abschlußbilanz besorgen könne, zumal alle Transaktionen in einem einzigen Heft aufgeführt waren. Und er fand es erholsam, dem »Getriebe von Rampart zu entrinnen« – das damals eine Bevölkerung von etwa 500 Einwohnern haben mochte.[10]

Ein paar amouröse Anspielungen beleben einen Briefwechsel, und so machte sich Ballou einen Spaß daraus, seinem Bruder das Bild eines freien und ungezügelten Lebens am Yukon vorzugaukeln. Wie ein türkischer Harem aussah, wußte er bestenfalls aus den illustrierten Sonntagsbeilagen der Zeitungen, aber Vergleiche konnte man ja trotzdem anstellen:

Wir sehen blonde Mädchen mit funkelnden schwarzen Augen, roten Lippen und einer Perlenkette weißer Zähne im lächelnden Gesicht. Sie haben helle Kattunkleider an, das sie ohne Korsett und sonstige Bekleidung tragen. Sie sitzen im Eingang ihres Zeltes auf einem Haufen prächtiger Pelze und Decken und sind mit einer Perlenarbeit beschäftigt. Genau so eine Szene könnte man in einem Harem in der Türkei oder einem jeder anderen Ländern des Ostens erleben. Und die Mädchen erröten so charmant, obgleich viel direkter als in Boston ...[11]

Im Winter 1903 ließ Ballous Liebe zum Yukon nach. »Ich beginne wirklich, dieses öde Land zu hassen und mich sogar nach einem ruhigen, bescheidenen Heim im schönen Amerika zu sehnen.«[12] Der Rheumatismus, unter dem so viele Schürfer litten, war ihm in die Glieder gefahren und drückte in diesem Winter auf seine Stimmung. Er konnte nur mit Mühe umherhumpeln. Es erreichte ihn die Nachricht, daß sein Freund und Rivale Durfee gestorben war und eine einsame Witwe zurückließ. Die Witwe, seine ehemalige große Liebe, übernahm es, sein Zipperlein zu pflegen, und für eine Weile war alles Glück und Zufriedenheit in der Blockhütte der beiden in der Stadt. Aber das sollte nicht lange dauern. Die Frau erwartete ein Kind von ihrem verstorbenen Mann und war opiumsüchtig geworden. Ballou versuchte ohne viel Erfolg, sie von der Sucht zu befreien, indem er den »Stoff« rationierte. Ihr Baby lebte nur kurze Zeit. Als Verwandte in Wisconsin ihr Geld schickten, wollte Ballou sich dafür bezahlen lassen, daß sie seine Blockhütte benutzte. »Das war übel von mir und sogar gegen die Regeln der Unterwelt«, schreibt er, aber er machte die Härte des Lebens im Norden für seine Haltung verantwortlich.[13] Die Reaktion der Witwe war, daß sie ihn ihrerseits vor ihre Haustür setzte. Nach ein paar Wochen verlangte sie, daß er ihr Drogen besorgen solle, und als er sich weigerte, zog sie eine Pistole und drohte, ihn und sich selbst zu erschießen. Ballou glaubte, das sei nur ihre Neigung zum Theatralischen, aber bald darauf erschoß sie sich wirklich. Vielleicht war es dieses Erlebnis, das Ballou dazu bewegte, seine Rolle als führender Galan Ramparts an den Nagel zu hängen. Im Herbst dieses Jahres besuchte er seine Familie in Vermont, und als er im Frühjahr nach Rampart zurückkehrte, brachte er eine Braut mit.

Die nächsten Jahre hindurch arbeitete Ballou noch im Gebiet von Rampart. Gelegentlich zog es ihn in andere Gegenden zum Prospektieren, aber immer kehrte er zu seinen Claims in Rampart zurück. Das Familienleben gefiel ihm, aber die Goldgräberei wurde ihm immer mehr zuwider. »Ich habe nicht viel vorzuzeigen für die Jahre schwerer Arbeit«, schrieb er 1906.[14] Manchmal war er hoffnungsvoller, besonders wenn er seinen Verdienst in das Geschäft seines Bruders investieren konnte. 1906 wurde er zum US-Bevollmächtigten ernannt, ein Beweis für den Respekt, mit dem man ihm in der Gemeinde begegnete. Er nannte sich jetzt Richter Ballou und war für kleinere Gesetzesbrüche zuständig. Diese Pflicht kostete ihn bei der rückläufigen Bevölkerungszahl wenig Zeit. Trotzdem fragte er sich jedes Jahr von neuem, ob er Alaska nicht endgültig den Rücken kehren solle. »Will das Goldgraben aufgeben und raus«, schrieb er im Jahre 1909.[15] Aber im nächsten Jahr meinte er, er könne vielleicht statt dessen nach Iditarod ziehen, wo neue Goldfelder erschlossen wurden. Dann, 1911, überlegte er, »ob ich nicht lieber weiter arbeiten und die Northern Commercial Co. reicher machen sollte«.[16] Im Herbst jenes Jahres fuhr er nach San Francisco, um den Winter dort zu verbringen, aber zufrieden war er auch hier nicht: »San Francisco ist eine einsame Stadt. Ich wünschte, ich wäre wieder am Yukon. Kein schöner glühender Kanonenofen auf der Post hier wie in Rampart, wo man im Nu einen Disput über Gott weiß was vom Zaun brechen konnte. Hier haben die Leute zu wenig Zeit.«[17] Ballou hielt Umschau nach etwas Grundbesitz zwecks Kapitalanlage, aber dann kehrte er mit seiner Familie nach Rampart zurück.

1915 versuchten die Bürger von Rampart, die städtische Schule wieder in Gang zu bringen. Die Abnahme der Einwohnerzahl hatte mehrere Jahre zuvor zur Schließung der Anstalt geführt. Aus dem Vorhaben wurde nichts, und Ballou machte sich Sorgen um seinen Sohn. »Der Junge ist sieben, und wenn wir warten, bis er neun ist, müssen wir ihn fesseln und knebeln, um ihn in die Schule zu kriegen – es sei denn, daß wir außer Landes gehen.«[18] Dies war wahrscheinlich der eigentliche Grund dafür, daß Ballou nach 20 Jahren am Yukon sein Besitztum in Rampart verkaufte und 1917 nach Seattle zog. Er meldete sich zur Armee, aber er wurde abgewiesen, weil er mit seinen 40 Jahren die Altersgrenze überschritten hatte. Eine Zeitlang betätigte er sich als Autoverkäufer, tauschte das Geschäft aber dann gegen eine 24000 Hektar große Farm außerhalb von Seattle ein. Dann legte er sich einen bequemen Job in einer Buchprüferfima zu. Allmählich gewöhnte sich der einstige Pionier in Alaska an sein neues Leben. Das Gold des Nordens lockte ihn nicht mehr. Richter Ballou, für lange Jahre einer der prominenten Bürger Ramparts, kehrte nie dorthin zurück.

Die Lomens in Nome

Unter den Leuten, die im Jahre 1900 nach Nome zogen, waren auch der Anwalt G.J. Lomen und sein Sohn Carl. Lomen senior machte eine Anwaltspraxis auf, während sein Sohn Goldgräber wurde. Schwierigkeiten, sich einzugewöhnen, hatten sie nicht, denn auf beide wartete eine Menge Arbeit. Im ersten Winter waren sie recht mangelhaft untergebracht; sie hatten nur ein einziges Zimmer über dem Praxisraum. Aber im folgenden Sommer kam die Frau des älteren Lome mit den anderen Kindern nach, und man baute ein richtiges Haus für die Familie. Die Lomens paßten sich schnell an in Nome und sollten dort viele Jahre bleiben. Sie gehörten nicht gerade zu den Wirtshausbesuchern, aber irgendwie hatten es ihnen die Lebendigkeit und der Stil dieser ungewöhnlichen Siedlung an der Bering-See angetan. Ein Original, das sie besonders beeindruckte, war Mother Woods, alias Dawson Kate, alias Stampede Woods – eine sehr eindrucksvolle Schürferin. Im Jahre 1900 war Mother Woods etwa 50 Jahre alt, wettergebräunt und faltig, aber groß und schlank. Sie trug Rock und Jacke aus Wolle mit Ledereinfassungen, einen Cowboyhut und lange Gummistiefel. Sie nannte eins der besten Hundeteams in der Stadt ihr eigen. Mother Woods benahm sich mehr oder weniger wie ein Mann, und wenn die Gelegenheit es erforderte, konnte sie im Fluchen mit den besten des anderen Geschlechts Schritt halten.

Über Gus Boltz gibt es viele Geschichten. Als er 1900 in Nome landete, hatte er enorme Ambitionen. Das Gold steckte ganz einfach in der Erde, und man brauchte sich nur Schürfrechte zu beschaffen. Boltz meldete ein Claim nach dem anderen an, oft genug solche, die längst vergeben waren, und machte so selbstverständlich kein Vermögen. Dann wandte er sich einem anderen Geschäft zu: Er verkaufte außerhalb der Stadt Zeitungen. Die Schürfer waren begierig, Neues zu hören, und zahlten gern 50 Cents für eine Zeitung, die in Nome nur 25 Cents kostete. Boltz fiel überall auf mit seinem feuerroten Bart, seiner gedrungenen Gestalt und seiner Streitsucht. Er räsonnierte für sein Leben gern, auch wenn der Sinn sich zum Unsinn verbog, und Leute wie die Lomens hielten ihn für etwas verrückt. Kam ihm jemand mit einem derartigen Vorwurf, meinte er pfiffig: »Wie soll ich verschroben sein, wenn ich doch ein Bol(t)zen bin?«[19] Als Boltz einen Prozeß verlor, bei dem es um ein Grundstück an der Front Street ging, war auch sein Glaube an die Rechtsprechung in Nome dahin. Richter Alfred Moore wurde zur Zielscheibe böser Witze. Boltz taufte seinen Leithund auf den Namen »Richter Moore«, und immer wenn er mit seinem Team durch die Stadt zog, schimpfte er in der vulgärsten Sprache auf »diesen Hund Moore«.

Carl Lomen führte sein ganzes Leben Tagebuch. In den ersten Jahren, die er in Nome verbrachte, schrieb er über Dinge, die eben einen gesunden jungen Mann interessieren. Entweder arbeitete er – und dazu gehörte seine Tätigkeit als Schürfer oder Anwaltsgehilfe bzw. die Arbeit in einem der Familienunternehmen, die sich mit den Jahren entwickelten (ein Textilgeschäft für Kleidung, ein Fotostudio, ein Drugstore, ein Schiffsentladedienst und eine Rentierfleischerei) – oder er war sportlich aktiv, sang im Kirchenchor mit, arrangierte Tanz- und sonstige gesellschaftliche Veranstaltungen, Ausflüge zur Bering-See, oder er bemühte sich um ein besseres Verständnis für die Eskimos. Carl interessierte sich mehr als die meisten Goldgräber für diese Ureinwohner. Er schrieb nach und nach ein ganzes Eskimo-Vokabular nieder und hatte Freude daran, sich mit diesen Menschen zu unterhalten. Lomen hielt auch ihre Reaktionen auf die Stampede von 1900 fest und ihre Meinung über die Neigung der Glückssucher, sich an anderer Leute Gut zu vergreifen. »Weißer Mann viel stehlen«[20], lautete ihr Kommentar zu dieser ihnen unverständlichen Eigenart. Es waren Menschen wie die Lomens, die eine gewisse Verfeinerung und gesellschaftliche Stabilität mit nach Nome brachten und dazu beitrugen, daß aus einem recht wilden Camp eine bessere – und durchaus einzigartige – Gemeinde wurde. Auf die ihnen eigene Weise leisteten sie einen Beitrag zur Weiterentwicklung des Lebens im Westen.

26 Die Guggenheimers kommen nach Alaska

Ein anderes Metall

Gold war das Metall, das die Glücksritter in Wellen nach Alaska spülte und zur Erschließung des Territoriums führte. Aber es gab auch andere Mineralien, die abgebaut wurden. In den ersten Jahren des Booms in Nome wurde auf der Seward-Halbinsel Zinn gewonnen. In den 80er Jahren wurde bei der Golovnin-Bucht Bleiglanz gefördert, und im südöstlichen Alaska fand man Gipsvorkommen, die man ausbeutete. Aber die einzigen wirklich wichtigen Bodenschätze – außer Gold – waren die Kupfervorkommen. Eine der reichsten Kupferadern der Welt wurde im Tal des Chitina River entdeckt. Das ist eine sehr unwirtliche Region zwischen den Bergketten von Chugach und Wrangell im südlichen Zentralalaska.

Das Gebiet wurde zuerst von Angehörigen der US-Army erforscht. 1884 leitete Leutnant William Abercrombie eine Expedition in dieses Gebiet, und im Jahr danach folgte eine weitere Gruppe unter Führung von Leutnant Henry Allen. Abercrombie und seine Männer versuchten zwei Monate lang, den Copper River hinaufzugelangen, in den der Chitina mündet, gaben aber schließlich auf. Der Copper River ist ein mächtiger Fluß, der durch viele Gletscher gespeist wird. Er ergießt sich durch wechselnde Flußläufe eines 15 Meilen breiten Delta in den Pazifik und führt so viele Eisblöcke und Felsbrocken mit, daß er praktisch nicht schiffbar ist. Allen schaffte, was Abercrombie nicht gelungen war, indem er sich mit Kanus vorwärtsarbeitete und an gefährlichen Stellen mit Hilfe von Indianern das Gepäck über Land weitertransportieren ließ. Die Chitina-Indianer waren es auch, die Allen Proben des Metalls zeigten, aus dem sie gewöhnlich ihre Werkzeuge fertigten. Über die Kupfervorkommen wurde damals durchaus berichtet, aber niemand schenkte der Sache viel Aufmerksamkeit.

Die weitere Erforschung des Gebiets war eine Folge des Goldrauschs am Klondike. Eine Anzahl der Goldsucher entschied sich für Valdez am Prince William-Sund, weil von hier aus eine nur durch amerikanisches Territorium führende Route ins Landesinnere ging. In der Folge beauftragte die Army Abercrombie, das Gebiet zwischen Valdez und dem Copper River auszukundschaften. 1898/99 vermaßen seine Männer das Gelände und legten eine Straße für das Militär an, die von Valdez nach Copper Center führte, 50 Meilen flußaufwärts von der Stelle gerechnet, wo der Chitina in den Copper River mündet. Zu dem Trupp gehörte auch der Zivilist Stephen Birch, von Beruf Bergingenieur, der sich besonders für die Möglichkeiten eines Abbaus von Kupfer interessierte. Hinter ihm standen einflußreiche Geldgeber, die auch veranlaßt hatten, daß er sich den Soldaten anschließen konnte.

Aber auch andere Männer suchten nach Kupfer. Eine Gruppe erkletterte im August 1900 einen 1200 Meter hohen Berg oberhalb des Bonanza Creek und entdeckte einen grün schimmernden Abhang aus Kupfererz. Sie steckten ein Claim von einer Meile Länge ab und waren selbst erstaunt wegen ihres Erfolges, denn eine Untersuchung ergab einen Gehalt von 70 Prozent Kupfer, eine ansehnliche Menge Silber und eine Spur von Gold. Stephen Birch kaufte das Claim auf, indem er jedem der elf Partner der Gruppe 25000 Dollar bezahlte, und gründete die Alaska Copper and Coal Company, um das Gebiet weiter erforschen zu lassen. 1908 kaufte der Morgan-Guggenheim-Konzern die Firma und beließ Birch als Generaldirektor.

Das Syndikat

Das Erscheinen der Morgan-Guggenheim-Gruppe in Alaska sollte von enormer Bedeutung sein. Man sprach meist von dem Alaska-Syndikat oder nannte sie auch gelegentlich eher scherzhaft »the Guggs«. Bis 1908 gab es in Alaska nur einen Prügelknaben, dem man alles, was schiefging, in die Schuhe schieben konnte – die Regierung in Washington. Natürlich geriet auch die Northern Commercial Company hin und wieder unter Beschuß, aber ihre angeblichen »Untaten« standen in keinem Verhältnis zu denen der »Großkopfeten« in Washington. Aber jetzt trat ein

Monstrum von vergleichbarer Stärke und entsprechendem Hunger auf den Plan.

Die Geschichte des Alaska-Syndikats ist untrennbar verbunden mit dem Verlauf der Goldära. Seine Interessen beschränkten sich nicht auf die – später so genannten – Kennecott-Kupferminen. Das Syndikat kaufte auch die größte Reederei des Nordens auf und begründete die Alaskan Steamship Company, die mit ihren 17 Schiffen alle Häfen in Alaska von Ketchikan bis Nome anlief. Außerdem betrieb die Gruppe eine Fischkonservenfabrik und stieg auch in den Goldbergbau ein, den sie im Klondike-Territorium, im Gebiet von Iditarod und an anderen Orten Alaskas in großem Stil betrieb.

Es ist hinreichend klar, warum sich das Syndikat in bestimmten Kreisen keiner Beliebtheit erfreute. Die Gründe waren teils real, teils aber auch eher fiktiv. Zutreffend war, daß die Alaska Steamship Company anderen Tochterfirmen des Syndikats Rabatte einräumte und daß die Lobbyisten der Gruppe in Washington eine Verminderung der Steuern auf Fischkonserven durchsetzen konnten. Es läßt sich jedoch nicht erhärten, daß der »Oktopus« die Fähigkeit gehabt hätte – vorausgesetzt, er hätte dies gewollt –, allen nicht von ihm kontrollierten Geschäftsinteressen in Alaska das Wasser abzugraben. Dies war eine Behauptung, die immer wieder in den Zeitungen Alaskas aufgestellt wurde. So konnten die Leser des »Nome Gold Digger« zum Beispiel 1907 feststellen, daß »der Vampir, der schon längst unser Blut saugt, sich anschickt, das Land völlig seinem Willen zu unterwerfen«.[1]

Der irische Prinz

Um die reichen Kupferminen auszubeuten, brauchte das Syndikat eine Eisenbahn ins Landesinnere. Das dabei zu überwindende Gelände gehört zu den schwierigsten in ganz Alaska. Der Zugang zum Chitinatal war ein wahrer Alptraum für die Ingenieure. Zunächst galt es, die Ebene des Copper River zu bewältigen, die von Schlamm und Treibsand bedeckt war. Tausende von Tonnen Gestein mußten herangeschafft werden, um einen festen Bahnkörper anzulegen. Dann führte der Weg mehrere Meilen über einen Gletscher, und anschließend mußte ein Fluß zwischen zwei anderen Riesengletschern überbrückt werden. Der Rest der 200 Meilen langen Strecke von der Küste führte über Berge, aus denen man die Trasse heraushauen mußte.

5000 Mann arbeiteten von 1906 bis 1911 bei jedem Wetter, um die Verbindung herzustellen. Geleitet wurde die Operation von Michael J. Heney, einem der bekanntesten und beliebtesten Männer Alaskas. Der »irische Prinz«, wie man ihn nannte, hatte nicht nur zwei kräftige Fäuste, sondern konnte auch mit seiner offenen Überzeugungskraft Menschen führen wie kein anderer. Er hatte schon die andere lange Bahnstrecke der Goldära gebaut, die Strecke zwischen Skagway und Whitehorse. Heney galt als sehr energischer Mann, der sich nicht leicht irritieren ließ. Seine Überzeugung, daß die einzige praktikable Strecke von Cordova (damals Eyak) ausgehen mußte, sicherte ihm den Sieg über ein Konkurrenzunternehmen, so daß das Syndikat schließlich gezwungen war, seinen Betrieb aufzukaufen und ihn als Boß zu behalten. Das Syndikat hatte sich ursprünglich für Valdez als Endpunkt entschieden, weil es ein ausgebautes Hafenbecken besaß. Dann verlegte man sich aber auf Katalla, weil dadurch die Möglichkeit gegeben war, die Kohlevorkommen entlang der Strecke abzubauen. Katalla lag aber völlig ungeschützt vor Stürmen, so daß man einen Damm errichten mußte, um den Schiffen das ungehinderte Ein- und Auslaufen zu ermöglichen. Das Projekt kostete eine Million Dollar.

Heney setzte darauf, daß der Hafendamm von Katalla die wilden Stürme in der Controller-Bucht nicht überleben würde. Er setzte auch darauf, daß er einen zweiten Rivalen, nämlich H. B. Reynolds, aus dem Spiel schlagen konnte. Reynolds sah eine Möglichkeit, zu Geld zu kommen, als das Syndikat das Projekt Valdez zugunsten von Katalla aufgegeben hatte. Die Einwohner von Valdez waren natürlich bitter enttäuscht, als sie die Chancen für ihr Fortkommen schwinden sahen. Und da kam ihnen Reynolds gerade recht. Reynolds rief die Alaskan Home Railroad ins Leben, die von Valdez aus eine Strecke ins Innere bauen wollte. »Alaska für die Alaskaner«, war sein Schlachtruf. Er forderte die Menschen auf, sich nicht von »the Guggs« ausbeuten zu lassen. Mit der Unterstützung eines fehlinformierten früheren Gouverneurs, John Brady, brachte er in Alaska und außerhalb des Landes für Tausende von Dollar Aktien für die Eisenbahn an den Mann.

Der Zeitungsmann in Katalla

Der Ausgang des Wettbewerbs um die Eisenbahn mußte auch über das Schicksal der drei Städte entscheiden. Die Position Katallas war von vornherein problematisch, weil es wirtschaftlich nur als Umschlagplatz für das Kupfererz und die Kohle von Bedeutung war. J. F. A. Strong (auch Major Strong genannt) war ein Zeitungsmann, der hier schon verschiedentlich genannt worden ist. Er gründete den »Katalla Herald«. Warum Strong seine Beteiligung am »Nome Nugget« verkaufte und nach Katalla ging, ist unklar. Er hatte die Leser auf der Seward-Halbinsel von 1899 bis 1907 mit seinen Kreuzzügen und Streitereien unterhalten und ihnen durchaus Wissenswertes vermittelt, aber vielleicht war diesem Hitzkopf, der an den meisten Stampeden teilgenommen hatte, das Klima in Nome einfach zu ruhig und gesittet geworden. Kaum hatte er sich mit seiner Druckmaschine in Katalla etabliert, fühlte er sich auch schon zu Hause. Sofort stürzte er sich in den Kampf für Katalla. In Katalla – dem großen Güterumschlagplatz, wie im »Herald« zu lesen war – konnte man einer glänzenden Zukunft sicher sein. Aber als das Syndikat den Bau der Eisenbahn einstellte, war das Ende in Sicht.

Im Winter 1907/1908 ruhte die Arbeit an der Schienenstrecke, aber Strong erklärte seinen Lesern immer noch, daß alles gut enden würde: »Leute, die andere Interessen verfolgen und dafür Geld nehmen, mögen ihre Reklametrommeln noch so laut rühren – es ist nicht wegzuleugnen, daß Katalla mit seinen Kohle- und Ölschätzen und einem praktisch ebenen Zugang zu den Kupfergebieten den Schlüssel zur künftigen Entwicklung in der Hand hält.«[2]

Strong fand vieles, über das zu klagen war, und er erinnerte seine Leser daran, daß er ein Zeitungsmann mit viel Erfahrung sei und von vielen Wechselfällen des Schicksals berichten könne, aber daß es um Katalla nun doch besonders schlecht bestellt sei. Die »idiotische« Post hatte Katalla aus ihrem Netz gestrichen, und es gab weder Briefzustellung noch konnte man telegraphieren. »Katalla hat einen unerwarteten Schlag einstecken müssen. Man hat es geprügelt und getreten und von oben bis unten gefesselt.«[3] In einem Leserbrief hieß es, vielleicht habe sich die Post dem Syndikat angeschlossen, um der jungen aufstrebenden Stadt den Garaus zu machen.[4]

Zu all diesen Übeln kam noch, daß die Zeitungen in Seattle und Cordova sich hämisch über das Ende Katallas freuten. »Die Feiglinge von der ›Seattle Times‹ und von dem geistesverwandten Blatt in Cordova reiten darauf herum, daß die Einwohner Katallas angeblich zwei Monate lang von Stachelschweinen leben mußten. – Welch ein Unsinn! Wir mußten hier sogar noch einen verkrüppelten Mann mitversorgen, den seine ›Freunde‹ in Cordova im Stich gelassen hatten.«[5] Der »Herald« ging schließlich dazu über, jede Ausgabe mit der Schlagzeile zu versehen:

Übrigens haben wir die Kohle und das Öl

Da auch dies das Syndikat nicht zurückbrachte, versuchte es Strong mit dieser Überschrift :

Ohne die Kohle kommen Sie nicht an das Kupfer

Leider konnte dieses Argument nicht mehr ziehen, denn Präsident Roosevelt hatte den Kohleabbau 1906 gesperrt, um durch neue Gesetze einen maßvolleren Umgang mit den Naturschätzen zu erreichen. Erst 1915 wurden die Kohlenfelder wieder freigegeben. Was schließlich alle Hoffnungen Katallas zunichte machte und das Syndikat veranlaßte, sich auf Cordova zu konzentrieren, das waren eben die Naturgewalten, auf die Mike Heney gesetzt hatte. Ein orkanartiger Herbststurm im Jahre 1907 war das Ende des Hafendamms. Damit war bewiesen, daß ein Hafen in Katalla Schiffen keinen Schutz bieten konnte.

Das »Massaker« am Keystone Canyon

Noch bevor sich das Syndikat der besseren Einsicht von Mike Heney beugen mußte, daß nämlich Cordova sich am besten als Eisenbahnendpunkt eignete, kam es zu der Keystone-Affäre.

Der Zwischenfall steigerte die ohnehin vorhandene Unbeliebtheit des Syndikats ins Maßlose, weil er zu beweisen schien, daß dieses Kartell vor nichts haltmachte und auch Mord und Bestechung von Geschworenen nicht scheute, um jeden Widerstand gegen seinen Würgegriff um Alaska zu beseitigen.

Der Keystone Canyon ist eine schmale Schlucht, die für die Strecke von Valdez aus der einzige Weg durch das Gebirge war. Bautrupps des Syndikats hatten auch schon ein Schienenbett durch das Canyon gelegt, ehe sich das Syndikat für die von Katalla ausgehende Strecke entschied. Nun konnte jedoch die Alaska Home Railroad von Reynolds nicht ohne die Nutzung des Canyons gebaut werden. Und so kam es zu einem Zusammenstoß.

200 Arbeiter von Reynolds zogen in das Canyon. Sie waren – so die Version von Reynolds – nur mit Werkzeug bewaffnet. Das Syndikat behauptete dagegen, die Männer seien schwer bewaffnet gewesen und hätten Dynamit mit kurzgeschnittenen Zündschnüren bei sich gehabt. Jedenfalls wurden sie von etwa 40 Arbeitern der »Guggs« erwartet. Von diesen hatten, nach einer eidesstattlichen Erklärung von Reynolds, viele Revolver bei sich. Offenbar war aber Ed Hasey der einzige, der schoß. Er gab mit seinem Gewehr mehrere Schüsse ab und verwundete fünf der Männer Reynolds, von denen einer später starb.

In Valdez kam es daraufhin fast zum offenen Aufstand und zur Lynchjustiz. Nur das schnelle Eingreifen des Militärs konnte verhindern, daß die Stadt im Chaos unterging. Hasey mußte sich vor Gericht verantworten – in Juneau. Nach der Darstellung der Leute des Syndikats (die auch von dem Historiker verteten wird, der die jüngste Prüfung des Beweismaterials vorgenommen hat) war Hasey zum Deputy Marshal bestellt worden, der gewissermaßen von Amts wegen das Feuer eröffnete, um eine offene Schlacht abzuwenden. Seine vorherige Aufforderung an die »bewaffnete Menge«, abzuziehen, sei von dieser nicht beachtet worden, wurde erklärt. Nach Ansicht der anderen Seite stand Hasey im Dienste des Syndikats, und seine »Bestellung« zum Deputy Marshal war nur aus diesem Anlaß erfolgt und sollte der Anwendung von Gewalt eine gewisse amtliche Autorität verleihen.[6]

Die Bemühungen, der Sache auf den Grund zu gehen, wurden durch die Führung des Prozesses nicht gefördert. Zur geheimen Freude des früheren Distriktrichters James Wickersham, der kurz zuvor als scharfer Gegner des Syndikats in den Kongreß gewählt worden war, stellte sich heraus, daß die Möglichkeit einer Bestechung von Zeugen und Geschworenen nicht von der Hand zu weisen war.[7] Ein Angestellter des Syndikats, der seine Stelle verloren hatte, besorgte dem früheren Richter eine Aufstellung der Ausgaben, die ein vom Syndikat zur Verteidigung Haseys hinzugezogener Anwalt gemacht hatte. Darin waren Beträge für die Bewirtung von Zeugen der Anklage und Geschworenen aufgeführt. Hasey wurde im ersten Verfahren von der Anklage des Totschlags freigesprochen. In einem neuen Prozeß, in dem er sich wegen des Gebrauchs einer tödlichen Waffe zu verteidigen hatte, wurde er für schuldig befunden und zu 18 Monaten Gefängnis verurteit. Die Tatsache, daß zwei Jurys bei der Abwägung desselben Beweismaterials zur unterschiedlichen Beurteilung der eigentlichen Streitfrage gekommen waren, erweckte Argwohn bei vielen Alaskanern.

Es läßt sich nicht mit Sicherheit feststellen, ob es bei dem ersten Prozeß gegen Hasey zu Bestechungen gekommen ist. Die Vertreter des Syndikats hatten eine einfache Erklärung für die Unkostenaufstellung des Anwalts: Die Zeugen hätten zunächst für die Anklage aussagen sollen, waren aber von dieser abgelehnt und erst dann von der Verteidigung angesprochen worden. Und was die Geschworenen angehe, so sei ihre Bewirtung durch die Anwälte der siegreichen Seite in Alaska üblich. In Alaska hielt sich jedoch in einigen Kreisen der Verdacht, daß die betreffenden Zeugen der Anklage irgendwie vom Syndikat korrumpiert worden waren und ihre Aussagen entsprechend abgeändert hatten. Aber sichere Beweise gibt es dafür nicht.

27 Andere Camps

Ein neues Empire aus dem Nichts erschaffen – so lautete die Riesenschlagzeile des »Iditarod Nugget«. Die meisten kannten den Stil schon, denn der Schreiber war kein anderer als J.F.A. Strong – hinlänglich bekannt aus Skagway, Dawson, Nome und Katalla. Der Umstand, daß Strong im Herbst 1910 nach Iditarod ging, um dem Camp eine zweite Zeitung zu bescheren, zeigt das Wachstum der Stadt an, die im Winter 1909/1910 entstanden war.

Es gab nur wenige Goldfelder im Gebiet des unteren Yukon und des Kuskokwim. Iditarod, genannt nach einem Nebenfluß des Innoku River, der vom Süden her in den Yukon mündet, und Ruby, das etwas weiter aufwärts am Yukon lag, waren die beiden einzigen nennenswerten Städte, und beide hatten etwa gleichzeitig ihre Blütezeit. Es gab natürlich noch viele andere, kleinere Camps im Norden, in denen ein paar Jahre lang Goldgräber arbeiteten. Dazu gehörten etwa Ophir und Marshall. Aber ein Camp unterschied sich von einer Stadt einmal durch die Bevölkerungszahl und dann durch die größeren Möglichkeiten, die sich daraus ergaben. Zu den letzteren gehörte eine Zeitung – und damit sind wir wieder bei dem Schreiber Strong. Seine Niederlage in Katalla hatte er verwunden, und nachdem sich alle Hoffnungen der Stadt, zum Umschlagplatz für das Kupfer Alaskas zu werden, zerschlagen hatten, fand sich Strong wieder einmal mitten im Getümmel einer neuen Stampede und verlieh seiner Bewunderung Ausdruck über diese »Anfänge einer Stadt, die hier seit zehn Tagen entsteht«, wobei er anmerkt, daß man »vor einem Jahr Iditarod auf keiner Karte finden konnte«.[1] In diesem Jahr werde hier Gold für etwa 500000 Dollar gefördert werden, wußte Strong zu berichten, aber im nächsten Jahr könne sich die Ausbeute schon auf fünf Millionen Dollar steigern.

Nach Iditarod führten zwei Wege, beide waren recht schwierig. Wenn die Flüsse offen waren, verlief der längere, aber leichtere Weg zunächst von Valdez nach Fairbanks, dann per

Dampfer den Tanana hinunter bis zum Yukon und schließlich den Innoku River entlang nach Iditarod. Die andere Route wurde meistens im Winter benutzt. Es war ein 489 Meilen langer Trail von der Seward-Halbinsel am Golf von Alaska aus – ein äußerst anstrengender Weg für Menschen wie Hunde.

Wie in den meisten der neuen Städte waren die Lebensmittel in Iditarod im ersten Winter knapp. Dank der Arbeit der Armee waren die Transportwege im Norden sehr schnell hergestellt, aber daß die Soldaten eben eine Saison hinterherhinkten, mußte hingenommen werden. Wie immer sah der Herausgeber des »Nugget« das Gute an der Sache: »Vielleicht sind ja die festen Nahrungsmittel in Iditarod etwas knapp, aber es sieht doch sehr danach aus, als ob an flüssiger Nahrung keinen Mangel besteht. Sollte man dafür nicht auch dankbar sein?«[2]

Strong berichtet auch, wie bekannt ihm viele der Gesichter vorkämen. Nach seiner Schätzung hielten sich 90 Prozent von ihnen schon seit den Tagen am Klondike im Norden auf:

Die Zahl der Old Timer in Iditarod ist beträchtlich. Blutige Neulinge gibt es nur sehr wenige. Meistens trifft man auf Pioniere, die schon manches Abenteuer überstanden haben und schon seit 1898 oder noch länger in Alaska sind.

Das gibt es wahrscheinlich zum ersten Mal in Alaska, daß ein Camp fast ausschließlich aus alten Kämpen besteht, die aus Erfahrung wissen, daß die Verhältnisse in einem neuen Camp schwierig sind, und die das mit Mut und frohem Herzen zu tragen versuchen. Sie kann man wahrlich zu der Schar derer zählen, von denen man sagen kann: »Gesegnet seien die, die nichts erwarten, denn fürwahr, sie sollen nicht enttäuscht werden.« Aber trotzdem mühen sie sich immer weiter.[3]

Es war fast wie ein großes Familientreffen in dem Camp. Charles Hoxsie, einst der Partner Waytt Earps im Dexter Saloon, eilte von Nome herbei, um eine neue Bar zu eröffnen. Dan Sutherland machte die Reise mit seiner Braut von Dawson aus. Auch Jujuira Wada, der voher mit dem Fairbanks-Gründer Barnette zusammengearbeitet hatte, tauchte auf. Wenn zwei der Old Timer sich auf der Straße begegneten, sagte der eine: »Was hat dich denn hierher getrieben?« Und der andere meinte dann: »Na, irgendwo mußte ich doch hingehen, was?«[4] Und so erging es den alten Schürfern immer, die einer neuen Stampede einfach nicht widerstehen konnten. Noch ehe die Stadt einigermaßen stand, jagten mehrere hundert Männer mitten im Winter einer neuen Mär von Gold am Kuskokwim River nach – erfolglos, wie sich dann zeigte.

Iditarod war schwerer zu erreichen als irgendeine andere Goldstadt von ähnlicher Größe. Nichts würde seine Existenz mehr rechtfertigen, sobald die leicht zugänglichen Goldseifenlager ausgebeutet waren, und das konnte nur ein paar Jahre dauern. Aber für den immer optimistischen Zeitungsmann Strong war Iditarod »der Drehpunkt« Alaskas. Er begründete das mit einem Argument, das allerdings wenig praktische Überzeugungskraft hatte: Bis zur Seward-Halbinsel waren es 489 Meilen, Fairbanks lag 499 Meilen entfernt, und bis Nome hatte man 484 Meilen zurückzulegen. Man sollte meinen, mit diesen Fakten lasse sich eigentlich nur die Behauptung aufstellen, Iditarod liege von allen wichtigen Zentren etwa 500 Meilen entfernt, aber Strong schloß daraus, daß man unbedingt eine Eisenbahn bauen müsse! Die Erbauer der Eisenbahn würden, so meinte Strong, einsehen müssen, daß sie am besten zunächst von Seward nach Iditarod verlaufe und dann bis Fairbanks und Nome weitergeführt werde! *Das* wäre eine Eisenbahn geworden! Aber leider war Iditarod, als man sich schließlich für die »logischste« Strecke von Seward nach Fairbanks entschied, auf dem besten Wege, zu einer Geisterstadt zu werden.

Die meisten der Minen lagen in der Nähe von Flat, einer Ansiedlung, die, neun Meilen entfernt, mit Iditarod durch eine Art Schienenbahn verbunden war. Maultiere zogen Wagen auf hölzernen Schienen, die man auf dem weichen Tundraboden verlegt hatte. In späteren Jahren fuhren hier auch einige Autos, die man mit Eisenrädern versehen hatte. Die einzige bemerkenswerte Episode, die mit dieser Schienenbahn zu tun hat, war der Raub einer Ladung Gold auf dem Wege ins Camp. Die Diebe wurden allerdings in allerkürzester Zeit dingfest gemacht und das Gold in der Tundra gefunden, wo sie es auf der Flucht zurückgelassen hatten.

Donald McDonald, der später der berühmteste Straßenbauer Alaskas werden sollte, wuchs in Iditarod auf. Seine Mutter führte ein Hotel, und er verkaufte Zeitungen. Er erinnerte sich später, daß er auch den »Damen« im »Vergnügungsviertel« der

Stadt Zeitungen verkauft hatte. An der jeweiligen Tür prangten einfache Schilder, die anzeigten, ob es sich hier um Fannie, Annie, Sally oder eine andere handelte. Hinter jeder der kleinen Blockhütten wuchs ein Hügel von leeren Bierflaschen empor, dessen Größe als direkter Hinweis auf die Beliebtheit der Bewohnerin des Hauses gelten konnte. Schon als Junge staunte Donald darüber, was die »anständigen« Frauen der Stadt alles taten, um einer direkten Begegnung mit einem dieser Mädchen aus dem Wege zu gehen. Lieber überquerten sie von dem sicheren Brettergang aus die Straße, auch wenn sie dabei durch tiefen Schlamm waten mußten. Trotz dieser Reaktion fühlten sich die Lebedamen recht wohl in der von Männern beherrschten Gesellschaft, und der Ball, den sie jedes Frühjahr gaben, war immer der gesellschaftliche Höhepunkt der Saison.

Der Reverend S. Hall Young kannte sich besser unter den Kirchgängern der Camps in Alaska aus. Der presbyterianische Pastor hatte schon 20 Jahre in dem südlichsten Küstenstreifen Alaskas zugebracht, ehe die Goldära überhaupt anfing. Young beschrieb für eine Kirchenzeitung im Osten der USA eine Reise nach Iditarod, um den Lesern dort eine Ahnung von den Entfernungen zu vermitteln: 1000 Meilen von Seattle nach Skagway; 110 Meilen mit der Bahn über den Weißen Paß nach Whitehorse; hier ein Aufenthalt von zwei Wochen, weil das Eis auf dem Yukon noch nicht geschmolzen war; dann 450 Meilen nach Dawson; 975 Meilen den Yukon hinunter und den Tanana hinauf bis Fairbanks; wieder 275 Meilen zurück den Tanana hinunter bis Fort Gibbon am Yukon; dann 543 Meilen den Yukon hinunter bis Holy Cross; und schließlich »das langweiligste Stück« der Reise auf den träge dahinfließenden Innoko und Iditarod, die ihm »ganz unbeschreiblich krumm und widersinnig gebogen« vorkamen.[5] Die ersten 320 Meilen schob der Dampfer, auf dem er fuhr, einen Lastkahn vor sich her, und häufig blieben entweder dieser Kahn oder der Dampfer oder beide auf einer Sandbank stecken. In Dikeman mußten die Passagiere für die restlichen 80 Meilen in flache Spezialfahrzeuge umsteigen, die von Benzinmotoren angetrieben wurden.

Der erfahrene Pastor war nicht überwältigt von Iditarod. Es war hastig zusammengezimmert und stand auf welligem, sumpfigem Gelände, in dem die Mückenplage selbst für die Verhältnisse Alaskas besonders schlimm war. Aber das Wiedersehen mit alten Bekannten munterte ihn auf, und er ging sofort an die Arbeit. Für 40 Dollar im Monat mietete er eine Blockhütte als Leseraum, und für seine Predigten sicherte er sich die Nutzung des größten Gebäudes in der Stadt, das der Arktischen Brüderschaft gehörte. Er legte nicht nur in dem Leseraum Zeitungen und Magazine aus, sondern er versorgte auch die Rasthäuser und die kleinen Goldgräbercamps mit Lesestoff. Wie wichtig das war, bescheinigte ihm ein Schürfer, der meinte, der Pastor habe ihn und andere in den langen Wintermonaten davor bewahrt, den Verstand zu verlieren.[6] Man sieht, wie robust ein solcher Pionier wie der Pastor Young war, wenn man bedenkt, daß er 65 Jahre alt war, als er seine Mission in Iditarod einrichtete. Obendrein zog er in dem Winter auch noch nach Seward, um dort an einem Kirchentreffen teilzunehmen.

Weil das Muttergestein an den Gewässern des Gebiets nicht tief lag, war das Abteufen von Schächten nicht die beste Methode. Am erfolgreichsten ließ sich mit Eimerbaggern arbeiten, und so verkauften viele Leute ihre Claims an Vertreter des Morgan-Guggenheim-Syndikats, das über die notwendigen Mittel für die Anschaffung der Maschinen verfügte. Der Zeitungsmann Strong nahm die Anwesenheit der Firmenvertreter, die ihm seit Katalla in übler Erinnerung waren, grollend zur Kenntnis, meinte aber trotzig: »Wir haben keine Angst vor denen.«[7] 1912 hatte das Syndikat den ersten Bagger in dem Gebiet installiert.

Im Jahre 1912 entschied Strong, daß für zwei Zeitungen nicht mehr genug Platz sei in der Stadt. Er schloß seine Druckerei und verließ Alaska, um mit seiner Frau nach Europa zu reisen. Ralph Lomen, der aus Nome gekommen war, um ein Papierwaren- und Fotogeschäft zu eröffnen, machte seinen Laden wenige Monate später wieder zu. Andere Männer aus Iditarod und Flat zogen den neuesten Goldfunden nach – diesmal nach Ruby am Yukon. In Iditarod wurde immer noch Gold gefördert, aber die Einwohnerzahl nahm schnell ab. 1914 zählte Iditarod 500 Einwohner und Flat 300, während in der Zeit des Booms, also im Sommer 1910, 2500 Menschen dort gewohnt hatten. Der »Iditarod Pioneer« stellte sein Erscheinen 1915 ein. 1917 waren viele Häuser Iditarods nach Flat transportiert worden, und bevor weitere Jahre ins Land gingen, waren beides Geisterstädte. Das »Empire«, von dem Herr Strong gesprochen hatte, war von kurzer Dauer gewesen.

Ruby

Der Run auf Ruby fand 1911/1912 statt. Endlich einmal lagen die Goldfelder sehr verkehrsgünstig. Sie befanden sich am Long Creek unweit des Yukon-Ufers. Hier entstand in einer Senke zwischen zwei Steilufern die Stadt. Am unteren Yukon gab es natürlich keine Schwierigkeiten mit der Versorgung, denn die Flußdampfer konnten praktisch vor der Haustür anlegen, und das Camp wuchs schnell auf 1000 Menschen an. Mit der üblichen Hast wurden Blockhütten, Hotels, Geschäfte und Wirtschaften errichtet.

Eine Zeitlang gab es zwei Zeitungen, aber als die Zahl der Einwohner nach dem ersten Boom wieder zurückging, fusionierten sie. Der »Ruby Record-Citizen« war der Meinung, daß das Goldgebiet zum größten in Alaska werden würde, aber in Wirklichkeit waren die goldführenden Erdschichten innerhalb weniger Jahre abgebaut.

Es ist eine traurige Sache, das langsame Ableben einer Stadt anhand der Zeitungen zu verfolgen. Die Anstrengungen des Schreibers, seinen Lesern Mut zu machen, werden immer matter. Über die letzten Tage eines Schürfercamps erfährt man natürlich auf diesem Wege nichts, denn die Zeitung schließt ja vor dem endgültigen Ende. Für Ruby wie für andere Orte kam das Ende der Goldära in Alaska im Jahre 1918. Der »Record-Citizen« brachte am 3. August seine letzte Ausgabe heraus, aber schon vorher waren die Leitartikel immer mißmutiger geworden:

Trotz der schweren Zeiten hat der ›Record-Citizen‹ seine Preise nicht erhöht, aber sein Umsatz nimmt dennoch stetig ab... Setzen Sie sich ein, unterstützen Sie die Zeitung. Durch Ihre Anzeigen und Ihr Abonnement können Sie Ihrer Bürgerpflicht genügen, und Sie erhalten einen Gegenwert für Ihr Geld... und, um dabei zu bleiben, wir haben eine ganze Menge Bleistifte und noch mehr Papier verbraucht, um eine Möglichkeit auszutüfteln, wie wir die Zeitung noch erhalten können, aber die Sache scheint hoffnungslos, und wir fürchten, bald unsere letzte Ausgabe ankündigen zu müssen. Wir haben einfach nicht genug Unterstützung.[8]

Am oberen Koyukuk

Der Koyukuk mit seiner Länge von 554 Meilen entwässert ein Gebiet von 32600 Quadratmeilen. Goldfunde am Oberlauf des Flusses, nördlich des Polarkreises, lockten 1898 rund 200 Schürfer in das Gebiet. Gordon Bettles, ein Pionier, errichtete hier einen Laden, und das um ihn herum entstehende Camp erhielt seinen Namen. Später wurden zuerst Coldfoot und dann Wiseman zu den wichtigsten Städten.

Der obere Koyukuk lag fast ebenso stark abseits wie der benachbarte Chandalar-Distrikt. Da größere Dampfboote den Oberlauf des Flusses nicht befahren konnten, waren die Lebenshaltungskosten sehr hoch. Die Zahl der Menschen in dem Gebiet erlaubte keine Zeitung. Wiseman hatte zu keiner Zeit mehr als 350 Einwohner. Es war ein abstoßendes Land, und doch verbrachten Menschen Jahre ihres Lebens hier – um des lieben Goldes willen. 1905 und 1908 kamen noch einmal mehrere hundert Mann wegen neuer Goldfunde, aber die meisten blieben nicht lange. Die Goldlager waren sehr dünn gesät, wobei einige jedoch ausgesprochen viel abwarfen. Insgesamt ist hier über mehrere Jahre hinweg eine Million Dollar zusammengekommen. Von 1900 bis 1918 betrug die durchschnittliche Jahresförderung über 200000 Dollar. Rekorde waren die Jahre 1909 mit 420000 Dollar und 1913 mit 368000 Dollar. Schätzungen hinsichtlich der gesamten Produktion von 1900 bis 1931 liegen bei über fünf Millionen Dollar.[9] Nach 1918 verlor das Gebiet schnell an Bedeutung, zumal andere Arbeitsmöglichkeiten die Männer anlockten. Eine Ausbeute von fünf Millionen Dollar nimmt sich eher bescheiden aus, wenn man sie mit dem vergleicht, was in Nome, Fairbanks und sogar Iditarod gefördert wurde, aber unter den Schürfgebieten nördlich des Polarkreises lag der obere Koyukuk mit Abstand an der Spitze.

Ich will keine Behauptungen aufstellen, die eine Stampede auslösen könnten. Ich kehre einfach zurück, um in aller Ruhe ein neues Schürfgebiet zu eröffnen... Es gibt noch viele Goldvorkommen von gleicher Bedeutung in Caribou, Klondike, Nome usw., die noch gefunden werden müssen, und zwar von Männern, die nicht vor den Verhältnissen zurückschrecken. Und davon gibt es viele in Alaska..., die sich nicht in Szene setzen, sondern ruhig die Pionierarbeit für andere leisten.[10]

Das schrieb der Prospektor Sam J. Marsh an seinen Geldgeber, den Kongreß-Abgeordneten William Sulzer aus New York. Die Strecken, die Marsh in Alaska zurückgelegt hat, gehören zu den längsten und schwierigsten, die je im Norden bewältigt worden sind. Marsh, Tom Carter und Frank Yasuda erkundeten das Gebiet des Chandalar River nördlich des Polarkreises, eine Region, in der es weder Straßen noch sonstige Wege, noch schiffbare Flüsse gab. Anfangs nach Fairbanks, Nome, Iditarod, Ruby und anderen Camps in Alaska zu gelangen, war das reinste Kinderspiel verglichen mit den unendlichen Mühen eines Trecks in das Chandalar-Gebiet. Und wenn man nicht gerade im Sportflugzeug unterwegs ist, mutet die Gegend auch heute noch kaum zugänglicher an als 1902/1903, als man sie zum ersten Mal erforschte. Das Land war abweisend, und seine Erforschung erforderte harte Männer.

Ihre erste Reise begannen Marsh und Carter im Herbst 1901 von Port Clarence auf der Seward-Halbinsel aus. Sie besaßen einen Schoner, auf den sie Vorräte für zwei Jahre luden. Ihre Absicht war, von der Mündung des Colville River aus, des größten der Flüsse, die die Brooks-Bergkette entwässern und in den Arktischen Ozean münden, die Berge zu überqueren, um in das Quellgebiet des Koyukuk, eines nördlichen Nebenflusses des Yukon, zu gelangen. Sie waren auf die Härten des Landes gefaßt – beide waren erfahrene Schürfer –, aber ihre Probleme fingen schon an, ehe sie noch den Colville erreicht hatten.

Kurz nachdem sie Point Barrow, den nördlichsten Zipfel Nordamerikas, hinter sich gelassen hatten, erhob sich ein wütender arktischer Sturm. Neun Tage lang war das kleine Schiff fast hilflos den Winden ausgesetzt, die mit Geschwindigkeiten zwischen 30 und 60 Meilen in der Stunde das Schiff schüttelten. Ganze Eisfelder trieben durch die aufgewühlte See und drohten, das Fahrzeug auf den Grund des Meeres zu drücken. Manchmal war die Crew so erschöpft von dem Bemühen, den schwimmenden Eisbergen auszuweichen, daß sie an einem dieser Riesen festmachte und sich eine Zeitlang mit ihm treiben ließ. Der 35 Tonnen große Schoner war ein sehr starkes Schiff, das eigens für Fahrten im Eismeer gebaut war und dessen Bug aus zwei Metern massiver Eiche bestand.

Trotzdem – am achten Tag war das Deck so voller Eis durch die Gischt, daß das Fahrzeug kaum noch manövrierfähig war. Die Männer gingen hinter einigen großen Eisbergen vor Anker. Das Eis türmte sich bis zu 100 Metern hoch, schien aber auf Grund zu sitzen und so festen Halt zu gewähren. Bis auf einen Mann, der Wache hielt, gingen alle Männer nach unten in die Kojen. Mitten in der Nacht wurden sie durch einen furchtbaren Schrei aufgeschreckt: »Um Gottes willen, alle Mann an Deck!« Als die Männer oben waren, packte sie lähmendes Entsetzen: Der Eisberg, an dem sie festgemacht hatten, neigte sich auf das Schiff zu. Weil alles vereist war, konnte niemand vom Schiff herunterspringen, um die Leinen loszumachen. Der Kapitän hieb mit einer Axt auf die Trosse ein, aber es war zu spät. Ehe die Segel gesetzt werden konnten, stieß das Schiff mit einem Eisberg zusammen, der den Bugspriet und die vordere Reeling wegriß. – »Dann kam ein Röhren von einer unglaublichen Lautstärke, es schien, als ob das Schiff aus dem Wasser herausgehoben und durch die Luft geschleudert würde.«[11]

Etwa zehn Minuten lang wurde das Schiff von einem Eisberg zum anderen gestoßen, bis es schließlich am Ufer auf Grund ging. Dabei wurde die an Deck festgezurrte Ladung ins Wasser geschleudert. Ehe die halb betäubten Männer ihre Fassung wiedergewonnen hatten, fielen neun der elf Schlittenhunde über sie her, die in Käfigen an Deck gewesen waren und von dem Geschehen toll geworden waren. Die Tiere richteten den Kapitän übel zu, ehe es gelang, sie zu töten.

Die Schiffsmannschaft wurde von einem anderen Schiff aufgenommen, aber Marsh und Carter gaben nicht auf. Sie retteten von den Vorräten, was sie konnten, und bauten sich aus dem Treibholz am Ufer ein Winterquartier. In diesem Winter geschah rein gar nichts, und so waren die beiden Prospektoren begierig, ihre Reise fortzusetzen. Unglücklicherweise waren auch die letzten beiden Schlittenhunde eingegangen, so daß sie keine Möglichkeit mehr hatten, ihr Gepäck ins Landesinnere zu transportieren. Sie beschlossen darauf, sich zu trennen: Carter zog in Richtung Westen, in der Hoffnung, sich bei Eingeborenen Hunde besorgen zu können, und Marsh machte sich allein auf den Weg ins Innere.

Es fällt einem manchmal schwer zu verstehen, was Prospektoren so alles hinnahmen auf der Suche nach dem gelben Metall. Marsh gehörte in der Tat zu denen, die »nicht vor den Verhältnissen des Nordens zurückschreckten«. Er baute sich aus Treibholz einen Schlitten und brachte seine Vorräte etwa 100 Meilen weit ins Landesinnere. Hier verstaute er, was er nicht auf dem Rücken tragen konnte, und zog weiter. Er gelangte zum Gipfel der Endicott Mountains und setzte seinen Marsch an deren Nordabhängen fort. Unterwegs untersuchte er die Flußbecken des Canning, des Sagavanirktot, des Shaviovik und des Sadlerochit. Um diese Flüsse zu überqueren, mußte er sich oft für sein Gepäck ein Floß aus Weidenzweigen flechten, während er selbst in dem eisigen Wasser hinterherschwamm. Er bohrte ungezählte Löcher in die Erde, ohne jedoch auch nur eine Spur von Gold zu finden. Es war ein mühsamer und einsamer Sommer – es vergingen 128 Tage, ohne daß er ein anderes menschliches Wesen sah. Als der Herbst einsetzte, war er froh, auf Frank Yasuda zu stoßen, und gemeinsam mit der Gruppe dieses japanischen Händlers baute er ein Winterquartier.

Frank Yasuda gehört auch zu den legendären Gestalten der Goldära nördlich des Polarkreises. Er hatte zusammen mit Charles Brower auf dessen Walfang- und Handelsstation in Barrow gearbeitet und war weit in der Arktis herumgekommen, um Pelze zu kaufen. Er kannte das Gebiet sehr gut. Marsh ergriff freudig die Gelegenheit, sich Yasuda anzuschließen. Der Japaner war mit einer Eskimofrau verheiratet und reiste mit mehreren ihrer Verwandten. Die Eskimos an der arktischen Küste hatten es empfindlich zu spüren bekommen, daß die Walindustrie zurückging, und deshalb hatte Yasuda die Familie dazu überreden können, sich weiter im Inneren anzusiedeln. Andere Eskimos folgten später nach und schlossen sich der Gruppe von Yasuda in Beaver an, einer Ansiedlung, die der Japaner 50 Meilen südwestlich von Fort Yukon am Yukon gegründet hatte.

Nachdem er sich im Frühjahr 1903, wie verabredet, mit Carter getroffen hatte, wollte Marsh die Suche nach Gold in der Brooks Range fortsetzen. Yasuda zog zusammen mit Carter nach Südosten, während Marsh nach Südwesten zog. Im Juli hatte Marsh kaum noch etwas zu essen – nachdem er soeben einige nicht uninteressante Funde gemacht hatte. Er setzte sich in Richtung Yukon in Marsch, und zwar auf dem Chandalar River. Die ersten 14 Tage bestand seine Ration praktisch nur aus einer Handvoll Mehl und etwas Salz. Als er an einen genügend breiten Fluß kam, zimmerte er sich ein Floß und ließ sich zum Yukon hinuntertreiben. Das ging so lange gut, bis er auf Stromschnellen stieß, die sein Fahrzeug umwarfen und auch fast sein Ende bedeutet hätten. Da ihm weitere Möglichkeiten nicht offenstanden, baute er ein zweites Floß, und nach vier weiteren Tagen erreichte er ein Indianerdorf, wo er etwas getrocknetes Elchfleisch erstand. So groß die Entbehrungen auch waren, die Goldsucher im Norden auf sich nehmen mußten, alles hätte noch sehr viel schlimmer sein können ohne die eingeborenen Samariter. So manche blutarme Eskimo- oder Athabaska-Familie teilte ihre kärgliche Nahrung mit Männern, die sonst verloren gewesen wären.

Nachdem Marsh sich schließlich nach Fort Yukon geschleppt hatte, entschloß er sich, erst einmal auszuruhen. Er zeichnete für eine amerikanische Vermessungsgruppe im Fort Karten von dem unbekannten Land und fuhr dann mit einem der Regierung gehörenden Dampfer nach St. Michael und Nome. Marsh brauchte die Rast dringend, aber ein so hartnäckiger Prospektor wie er konnte nicht lange in Nome herumsitzen. Er nahm einen neuen Anlauf und wählte diesmal den Weg über den Kotzebue-Sund und den Kobuk River zum Colville. Als er die Mündung des Kobuk erreicht hatte, brach der Winter herein. Er wartete ihn hier ab. Mit dem Auftauen des Flusses im Frühling belud er sein Boot und fuhr mit seinen Vorräten zum Quellgebiet des Kobuk. Von hier trug er seine Sachen über Land zum Noatak River, um schließlich spät im Sommer den Colville zu erreichen. Wieder hatte er Hunderte von Meilen zurückgelegt und dabei imposante Bergketten überwunden. Als er an Ort und Stelle war, merkte er, daß seine Vorräte nicht für den Winter und die folgenden Monate ausreichen würden, und so ging es wieder nach Nome zurück. Von Nome aus mußte er aber zunächst einen Geldgeber suchen, damit er dann in das Gebiet zurückkehren konnte, in dem er auf seiner ersten Reise erfolgversprechende Goldspuren gefunden hatte. Eine solche Hartnäckigkeit konnte nur jemand besitzen, der überzeugt war, daß er kurz vor einer großen Entdeckung stand.

In der Bundeshauptstadt Washington begegnete Marsh dem Kongreßabgeordneten William Sulzer aus New York. Sulzer war 1863 geboren und als Anwalt und Politiker in New York tätig, als der Run auf die Goldfelder von Nome einsetzte. Er reiste in aller Eile zur Seward-Halbinsel und legte Geld in Grund und Boden an, ehe er nach New York zurückfuhr. Aber das Goldfieber saß ihm in den Gliedern, und auch seine Ämter als Gouverneur und Abgeordneter konnten seine Begeisterung für den Norden nicht dämpfen. Er war von den Erkundungszügen Marshs und von dessen Selbstvertrauen so beeindruckt, daß er ihm seine finanzielle Unterstützung garantierte. Keine Geschichte der Goldsuche im Norden kann an den Verdiensten vorbeigehen, die Geldgeber wie Sulzer erworben haben. Geldmittel in Unternehmungen dieser Art zu stecken, bedeutete, ein hohes Risiko einzugehen – und dazu war nicht jeder bereit, denn natürlich war es sicherer, mündelsichere Wertpapiere zu erwerben. Aber andererseits packte auch Kapitalisten das Goldfieber. Sulzer sollte insgesamt 200000 Dollar in das Chandalar-Gebiet hineinstecken und damit nur einen ganz minimalen Ertrag erzielen. Zu der Zeit, in der er Marsh begegnete, war er sehr optimistisch hinsichtlich der Aussichten, die der Norden bot. Er konnte damals nicht wissen, ein wie schwieriges Gelände Chandalar war.

Während Marsh außer Landes war, fuhren Carter und Yasuda fort, an den südlichen Abhängen der Brooks-Bergkette nach Gold zu suchen. Die Versorgung war immer problematisch. Carter zog 1904 allein zum Koyukuk River, wo das neue Goldcamp Wiseman entstanden war. Hier nahm er für eine Zeit eine Arbeit an, um ganz einfach Geld zu verdienen. Im Jahr darauf zog er zusammen mit Yasuda nach Barrow, um neue Verpflegung zu fassen und sich mit Marsh zu treffen. Aber Marsh ließ sich in dem Sommer nicht blicken, und die beiden überquerten die Brooks-Berge bis zum Quellgebiet des Koyukuk. Am Dietrich River schlugen sie ihr Winterquartier auf. Hier war es auch, wo die Eskimos in der Gruppe zum ersten Mal immergrüne Bäume sahen.

Es gab auch viele Elche hier. Die Eskimos töteten an einem einzigen Tag 90 der Tiere, die sie dann die schneebedeckten Abhänge zu den wartenden Hundeschlitten hinunterrollten. Den Winter verbrachte die Gruppe damit, den Schürfern am Hammond River und am Nolan Creek, den goldreichen Nebenflüssen des Koyukuk, das Fleisch der Elche und der Bergschafe zu verkaufen. Die Goldschächte am oberen Koyukuk, die sich um Wiseman gruppierten, waren nur 60 Meilen von dem Gebiet entfernt, wo die Chandalar-Goldfunde gemacht werden sollten. Aus dem Gebiet dieser beiden Camps stammte auch der größte Teil des Goldes, das nördlich vom Polarkreis gefunden wurde.

Gegen Frühjahrsbeginn 1906 erfuhr Carter, daß Marsh über den Yukon nach Chandalar zurückgekehrt war. Er setzte sich daraufhin zusammen mit Yasuda samt Großfamilie in Marsch, in der Hoffnung, dort auf den Partner zu stoßen. Im Sommer dieses Jahres machte Carter am Little Squaw Creek, einem Nebenfluß des Chandalar, Bodenproben, die gut aussahen. Bald trafen 200 Männer vom Koyukuk hier ein. Marsh kam im Dezember, und zwar als US-Bevollmächtigter und Postmeister – beides Ämter, die er Sulzers Einfluß zu verdanken hatte. Man rechnete damit, daß noch mehr Leute aus Rampart, Circle und Dawson sich der neuen Stampede anschließen würden. Das Camp Caro nahm einen schnellen Aufschwung, und Carter holte für etwa 200 Dollar Gold aus dem Boden, ehe der Winter der Arbeit ein Ende setzte. Die nun folgenden Monate verbrachten die Männer damit, auf dem Wege über Fort Yukon Vorräte aus Circle herbeizuschaffen. Im Frühjahr holte Marsh aus den drei Claims, die er an anderen Creeks besaß, Gold im Wert von 27000 Dollar. So sah die Lage in den arktischen Goldfeldern schon besser aus.

Im Jahre 1907 berichtete Marsh Sulzer über seine Fortschritte. Er hatte mehrere Schürfrechte erworben, aber seine Arbeit war behindert worden, weil er den notwendigen Nachschub nicht erhalten hatte. Es war vereinbart worden, daß im Sommer 1906 eine Ladung zur Herschel-Insel vor der arktischen Küste gebracht werden sollte. Sie sollte mit einem Schiff kommen, das der dort operierenden Walfangflotte als Versorgungsfahrzeug diente. Eskimos warteten auf die Sachen, um sie per Schlitten ins Landesinnere zu befördern, aber was nicht kam, war die Ladung. Es war das letzte Mal, daß Marsh versuchte, sich per Route über den Arktischen Ozean zu versorgen.

Während Marsh auf der Herschel-Insel wartete, hörte er von einem Mord, den ein Seemann der Walfangflotte an einem Eskimo verübt haben sollte. Als US-Bevollmächtigter war er für die Aufrechterhaltung von Gesetz und Ordnung in dem Gebiet zuständig. Er legte die 400 Meilen zum Chandalar zurück, wobei er den Salmon auf einem Floß überqueren mußte, ein Erlebnis, von dem er meinte, es könne nur als die pure HÖLLE mit großen Buchstaben beschrieben werden. Hier hörte er von Carters Entdeckung und dem Run, den sie ausgelöst hatte, aber obwohl er ebenso wie seine Männer nur noch ein Schatten seiner selbst war, drängte Marsh weiter bis Fairbanks, um das Verbrechen zu melden. Erst dann wandte er sich seinem Partner Carter zu.[12] Aber seine ganze Mühe war umsonst gewesen. Die zuständigen Behörden in Fairbanks telegrafierten zwar nach Nome, aber hier unternahm man nichts, weil angenommen wurde, daß das Verbrechen in die Zuständigkeit der kanadischen Northwest Mounted Police fiel. Die Mounties ihrerseits waren der Ansicht, es handele sich um eine amerikanische Angelegenheit.

Der größte Teil des Briefwechsels zwischen Marsh und Sulzer dreht sich um immer neue Geldforderungen von Marsh. Es kann sein, daß die von ihnen gegründete Firma deshalb kein Erfolg war, weil das Geld in solch kleinen Portionen kam. »Sie können nichts falsch machen, wenn Sie jetzt richtig ranklotzen«, schrieb Marsh 1907 an Sulzer. »Die Zeit ist jetzt reif. Ich irre mich nicht, mein Urteil ist nicht durch den Anblick des Goldes getrübt. Ich habe bei jedem größeren Goldcamp in Alaska miterlebt, wie es erst langsam wuchs und dann aufblühte, und ich träume nicht, wenn ich sage, daß hier alle Anzeichen eines erfolgreichen Camps zu finden sind.«[13]

1908/1909 interessierte sich Marsh für Möglichkeiten, Gold führendes Quarz abzubauen. Carter hatte Spuren von Golderz gefunden, die zusammen mit den Goldseifenvorkommen, die bereits abgebaut wurden, ein gutes Potential für die Region zu sein versprachen. Allerdings brauchte man für die Gewinnung von Gold aus Quarz mehr Maschinen als für die Ausbeutung von Goldseife. Vor allem war eine Maschine zum Zerkleinern des Gesteins vonnöten. Aber derartig schwere Ausrüstungen nach dort zu bekommen, setzte einen festen Weg voraus. Marsh machte die Straßenkommission Alaskas auf die Entwicklung am Chandalar aufmerksam, und 1908 half er Captain Phillsbury dabei, einen Weg vom Yukon nach Caro auszumessen. Anfangen sollte er in Beaver am Yukon, was auch der Grund dafür ist, daß Frank Yasuda und seine Eskimo-Eskorte sich hier niedergelassen hatten. 1910 war die Route fertig.

In demselben Jahr erwarb Sulzer eine riesige Stampfmühle der Firma Allis-Chalmers und ließ sie nach Beaver befördern. Nahezu überall im Norden wäre die Maschine bald in Betrieb gewesen, aber die erschwerten Bedingungen im Polargebiet machten alle Bemühungen zunichte – und diese Bemühungen wurden schließlich 20 Jahre lang immer wieder unternommen –, die Stampfmühle vor Ort zu bringen. Marsh hatte auch nach vielen Jahren nicht viel Erfolg vorzuweisen, aber trotzdem versagte ihm Sulzer seine Unterstützung nicht. Er beauftragte Irving McK. Reed, ihm über die Claims am Little Squaw Creek zu berichten, die er von Carter erworben hatte. Und Reed bestärkte den New Yorker in seinen Hoffnungen: »Als Bergingenieur in Alaska habe ich noch kein Vorkommen gesehen, wo es so hochgradig goldhaltiges Quarz gibt, und das dazu so einfach und wirtschaftlich abgebaut werden kann.«[14]

Tom Carter blieb in Alaska. Er verkaufte seine Schürfrechte an Sulzer, verlangte sie dann wieder zurück, als die zugesagten Zahlungen nicht eingingen, und bot sich 1910 Sulzers Alaska-Chandalar Mining Company als Manager an. Für seinen früheren Partner Marsh fand er sehr kritische Worte. Carter war der Ansicht, daß Marsh im Verhältnis zu dem, was er herausholte, zu viel hineinsteckte. »Hier muß man Geschäftsmann sein, der das Land kennt und über einen ganz ordinären gesunden Menschenverstand verfügt.« Man könne die besten Schürfer haben, fügte Carter hinzu, aber wenn das Unternehmen fehlschlage, »dann ist die Leitung schuld«.[15]

Marsh konnte zwar eine kleine Stampfmühle zu den Quarzfeldern befördern, aber die wuchtige Maschine von Allis-Chalmers widerstand seinen Anstrengungen. Von Beaver nach Caro waren es 75 Meilen, und von da noch einmal 40 bis zu den Claims. Aber das Riesenbaby wog 28 Tonnen. Teile davon erreichten schließlich ihren Bestimmungsort, aber andere blieben hier und da am Weg verstreut liegen.

Sulzer forderte in seinen Briefen immer und immer wieder, die Manager sollten die Initiative ergreifen, damit es voran gehe. 1922 wurde C. W. Schultz für die Aufgabe angeheuert, die Mühle zu den Schächten zu bringen. Die Schneemassen verhinderten das Durchkommen, aber er schaffte es immerhin bis auf ein paar Meilen. Zwei seiner Pferde erfroren unterwegs. 1927 war Schultz immer noch an der Arbeit. »Wahrscheinlich sind Sie sehr enttäuscht, daß ich die Geräte nicht weiter gebracht habe«, schrieb er in holprigem Englisch an Sulzer, um dann die ganze Litanei der Schwierigkeiten herzuleiern, deren Aufzählung einen guten Teil der Akten der Alaska-Chandalar Mining Company füllt. 40 Tage gingen ihm ganz verloren. »Es stürmte 40 Tage lang, und es hat auch jetzt noch nicht aufgehört. In all meinen Jahren in Alaska habe ich so einen Winter noch nicht erlebt. Ich tue alles, was ich tun kann, und hoffe, daß Sie das nicht falsch beurteilen.«[16] Auch 1930 war Schultz immer noch bei der Arbeit. Der Manager Carlson mußte Sulzer wiederum berichten, daß die Mühle nicht eingetroffen war. Auch an anderen Katastrophen mangelte es nicht. So erschoß sich der Manager Patterson – aus Versehen. Außerdem verletzten sich zwei Schürfer, Shaw und Dunlap, bei der Explosion einer Dynamitladung. Sie wurden mit dem ersten Flugzeug ausgeflogen, das je das Land am Chandalar anflog.

Sogar in der ersten Zeit ihres aktiven Bestehens hatte die Alaska-Chandalar Company Schwierigkeiten, sich Kapital zu beschaffen. »Alle Leute hier im Osten rümpfen die Nase, wenn es um Anteile an Schürfrechten geht«, schrieb der Schatzmeister der Gesellschaft im Jahre 1910 an den Manager Marsh. »Selbst Vorzugsaktien sind da kaum an den Mann zu bringen. Jedesmal, wenn wir versuchen, Papiere auf den Markt zu bringen, hören wir dieselbe Antwort: ›Zu weit von Wall Street weg‹.« Die finanzielle Last mußte deshalb in der Hauptsache Sulzer selbst tragen.[17]

In der Zeit der großen Depression verschlechterte sich die Finanzlage noch weiter. Gelegentlich findet man in der Korrespondenz zwischen dem New Yorker Büro der Firma und Beaver, Alaska, Hinweise auf die Spannungen jener Zeit. 1932 versuchte der Schatzmeister, dem Manager Murphy die Situation verständlich zu machen. »Die Panik am Geldmarkt wird immer größer. Die Leute haben Angst und Hunger. Wer kein Geld hat, kann gar nichts machen. Sind Sie sich darüber im klaren? Verstehen Sie die schreckliche finanzielle Verfassung des Landes?«[18]

Die Stampfmühle von Allis-Chalmers liegt heute immer noch als Stückwerk verstreut im eisigen Norden – eine Art Symbol für die Mühen der Goldschürfer nördlich des Polarkreises. Hätte es im Chandalar-Gebiet auch nur annähernd so viele Millionen in Gold zu holen gegeben wie in Nome oder Fairbanks, es hätte sich zweifellos auch voll entwickelt. Aber so war nur gerade genug von dem gelben Metall da, um ein paar Männer bei der Stange zu halten, Männer mit Mut und Durchhaltevermögen. Von einer Bonanza konnte da keine Rede sein. Die wenigen Männer mit großen Zukunftsvisionen, die Marsh, Carter, Yasuda, Sulzer und andere, konnten aus ihren goldenen Träumen am Chandalar keine Wirklichkeit werden lassen.

Teil 4
Anders als der „Wilde Westen"?

In den vorangegangenen Kapiteln haben wir in etwa die Geschichte der Mineralgewinnung und der gesellschaftlichen Entwicklung im Norden nachgezeichnet. Doch eine gewisse Bewertung all dessen ist vielleicht nötig. Die wichtigste Frage liegt in der Überschrift dieses Teils begründet: Wodurch unterscheidet sich die Erfahrung dieses kargen Nordens von der Eroberung des amerikanischen Westens? Als besonders kennzeichnend für die Beantwortung dieser Frage haben wir folgende Gebiete gewählt: Verschiedene Ansichten zur Aufrechterhaltung von Gesetz und Ordnung, die Rolle der staatlichen Macht, die Auswirkungen auf die Eingeborenen, die Presse, Arbeitskämpfe, Politik und die aus der Goldsuche hervorgegangene Literatur.

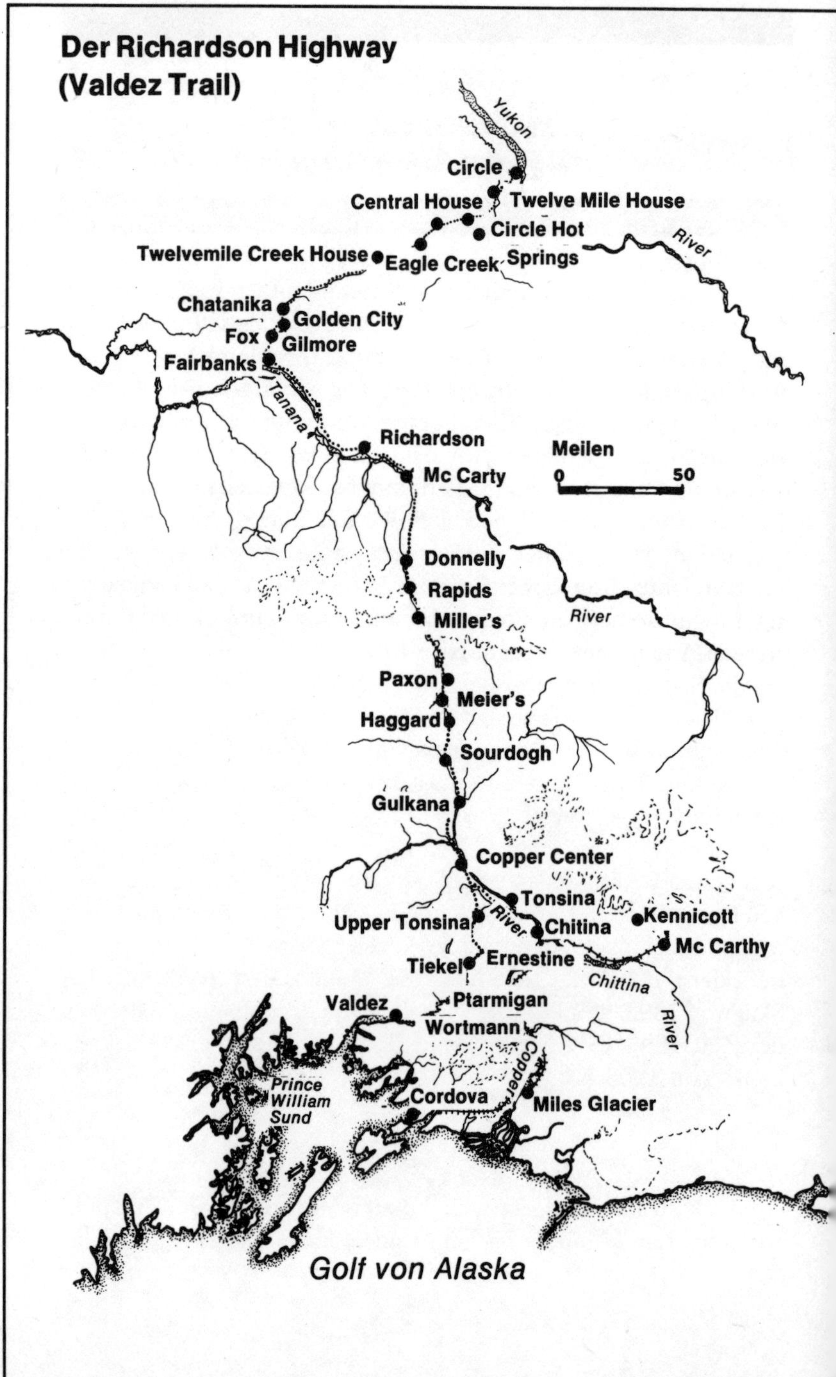

Der Richardson Highway
(Valdez Trail)
Yukon
Circle
Central House
Twelve Mile House
Circle Hot
Springs
River
Twelvemile Creek House
Eagle Creek
Chatanika
Golden City
Fox
Gilmore
Fairbanks
Tanana
Richardson
Meilen
0
50
Mc Carty
Donnelly
Rapids
Miller's
River
Paxon
Meier's
Haggard
Sourdogh
Gulkana
Copper Center
Tonsina
Upper Tonsina
River
Chitina
Kennicott
Mc Carthy
Tiekel
Ernestine
Chittina
River
Valdez
Ptarmigan
Wortmann
Copper
Prince
William
Sund
Cordova
Miles Glacier
Golf von Alaska

28 Gesetz und Ordnung

Es gibt kein Gesetz von Gott oder Menschen nördlich des 53. Breitengrades.

So lautet der vielzitierte Satz von Rudyard Kipling, und in den Augen vieler, die in der Zeit von 1898 bis 1900 Skagway und Nome erlebt haben, ist das eine faire Beurteilung der Verhältnisse in Alaska zur Zeit des Goldrauschs. Ob der Norden es tatsächlich an Gesetzlosigkeit mit den bekannten Orten des »wilden Westens« – wie Dodge City, Tombstone, Deadwood, Virginia City oder Abilene – aufnehmen konnte, ist schwierig oder gar nicht zu beantworten. Eine vergleichende Statistik von Morden, Überfällen, Betrügereien und sonstigen Gaunerstücken würde kaum viel nützen, weil Zeit und Umstände im Westen sich von denen im Norden unterscheiden. Er würde uns auch kaum weiterbringen, Viehdiebstähle mit den Versuchen gleichzusetzen, anderen die Schürfrechte streitig zu machen, den Diebstahl von Pferden mit dem von Hunden zu vergleichen oder die Aktionen der sogenannten Bürgerwehren von San Francisco mit den Schürferversammlungen auf eine Stufe zu stellen. Wir müssen uns statt dessen auf die Frage konzentrieren, welche Fortschritte die Aufrechterhaltung der öffentlichen Ordnung in Alaska unter den seinerzeit gegebenen Bedingungen machte, und bei einer solchen allgemeinen Darstellung die verschiedenen Faktoren berücksichtigen. Wir wollen dabei unser Augenmerk auf vier Städte (zu verschiedenen Perioden) richten: Circle vor den Goldfunden am Klondike; Skagway 1898/99 unter dem Regime von Soapy Smith; Nome in der Zeit 1899/1900 während des großen Goldfiebers und Fairbanks von 1903 bis 1907.

Die Schürferversammlung

20 Jahre lang, von dem ersten Vordringen der Prospektoren ins Landesinnere bis zum Ende Circles im Jahre 1896, lag

die Wahrung der öffentlichen Ordnung in den Händen der Schürferversammlung. Diese Einrichtung hatte ihre Grenzen, und wie wir auf Grund einschlägiger Fälle in Circle wissen, waren die getroffenen Entscheidungen manchmal durchaus fragwürdig. Jedenfalls war die Versammlung der einzige Rechtsmechanismus, der den Goldgräbern in den ersten Tagen zur Verfügung stand, und bei all ihrer Primitivität basierte sie in ihrer Funktion als Gericht auf Präzedenzfällen aus der frühen Geschichte des Westens. Die Tatsache, daß sie imstande war, einen recht gemischten Haufen von Männern für ein bestimmtes Verhalten zur Verantwortung zu ziehen, ist von einem nicht zu unterschätzenden Wert. Sie war ein Forum, das Beschwerden registrieren und Schuldige bestrafen konnte. So, wie sie beschaffen war, eignete sie sich am besten für relativ einfache Sachen wie etwa Diebstahl. Im großen ganzen bekannte sich die Schürfergemeinde zu ihr, weil ihre Mitglieder bei der Verhängung von Strafen maßvoll zu Werke gingen.

Gefängnisstrafen kamen nicht in Frage, und körperliche Züchtigung fand keine allgemeine Zustimmung, so daß die Versammlung Vergehen gewöhnlich durch die Verbannung des Betreffenden ahndete. Es gab nichts, was den Wiederholungsfall wirksamer verhinderte, bzw. was die Gemeinde eher zufriedenstellen konnte. War der Missetäter einmal verbannt, blieb es auch dabei. Er mußte das Land verlassen; verstecken konnte er sich nicht. Es gab keinerlei Möglichkeit für ihn, den Spruch der Versammlung zu umgehen – er hätte sich mehr als unfreundlicher Behandlung ausgesetzt. Indem er abreiste, ging er einer unhaltbaren Situation aus dem Wege.

Von der Sache her war klar, daß die Versammlung nur in bestimmten Fällen gute Arbeit leisten konnte. Wenn sie sich dagegen mit Streitfällen zu befassen hatte, die sich aus persönlichen Beziehungen ergaben, dann überschritt das ihr Urteilsvermögen. Wenn wir früher davon gesprochen haben, daß die Schürferversammlung Männer dazu zwang, Frauen zu heiraten, denen sie Unrecht angetan hatten, dann ist das zwar ganz amüsant, läßt aber außer acht, daß derartige »Holzhackermethoden« für Probleme dieser Art eigentlich doch recht unangebracht waren. Diese Einschränkung muß auch für alle Zivilsachen gelten, wenn es sich nicht gerade um das offensichtlich widerrechtliche Eindringen in das Claim eines anderen handelte. Der Handelsmann John J. Healy konnte mit Fug und Recht darüber klagen, wie die Versammlung in Forty Mile in seine häuslichen Angelegenheiten eingegriffen hatte.

Es ist ebenfalls klar, daß die Schürferversammlung in der Zeit nach der Stampede zum Klondike regelmäßig entweder gar keine Lösung für die zur Debatte stehenden Probleme fand oder nur eine sehr zweifelhafte. In Skagway schaffte sie es nicht, Soapy Smith und seine Bande unschädlich zu machen, weil die Bevölkerung der Stadt zu groß war und zu schnell wechselte. Auf dem Treck zu neuen Goldfeldern unterblieb die Einberufung einer Versammlung einfach, ganz abgesehen davon, daß die vorherrschenden Bedingungen kaum faire Urteile erlaubten. In Nome setzte zwar eine Versammlung eine Stadtverwaltung ein, aber bei einer anderen Versammlung versuchten Schürfer, die sich übervorteilt fühlten, die rechtmäßigen Besitzer reicher Claims zu enteignen. In Nome versagte eine Versammlung, als es darum ging, den Klüngel der McKenzie und Noyes zu sprengen.

Die Versammlung der Goldgräber war eine Einrichtung, die in den frühen Tagen von Forty Mile und Circle ihren Zweck erfüllte, also in den 80er und 90er Jahren; und schon damals war sie alles andere als unumstritten. Als der große Menschenschub kam, war sie überfordert. Die Verhältnisse, die sich aus der großen Menschenzahl ergaben, ließen sich damit nicht meistern.

Diejenigen, die relativ spät zum Yukon kamen, bekamen von den Old Timern viel über die Versammlungen zu hören und machten sich ihren eigenen Reim darauf. Leutnant J.C. Cantwell vom US-Zolldienst, der von 1899 bis 1901 am Yukon patrouillierte, war diese Art der Überlieferung einigermaßen bekannt, aber er war als Offizier nicht beeindruckt. Er meinte, es sei »oft so gewesen, daß die Schürferversammlungen nichts anderes waren als eine Ansammlung wilder Burschen, deren Entscheidungen nachweislich ungerecht waren und deren Vorgehen sie eher als Herrschaft des Mobs erscheinen ließen«.[1] Cantwell hielt nicht viel von der Fähigkeit der Goldgräber, für Ordnung zu sorgen, und er kannte Alaska aus eigener Anschauung erst seit 1899. Die meisten Goldsucher am Klondike hatten wenig Grund, den Niedergang der Schürferversammlung zu beklagen. Die Einrichtung war ihnen einfach fremd, und sie sahen sie als einen Rückschritt in Sachen Aufrechterhaltung der Ordnung an.

Für die Pioniere vor der Klondike-Zeit dagegen war die Institution trotz ihrer Primitivität eine bewundernswürdige Angelegenheit. Die Versammlung der Goldgräber war zu einem wichtigen Bestandteil der Legende von den »guten alten Tagen« geworden, der Zeit mannhafter Direktheit bei der Ahndung von Verstößen gegen die Ordnung, als – um es mit den Worten des Old Timers Arthur Walden auszudrücken – »Leben, Eigentum und Ehre gesichert waren, die Rechtsprechung nicht lange fackelte und die Strafe dem Vergehen angepaßt war«.[2] Man kann die Ansichten Waldens und anderer Pioniere nicht einfach beiseite schieben, besonders deshalb nicht, weil sie auch von nicht direkt Beteiligten erhärtet werden. Alfred H. Brooks von der US-Vermessungsbehörde ist vielleicht am ehesten geeignet, ein objektives Urteil über Circle und andere Camps der frühen Zeit abzugeben. Er hatte sie alle gesehen, und zwar eher mit den Augen eines Beamten als mit denen eines Schürfers, und sein Urteil über das Leben der Gemeinden war voller Lob:

(Circle) war völlig demokratisch und amerikanisch. Der enge Kontakt zwischen den Mitgliedern der Gemeinde schweißte sie zusammen, und der Prozeß der Amerikanisierung ging unbewußt vonstatten. Nirgends war der typische Amerikaner mit seinem Selbstvertrauen, seiner Energie, seiner Durchhaltekraft und seinen demokratischen Idealen ausgeprägter als in diesen kleinen Gemeinden am Yukon.[3]

Es ist offensichtlich, daß die Voraussetzungen für ein wirksames Eingreifen der Schürferversammlung in Circle ideal waren. Verstöße gegen das Gesetz müssen sehr selten gewesen sein. Offenbar legten sich die Goldgräber große Zurückhaltung auf. Zucht und Ordnung waren vorbildlich. Aber welche Gründe auch sonst noch zu der fast utopischen Harmonie in Circle beigetragen haben mögen, sie sollte nicht von Dauer sein. Als im Gefolge der Entdeckungen am Klondike die goldsuchenden Horden den Norden überschwemmten, waren die »Tage der Unschuld« vorbei. In den nachfolgenden Jahren gab es einen mühsamen Kampf um Gesetz und Ordnung. Neue kriminelle Einstellungen

setzten sich durch. Die Gesetze hatten keinen Einfluß, eingebürgerte Bräuche wurden nicht geachtet.

Skagway und der Klondike

Die Gesetzlosigkeit in Skagway haben wir schon in Kapitel 7 beschrieben. Sie ist ebenso überliefert wie der Ruf Circles als harmonisches Gemeinwesen, und beides traf gleichermaßen zu. Betrachtet man die Szenerie am Lynn-Kanal, die Zehntausende von Goldsuchern, die bis ins letzte durchorganisierte Gaunerbande und das Fehlen jeder wirksamen Rechtsprechung, dann sieht man ein, daß das Chaos in Skagway unvermeidbar war. Aber wenn auch Verbrechen und Rechtsunsicherheit die Stadt für eine Zeit mit dem Schlimmsten gleichstellte, was der alte Westen an Gesetzlosigkeit zu bieten hatte, dann war das doch keine Schande für die große Mehrzahl ihrer Einwohner. Die Goldsucher vom Klondike, von denen die meisten Amerikaner waren, bewiesen, daß sie im Grunde gesetzestreue Leute waren, sobald sie die Grenze nach Kanada überquert hatten. Natürlich hatten sie sich nicht plötzlich durch einen kurzen Treck über einen Gebirgspaß charakterlich verändert. Die Fakten beweisen vielmehr nur den großen Unterschied zwischen der Haltung der kanadischen Regierung und dem Nichtbetroffenen auf der Seite der USA.

Die kanadischen Stellen sahen die Auswirkungen einer Stampede zum Yukon voraus und beugten vor. Zu den Motiven mag allerdings auch die Furcht vor dem Expansionsdrang der Vereinigten Staaten gehört haben. Kanada verfügte über eine nationale Polizeimacht, die sich hervorragend dazu eignete, die öffentliche Ordnung aufrechtzuerhalten. Sie war anpassungsfähig, erfahren und wurde gut geführt. Die amerikanische Regierung dagegen tat sich sehr schwer, den Mechanismus für eine geordnete Erschließung Alaskas zu schaffen. Als sie sich schließlich aufraffte, dem Problem ins Auge zu sehen, stand ihr keinerlei mobile Polizeitruppe zur Verfügung, und andere Organisationen waren den Anforderungen Alaskas nicht gewachsen. Die Armee hatte sich im Westen nie als so wirksam erwiesen wie eine Polizeitruppe. Sie war ja auch für einen solchen Zweck nicht geschaffen und konnte von den Siedlern in einer solchen Rolle auch nicht akzeptiert werden. Man sah zu, wie die Gesetzlosigkeit in Skagway ihren Lauf nahm. Als schließlich die Herrschaft des Gesetzes einkehrte, waren die schlimmen Tage der Stadt längst vorbei – und das Ende hatte ihnen einen Mob von aufgebrachten und bewaffneten Bürgern beschert, die einen großen Kehraus hielten. Es ist über jeden Zweifel erhaben, daß die US-Regierung sich während der Stampede zum Klondike in Sachen Gesetz und Ordnung nur durch Unfähigkeit und Sturheit auszeichnete. Wenn Skagway noch das einzige Beispiel für die Gesetzlosigkeit im hohen Norden geblieben wäre, könnte man das zögernde Eingreifen der Regierung in Washington noch relativ leicht als isoliertes Phänomen abtun, aber es muß leider festgestellt werden, daß die Story von Nome ein weiterer – und sogar noch schlimmerer – Schandfleck für die Regierung war.

Nome

Wir haben in vorangegangenen Kapiteln schon die Vorherrschaft von verbrecherischen Elementen und Gesetzlosigkeit im frühen Nome dargestellt und das Komplott der »Plünderer« geschildert. Das hohe Ausmaß an Gewaltverbrechen, Diebstahl und unrechtmäßiger Aneignung von schon vergebenen Claims waren nicht das Ergebnis von Schurkereien (wie in Skagway im Falle Soapy Smith'), und die Gesetzlosigkeit auf der Seward-Halbinsel ging in mehrfacher Beziehung über das in Skagway bekannte Maß hinaus und hatte auch eine längere Lebensdauer.

Obwohl auch die Stampede zu der Halbinsel unvermittelt kam, verursachte sie doch nicht den Schock, den der große Run zum Klondike auslöste. Zu der Zeit, als die große Welle der Goldsucher im Jahre 1900 in Nome landete, hatten die Ereignisse im Norden ein weltweites Interesse an Alaska ausgelöst, und das Gebiet hatte eine beachtliche Bevölkerungsziffer erreicht. Diesmal hatte die amerikanische Regierung keine Ausrede dafür, nicht auf den neuen Goldrausch vorbereitet zu sein. Aber noch einmal hatten die Schürfer das Fehlen von entsprechenden Vorkehrungen seitens der Regierung auszubaden. Manch einer der Pioniere von Dawson hätte sich am liebsten die kanadischen Behörden und den Schutz durch die Mounties herbeigewünscht. Einige gingen sogar so weit, offen die Kritik zu bedauern, die sie seinerzeit an der kanadischen Polizeitruppe geübt hatten.

Die US-Army entsandte allerdings anfangs ein Kontingent nach Nome. Fort Davis wurde in der Nähe als Garnisons-Fort errichtet. Die Soldaten waren auch dabei, wenn es darum ging, die Dinge nicht aus den Fugen geraten zu lassen. Sie schickten z. B. eine Schürferversammlung nach Hause, die unter einem fadenscheinigen Vorwand eine generelle Enteignung von Claims-Besitzern beschließen wollte. Die Army widerstand jedoch mehrfach lautstarken Rufen nach einer Übernahme Nomes, und wahrscheinlich handelte sie damit klug. Die Einführung des Kriegsrechts hätte sicher viele Ressentiments geweckt und alle möglichen politischen Folgen gehabt. Es galt wirklich nur als die allerletzte Zuflucht, eine Maßnahme, die Amerikanern nur in der äußersten Not zugemutet werden konnte. Doch die Militärs machten sich auch auf andere Weise nützlich. Gelegentlich patrouillierten sie in kleinen Gruppen auf den Straßen, um offener Gesetzlosigkeit vorzubeugen. Aber sie taten das nur, wenn sie von den Geschäftsleuten Nomes dazu aufgefordert worden waren. Soldaten halfen auch, als 1899 und 1900 verdächtige Übeltäter ohne viel Federlesens eingesammelt und zum letzten Schiff gebracht wurden. Festnahmen gab es damals nicht; es wurden keinerlei rechtliche Formalitäten beachtet.

Das Militär unterstützte also durch seine Präsenz und die Mitwirkung bei rechtswidrigen Bestrafungen – denn darauf lief die zwangsweise Verbannung von Leuten hinaus – die Bemühungen der Bürger, die Ordnung aufrechtzuerhalten. Aber in Nome wären sehr viel mehr Ordnungskräfte vonnöten gewesen, als vorhanden waren. Die zivile Polizei gab es nur, weil die Stadtväter sie – illegalerweise – eingesetzt hatten. Bis zum 6. Juni 1900 gab es keinerlei gesetzliche Bestimmung seitens der Bundesregierung in Washington, die Gemeinden in Alaska die Aufstellung einer Polizei gestattete. Tatsächlich war es sogar so, daß nicht einmal der gewählte Stadtrat, der Nomes Polizeichef bestellte, seine Rechtfertigung im Bundesgesetz nachweisen konnte. Man kann es den Bürgern Nomes kaum übelnehmen, wenn sie in diesem rechtlichen Vakuum zur Selbsthilfe schritten. Da aus der Bundeskasse keine Mittel zur Bezahlung von Polizistengehältern zu erhalten waren, mußte man in Nome auf private Unterstützung zurückgreifen. Geschäftsleute mit wertvollen Grundstücken steuerten gern ihren Beitrag bei, aber der gewöhnliche Schürfer verließ sich als Schutz gegen Angreifer lieber auf die eigene Waffe. Solch selbständige »Polizeiarbeit« trug denn auch dazu bei, daß Nome eine recht lebhafte und gut armierte Ansiedlung war, was wiederum die Schwierigkeiten der öffentlichen Gesetzeshüter vergrößerte.

Während der zweiten Saison in Nome waren die Bediensteten des Bundes nicht in der Lage, sich gegen Verbrechen und Gewalttätigkeit durchzusetzen. Sie wandten sich an Albert J. Cody, früher Polizeioffizier in Portland und damals erfolgreicher Schürfer. Cody ging ein imponierender Ruf voraus. Laut biographischer Notizen verfügte Cody über »große körperliche Kraft, obwohl er gar nicht besonders groß war. Er war wendig und hellhörig, hatte eine schnelle Auffassungsgabe und ein intuitives Verständnis für menschliche Motive. Er war furchtlos und trotzdem immer umsichtig, hatte einen klaren analytischen Verstand und damit praktisch alle Eigenschaften, die Conan Doyle dem Helden seiner großen Kriminalgeschichten beigegeben hat.«

US-Marshal C. L. Vawater brauchte auch einen Sherlock Holmes, um mit den Bösewichtern von Nome fertigzuwerden. Die Frage war aber, wie er Cody das Geschäft des Goldschürfens verderben konnte. Cody hatte durchaus Bedenken, aber als Vawater an sein Gewissen als Bürger appellierte, nahm er schließlich die Position eines Deputy Marshal an – jedoch unter bestimmten Bedingungen. »Er erklärte sich bereit, die Stelle anzunehmen, verlangte jedoch, daß Haftbefehle ausgestellt würden, wenn er es verlangte, daß Häftlinge ohne die Möglichkeit von Besuchen festgehalten würden und daß es keine richterlichen Vorführungsbefehle nach der Habeas-Corpus-Akte geben solle.«[4] Bei diesem Interview waren die Bundesbediensteten anwesend, die für die öffentliche Ordnung zuständig waren: Richter Arthur Noyes, Distriktanwalt Joseph Wood, der US-Bevollmächtigte R. N. Stevens und Marshal Vawater. Alle erklärten sich feierlich mit den Bedingungen Codys einverstanden. Und so war also in Nome das uralte Recht der Habeas-Corpus-Akte sang- und klanglos aufgehoben.

Mit solchen Vollmachten ausgestattet, vertrieb Cody schnell die Kriminellen, die die Stadt terrorisiert hatten. Verdächtige wurden verhaftet, Geständnisse erpreßt, Anklagen vorgebracht und pauschale Urteile verhängt. Indem sie die konventionelle Rechtspraxis übergingen, konnten die Bundesbeamten die Lage in den Griff bekommen. Es überrascht sicher nicht, daß außer Marshal Vawater und Cody alle Beteiligten in der Folgezeit – und zwar in anderem Zusammenhang als dem des Großreinemachen durch Cody – wegen Korruption angeklagt wurden.

Der Kongreß mußte einfach die Gesetze liefern, die die Einsetzung einer Zivilverwaltung in Alaska möglich machten, und er tat es schließlich auch, und zwar im Juni 1900. Das Gesetzeswerk sah vor, daß städtische Offizielle durch Wahl bestimmt werden sollten, daß Polizisten bestellt und Steuern erhoben werden sollten. Außerdem war die Einsetzung von zwei weiteren Distriktrichtern vorgesehen, so daß es jetzt drei in Alaska gab. Eine Verstärkung der Bundespolizei durch eine beweglichere Truppe war nicht geplant. Für jeden der drei Gerichtsbezirke wurde ein US-Marshal bestellt, der von einer Handvoll Deputy Marshals unterstützt werden sollte. In jedem Distrikt gab es außerdem einen Distriktanwalt mit entsprechendem Stab, der vom Justizministerium ernannt wurde. Jeder Distriktrichter hatte die Befugnis, einen US-Bevollmächtigten zu wählen, der als Richter bei Vergehen und kleineren Zivilsachen eingesetzt werden konnte. – Ein radikales Durchgreifen war das alles nicht, aber wenigstens hatte der Kongreß endlich eingesehen, daß die Städte in Alaska mehr behördliche Lenkung brauchten, als das Militär und ein einziger Distriktrichter zu garantieren vermochten.

Was Nome durch das Gesetz gewann, verlor es wieder durch die Einsetzung von Arthur Noyes als Distriktrichter. Als der Herbst 1900 nahte, war die Flut der Verbrechen eingedämmt, die Straßen waren wieder sicher und die Anzahl kleiner Diebstahlsdelikte war drastisch zurückgegangen. Aber nun kamen die Betrügereien großen Stils, die auf das Konto der McKenzie und Noyes gingen. Man kann sich kaum die stille Wut der Bürger vorstellen, als Richter Noyes die akuten Fälle liegen ließ und Schürfer zu ihren Waffen griffen, um ihre Claims mit Gewalt zu verteidigen. Als Noyes endlich im Sommer 1901 durch Richter James Wickersham ersetzt wurde, begann erst das wirkliche Saubermachen.

Fairbanks hatte nicht wie Skagway und Nome unter der Gesetzlosigkeit zu leiden, denn da war Richter Wickersham, der praktisch mit zu den Begründern gehörte, weil er so früh mit seinem Distriktgericht nach dort übergewechselt war. Fairbanks profitierte von 1904 an von dem Vorhandensein des Gerichts, und seine Bürger waren von Rechts wegen autorisiert, eine Stadtverwaltung zu organisieren. Anderen später gegründeten Städten kam es ebenfalls zugute, daß die Justiz besser organisiert war und sie eine richtige zivile Verwaltung besaßen.

Fairbanks kannte auch Kriminalität, aber seine Polizisten sorgten für Ordnung. Das Militär wurde nie zu Hilfe gerufen, obwohl die Raubüberfälle des »Banditen mit dem blauen Parka« einige Hysterie erzeugten und auch Arbeitskämpfe die Gemüter erregten. Allerdings wurde in letzterem Falle eine große Anzahl von Männern vorsorglich zu Deputy Marshals gemacht. Die Leute in Alaska waren nicht krimineller, als die Männer es auf ihrem Zug nach Westen gewesen waren, und sie konnten durchaus in Frieden leben, sobald einmal die Bundesbehörden ihre schützende Hand über die neuen Ansiedlungen gelegt hatten. Den Gesetzeshütern kam auch die Beschränkung der Bewegungsfreiheit zugute, die sich aus dem Klima und der Abgelegenheit Alaskas ergab. Einem Verbrecher, der aus Fairbanks oder einem der anderen Camps ausrückte, blieben nie sehr viele Möglichkeiten. Im Sommer konnte er sich über Dawson und Whitehorse zur Küste durchschlagen und den Valdez Trail nehmen, um ein Schiff zu erreichen; oder er konnte in einem Flußboot den Tanana und Yukon hinunterfahren, um nach St. Michael zu gelangen. Aber lange bevor er hoffen konnte, die Küste zu erreichen, hatte der Telegraph schon die Polizeistationen in allen Ausreisehäfen alarmiert. In den Wintermonaten waren die Fluchtmöglichkeiten noch geringer, und der Weg zur Küste dauerte noch länger. Hinzu kam noch, daß der Bezirk von Fairbanks keine größere Anzahl rauher Burschen anlockte, als der Goldboom vorüber war. Eine Stadt wie Fairbanks bot sich auch potentiellen Kriminellen bei weitem nicht so an wie etwa San Francisco oder Seattle. Die Städte in Alaska waren klein, und was Fremde dort anrichteten, fiel schnell auf.

Alaskaner hatten jedoch auch keinen Grund, sich übermäßig mit der Gesetzestreue ihrer Einwohner zu brüsten; aber die Neigung dazu bestand trotzdem. Richter Wickersham war in dieser Beziehung ein ganz typischer Alaskaner. Für ihn waren sogar die Goldsucher von Nome »eine besondere Klasse von Leuten ... jung, stark, gesund; die geistig und körperlich Angeknacksten, die Faulen, Untüchtigen und Verschwenderischen kamen nicht«. Leider läßt sich das tatsächliche Geschehen in Nome in der Zeit von 1899 bis 1900 kaum mit diesen Gedanken Wickershams in Einklang bringen, aber der Richter kannte Nome aus eigener Erfahrung erst gut 1901. Man muß Wickersham allerdings zustimmen, wenn er behauptet, daß »die schlimmsten Kriminalprobleme von Nome ihren Ursprung im Senat der Vereinigten Staaten hatten«.[5]

Die alten Hasen Alaskas neigten manchmal dazu, die schweren Tage zu vergessen. Dan Sutherland, der in Nome und Fairbanks schürfte, ehe er Wickersham als Kongreßabgeordneter ablöste, erinnert sich an Nome auch als eine friedliche Gemeinde, und das, obwohl er in den Jahren 1899-1900 dort war. Aber Alfred Brooks, ein »Patriot« Alaskas, hatte nicht vergessen, daß er es in Nome für nötig befunden hatte, zur eigenen Sicherheit einen Revolver bei sich zu tragen. Man muß allerdings darauf hinweisen, daß Wickersham und Sutherland Politiker waren; und Leute, die um Stimmen werben müssen, neigen dazu, die Sonnenseite des Lebens zu sehen. Das Zeugnis von Wickersham, Sutherland und einiger anderer wird mehr als aufgewogen durch die Last der Beweise, die den schlechten Ruf des frühen Nome erhärten.

Es liegt trotz des rosigen Schimmers, mit dem einige Old Timer nachträglich die Schürferversammlungen umgeben, klar auf der Hand, daß das amerikanische Regierungssystem – oder besser: das Fehlen einiger Komponenten dieses Systems – den Anforderungen der Situationen während der Stampeden von Skagway und Nome ebensowenig gewachsen waren wie den Zuständen an bestimmten Orten des alten Westens, und zwar aus ähnlichen Gründen. Den ersten Siedlern fiel die öffentliche Ordnung nicht einfach als Ergebnis ihrer Arbeit in den Schürfercamps von Kalifornien und Montana oder in den Viehstädten von Texas und Kansas in den Schoß. Zeitweise waren sie genötigt, sich entweder mit der Unterdrückung durch Kriminelle abzufinden oder als Mob das Recht selbst in die Hand zu nehmen. Keine der beiden Möglichkeiten war besonders empfehlenswert und trug auch nicht zum allgemeinen Wohlbefinden bei. Geht man von den Verhältnissen in Alaska aus, dann gibt es keinen Grund, warum es seinen Bewohnern hätte bessergehen sollen als denen im alten Westen.[6]

29 Die Rolle der amerikanischen Regierung in Alaska

Wegen des territorialen Status von Alaska blickten die Menschen nicht nur in Sachen öffentlicher Ordnung nach Washington, sondern auch bezüglich aller anderen Grundbedürfnisse eines Gemeinwesens. Was die Regierung hinsichtlich der Erforschung des Gebiets, des Anlegens von Trails, der Herstellung telegrafischer Verbindungen und der Hilfe für verarmte Goldsucher leistete, geschah sämtlich unter dem Druck einer rapiden Entwicklung und drängender Forderungen der Bewohner Alaskas. Weil sich in den ersten 30 Jahren der amerikanischen Oberhoheit so wenig ereignet hatte, war jetzt Eile geboten. Häfen mußten vermessen werden, geographische und geologische Untersuchungen ausgeführt, ein Postdienst eingerichtet und die besten Lösungen für die Nachrichtenverbindungen, den Verkehr und die Aufrechterhaltung der Ordnung gefunden werden.

Die Regierungsstellen in Washington, die diese Aufgaben lösen sollten, hatten nur begrenzte Mittel zur Verfügung. Die Bedürfnisse Alaskas rangierten nicht vor denen anderer Teile des Landes, und die zahlenmäßig geringe Bevölkerung des Territoriums reichte nicht aus, um wirklichen politischen Druck auszuüben. Die Regierungsbeamten, die mit dem Norden zu tun hatten, waren der Ansicht, daß man in der Tat sehr viel herausgeschlagen habe für Alaska, wenn man berücksichtige, wie scharf der Kampf um Gelder und verfügbares Personal sei. Aber die Menschen in Alaska sahen die Dinge ganz anders. Weder der Postdienst noch die Lösung der Verkehrsprobleme waren in ihrem Sinne geregelt.

Alle Alaskaner waren fest davon überzeugt, daß die Bundesregierung viel zuwenig an Dienstleistungen und Entwicklungshilfe beisteuerte, wenn man die Goldmengen betrachtete, die aus Alaska in die Wirtschaft flossen. James Wickersham stellt in seinen Memoiren »Old Yukon« folgende Rechnung auf[1]:

Zahlungsbilanz USA – Alaska, 1867 - 1932

Preis für den Erwerb Alaskas	Dollar	7200000
Ausgaben der USA in Alaska		200117286
Summe der US-Guthaben in Alaska		207317286
Abzüglich Einnahmen des Fiskus aus Alaska		50357660
US-Barguthaben in Alaska		156959626

Handelsbilanz USA – Alaska:

Von Alaska gekaufte Güter	Dollar	889233561
Exporte Alaskas in die US (Gold usw.)		1691717221
Handelsguthaben Alaskas		2580950782
Abzüglich US-Ausgaben		156959626
Bilanz zugunsten Alaskas		2423991156

Obwohl derartige Statistiken dazu beitrugen, die Argumente Wickershams zu bekräftigen und in das allgemeine Klagelied der Alaskaner einzustimmen, konnten sie dennoch den Kongreß nicht dazu bewegen, Alaska eine fiskalische Sonderstellung einzuräumen. Wenn es eine Frage gab, in der sich zwei Alaskaner nie in die Haare gerieten, dann war es diese. Ob Alaska schlecht verwaltet und vernachlässigt war, diese Frage konnte man außerhalb des Landes stellen, aber nicht in Alaska.

Der Goldrausch in Alaska und die erste Erschließung des Territoriums fielen etwa in die Zeit des spanisch-amerikanischen Krieges bzw. des Aufstandes auf den Philippinen. In Alaska applaudierte man zwar, als die Spanier geschlagen wurden, aber das Eingreifen auf den Philippinen beobachtete man mit Sorge. Oft genug hieß es, daß die amerikanischen Ausgaben dort auf Kosten Alaskas gingen. Zeitungsmann Strong sah es im »Iditarod Nugget« so: *Von Cavite bis Mindanao oder Bontoc gibt es kein Eingeborenendorf, dessen Postdienst nicht besser ist als der von Iditarod. Außerdem kennt sich da jeder besser mit Buschmessern als mit Büchern aus. In den Augen der Bundesregierung ist ein Filipino ein Mensch und mehr als nur ein Bruder. Der Alaskaner ist ein Fronarbeiter, der – was Washington angeht – zum Teufel gehen mag.*[2]

Alle Zeitungen des vorrückenden amerikanischen Westens fanden einen Anlaß, die Regierung in Washington zu kritisieren, aber nirgends erreichte der Giftfluß gegen die Regierung solche Ausmaße wie im Norden. Schon vor den Goldfunden war diese Haltung in Alaska gang und gäbe, aber erst während der Goldära entwickelte sie sich so massiv. Es waren in etwa immer dieselben Klagen, die so lange zu hören waren, wie Alaska den Status eines Territoriums hatte. Washington schien immer weit weg, und in Alaska hatten die Leute den Eindruck, die Regierung verstopfe sich die Ohren gegenüber ihren Forderungen, zu denen unter anderem gehörte, daß die Alaskaner sich im Regierungsapparat von Leuten vertreten wissen wollten, die Alaska aus eigener Anschauung kannten. Allzuoft, so hieß es, würden solche Posten mit ortsunkundigen Männern besetzt, die nur ihr eigenes Fortkommen im Sinne hätten.

Der allererste Leitartikel der Zeitung eines neuen Goldcamps verlangte gewöhnlich lauthals, daß nun der Ort in den Postdienst einbezogen werden müsse. Und in der nächsten Ausgabe wurde dann vielleicht auch schon der Bau einer Eisenbahn gefordert. Als Chefredakteur Strong – damals noch bei der »Nome News« – davon hörte, daß der Postdienst erst für den Winter 1899–1900 zu erwarten sei, zog er mächtig vom Leder:

Das ist einfach die Fortsetzung der Politik der Vernachlässigung, unter der Alaska leidet, seit es in den Besitz der USA gelangt ist. Es ist geradezu pervers, mit welcher Gleichgültigkeit man unseren Nöten gegenübersteht.[3]

Tatsächlich war es so, daß die amerikanische Regierung tief in die Tasche greifen mußte, um in den ersten Tagen Alaskas eine Postzustellung aufzubauen. Die Alaskaner kamen in den Genuß niedriger Gebühren. Ein Brief kostete zwei Cents, aber die wirklichen Kosten beliefen sich nach Ansicht der Post auf etwa 50 Cents bei einer Zustellung im Yukontal. Im Herbst 1899 wurde der Postdienst von Valdez nach Eagle eröffnet. Ein Postträger trat im Oktober seine Reise von der Küste her an. Er hatte elf Packpferde bei sich. Es war fast schon Weihnachten, als er endlich in Eagle eintraf. Seine Pferde waren sämtlich auf der Strecke geblieben. Die ganze Stadt versammelte sich neugierig, um Post in Empfang zu nehmen, aber in dem Sack waren ganze drei Briefe.

Im ganzen muß man sagen, daß die Post sich durchaus wacker geschlagen hat, wenn man die Entfernungen und Kosten bedenkt. Im Jahre 1903 schickte der Postmeister in Point Barrow, dem nördlichsten Punkt des US-Territoriums, einen Bericht nach Washington, und schon die Zeit – rund fünf Monate –, die dieser Bericht brauchte, um an sein Ziel zu gelangen, macht die Schwierigkeiten deutlich. Zunächst ging die Post die 650 Meilen von Barrow nach Kotzebue per Rentier. Zwischen Kotzebue und Nome wurden sowohl Hunde als auch Rentiere eingesetzt. Die 230 Meilen von Nome nach Unalakleet wurden von Hunden bewältigt, die auch für die 363 Meilen nach Tanana und weitere 567 Meilen den Yukon aufwärts bis Eagle eingesetzt wurden. Bis dahin waren es allein in Alaska schon 2200 Meilen. Von hier ging es weiter über Dawson City nach Skagway – 594 Meilen, davon nur 22 Meilen auf amerikanischem Gebiet. Dann folgte die Eisenbahn über den Weißen Paß (112 Meilen); für den Rest auf kanadischem Boden sorgten Pferde und Hunde. Ein Dampfer brachte die Post dann die 1000 Meilen nach Seattle, und von da erreichte der Bericht schließlich nach einer Eisenbahnfahrt über den ganzen Kontinent Washington. Summa summarum: 6904 Meilen.

Die geschätzten Kosten für eine solche Reise betrugen – unabhängig von der Postmenge – 2329 Dollar. Diese Zahl ergibt sich aus den Sätzen der Vertragsfirma:

Barrow bis Kotzebue	*375 Dollar*
Kotzebue bis Nome	*259 Dollar*
Nome bis Unalakleet	*263 Dollar*
Unalakleet bis Tanana	*402 Dollar*
Tanana bis Eagle	*529 Dollar*

Die kanadische Regierung bezahlte für den Transport durch das Yukon-Territorium, aber es kamen noch die Kosten für den Dampfer bis Seattle – 169 Dollar – und für die Eisenbahn von Seattle – 341 Dollar – mit hinzu.[4]

Im Winter konnte ein Schürfer, der auf eine Briefantwort wartete, bestenfalls damit rechnen, daß sie in 100 Tagen da war. Dann mußten aber die Wetterverhältnisse entsprechend sein. In der kalten Jahreszeit war der Hauptleistungsträger im Postdienst der Hundeschlittenfahrer. Von seinem Geschick und seinem Durchhaltevermögen hing alles ab. Es gab im Norden zu dieser Zeit kaum eine Aufgabe, die soviel Kraft und Wissen erforderte. Der Zustand des Eises auf dem Yukon war jedes Jahr anders, aber eine glatte Oberfläche bildete es nie. In den ersten Stadien des Zufrierens wurde das Eis zum Teil noch von der Strömung mitgerissen, so daß sich Stücke ineinanderschoben und Erhebungen bildeten. Die Oberfläche war also zerrissen und uneben und verlangte dem Postmann das letzte an Ausdauer ab. Seine Fahrten waren nicht nur äußerst unbequem, sondern auch gefährlich. Im Herbst und Frühjahr mußte er sehr vorsichtig sein, damit der schwere Schlitten nicht auf zu dünnes Eis geriet. Ein solches Unglück hätte das Ende des Fahrers, der Hunde und der Postladung bedeutet. Es kam oft genug vor, daß in den Zeitungen der Camps die Notiz erschien, die Post sei »zu naß zum Verteilen«.

Die Postfahrer waren nicht Angestellte der US-Post, sondern Privatleute, die sich um den Postvertrag für jeweils eine Saison bemühen mußten. Anfangs konnte der Postmann einen Dollar pro zugestellten Brief erwarten und eine ordentliche Gebühr für die Beförderung von Gold. Später drückte die Konkurrenz die Preise, so daß die Arbeit weniger einträglich wurde. Hunde waren nicht die einzigen Zugtiere. In den Jahren 1899/1900 hatte die Post einen Vertrag mit einem für die Betreuung von Rentieren verantwortlichen Mann, der es übernahm, die Post von St. Michael nach Nome und zurück sowie zwischen Nome und Kotzebue zu befördern. Diese Reisen von rund 500 Meilen wurden in diesem weglosen Gebiet in 12 bis 15 Tagen bewältigt. Rentiere waren viel schneller als Hunde, aber es gab nicht genug Fahrer, die mit den Tieren fertig wurden.

Und jetzt muss eine Eisenbahn her

Eisenbahnen spielten eine große Rolle in den Träumen der Menschen Alaskas, die nie müde wurden, von der Regierung den Bau größerer Strecken zu verlangen. Bald nach der Gründung von Nome und Fairbanks wurden Gleise gelegt, um die beiden Städte mit ihren jeweiligen Goldminen zu verbinden. Diese kurzen Strecken wurden von Privatleuten ohne Unterstützung des

Staates finanziert. Solche Ortsverbindungen – wie nützlich sie auch sein mochten –, konnten natürlich nicht die Sehnsucht vieler Goldgräber erfüllen, die von Bahnstrecken zwischen Alaska und dem amerikanischen Mutterland träumten. Dadurch hätten nicht nur die Reedereien ihr Quasimonopol verloren, sondern man wäre auch nicht mehr auf die kurze Saison für die Schiffahrt angewiesen gewesen.

Es war so einfach, in eine Karte die Route einzuzeichnen, die diese Eisenbahn nehmen sollte, und sich die schnaubenden Lokomotiven vorzustellen, wie sie mühelos die riesigen Entfernungen überbrückten. Aber diese langen Strecken blieben ein Produkt der Phantasie. Mehrfach wurden von der Regierung wie von Privatseite Vermessungen vorgenommen, um die Chancen für Strecken etwa von Valdez nach Fairbanks, vom Landesinneren nach Nome oder vom Cook Inlet bis Nome bzw. andere gedachte Verbindungen zu prüfen.

Die längste Privatbahn baute das Morgan-Guggenheim-Syndikat ohne staatliche Beihilfe und mit einem ganz begrenzten Ziel: Man wollte Kupfererz aus den märchenhaft reichen Minen des Chitinatals nach Cordova am Prince William-Sund befördern. Für einen Gesamtpreis von 23 Millionen Dollar bewältigten die Erbauer mehr als 200 Meilen schwierigsten gebirgigen Geländes. Die 1911 fertiggestellte Strecke wurde 1938 stillgelegt, als die Kennecott-Minen erschöpft waren. Sie hatten 200 Millionen Dollar erbracht. Die Alaskaner beneideten die Kanadier im Yukon-Gebiet um ihre Eisenbahn, die auch heute noch in Betrieb ist. Skagway ist der Endpunkt der White Pass and Yukon Railway, die 1899 als Verbindung zum oberen Yukon gebaut wurde. Von Whitehorse, der Station am anderen Ende, erreichte man Dawson per Dampfer oder Postkutsche. Praktisch die ganze Linie führt über kanadisches Gebiet.

Fairbanks bekam schließlich seine staatlich finanzierte Eisenbahn, aber auch sie erfüllte die Träume nicht ganz. Anstatt eine Verbindung mit den großen transkontinentalen Eisenbahnen des amerikanischen Festlandes herzustellen (eine Verbindung, wie sie der sehr viel später gebaute Alaska Highway darstellt), führte die Strecke von Seward an der Küste entlang bis Fairbanks. Immerhin konnte man damit vom Landesinneren aus zu jeder Jahreszeit außer Landes reisen, da der Hafen eisfrei ist. Als die Alaskaner 1923 Zeuge waren, wie Präsident Harding als Symbol für die Fertigstellung der Alaska-Eisenbahn in Nenana einen goldenen Nagel einschlug, da waren sie dankbar – aber nicht voll zufrieden mit den Leistungen ihrer Regierung in Sachen Transportwesen.

Der Anfang der Alaska Railroad wurde 1912 mit einem Gesetz gemacht, das die Ernennung einer Kommission zur Prüfung der Route vorsah. Anfang 1913 empfahl die Kommission, der auch Alfred H. Brooks vom Amerikanischen Geologischen Vermessungsdienst angehörte, den Bau zweier Strecken. Die eine sollte in Cordova beginnen, dem Copper River bis zum Tanana folgen und in Fairbanks enden. Als Ausgangspunkt der anderen war Seward vorgesehen. Die Strecke sollte dann zum Susitna-Tal führen und von dort zum Kuskokwim River abschwenken. Im Jahre 1915 billigte der Kongreß den Bau von 1000 Meilen Bahnstrecke bei einem Kostenaufwand von 35 Millionen Dollar. Trotz der Empfehlungen der Kommission wurde nur eine Linie ins Innere gebaut. Während der langen Bauzeit wurden mehr als 400 Meilen Gleise verlegt. Der Hauptteil der Arbeit wurde im Sommer geleistet. Obwohl die Eisenbahn sich von der Größenordnung her nicht mit den transkontinentalen Bahnen messen konnte, erschwerte die Geländebeschaffenheit den Bau erheblich. Daran liegt es auch, daß es noch heute schwer ist, die Strecke im Winter in Betrieb zu halten. Während des Zweiten Weltkrieges wurde die Bahn in vielen Punkten verbessert, und man baute auch eine Strecke von Whittier nach Portage, um einen Bahnendpunkt am Prince William-Sund zu haben.

Der Kongreß hatte des öfteren Hearings veranstaltet, bei denen es um den Bau von Eisenbahnen in Alaska ging. Dabei hatten Fürsprecher solcher Projekte aus Alaska wie auch von außerhalb Gelegenheit, ihre Argumente vorzutragen. Aber die Bundesregierung ließ sich nicht bewegen, private Unternehmer für den Bau von Strecken zu subventionieren, und zögerte die geplante staatliche Strecke von Seward nach Fairbanks jahrelang hinaus. Als die Goldära Alaskas heraufzog, ging der Boom des Baus von Eisenbahnen im amerikanischen Festland zu Ende. In der Öffentlichkeit wurde die Frage diskutiert, ob die Politik, die den Eisenbahnzaren die Anhäufung großer Vermögen ermöglichte, richtig gewesen sei, zumal der Löwenanteil sich aus der Verfügungsgewalt über die ihnen ausgehändigten öffentlichen Ländereien ergab. Bedenkt man diese Reaktion auf die Subventionierung der transkontinentalen Eisenbahnen, dann konnten sich die Alaskaner glücklich preisen, überhaupt Mittel bekommen zu haben.

Die Kosten für den Bau eines Bahnnetzes in Alaska waren zu hoch, als daß private Investoren sich hätten engagieren mögen. Das Morgan-Guggenheim-Syndikat fand es profitabel, 23 Millionen Dollar auszugeben, um Kupfer und Silber im Wert von 200 Millionen Dollar zu fördern, aber anderswo war dieses Verhältnis nicht so günstig. Überlegungen im Zweiten Weltkrieg führten dazu, daß unter enormen Kosten der Alaska Highway von Dawson Creek nach Fairbanks gebaut wurde, aber dies ließ sich nur als eine Kriegsmaßnahme verstehen.

Die Regierung ließ sich allerdings herbei, einige Trails und primitive Wagenstraßen anzulegen, von denen der Valdez Trail der wichtigste ist. Andere derartige Routen wurden von Staats wegen zwischen Seward und Iditarod, vom Yukon bis Nome und sogar vom Yukon bis in das entfernte Chandalar-Gebiet gebaut. Natürlich freute man sich in Alaska über solche Verkehrswege, aber den Wunsch der Alaskaner nach Eisenbahnen erfüllten sie eben nicht. Wenn die Trails angelegt wurden, so in erster Linie deshalb, weil sie relativ billig waren.

Eine Bilanz des Erreichten

Es ist nicht ganz einfach, die Effektivität staatlicher Dienstleistungen global zu beurteilen. Während der Goldzeit waren die Einwohner Alaskas felsenfest davon überzeugt, daß ihnen nicht die Unterstützung zuteil wurde, die sie verdienten, und dieser Ansicht haben sich einige Historiker angeschlossen. In jüngster Zeit bekennen sich allerdings einige Historiker als »Revisionisten« zu der Meinung, man müsse einer Abwertung des staatlichen Wirkens mit Vorsicht begegnen.[5] Diese Leute argumentieren, daß die Leistungen der Regierung von den Alaskanern nicht hinreichend anerkannt würden, und sie verweisen auf die Situation im alten Westen, verglichen mit der die Anstrengungen der Regierung in Alaska in einem günstigeren Licht erscheinen würden. Die Pioniere hätten in allen Phasen des Vordringens nach Westen Washington kritisiert, weil es nicht zügig genug auf neu entstehende Situationen reagiert habe, und möglicherweise hätten die Menschen in Alaska weniger Grund als andere zu Klagen gehabt.

Welche Betrachtungsweise des staatlichen Beitrages ist richtig? Es gibt wenige Untersuchungen, die die Situationen an verschiedenen Orten und zu verschiedenen Zeiten der amerikanischen Grenzsituationen miteinander vergleichen; und es ist auch keineswegs sicher, daß damit die Frage beantwortet ist. Ob die staatliche Unterstützung für Alaska rechtzeitig kam und ausreichend war, läßt sich durch einen Vergleich nicht klären. Und die Feststellung, daß es Oklahoma und Nevada nicht besser erging, als sie noch zum »Wilden Westen« gehörten, hilft auch nicht weiter. Man könnte einen Vergleich mit hineinbringen, wenn man fragt, ob ein angemessener Teil des Bundeshaushalts für Alaska ausgegeben wurde. Aber wie soll man feststellen, was unter »angemessen« zu verstehen ist? Sollte man eine Pro-Kopf-Rechnung aufstellen?

Wenn Vergleiche überhaupt sinnvoll sind, dann scheint uns einmal mehr, daß das kanadische Beispiel sich weit besser eignet als der amerikanische Westen. Wir haben an anderer Stelle vom Einsatz der Polizei und den Erhebungen der Regierung im Yukon-Territorium gesprochen, aber einige andere Punkte sollten auch noch erwähnt werden. Dawson war 1899 im Besitz einer Telegrafenverbindung, die mehrere Jahre lang auch von den Bewohnern Alaskas benutzt wurde, ehe diese selbst eine Nachrichtenverbindung bekamen. Das erste Stück einer Leitung, die Hauptmann Charles Farnsworth und seine Leute bauten, reichte denn auch von Eagle bis zur Grenze, so daß das kanadische Netz erreicht werden konnte. Durch Privatinitiative wurde 1899 die Eisenbahnstrecke von Skagway nach Whitehorse gebaut, so daß die kanadische Regierung dieser Verantwortung enthoben war. Zwar wurde die Forderung nach anderen Strecken laut, aber im wesentlichen erfüllte die Eisenbahn über den Weißen Paß zum Yukon die Erfordernisse des Gebiets. Kanadische Erforscher hatten ihre Arbeit vor der Stampede zum Klondike getan, so daß ihnen die Peinlichkeit erspart blieb, bei ihren Erforschungen »jungfräulichen« Gebiets auf Schritt und Tritt Goldsucher anzutreffen. Die kanadischen Behörden wußten, wie es bei den Schürfern am Yukon aussah, und handelten entsprechend. Eine solche Komödie wie der Rentier-Hilfszug der US-Army fand in Kanada nicht statt. Als der amerikanische Postdienst für Dawson zusammenbrach, nahmen die Mounties die Sache in die Hand und erfüllten sie zur allgemeinen Zufriedenheit. Man kann also sagen, daß die kanadischen Maßnahmen sich vor allem deshalb positiv von den Bemühungen auf amerikanischer Seite abhoben, weil sie rechtzeitig kamen.

Es ist interessant, daß die »Revisionisten« unter den Historikern hauptsächlich unter denen zu finden sind, deren Forschungsgebiet bestimmte staatliche Leistungen sind, während die Traditionalisten diejenigen sind, die einen größeren Ausschnitt der Geschichte Alaskas bearbeiten. Meine eigene Arbeit über die Sozialgeschichte der Goldgräberzeit läßt mich – vielleicht wegen ihres Umfangs – der traditionellen Denkschule zuneigen. Besonders hat mich das Unvermögen der Regierung bei der Durchsetzung von Gesetz und Ordnung beeinflußt und weniger das, was sich auf anderen Gebieten abgespielt hat. Aber die Frage läßt sich kaum mit quantitativen Kriterien beantworten, sondern muß, wie ich meine, notwendigerweise durch subjektive Faktoren mitentschieden werden. Die eigenen Sympathien und Antipathien kann man bei der Lösung historischer Fragen nicht außer acht lassen. Erst wenn noch sehr viel mehr über die Rolle der Regierung in Alaska recherchiert worden ist, wird man vielleicht in der Lage sein, Präziseres auszusagen – aber vorher nicht.

30 Die Eingeborenen in der Goldära

Es kann keine Frage sein, daß die Massen von Goldsuchern, die über Alaska hereinbrachen, nachhaltige Auswirkungen auf das Leben der Eingeborenen hatten. Der Prozeß des kulturellen Wandels hatte allerdings schon lange vor der Goldära am Yukon und auf der Seward-Halbinsel eingesetzt. Russische Pelzhändler hatten die pazifischen Küstengebiete Alaskas im 18. Jahrhundert zu einer Zarenprovinz gemacht, und um die Mitte des 19. Jahrhunderts standen in jeder Saison die Walfangflotten Neuenglands in der Bering-See und vor den arktischen Küsten. Mit Weißen kam jedoch die zahlenmäßig geringe und über das Land verstreute Eingeborenenbevölkerung vor dem Goldrausch nur selten in Berührung. Die wenigen Händler und Prospektoren und – in noch geringerem Ausmaß – die Missionare waren die Vorläufer der Menschenmassen, die die Lebensweise der Ureinwohner drastisch ändern sollten.

Nach einer Volkszählung im Jahre 1880 wurde die Arktis von etwa 3100 Eskimos bewohnt, was für ein so großes Gebiet eine sehr geringe Bevölkerungsdichte ist. Fast 7000 Eingeborene sollten nach diesen Angaben im Yukon-Becken leben, während ihre Zahl am Kuskokwim River auf 9000 veranschlagt wurde.[1] Im Jahre 1888 machte der Gouverneur von Alaska, Alfred P. Swineford, folgende Angaben über die Gesamtbevölkerung: »Weiße: 6500; Kreolen (fast weiß): 1900; Aleuten: 2950; Eingeborene (mit einer gewissen Schulbildung bzw. solche, die eine ›zivilisierte‹ Lebensweise angenommen haben): 3500; völlig ›unzivilisierte‹ Eingeborene: 35000. Zusammen: 49850.«[2] 1890 gelangte man zu einer geringeren Zahl, nämlich 23531 Eingeborenen und 1823 Mischlingen. Davon, so hieß es, waren 14012 Eskimos, die verstreut am unteren Yukon und am Kuskokwim, an der Bristol-Bucht und in der Arktis leben sollten. Hinzu kamen 3439 Angehörige des Athabaska-Stammes im Landesinneren, während sich der Rest aus Tlingits, Haidas und Tsimsheans im südöstlichen Alaska zusammensetzte.[3] All diese Zahlen waren jedoch nur Schätzungen. Es gibt keine genauen Angaben darüber, wie viele Eingeborene direkt von den Menschenströmen ins Innere beeinflußt wurden, aber einiges spricht dafür, daß es zwischen 5000 und 10000 waren.

Eine unmittelbare Folge der Stampeden war, daß viele Eingeborene ihren Wohnsitz wechselten. So zogen etwa die Eingeborenen vom oberen Tanana flußabwärts, um in der Nähe Fairbanks zu wohnen, wo sie als Nahrungsmittellieferanten für die Tausende von Schürfern fungieren konnten. Es konnte auch nicht ausbleiben, daß der Wildbestand in den Gebieten um die Camps stark zurückging. Selbst wenn die Lager nach einigen Jahren wieder aufhörten zu bestehen, sahen sich doch die ursprünglichen Bewohner der Gegend zum Ortswechsel genötigt.

In der Pionierzeit kam es selten zu Gewalttätigkeiten zwischen Weißen und den Eingeborenen. Die Ureinwohner Alaskas waren keine angriffslustigen Krieger! Die Goldsucher wurden eher mit offenen Armen aufgenommen. Allerdings waren die Goldgräber auch von anderem Zuschnitt als manche Pistoleros des »Wilden Westens«. Die Härte der Lebensumstände im Norden dürfte das ihre dazu beigetragen haben, daß die Angehörigen beider Rassen vernünftig miteinander umgingen.

Der Pionier des Nordens war den Naturgewalten sehr viel mehr ausgesetzt als irgendwo sonst in Amerika. Er konnte von Glück sagen, daß es eine freundlich gesinnte Eingeborenenbevölkerung gab, die sein Los erleichterte. Eingeborene retteten ungezählten Prospektoren das Leben, die sich in der Wildnis verirrt hatten. Es ist kein Fall bekannt, wo Eingeborene einem Weißen die Hilfe versagt hätten, wie arm sie auch selbst waren. Auch einige Wissenschaftler verdankten ihr Überleben einer solchen aktiven Nächstenliebe. Leutnant Joseph S. Herron führte 1899 eine Expedition vom Cook Inlet zu den Quellgewässern des Kuskokwim. Es handelte sich dabei um eine von mehreren militärischen Expeditionen in den Jahren 1898/1899, die dem Zweck dienten, einen Überlandweg zum Yukon zu finden, der kanadisches Gebiet nicht berührte. Packpferde trugen die Vorräte für die 20 Soldaten. Bei dem Versuch, ein wegloses, sumpfiges Gebiet zu durchqueren, verirrten sich Herron und seine Männer. Die Pferde blieben im Schlamm stecken. In einer Kurzschlußreaktion gab die Gruppe die Pferde auf und zog zu Fuß in Richtung Fort Gibbon am Yukon weiter. Wenn der Häuptling der Tena-Indianer die Gruppe nicht entdeckt hätte, wären die Männer an Hunger und Kälte gestorben, ehe sie einen Weg aus den Sümpfen gefunden hätten. Die Indianer gewährten ihnen zwei Monate lang Unterkunft in ihrem Dorf, ehe sie sie zum Tanana geleiteten.

Im selben Jahr gingen einer Expedition von Soldaten zum Tanana unterwegs die Vorräte aus. Die Männer schlachteten und verzehrten ihre Maultiere und kämpften sich mühsam weiter, mit zerrissenen Kleidern, ohne Schuhe, und ohne etwas zu essen – ganz abgesehen von der Kälte. Gerade noch rechtzeitig erreichten sie ein Dorf am Tanana, wo sie Hilfe fanden. Leutnant Castner schreibt:

Es ist nicht mehr als recht und billig, ein Wort des Lobes über diese Freunde zu äußern, die uns halbtot in der Wildnis fanden, während schon der strenge Winter über Alaska hereinbrach. Sie, die uns völlig fremd waren und einer anderen Rasse angehörten, nahmen uns auf, wie es noch kein Freund von mir, sei er nun weiß oder von anderer Hautfarbe, je zuvor oder später getan hat. Sie stellten keine Fragen nach dem Woher oder Wohin. Sie waren einfach Menschen. Ihnen war es genug, zu sehen, daß andere Menschen verhungerten. Sie wußten nichts von dem Unrecht, das unsere Rasse ihnen schon seit Jahrhunderten antut.[4]

Noch ehe es entlang den wichtigsten Wegen ein Netz von Rasthäusern gab, konnten Reisende getrost durch das von Eingeborenen besiedelte Gebiet ziehen. Der Goldgräber N.N. Brown legte den Weg von Nome nach St. Michael zurück und verließ sich dabei vollständig auf die Gastfreundlichkeit der Einheimischen. Er wurde nicht enttäuscht. »Sie sind die herzlichsten, freundlichsten und zufriedensten Menschen, denen ich je begegnet bin«, schreibt er.[5]

Die Weißen im Norden waren sich ihrer Schuld gegenüber den Eingeborenen im allgemeinen bewußt und versuchten, fair mit ihnen umzugehen. Sie übernahmen den hier üblichen Parka und die Reisegewohnheiten. Die Einheimischen waren eine

Art Lehrer hinsichtlich der Technik des Überlebens unter diesen Bedingungen, und die Weißen gaben sich Mühe, schnell zu lernen. Damit soll aber nicht behauptet werden, daß es in Alaska keine Rassenschranken gegeben hätte. Die Grundeinstellung der Goldsucher stand schließlich lange vor ihrer Nordreise fest. Der Weiße fühlte sich schon unterwegs, spätestens jedoch in den Camps dem Eskimo überlegen und verachtete ihn oft genug, wie aus folgendem Zeitungsverschen ersichtlich wird:

Sieh diesen komischen Eskimo an
mit seiner breiten Nase.
Er kann sie nicht putzen,
noch kann
er sich waschen, dieser
schlimmriechende Schneehase.[6]

Aber die Beziehungen zwischen den verschiedenen Rassen in Alaska waren enger, als sie es im Westen der Pioniere gewesen sind. Es hatte im Norden ja auch keine blutigen Konflikte gegeben, die zu feindseligen Haltungen geführt hätten. Die Eingeborenen waren weder physisch noch wirtschaftlich eine Bedrohung für die weiße Besiedlung. Im Gegenteil, sie leisteten einen beachtlichen Beitrag zur Entwicklung ihres Geburtslandes durch die weißen Neuankömmlinge. Als Jäger lieferten sie Nahrung und als Fallensteller sammelten sie wertvolle Pelze für den Handel. Sie waren auch als Kunden willkommen, obwohl ihnen das meistens nicht bekam. Die Büchsennahrung und der Whisky der Weißen verschlechterten ihren Gesundheitszustand – waren allerdings nichtsdestoweniger stark gefragt.

Den Eingeborenen Alaskas stand es – im Gegensatz zu denen in den USA – frei, zu leben, wo sie wollten; und diese Freizügigkeit hatte auch wirtschaftliche Folgen für den weißen Mann. Der Herausgeber des »Alaska Forum« warnte z. B. davor, daß die Indianer von Rampart wegen der »üblichen Tricks« einiger Geschäftsleute »nach Fairbanks ziehen und sich dort in der Umgebung niederlassen. Das muß anders werden!«[7] Die Eingeborenen wurden jedenfalls nicht so verachtet und mit entsprechenden Namen belegt wie andere Einwanderer – etwa Chinesen und Japaner –, die man verächtlich »Chinks« und »Japs« nannte. Obwohl diese Leute aus dem Fernen Osten den Weißen – im Gegensatz zu den einheimischen Alaskanern – keine Arbeitsstellen wegnahmen, galten sie als gefährlich und wurden 1886 von einem Mob mit Gewalt aus Juneau vertrieben.

Bemerkenswert war die Harmonie zwischen den Rassen außerhalb der Städte. Männer wie George Pilcher waren in jeder Weise auf die Eingeborenen angewiesen, und er bewirtete seine Nachbarn an langen Winterabenden mit ganzen Eimern voll Tee sowie mit Grammophonmusik. Er und andere Pioniere in ähnlichen Situationen konnten kaum intolerant sein. Sie trieben Handel mit den Einheimischen und gingen mit den Frauen ins Bett – konnte man sich mehr nachbarliche Harmonie wünschen?

Eingeborenen Schnaps zu verkaufen, war gegen das Gesetz, und die Polizei hatte viel zu tun, solche Praktiken zu unterbinden. Es war eine unmögliche Aufgabe! Das Wettern der Zeitungen gegen die Leute, die das Zeug dennoch verkauften, zeigt nur, wie sehr man gegen Windmühlenflügel ankämpfte: »Die Furcht Gottes und des Gesetzes müßte man diesen Krokodilen, die den Eingeborenen Fusel verkaufen, in ihre Innereien einfüllen, denn Herzen haben sie nicht.«[8] Gefängnisstrafen von sechs Monaten wurden gewöhnlich verhängt, wenn es zur Verurteilung kam, und die Verfolgung von Gesetzesübertretungen wurde mit allem Nachdruck betrieben. Aber es gab nur relativ wenige Fälle, die gerichtlich geahndet wurden. Für viele Leute war die Versuchung, durch den Verkauf von Schnaps leicht zu Geld zu kommen, zu groß. Außerdem gab es die sogenannten »Squaw-Männer«; das waren Weiße, die Eingeborene geheiratet hatten und ohne weiteres Spirituosen kaufen konnten. Oft fungierten diese als Mittelsmänner. Viele Weiße erkannten zwar, welche Verheerungen der Schnaps anrichtete, aber die weißen Gemeinden konnten praktisch nur ihr Verantwortungsgefühl betonen.

Was die Weißen den Alteingesessenen abguckten, war immer ein Gewinn, aber wenn es in die umgekehrte Richtung ging, kam meistens etwas Schlechtes dabei heraus. Die traditionellen Eskimobehausungen waren der Härte des Winters gewachsen. Ihre halb eingegrabenen Hütten wurden mit Lampen erwärmt, die sie mit Robbenfett speisten, und das reichte auch bei diesem Klima aus. Andere Eskimos waren beeindruckt von den rechteckigen Häusern, die die Neuankömmlinge bauten, ahmten den Stil nach und mußten dafür büßen. Gaben sie ihre hergebrachte Bauweise auf, wurden sie wirtschaftlich abhängig, denn zum Warmhalten dieser Hütten brauchten sie Heizöl, und das war nur von den Weißen zu bekommen.

Ähnlich war es bei Lebensmitteln. Die Eingeborenen gewöhnten sich an Zucker und Luxusartikel wie eingemachtes Obst und wurden damit von einer Geldwirtschaft abhängig – eine Entwicklung, die sich mit ihrer überlieferten, nur auf das Existenzminimum gerichteten Lebensweise nicht vereinbaren ließ. Mit wenigen Ausnahmen – etwa dem Kreolen John Minook, der die Goldfelder von Rampart entdeckte – hatten die Eingeborenen keinen direkten Anteil am Goldsuchen oder Schürfen. Sie betätigten sich als Holzfäller, Fischer und Jäger und tauschten für ihre Produkte Tabak und andere Handelswaren ein. Es gab eine Zeit, da wurden die meisten Flußboote auf dem Yukon von Eingeborenen gelenkt. Kapitän Ellsworth West, dessen Schiff »Corwin« fast immer als erstes im Frühjahr in Nome festmachte, hatte stets eine Eskimo-Mannschaft, weil die Weißen sich zu leicht davonmachten, um sich der letzten Stampede anzuschließen.

Hudson Stuck, der weitgereiste episkopalische Missionar, hatte während des letzten Teils der Goldära ein besonderes Augenmerk auf die Eingeborenen. Sein Urteil über die »Wohltaten« des weißen Mannes war eindeutig: Sie »brachten den einheimischen Völkern Alaskas nur Schlechtes«. Als Beispiel nennt Stuck die Situation in Fort Yukon während des Winters 1897/98, als hier 350 Goldgräber auf ihrer Fahrt zum Klondike festsaßen. Die Männer hatten nichts anderes zu tun, als sich zusammen mit den Eingeborenen zu amüsieren und den Whisky fließen zu lassen: »Man führte ein ausschweifendes Leben, das die allgemeine Moral auf einen Tiefstand brachte. Es dauerte lange, bis sich Fort Yukon von diesem schlimmen Winter und dem üblen Leumund, der die Folge war, erholte.«[9]

Missionare waren bei den unteren Klassen der Weißen nicht beliebt, denn diese sahen nichts Falsches darin, die Eingeborenen zu verderben. Stuck und andere Missionare waren auch immer schnell dabei, Verstöße gegen die Bestimmungen für den Schnapsverkauf zu melden, und das machte böses Blut. In Fort Yukon machte ein Bootsmann Stuck deswegen Vorhaltungen:

»Es ist ja schon so, daß man einer Squaw nicht mehr einen Drink geben und mit ihr in den Busch gehen kann, ohne sich Schwierigkeiten einzuhandeln!«[10]

Die Krankheiten, die die Weißen mit nach Alaska brachten, wirkten sich auch verheerend auf die Ureinwohner aus. Nach dem Goldrausch von 1900 in Nome erkrankten ganze Dörfer am unteren Yukon an Masern. Der Holzfäller George Pilcher wies darauf hin, wie viele Opfer diese Pest forderte, und lobte die katholischen Missionare wegen ihrer uneigennützigen Pflege der Kranken in Holy Cross. Holy Cross selbst verlor die Hälfte seiner Einwohner, obwohl es dort ein Krankenhaus gab.

Im allgemeinen waren die Missionare durchaus beliebt bei den Schürfern – von den unteren Schichten, wie gesagt, einmal abgesehen. Die meisten von ihnen waren mit den Missionaren der Ansicht, daß es wichtig sei, das Christentum und mit ihm die Bräuche der Weißen unter den Ureinwohnern zu verbreiten, so daß es hier keinen Widerstreit der Meinungen gab. Es wurde jedoch auch die Ansicht vertreten, daß die Eingeborenen weder von Missionaren noch überhaupt von Weißen beeinflußt werden sollten. Darauf ging Hudson Stuck mehrfach ein. Er vertrat mit Nachdruck den Standpunkt, die Ansässigen brauchten den Schutz, den die Missionen ihnen gewähren konnten, gegen den weißen Abschaum, der den Wissenschaftlern, Händlern und Prospektoren folgte. Er meinte, daß die Sehnsucht nach einem unverderbten Volk von Eingeborenen geschichtlich gesehen wenig sinnvoll sei.

Die am meisten von dem Eindringen der Weißen betroffenen Ureinwohner waren diejenigen, die ihre bisherigen Lebensformen völlig aufgaben, um in den Schürfercamps zu leben. Ein Teil davon war Frauen, die Weiße heirateten, und deren Kinder völlig in der weißen Gemeinde aufgingen, die Schule am Ort besuchten und später einen Job in der Goldgräberei oder davon abhängenden Wirtschaftszweigen annahmen. Diese Mischlinge hatten es nicht allzu schwer, den Übergang zu einem neuen Leben zu schaffen. Wenn sie vielleicht auch nicht in die oberen Schichten der Gesellschaft vordrangen, so wurden sie doch zum größten Teil von den toleranten weißen Siedlern gut behandelt. Andere Eingeborene fristeten ihr Dasein in den slumartigen Randsiedlungen der Gemeinde, nahmen nur sehr selten an Veranstaltungen teil und lebten zwischen zwei Welten, von denen sie keiner angehörten. Sie wohnten meist in schlechten, ungesunden Behausungen, waren für Krankheiten anfällig und fielen oft dem Alkohol zum Opfer. Ihre Existenz war eine sichtbare Erinnerung daran, daß die Invasion der Weißen neben Wohlstand auch Unglück mit sich gebracht hatte.

Es gab nur wenige Schürfercamps, die die Eingeborenen anlockten; und mit zunehmendem Abbau der Goldseifenvorkommen nahm ihre Zahl noch ab. Die große Mehrzahl der Indianer, Aleuten und Eskimos blieb in ihren Dörfern wohnen und vermied einen engen oder häufigeren Kontakt mit den Weißen. Für Tausende von ihnen war die Handvoll Missionare und Lehrer der einzige Kontakt mit der weißen Kultur. Man kann nicht sagen, daß ihre Isoliertheit ihnen ein besseres Geschick beschert hatte als ihren Artgenossen, die in die Städte gezogen waren. Für viele von ihnen war das Leben ein harter Kampf um die Selbsterhaltung. Das war schon immer so gewesen. Hunger und Krankheit waren sehr reale Erscheinungen.

Wie kann man nun die gesamten kulturellen Einflüsse der Goldära und der sich anschließenden inneren politischen Entwicklung Alaskas auf einen Nenner bringen? Hatte sie wirklich »nichts als Schlechtes« gebracht, wie Reverend Hudson Stuck behauptete? Die meisten Missionare hätten Stuck wahrscheinlich zugestimmt. Es geschah sicher nicht zu Unrecht, wenn sie sich manchmal als das kleine Häuflein Verwegener betrachteten, das – ganz auf sich allein gestellt – versuchen mußte, die Ureinwohner vor den gröbsten Auswüchsen der Weißen zu schützen. Die Anthropologen unserer Zeit neigen oft dazu, den Einfluß aller Weißen – seien es nun Missionare, Händler oder Schürfer – auf die Eingeborenen zu verurteilen. Für einen Historiker ist es schwieriger, derartig vorprogrammierte Schlüsse zu ziehen. Für bestimmte Fragen gibt es keine zuverlässigen Antworten. Der Druck der Weißen auf die Ureinwohner des Nordens begann schon Mitte des 18. Jahrhunderts. Wieviel hinsichtlich der kulturellen Verschiebung ist auf die Stampeden zurückzuführen, und wieviel auf die Kontakte während der 150 Jahre davor? Und wie kann man die Auswirkungen messen? Sicher wird man sagen müssen, daß Stucks Behauptung, der Goldrausch habe »nichts als Schlechtes« gebracht, fragwürdig ist. Tausende von Eingeborenen sind von der Goldgräberei nur am Rande berührt worden, und andere haben sich der weißen Kultur durchaus erfolgreich angepaßt.[11] Wenn einem die Beweise fehlen, die nur Fall-Studien an einzelnen Ureinwohnern erbringen könnten, dann bedarf es einiger Verwegenheit, um zu derartig verallgemeinernden Schlüssen zu gelangen wie Stuck.

Für den Historiker ist es kaum leichter, die Erfahrungen der Eingeborenen im Norden mit denen anderer Ureinwohner während des amerikanischen Vordringens nach Westen zu vergleichen. Im Norden gab es keinen Widerstand gegen die weiße Invasion, keine Indianerkriege, keine allgemeine Politik der Reservate, keine Konflikte, wie es sie im Westen gegeben hatte. Diejenigen, die die Politik Washingtons gegenüber den Eingeborenen im Norden kritisierten, klagten über eine Vernachlässigung von Eingeborenen und nicht über Angriffe auf sie. Aber die Erfolge bzw. Fehlschläge der Regierung auf den Gebieten Bildung, Wohlfahrt und medizinische Behandlung gingen auf die Arbeit in Washington zurück und nicht auf die Goldgräber in Nome oder Fairbanks. Das Verhalten der Bundesregierung gegenüber den Ureinwohnern liegt außerhalb des für diese Untersuchung gesetzten Rahmens. Da die Schürfer von Alaska einen gewissen Einfluß auf diese Politik ausübten, dürfte sie nicht klüger oder dümmer ausgefallen sein als in anderen Grenzsituationen, wenn man die Zeit und die betreffende Situation in Rechnung stellt. Die Zeitungen erklärten immer wieder, daß die Regierung die Eingeborenen in schändlicher Weise vernachlässige, und verlangten eine vernünftige, humane Politik. Aber die Alaskaner konnten an der ganzen Angelegenheit wenig ändern – und so sieht im wesentlichen die Lage auch heute noch aus.

Wenn ein Historiker einige der komplexen Fragen hinsichtlich der kulturellen Entwicklung auch nicht beantworten kann, so kann er doch wenigstens über die Haltung von Weißen während der Goldära berichten. Wie zu erwarten ist, wurden die Eingeborenen entweder gelobt oder verachtet, je nachdem, ob sie in ihrem Verhalten Weißen nacheiferten oder sich von ihnen unterschieden. Nur wenige Weiße brachten genügend Interesse oder Neugier auf, sich um ein Verständnis der Kultur der Eingeborenen zu bemühen. Richter James Wickersham machte sich die Mühe, Legenden der Ureinwohner zu sammeln, und einige andere versuchten ähnliches; aber die meisten Weißen waren mit oberflächlichen Eindrücken zufrieden. Die Sprachen der Eingeborenen wurden außer von Missionaren von kaum jemandem gelernt – und Missionare hatten natürlich sehr praktische Gründe für solche Anstrengungen. Immerhin respektierten die Weißen diese Bemühungen – wenn es sich nicht gerade um einen Squaw Mann handelte. Jack Hines, »der fröhliche Sänger von Nome«, wurde von dem Verfasser einer frühen Geschichte der Goldgräberei auf der Seward-Halbinsel wegen seiner Kenntnisse der Eskimosprache gelobt. Wieviel Hines tatsächlich beherrschte, steht auf einem anderen Blatt, aber es war jedenfalls ausreichend, um einige seiner Kumpane in Nome zu beeindrucken.

Wir haben schon darauf hingewiesen, daß die Weißen allen Grund hatten, die Gastfreundschaft der Ureinwohner sowie ihre Fähigkeiten bei der Jagd und auf dem Trail zu schätzen. Die Weißen im Norden waren sich darüber im klaren, daß die ursprüngliche Zivilisation der Eingeborenen – vor ihrer Berührung mit den Eindringlingen – durchaus Substanz hatte, ja haben mußte, denn wie hätten die Menschen sonst unter diesen unwirtlichen Bedingungen überleben können? Der Pionier Lynn Smith drückte seine Anerkennung für die Leistungen der Eingeborenen so aus: »Wenn man überlegt, daß vor 400 Jahren mehr Eingeborene in Alaska gelebt haben als jetzt (1931), daß sie sich von diesem Land ernährten, daß sie keinen Arzt kannten, sondern nur ihre Medizinmänner und -frauen hatten, und daß sie mit ihrem Seelenheil selbst zurechtkommen mußten, dann können wir vor ihnen nur den Hut ziehen, denn ihre Lebensweise funktionierte.«[12] Im allgemeinen teilten die Weißen diese Meinung, die einem tiefverwurzelten Respekt vor den Eingeborenen entsprach. Es hat auch den Anschein, als sei diese Achtung größer gewesen als diejenige, welche die Weißen den Ureinwohnern zur Zeit der Eroberung des Westens entgegenbrachten. Der Respekt der Menschen im Norden vor der Nordbevölkerung leitete sich aus einer gemeinsamen Erfahrung ab, die rassenbedingten Antipathien ihre Schärfe nahm und die Unterschiede zwischen Bräuchen und Sitten verwischte, die sonst unüberwindbare Schranken der Verachtung und des Verdachts gebildet hätten.

Diese mildernden Umstände gingen allerdings nicht so

weit, daß sie nun alle Spuren kultureller Arroganz beseitigten. Die Weißen konnten kaum umhin, ihre Institutionen für besser zu halten als die der Eingeborenen. Ein guter Christ wie Lynn Smith meinte, er müsse »Gott danken für die Missionare und die Schulen, die die armen, unglücklichen Eingeborenen aufgerichtet haben, so daß sie jetzt teilweise zivilisiert sind und wie wir leben«. Daß die Eingeborenen die Chance bekommen sollten, »wie wir zu leben«, war unter den »wohlmeinenden« Weißen eine weitverbreitete Hoffnung. Und dabei dachten sie an materielle und geistige Werte gleichermaßen. »Sie brauchen auch jetzt noch ihr Robbenfett«, meinte bewundernd Smith, »aber man fragt sich doch, wie sie vormals ohne das Lebensnotwendige auskommen konnten.«[13]

Man kann von einem Mann wie Smith kaum erwarten, daß er sich Gedanken über Ernährungsprobleme machte, die eine Kost von Schinkenspeck, Zucker und Konserven mit sich brachte, oder daß er je die Vorzüge überheizter Hütten oder die Grundsätze des Christentums in Frage gestellt hätte. Die Überzeugung des Weißen, daß die Werte seiner Weltsicht allein gültig waren und den Eingeborenen nur Vorteile bringen konnten, war durch nichts zu erschüttern. So sehr wir auch heute geneigt sind, derartige Überzeugungen und ihre Auswirkungen in Frage zu stellen, wir können uns doch nicht vorstellen, in welcher Richtung andere Tendenzen die Kultur verändert hätten. Die Einstellung gegenüber Eingeborenen hat sich in jüngster Zeit stark verändert; ein hartnäckiges Schuldgefühl hat zu einer neuen Haltung geführt, aber verschwunden ist das »Eingeborenenproblem« nicht. Was geschehen ist, kann jetzt nicht ungeschehen gemacht werden. Vielleicht ist es besser, mit einem etwas fatalistischen Gedanken zu schließen als mit lautstarken, aber bedeutungslosen Anschuldigungen. Oder vielleicht ist es noch besser, zum Schluß einen lustigen Vers zu bringen, den Lynn Smith in einem weniger ernsten Augenblick geschrieben hat:

Sechzehn Lenze zählst du, meine
Königin vom Kobuk,
hast erfahren mancher Länder Herren.
Kinder blieben recht gemischt, dir
dem Kind der nördlichen Natur.[14]

31 Der Journalismus im Norden

Eine Zeitung zu machen ist einfach. Man muß nur folgendes können: Gedichte schreiben, Zoll- und Geldfragen erörtern, bei Baseballspielen schiedsrichtern, über Hochzeiten berichten, Holz sägen, ein Feuer so beschreiben, daß sich die Leser ihrer Hüllen entledigen wollen, mit 1 Dollar auskommen, wenn man 10 braucht, auf Bällen glänzen, Kattun abmessen, das gewohnheitsmäßige Trinken verurteilen, Whisky probieren, Craps spielen, die Kirche besuchen, Wohltätigkeitsveranstaltungen unterstützen, ohne Essen auskommen, den Gebrauch edler Metalle befürworten, Vornehmtuerei verurteilen, Diamanten tragen, Anzeigen erfinden, Skandale übersehen, Babys loben, Kürbiszüchter erfreuen, vom Schicksal Geschlagene trösten, Mürrische ermuntern, bis zum Ende kämpfen, Drucksätze herstellen, Meinungen formen, das Büro ausfegen, bei Gebetstreffen sprechen, für jede Sache und jedermann eintreten. – Wer jetzt noch meint, es sei einfach, der soll es versuchen.[1]

Man muß dem Herausgeber des »Sitka Cablegram« zugestehen, daß es nicht einfach war, im hohen Norden eine Zeitung zu machen. Der Konkurrenzkampf um Anzeigen und Auflagenhöhe war hart, und der Ertrag kann nicht groß gewesen sein. Der Chefredakteur einer anderen Zeitung, J.F.A. Strong, der überall zu finden war, wo etwas »los« war, meinte, Journalisten eigneten sich kaum als Geldgeber für Schürfer und erhielten auch ihrerseits keine finanzielle Hilfe. Sie arbeiteten hart und könnten vermutlich gute »Farmer, Schmiede, Altwarenhändler und Aufsichtspersonen für Irrenhäuser sein ... so energisch und physisch stark sind sie, wenn auch zuweilen im Kopf nicht sonderlich gut bestückt«.[2]

Es war eine ganze Reihe von Journalisten, die sich den Stampeden im Norden anschlossen und Tages- und Wochenzeitungen von erstaunlich hoher Qualität herausbrachten. Einige blieben noch, als der erste Boom vorüber war, und zogen oft von einem Camp zum anderen. Unter den alten Hasen in Alaska waren – außer J.F.A. Strong – Männer wie W.F. Thompson, John W. Troy, George B. Swinehart, Elmer J. White, Will und Harry Steel, O.W. Dunbar, George M. Arbuckle und George Bellows.

J.F.A. Strong ist ohne Zweifel ganz besonders interessant. Er hat in Nome, Katalla, Iditarod und Juneau Zeitungen gegründet, die – mit Ausnahme von Juneau – die ersten Blätter in den neu entstehenden Städten waren. Man kann nicht sagen, daß Strong »typisch« für die Zeitungsleute im Alaska der Pionierzeit war. Sicher besaß er entsprechende Qualitäten: Angriffslust, ein Gefühl der Verantwortung für das Gemeinwohl und einen Stil, der sowohl farbig als auch überzeugend war. Wie andere Zeitungsmänner behauptete er, eine unabhängige und objektive Politik zu verfolgen. Seine Rivalen bestritten das natürlich und warfen ihm oft vor, sich kaufen zu lassen. Obwohl es Strong nicht an Feinden fehlte, scheint doch seine Ernennung zum Gouverneur Alaskas im Jahre 1913 allgemein auf Zustimmung gestoßen sein.

Was waren die herausragenden Themen dieser Zeitungen im Norden ? Man kann sie in zwei Kategorien aufteilen: solche Themen, die ausschließlich mit der Situation im Norden zu tun hatten, und solche, die amerikanische Pioniere generell betrafen.

Einmalig waren etwa die Wirtschaftsbeziehungen zwischen Alaska und der Außenwelt auf Grund der Abgelegenheit des Territoriums. Spezifisch für Alaska waren die begrenzten politischen Alternativen, die sich den Bewohnern boten. Diese Faktoren trugen dazu bei, die Meinungen der Alaskaner in vieler Hinsicht zu prägen. Zur zweiten Kategorie – dem, was den Pionier-Amerikaner generell anging – kann man rechnen: ein grundsätzliches Einstehen für die »eigene« Sache, Rivalitäten mit anderen Städten und anderen Zeitungen, die Förderung des Gemeinwohls, eine sehr persönliche Führung der betreffenden Zeitung und ein Kämpfen für das Prinzip von Gesetz und Ordnung – gekoppelt mit einer Neigung, darüber die Rechte des einzelnen zu vergessen. Aber auch hier entdeckt man Züge, die sich eindeutig aus der Isolierung und der geringen Größe der Ortschaften in Alaska ergeben.

Wenn wir versuchen, die Zeitungskarriere J.F.A. Strongs in Nome nachzuvollziehen, dann sehen wir, wie sich die Themen des Tages immer mehr mit persönlichen Elementen vermischten. Wenn Zeitungsleute in ein und derselben Stadt um Anzeigen und Auflagenhöhe wetteiferten, dann herrschte natürlich nicht eitel Liebe und Zuneigung zwischen ihnen. Aber die ätzende Schärfe, die in den Leitartikeln immer wieder zum Ausdruck kam, ließ sich nicht einfach mit dem wirtschaftlichen Zweikampf erklären. Offenen Kritiken und gegenseitigen Vorwürfen lagen persönliche Antipathien seitens der Herausgeber zugrunde, und diese schlugen sich offensichtlich in den Einstellungen ihrer Blätter zu Fragen der Gemeinden und des Territoriums nieder.

Wenn man sich so einen Zeitungsstreit in Nome einmal ansieht, dann hat man weniger den Eindruck, Zeuge eines harten Kampfes um Prinzipien zu sein, als vielmehr, einem gegenseitigen Bewerfen mit allem nur verfügbaren Unrat beizuwohnen. Die Sprache der Leitartikel war ohnehin kräftig, und wenn ein Streit ausgebrochen war, dann flogen die Fetzen. Strongs Zeitung »Nome News« zog häufig gegen den »Nome Gold Digger« zu Felde, den Strong oft bissig als »Grave Digger« – den Totengräber – bezeichnete. Ein »todgeweihtes« Blatt nannte er den »Digger«, dessen Spezialität es sei, zu lügen, zu verdrehen und zu wehklagen. Er, Strong, könne für dieses Blatt nur »Mitleid und Verachtung empfinden«. In derselben Ausgabe fand Strong auch noch Platz genug, den gegnerischen Herausgeber als »Claimjumper« zu bezeichnen, der anderen ihre Schürfrechte wegzunehmen versucht – die ehrenrührigste Beschimpfung in einem Goldgräbercamp.[3]

Als Strong die »News« aufgab und statt dessen den »Nome Nugget« gründete, hörte er keineswegs auf, über den »Digger« herzuziehen. Es war nur natürlich, daß der Mann vom »Digger« ihm mit gleicher Münze heimzahlte, und die Leser beider Zeitungen konnten die gegenseitige Verleumdungskampagne oft monatelang verfolgen. Hin und wieder stellten sich die Herren

Journalisten dann aber doch die Frage, ob denn dieser persönliche Streit die Leser wirklich interessiere. Die Antwort mußte natürlich Nein lauten, so daß sie sich herbeiließen, die offene Austragung zu unterlassen; aber solche heroischen Entschlüsse hielten oft nicht lange vor. Wahrscheinlich freuten sich die Leser, wenn es ab und zu Krach gab, denn die Gemeinden waren klein genug, so daß sich alle kannten, und die Fragen, um die es – oberflächlich – ging, lagen durchaus im Verständnisbereich des Durchschnittslesers.

Der »Nome Nugget« attackierte aber auch die »Nome News«. So brachte die »News« etwa eine Story über den Burenkrieg, die auf einem Brief eines Olaf Jackson in Dawson City basierte. Strong witterte Übles und warf dem Konkurrenten vor, einen falschen Bericht zusammengeschustert zu haben. Er erbot sich, 100 Dollar für wohltätige Zwecke zu stiften, wenn es tatsächlich einen Olaf Jackson gebe.[4] Eine Provinzzeitung, die »Council City News«, informierte ihre Leser, daß sie ihre telegraphischen Nachrichten aufgrund eines Vertrages mit der »Nome News« erhalte. Keineswegs, ereiferte sich da Strong! Die »Council City News« beziehe ihre telegraphischen Nachrichten »aus unseren Seiten und sollte nichts anderes verlauten lassen ... wenn sich das Blatt wirklich nur auf unsere Konkurrenz stützt, was Nachrichten von außerhalb anlangt, dann hätte sie sehr viel Raum für andere Dinge übrig.«[5]

Eine Verleumdungsklage

Eine ernstere Angelegenheit in der Journalistenlaufbahn Strongs war eine Verleumdungsklage, die John L. McGinn gegen ihn anstrengte. McGinn war US-Distriktstaatsanwalt, als Richter James Wickersham nach dem Verschwinden der McKenzie-Noyes-Bande in Nome für Ordnung sorgte. McGinn führte einen erfolgreichen Prozeß gegen US-Marshal Frank Richards wegen des Vorwurfs der Geschworenenbestechung, und Wickersham verurteilte Richards wegen Mißachtung des Gerichts. Strong war ein ehrlicher Mann, der in keiner Weise etwas mit dem Amtsmißbrauch Richards' zu tun tatte, aber er war gegen die Verfolgung des Marshals und ließ das McGinn und Wickersham in seinen Leitartikeln nach Kräften spüren. Vermutlich war es ein Fall, in dem Strongs persönliche Beziehung zu Richards den Ausschlag für die Zeitungsmeinung gab.

Für den Herausgeber der »News« waren die Gründe für die Attacken des »Nome Nugget« allerdings sonnenklar. Will Steel, der »News«-Chef, drängte sich förmlich auf, das Gericht gegen die Breitseiten Strongs in Schutz zu nehmen, aber Wickersham hielt ihn zurück. McGinn forderte den Richter auf, Strong wegen Mißachtung des Gerichts zu verurteilen, weil er das Urteil gegen Richards in Frage gestellt hatte, aber Wickersham hütete sich wohlweislich, noch Öl ins Feuer zu gießen. Steel und Strong bekriegten sich schon seit Monaten, und Steel hatte Strong vorgeworfen, er habe sich bei Noyes und McKenzie eingeschmeichelt. In den folgenden Ausgaben machte sich die »News« Gedanken darüber, daß Strong Richter Wickersham angriff, nachdem er ihn zunächst unterstützt hatte: »Es war ein schlechtes Schauspiel, wie dieser große Hanswurst sich speichelleckend an den Mann heranmachte, der sich als aufrechter Richter erwiesen hatte« ... aber dann, als Wickersham Richards wegen Geschworenenbestechung verurteilt hatte, habe der »Nugget« losgedonnert und von einem »gravierenden Fehlurteil« gesprochen.

Die »News« fragte sich, warum Strong sie dafür kritisiere, daß sie McGinn hinsichtlich der Strafverfolgung Richards' lobte.[7] Warum Strong seinen Angriffen auf die »News« so viel Platz einräume, bleibe unverständlich. Wickersham war als Angriffsziel nicht mehr gefragt, als er ins Innere Alaskas zurückkehrte, aber McGinn war immer noch zu Stelle, und Strong schoß aus allen Rohren. Ein Beispiel dafür war ein Beitrag, den er »Selbstgespräch eines Spielers« nannte:

Spekulanten würd' ich raten:
kauft McG..n auf
zu dem Preise, den er wert ist,
und verkauft ihn für das Geld,
das er sich anmaßt, wert zu sein.[8]

Bei einer anderen Gelegenheit behauptete der »Nugget«, McGinn scheine »zu der Sorte von Staatsanwälten zu gehören, die einen Unschuldigen ohne Skrupel an den Galgen bringen, nur um einen ›Rekord‹ aufzustellen«.[9] Strongs Attacken auf

McGinn endeten nicht einmal dann, als dieser sein Amt aufgab. »Er war eine Schande für das Amt, und er hat sich nach zwölf Stunden zurückgezogen, weil er wußte, daß das für ihn das Weiseste war.«[10]

McGinn konnte es schließlich nicht länger ertragen, und er verklagte Strong wegen Verleumdung und verlangte 5000 Dollar Schmerzensgeld. Die Klage gegen Strong war 25 Seiten lang und bestand aus Zitaten aus den »Nugget«-Ausgaben vom 9. August 1902 bis zum 7. Februar 1903. Strong ließ sich nicht einschüchtern. Der »Nugget« berichtete über die Einreichung der Klage, meinte aber, man habe nicht genügend Platz, sie vollständig wiederzugeben. Jedoch solle ein Beispiel, das für viele stehen könne, zeigen, wie es um die Anschuldigungen bestellt sei. Strong druckte noch einmal das »Selbstgespräch eines Spielers« ab und fügte hinzu: »Und dafür will der Herr lächerliche 5000 Dollar haben!«[11]

Als die Verleumdungsklage zur Verhandlung kam, füllte eine große Menschenmenge den Gerichtssaal. Sie sollte nicht enttäuscht werden. McGinn war in bester Form. Die »Nome News« berichtete ausführlich über den Prozeß, den sie als den »bemerkenswertesten von Nome« bezeichnete. Höchstes Lob zollte das Blatt dem Schlußplädoyer McGinns: »In der Geschichte der Rechtsprechung in Nome hat es ein so beredtes und überzeugendes Plädoyer noch nicht gegeben.« In der Tat war es eine beeindruckende Leistung! McGinn begann um 9.30 Uhr, sprach bis zur Mittagszeit und dann noch einmal von 1.30 Uhr bis 3.15 Uhr. »Während der ganzen Darlegung zeigten die Geschworenen nicht einmal Anzeichen von Müdigkeit oder Ungeduld, und das Publikum war mehrere Male drauf und dran, offen zu applaudieren«, schrieb die »News«.[12]

McGinn konzentrierte sich vor allem auf den Zusammenhang zwischen seinem Vorgehen gegen Marshal Richards und den Saloonwirt J.D. Jourdan wegen Geschworenenbestechung und der Kampagne Strongs gegen ihn: »Das war der Punkt, an dem der Aufschrei gegen McGinn erfolgte – man mußte ihn ruinieren, die Orte aufsuchen, an denen er sich aufhielt, Nome beobachten, in Council City nachforschen, das ganze Gebiet durchkämmen ... wir müssen ihn zerstören, damit er nicht uns zerstört.«

Vom Büro des Marshals wurde er strikt überwacht. Jeder Drink, den er in einem Saloon bestellte, wurde registriert, jedes Mal notiert, wenn er einen Dollar bei einem Roulette-Spiel setzte – »und all das nur deshalb, weil ich einen Prozeß gegen sie angestrebt hatte«. Strong, so behauptete McGinn, war nur das ausführende Organ des Marshal. »Der Angeklagte hat viele Verleumdungen und bösartige Unwahrheiten über mich in die Welt gesetzt.« Es war schwierig, vor Gericht den Tatbestand der Verleumdung einwandfrei nachzuweisen, und McGinn mußte versuchen, die Jury durch einen Appell an die Gefühle auf seine Seite zu bringen. Er erklärte: »Das Herz des Verleumders ist schwärzer als das Herz des Attentäters oder des nächtlichen Brandstifters.« Das größte Gut eines Anwalts sei sein Ruf. »Nehmt einem Anwalt seinen Ruf – und was bleibt dann noch übrig?« Jemand, der »so schmutzige Verleumdungen verbreitet, verdient nicht die Aufmerksamkeit, die man einem räudigen Hund schenkt ... ein Zeitungsmann von einem solchen Charakter ist immer bereit, den Gegenstand seines Hasses mit Unrat zu bewerfen.«[13]

Strong verteidigte sich selbst mit ruhiger Gefaßtheit. Im Kreuzverhör nahm er keinen der Vorwürfe gegen McGinn zurück. Es war nun einmal seine Meinung, daß McGinn ein potentieller Justizmörder war: »Ich bin überzeugt, daß diese Dinge wahr sind .. Sie haben sich betrunken ... Sie haben Geschworene gefragt, ob sie Mitglieder der Arktischen Brüderschaft sind ... Sie haben Verschwörungen gegen die Spieler der Gemeinde angezettelt ... Daraus ziehe ich den Schluß, daß Sie zu der Sorte Menschen gehören, die einen Unschuldigen an den Galgen bringen würden.«[14] Die Jury war immerhin so beeindruckt von der Rede McGinns, daß sie bei der ersten Abstimmung im Verhältnis zehn zu zwei für ein Schmerzensgeld von 5000 Dollar an McGinn votierten. Bei weiteren Abstimmungen reduzierte sich die Summe schließlich auf 100 Dollar; aber noch immer gab es Gegenstimmen. Ein einstimmiger Spruch war nicht zu erzielen, und die Jury mußte nach Hause geschickt werden. Allen Bemühungen McGinns zum Trotz hatte Strong gesiegt.

Andere Rivalitäten

Genauso erbitterte Zeitungsrivalitäten gab es aber auch im Tanana-Tal. Die gegenseitigen Vorwürfe zwischen der »Fairbanks Times« und der »Fairbanks News« konnten sich durchaus mit dem messen, was sich zwischen den Journalisten von Nome abspielte. Man sah oft nur den persönlichen Hintergrund in den vorgetragenen Argumenten. Ein zusätzliches Element ergab sich allerdings 1906, als ein Bundesgesetz endlich die Wahl eines – allerdings nicht stimmberechtigten – Abgeordneten aus Alaska für den Kongreß ermöglichte. Alaska bekam eine Stimme in Washington – und um die Position des Mannes, der dafür gewählt wurde, entbrannte alle zwei Jahre ein Kampf bis aufs Messer.

Vieles an der Politik in Alaska läßt sich mit dem Temperament solch dominierender Gestalten wie James Wickersham erklären. Aber vielleicht war doch vor allem die geringe Zahl der Wähler dafür verantwortlich. Bei der ersten Wahl eines Delegierten 1906 wurden nur 9236 Stimmen abgegeben. Von den Kandidaten, die 1912 zur Wahl standen, gewann James Wickersham mit 3335 der 8220 abgegebenen Stimmen. Die Entscheidungen hingen oft nur von wenigen Stimmen ab, was natürlich die Neigung verstärkte, die Wahlergebnisse anzufechten.

Die meisten Zeitungen in Alaska warfen sich – allen Beteuerungen ihrer Unparteilichkeit zum Trotz – mit aller Kraft in die Parteipolitik. Die Chefredakteure versicherten zwar, daß ihre Haltung sich aus ihrem Verantwortungsgefühl gegenüber der betreffenden Stadt und der Verwaltung erkläre, aber während des Wahlkampfes boten sie dem Meistbietenden ihre Unterstützung an. Der Journalismus im Norden strebte jedesmal einem Höhepunkt zu, wenn alle zwei Jahre die Zeit der Wahl nahte.

Seattle und die Presse

Es galt immer als gute Politik, Seattle zu kritisieren. Wenn man den »Geist von Seattle« zitierte, war klar, daß man damit die Habgier und Gewinnsucht der Stadt meinte.

Wenn man sich in Alaska Geschichten erzählte, dann waren entsprechende Beispiele gern gehörte Beiträge. Da gibt es etwa die Geschichte von dem Seattler, der gestorben ist und weder im Himmel noch in der Hölle Einlaß findet. Petrus und der Teufel einigen sich schließlich darauf, daß sie eine Münze werfen, und der Verlierer soll den Mann aufnehmen. Die Münze wird also geworfen – und der Bursche aus Seattle ergreift sie und machte sich aus dem Staube. – Herausgeber Strong stellte einmal folgende Überlegungen zu dem Thema an:

Wenn der Geist von Seattle eine gute Sache für die Stadt ist, dann wird damit nur die alte Weisheit erhärtet, daß »dem einen sin Ul dem annern sin Nachtigall« ist. Der Geist von Seattle ist ein Geschwür am Körper Alaskas … Die Art und Weise, mit der man in Seattle frohgemut Alaska als den eigenen Hinterhof betrachtet, dessen man sich bei Bedarf rühmt, ist der Grund dafür, daß man die Stadt allenthalben in Alaska ablehnt – und das einschließlich der Leute, die selbst einmal Einwohner Seattles waren. Seattle läßt aber auch keine Gelegenheit aus, die Alaskaner zu betrügen.

Seattle hält dem Norden immer nur die geöffnete hohle Hand entgegen. Es bereichert sich mit beiden Händen an dem Territorium. Die Werftabgaben für Frachtgut nach Alaska sind doppelt so hoch wie für andere Fracht, und zu den ohnehin viel zu hohen Frachtraten, die es den nördlichen Häfen abpreßt, erfindet es noch andere Gebühren und wendet alle Mittel der kommerziellen Piraterie an.

Seattle ist enorm schnell gewachsen – durch Alaska, durch seine natürlichen Reichtümer und den Fleiß seiner schwer arbeitenden Bevölkerung, und jetzt will es auch noch den Namen Alaska für sich beanspruchen. Die Stadt plant eine große Ausstellung, die ihr Gewinn bringen soll, aber sie nennt sie nicht »Seattler Messe«, denn das wäre allzu lächerlich. Das Etikett soll lauten »Alaska-Yukon-Pazifik-Messe« – was etwa so ist, als wollte man dem Himmel die Uniform stehlen, um dem Teufel darin zu dienen.[15]

Einige der Angriffe auf Seattle waren sehr ungerecht. Strong und andere Zeitungsmänner des Nordens setzten darauf, daß der Wohlstand der Gemeinden, denen sie angehörten, Bestand hätte. Es war auch völlig natürlich, daß die Journalisten, wo sie nur konnten, Reklame für ihre Stadt machten. Als sich das Morgan-Guggenheim-Syndikat für Katalla als Endpunkt der

Eisenbahn entschied, die man zu den Kupferminen im Inneren bauen wollte, erschien Strong just in dem Moment, als ein Aufblühen der Stadt zu erwarten war (siehe Kapitel 26). Strong reagierte sehr scharf, als die »Seattle Times« darüber berichtete, daß das Syndikat die geplante Strecke aufgegeben habe. Er empörte sich darüber, daß die Zeitungen Seattles drei Monate gegen Katalla zu Felde gezogen seien, und zwar in einer »so offensichtlich ungerechten Weise, daß man fast glauben konnte, daß die Blätter eigens für diesen Zweck subventioniert würden«. Die Zeitungen von Seattle, meinte Strong, »begrüßen jede abwertende Bemerkung, auch wenn sie von einem Landstreicher stammt«. Seattle »hat in seiner selbstherrlichen Art ganz vergessen, daß es Alaska war, das es vor einigen Jahren vor dem Bankrott gerettet hat und dieses jetzt erneut tut«.[16] Es war kaum die Schuld der »Seattle Times«, daß die Sperrung der Kohlenfelder von Katalla und die Zerstörung des Hafendamms zum Niedergang der Stadt führten, aber Männer wie Strong waren in solchen Fragen höchst empfindlich.

In einer der ersten Ausgaben seiner nächsten Zeitung, des »Iditarod Nugget«, ertappte Strong Seattle wieder bei einer dicken Unwahrheit. Diesmal siegte allerdings der Humor über die Empörung. Eine Seattler Zeitung zeigte sich beeindruckt von dem »Wirken« der Moskitos im Schürfgebiet von Iditarod. Aber das habe auch seine Vorteile, hieß es dann in dem Blatt, denn »die Moskitos bewachen in Iditarod die Häftlinge, und zwar so wirksam, daß sich Steinmauern, Eisenstäbe und Gefängniswärter als unnötig erweisen«.[17] Missetäter, so hieß es weiter, würden nach ihrer Festnahme ohne ihre Kleidung in ein moskitosicheres Zelt gesperrt, so daß sie sich nicht getrauten, nach draußen zu gehen. Es gebe derartig viele dieser Insekten, daß die einzige Möglichkeit, sie noch zu vermehren, darin bestehe, sie kleiner zu machen. Leser des »Nugget« hatten Spaß an dieser Story, zumal der Mann, der sie in Seattle an die Presse weitergegeben hatte, einer der alten Hasen von Fairbanks war. Der Forscher Vilhjalmur Stefansson hat oft behauptet, das einzig wirklich Schlimme am Norden sei die Moskitoplage. Vielleicht sollte man doch in diesem Fall eine kleine Ausnahme machen.

Noch schlimmer als ein Kritikaster aus Seattle war allerdings ein Alaskaner, der nicht davon überzeugt war, daß das jeweils neue Camp – ob es nun Skagway, Nome, Fairbanks, Iditarod oder Katalla war – ein gewaltiges, nie endendes Wirtschaftspotential besaß und dazu bestimmt war, ein neues Weltwunder zu werden. Als Strong den »Nome Nugget« herausgab, meinte er einmal, daß Pessimisten und Defätisten immer eine Gelegenheit zu negativer Kritik fänden:

Es mag durchaus sein, daß das Gras, das in der Tundra wächst, nicht mit goldenem Filigran überzogen ist, oder daß der Sand in den Creeks nicht ganz aus Gold besteht wie »Afrikas sonnige Quellen«. Es gibt Leute, die schon das große Klagen anstimmen, wenn sie sich die Mühe gemacht haben, in ein neues Gebiet zu gelangen, und dann feststellen, daß die Creeks nicht an beiden Ufern von Goldschächten gesäumt sind. Und solche Männer verkünden dann ihre negativen Erfahrungen mit Fanfarenschall von sämtlichen Dächern.[18]

Wie vielen anderen Journalisten gelang es Strong, in der Politik Fuß zu fassen. Er war von 1913 bis Ende 1916 Gouverneur von Alaska. Er hatte zwar viele verschworene Feinde, aber die meisten Alaskaner begrüßten seine Ernennung. Es hat den Anschein, als habe er sich in den Jahren, in denen er mit Leitartikeln drauflospolterte, doch mehr Freunde als Feinde gemacht. Strong verließ Alaska 1918, um sich in Kalifornien zur Ruhe zu setzen, aber auch dann hörte seine Verbindung zu den Menschen Alaskas nicht auf. Wenn man in jenen Tagen nach Seattle reiste, dann bedeutete das fast, daß man Alaska selbst besuchte, denn die Stadt wimmelte von Alaskanern, die am Puget-Sund den Winter oder ihre alten Tage verbrachten, bzw. auf Reisen dort Station machten. Die Stadt war für Strong und andere Alaskaner nicht mehr dieses geschäftemacherische, blutsaugende Monstrum, sondern ein Ort, zu dem viele persönliche Bindungen bestanden. Dieses veränderte Verhältnis zeigt sich etwa in einer Juli-Ausgabe des in Seattle erscheinenden »Alaska Weekly« (1924). Hier wird über einen Besuch berichtet, den Strong der Stadt kurz vor seinem Tode abstattete. Der frühere Zeitungsmann und Ex-Gouverneur hatte so viele Freunde in Seattle, daß ein Stadtrundgang zu einem Triumphzug wurde. Strong und seine Frau quartierten sich im Hotel Frye ein, das von Alaskanern bevorzugt wurde, und machten am nächsten Tage einen Spaziergang die Third Avenue entlang bis zur Pike Street. Fast auf Schritt und Tritt wurden sie von alten Pionieren aus dem Norden angesprochen. »So viele Sympathisanten gab es da«, schreibt das Blatt, »daß die Strongs einen halben Tag für die paar Straßen brauchten.«

32 Arbeitskämpfe

Das Gold Alaskas wurde von zähen Prospektoren entdeckt, die ruhelos Tundra und Berge durchstreiften, sich von Bohnen und Speck ernährten und nach den kleinsten Anzeichen für ein Vorkommen des gelben Metalls Ausschau hielten. Diese Pioniere gab es auch noch nach der Entstehung der großen Camps in Nome und Fairbanks. Sie waren es auch, denen die Gründung solcher Orte wie Iditarod, Ruby, Wiseman und Livengood zu verdanken ist, um nur einige zu nennen. In dem ganzen Territorium gab es Goldminen, in denen nur ein Mann oder zwei Partner die Schürfarbeit verrichteten; aber der Übergang zur industriellen Arbeitsweise machte auch vor Alaska nicht halt. Innerhalb weniger Jahre – gerechnet von der Zeit an, in der man von Nome sagte, dort könnten die Armen schürfen, und in der die Creeks in der Umgebung von Fairbanks allen offenstanden – befand sich der Löwenanteil der Förderung in den Händen großer Unternehmer, die Arbeiter als Lohnabhängige beschäftigten.

Schürfen war nichts als harte Arbeit. Von einem Mann wurde verlangt, daß er innerhalb einer 10-Stunden-Schicht 80 bis 100 Schubkarren Erde loshackte, auflud und wegfuhr. Es war eine schwere, dumpfe Plackerei, die bei flackerndem Kerzenlicht in feuchten Gängen getan werden mußte. Die Goldgräber bekamen für eine Schicht sechs bis acht Dollar pro Tag sowie Unterkunft und Verpflegung. Für die Außenwelt waren das großartige Bedingungen, aber in Alaska, mit seinen hohen Lebenshaltungskosten und der kurzen Saison – im allgemeinen vier bis fünf Monate –, sah das nicht so rosig aus. Das Geld reichte kaum. Weder ein Glas Bier noch eine Zeitung waren für weniger als 25 Cents zu haben. Die Fahrten außer Landes für die Nicht-Alaskaner kamen teuer. Ein Platz auf einem Dampfer nachSeattle oder San Francisco kostete 250 Dollar. Dazu kam der Fahrpreis für die 376 Meilen von Fairbanks nach Valdez in Höhe von 150 Dollar für die Stagecoach plus etwa sieben Dollar pro Tag für zehn Tage Unterkunft und Verpflegung in den Rasthäusern.

In den Jahren 1907 und 1908 organisierte der Verband der Schürfer des Westens (Western Federation of Miners – WFM) eine Sektion im Tanana-Tal und befahl einen Streik mit dem Ziel, einen Acht-Stunden-Tag mit einem Lohn von fünf Dollar pro Tag durchzusetzen. Obwohl dies bedeutete, daß die Schürfer bereit waren, einen der gewünschten Reduzierung der Stunden entsprechend niedrigeren Lohn hinzunehmen, reagierten die Minenbesitzer in derselben Weise wie Unternehmer in den westlichen Bundesstaaten Idaho, Washington und Montana. Sie schickten Spione in die Versammlungen der Schürfer und heuerten Streikbrecher an; die Zeitungen schimpften laut und empört über die »sozialistischen Agitatoren und Anarchisten«, die Polizei agierte eindeutig zugunsten der Besitzerinteressen, und unter den Arbeitern kam es zu Gewalttätigkeiten. 1908 war die Situation besonders chaotisch.

Der Streik in einer Stadt, die so isoliert war wie Fairbanks, brachte besondere Spannungen mit sich. Das ganze Gebiet lebte im wesentlichen von einer einzigen Industrie. Die Geschäftsleute – Kaufleute, Bankiers, Saloonwirte – mußten sich sehr in acht nehmen, wenn sie es nicht entweder mit den Besitzern oder den Schürfern verderben wollten. Gewalttätigkeiten seitens der Streikenden befreiten sie aus ihrem Dilemma, denn jetzt konnten sie sich unter dem Aspekt der Aufrechterhaltung von Gesetz und Ordnung den Standpunkt der Besitzer zu eigen machen.

W.E. Priestly war ein junger Schürfer. Er verfügte über eine natürliche Redegewandtheit und wollte vorwärtskommen. Er hatte die unabhängige Tanana-Schürfergewerkschaft ins Leben gerufen, ehe er beschloß, sich an den Verband der Schürfer des Westens zu wenden, um seine Gruppe in die Organisation einzubringen. Dieser Verband, der auch schon die Goldgräber im Südosten Alaskas organisiert hatte, schickte Thomas Steffenson nach Fairbanks, damit er Priestly unterstützte. Priestly übernahm auch die Redaktion der von der Gewerkschaft unterstützten Zeitung »Miners Union Bulletin«, nachdem man deren früheren Chef, W.F. Thompson, wegen seiner arbeitnehmerfeindlichen Stellung gefeuert hatte. Jahre danach erinnerte sich Priestly, wie er seine

»Feder in Vitriol eintauchte und den Kampf für die Schürfer aufnahm«. Er propagierte ein großes »Reinemachen in der Gemeinde und ein Einstehen für die Leiden der Menschheit«. Er beschloß, sich überall so teuer wie möglich zu verkaufen. Priestlys »heißes Blatt« hatte einen enormen Erfolg.[1] Aber die etablierte Presse konnte es noch besser.

Unter den Zeitungen im Tanana-Tal war die »Fairbanks News« diejenige, die die schärfsten Attacken gegen die Schürfergewerkschaft führte. Für die »News« war die Sache klar: »Die Schürfer behaupten, daß ein Lohn von fünf Dollar für acht Stunden durchaus tragbar ist, die Besitzer erklären jedoch, daß dies nicht der Fall ist.« Nach der Zeitung zu urteilen, setzte sich die Führung des Verbandes der Schürfer des Westens aus »tollwütigen Sozialisten und Anarchisten zusammen, die die Unwissenderen vor sich hertrieben wie ein Hirt seine Schafe«. Selbstverständlich »ist die ›News‹ nicht an sich gegen eine Gewerkschaft. Aber sie erhebt ihre Stimme als Warnung vor einer Invasion anarchistischer und sozialistischer Organisationen, die von fremden Elementen geführt werden und jetzt versuchen, das Tanana-Gebiet in ihre Gewalt zu bekommen.« Die »News« fährt fort, es habe nie Frieden und Wohlstand in einem Camp gegeben, in dem sich der Verband der Schürfer des Westens eingenistet habe. Dann kam die Zeitung auf die Details über den WFM-Führer Thomas Steffenson zu sprechen. Als man ihn interviewte (nachdem Streikende einen Reisewagen mit Russen aufgehalten hatten, die in den Schächten von Ester als Streikbrecher arbeiten sollten), erklärte Steffenson, daß die Russen – die Gewerkschaftler nannten sie immer Kosaken – ein gefährliches Element seien, »weil man sie als Banditen ansieht«. »Welch eine Unverschämtheit«, wetterte die »News«. Die Männer hätten doch schließlich nichts weiter vor, als in aller Ruhe ihren Lebensunterhalt zu verdienen. Steffenson »zeigt in der Art, wie er den Streik führt, schon den Instinkt des Banditen«, der »noch vor kurzem« ein Ausländer war, dessen Englisch »unverständlich« ist, und der »sich jetzt anschickt, unsere Verfassung zu revidieren«, erklärte das Blatt.[2]

In der nächsten Woche zierte eine Karikatur die erste Seite, und der Text lautete: »Nun sieh dir diese Führer aus dem Ausland an!« Die Zeichnung stellte Steffenson und Priestly dar, wie sie auf der Verfassung herumtrampelten und Dynamitladungen hochgehen ließen. In dem Leitartikel wurde die Frage gestellt, ob es wohl nötig sei, »um die (militärische) Hilfe der Regierung zu bitten, damit die Verräter vom Tanana vertrieben werden«.[3] In unzweideutiger Weise wurde der US-Marshal aufgefordert, gegen die Gewerkschaftsleute vorzugehen.

Wie entschlossen die Bergwerksbesitzer waren, die 10-Stunden-Schichten beizubehalten, zeigt ihr Versuch, Arbeitskräfte von draußen herbeizuschaffen. Russische Schürfer wurden angeheuert, die man von der Küste anreisen ließ. Die »Kosaken« müssen wirklich sehr begierig auf Arbeit gewesen sein, daß sie den 376 Meilen langen Treck im Winter auf sich nahmen. In Katalla vertrat J.F.A. Strong, damals beim »Katalla Herald«, die Meinung, daß das Importieren ausländischer Arbeiter eine Unglaublichkeit sei, und zwar nicht nur gegenüber den Streikenden, sondern auch gegenüber den ausländischen Streikbrechern, die nicht einmal die richtige Kleidung für das rauhe Klima mitbrächten.[4]

Lange bevor die Russen Fairbanks erreichten, wurden sie von bewaffneten Schürfern abgefangen, die sie aufforderten, zur Küste zurückzukehren. Die allein schon vom vielen Gehen müden Russen machten kehrt in Richtung Valdez, wurden aber bald wiederum aufgehalten, diesmal vom United States Marshal und einer ganzen Schar eigens dafür vereidigter Deputies. In Begleitung dieser schwer bewaffneten Gesetzeshüter gelangten die Russen dann nach Fairbanks, wo man sie – um das Maß vollzumachen – im Versammlungssaal der Schürfer einquartierte! Eine Anzahl murrender Goldgräber versammelte sich vor dem Gebäude. Aber inzwischen hatte der Marshal drei Gruppen von Bürgerdeputies aufgestellt, die alle mit Gewehren bewaffnet waren. Eine Konfrontation konnte für diesmal noch vermieden werden, aber dieser mühsam aufrechterhaltene Friede konnte nur so lange dauern, wie die Russen in dem scharf bewachten Gebäude blieben.

Der frühere Richter James Wickersham führte während des Streiks von 1908 eine Anwaltspraxis in Fairbanks und zermarterte sich das Hirn darüber, ob er als Kongreßdelegierter kandidieren solle. Seine Sympathien waren nicht auf seiten des Verbandes der Schürfer des Westens. Zu Wickershams politischen Erzfeinden gehörte der Herausgeber der »Fairbanks Times«, der nicht die aggressiven Töne der »Fairbanks News« gegen die Gewerkschaftsführer einschlug (womit nicht angedeutet werden soll, daß die beiden Zeitungen je auf irgendeinem Gebiet übereinstimmten). Wickersham gab sich erfreut, als die Geschäftswelt – offenbar als Reaktion auf die den Gewerkschaften gegenüber relativ freundliche Haltung der »Times« – die Zeitung schnitt: »Die ›Times‹ kriegt keine Anzeige mehr und heult wie ein geprügelter Hund«,[5] vermerkte er.

Anders als in der »News« herrschte in den Leitartikeln der »Times« ein vernünftiger Ton vor, wenn die Arbeitssituation erörtert wurde. Man protestierte gegen Gewalttätigkeiten und verurteilte das Abfangen der russischen Streikbrecher, hielt sich aber sonst zurück. Für die »News« und ihre Parteigänger – wie Wickersham – war das schon der Beweis dafür, daß die »Times« den Gewerkschaftsverband unterstützte.

In Wickershams Augen war der Arbeitskampf auf das engste mit der Parteipolitik in Alaska und der bevorstehenden Wahl des Kongreßabgeordneten verknüpft. Er glaubte, daß John Clum, ein alter Hase in Alaska und sowohl Postmeister als auch Kandidat der Demokraten, die »Times« sowie die Führer des Gewerkschaftsverbandes sich zusammengetan hatten, um die Wahl Clums durchzusetzen: »Ausgerechnet in Fred Martins Saloon, dieser schlimmsten Kneipe im ganzen Tanana-Tal, hat man diesen Plan ausgeheckt.«[6] Der frühere Richter war ein geborener Politiker, und trotz aller gegenteiliger Äußerungen seinerseits war er begierig darauf, in das Rennen um die Nachfolge von Thomas Cale einzusteigen. Wickersham war wie Cale Republikaner. Alles, was Wickersham zurückhielt, war die Unsicherheit bezüglich des Amtsinhabers, aber als Cale sich schließlich aus dem Rennen zurückzog, erklärte sich Wickersham prompt zum Kandidaten.

Die »schlimmste Kneipe«, von der Wickersham gesprochen hatte, war der beliebte California Saloon. Wenn die Besucher keine Lust hatten, sich unten zu ebener Erde zur Bar zu drängen, konnten sie sich nach oben zurückziehen, wo Lesematerial, Schreibpapier und Billardtische zur Verfügung standen. Das war eine große Annehmlichkeit für die Schürfer, die zumeist in sehr engen Behausungen lebten. Aber für Wickersham und andere Vertreter von Gesetz und Ordnung war der California Saloon eine

Brutstätte des Radikalismus, und der Marshal verfügte schließlich seine Schließung. Wickersham glaubte, dadurch werde mehr für die öffentliche Ordnung getan, »als wenn man hundert Deputy Marshals einstellt«.[7]

Der Schließung dieser Wirtschaft und eines weiteren Saloons, des Miners' Home, war ein Zwischenfall an der Bahnstation vorausgegangen. Als sich Streikende einfanden, um dabeizusein, wie die von Wachen begleiteten »Kosaken« in den Zug zu den Minen stiegen, feuerte einer der Schürfer ein paar Schüsse in die Luft ab. Niemand wurde getroffen, aber der US-Marshal hatte jetzt den Grund, den er brauchte, um der Gewerkschaft die Daumenschrauben anzusetzen. Er ließ Haftbefehle für den Schützen und alle Amtsträger des Gewerkschaftsverbandes ausstellen. Das Tagebuch Wickershams beweist seine Befriedigung: »Steffenson, der Organisator und Anstifter zum Aufruhr, ist im Gefängnis und wird wahrscheinlich lange drinbleiben.«[8]

Seit dem Moment, an dem die ersten Streikbrecher auftauchten, hatten die ängstlicheren Einwohner die Entsendung von Soldaten aus Fort Gibbon verlangt. Fort Gibbon, das nahe an der Tanana-Mündung in den Yukon lag, war die Fairbanks am nächsten liegende Militärgarnison. Einige der Minenbesitzer forderten gar die Einführung des Kriegsrechts und die Postierung von Soldaten entlang des Valdez Trails, um dadurch ein Vorgehen gegen Streikbrecher unmöglich zu machen. Marshal Perry glaubte aber, die Situation auch so meistern zu können. Seine Streitmacht bestand aus 20 bezahlten Deputies und 150 Freiwilligen.

Einigen Beobachtern erschien der Widerstand der Minenbesitzer gegen die Forderungen der Schürfer kleinlich und egoistisch. Der Bergingenieur T.A. Rickard zum Beispiel war zwar alles andere als ein Freund des Gewerkschaftsverbandes, aber er glaubte dennoch, daß die Schürfer durchaus im Recht waren, fünf Dollar für einen Acht-Stunden-Tag zu verlangen. 1909 stellte er bei einem Besuch der Minen fest, daß das tiefliegende Muttergestein im Tanana-Tal die Schürfarbeit sehr erschwere.

Der Kampf der Bergwerkseigner gegen die Gewerkschaften spielte sich überall im neubesiedelten amerikanischen Westen ab. Dabei kam es zu den schärfsten Auseinandersetzungen in der Geschichte des Klassenkampfes in Amerika. Auf Ruhe bedachte Alaskaner hatten einigen Grund zur Besorgnis, wenn sie hörten, wie Streiks des Verbandes der Schürfer in Colorado und anderen westlichen Staaten verliefen. Der Kampf um den Acht-Stunden-Tag ging schon seit Jahren. Die Unternehmerseite hatte Pinkerton-Spione in die Gewerkschaften geschleust, den Einsatz von Staatsmiliz gegen Streikende durchgesetzt und Gewerkschaftsführer in Verruf gebracht. Streikende waren von Milizangehörigen verprügelt worden, man hatte sie in Kuhställe gesperrt und gelegentlich sogar aus dem betreffenden Bundesstaat abgeschoben – und die Vertreter der Regierung hatten dabei zugesehen. Die Schürfer griffen dann ihrerseits zur Gewalt. Besonders verbissen droschen sie auf Streikbrecher ein. Auch ihre Fähigkeiten beim Umgang mit Dynamit kamen ihnen dabei zustatten: Sie sprengten Gebäude in die Luft und verletzten Bergwerksbesitzer.

Ohne Frage war die Führung des Verbandes der Schürfer radikal. Der große Bill Haywood gehörte außer dieser Gewerkschaft auch den »International Workers of the World« an. Die Minenbesitzer ihrerseits schreckten auch vor Mord nicht zurück, wenn es darum ging, Haywood und die Gewerkschaft zu ruinieren. Harry Orchard, ein Mitglied der Gewerkschaft, bekannte sich zu dem Mord an dem Gouverneur von Idaho, bezichtigte aber auch die Gewerkschaftsführer Haywood, Charles Moyer und George Pettibone. Orchard oder seine teuflischen Hintermänner hatten sich den Plan einfallen lassen, am Eingangstor des Gouverneurspalastes eine Bombe hochgehen zu lassen. Der Prozeß wurde zu einem der meist gefeierten in der amerikanischen Rechtsgeschichte. Der großartige Verteidiger Clarence Darrow deckte das Komplott der Mineneigner auf und konnte damit durchsetzen, daß die Gewerkschafter freigesprochen wurden.

Aber der Freispruch Haywoods konnte den Herausgeber der »Fairbanks News« nicht von seiner Unschuld überzeugen: Männer wie Haywood und seine Gesinnungsgenossen im Tanana-Tal, Steffenson und Priestly, würden vor nichts haltmachen, um ihre anarchistischen Ziele zu erreichen. Vielleicht waren Steffenson und Priestly »wie Haywood und Moyer zu aalglatt, um sich fassen zu lassen, aber wo es einen Moyer oder einen Haywood gibt, da wird man auch einen Orchard finden«.[9] Eine derartige aufwiegelnde Rhetorik trug natürlich wenig dazu bei, die Gemüter in Fairbanks zu beruhigen. T. A. Rickard warf der »Reptilienpresse« im Tanana-Tal vor, die Goldgräber zu Racheakten regelrecht anzuspornen.[10] Priestly war überzeugt, daß die Presse die Bemühungen der Gewerkschaft, es während des Streiks zu möglichst wenig Gewalttätigkeiten kommen zu lassen, völlig falsch dargestellt hatte.

Eine weitere Versammlung der Schürfer wurde von Marshal Perry abgebrochen. Wieder wurden die Gewerkschaftsführer unter dem Vorwurf festgenommen, Unruhen angestiftet zu haben. Aus Seattle verlautete, John Ronan, der Vorsitzende des Bergwerksbesitzerverbandes im Tanana-Tal, wolle sich die dort herrschende Arbeitslosigkeit zunutze machen und 2000 Mann für die Minen in Fairbanks anwerben. Der Nervenkrieg gegen die Gewerkschafter ging weiter. Priestly wurde als Herausgeber des »Miners Union Bulletin« wegen Verleumdung zu 400 Dollar Strafe verurteilt. Er hatte einige der skandalösen Vorgänge im Tanana-Club aufgedeckt, dem Treffpunkt der Minenbesitzer. Seine Story ließ vermuten, daß Sexorgien in dem Club an der Tagesordnung seien, so daß »alle verheirateten Männer in Fairbanks ihren Frauen viel zu erklären hatten«.[11] Der stetige Druck auf die Schürfer begann, seine Auswirkungen zu zeigen. Der Ausstand dauerte nun schon das zweite Jahr an, und die Hoffnungen auf einen Erfolg schwanden immer mehr. 1907 wurde kein Gold gewaschen, und es gab keine Löhne; und das bedeutete für die Arbeiter und ihre Familien eine zunehmende Verarmung. Nominell ging der Streik weiter, aber die meisten Schürfer kehrten an ihre Arbeit zurück.

Im Kielwasser des Streiks folgten energische Angriffe auf »das Laster« in Fairbanks. Wickershams Nachfolger als Distriktrichter, Silas H. Reed, traf im Mai ein, und machte sich sofort an die Arbeit. Richter Reed muß Anweisungen aus dem Justizministerium bekommen haben, die »unsauberen Elemente« der Stadt auszumerzen. Und damit haben wahrscheinlich Auskünfte Wickershams an die Adresse Washingtons etwas zu tun. Wickersham schrieb an den Justizminister und forderte eine Untersuchung des Distriktanwalts von Fairbanks im Hinblick auf dessen Aktivitäten »dieser Frau gegenüber« und ebenfalls hinsichtlich möglicher Geschworenenbestechungen.[12] Vielleicht hat der frühere Richter auch noch andere Fingerzeige gegeben, denn er ließ nie eine Gelegenheit aus, seine politischen Gegner zu bestrafen.

Es hagelte auf einmal nur so von Anklageerhebungen gegen jede Prostituierte, jeden Zuhälter, jeden Besitzer eines Badehauses in der Stadt. Richter Reed ließ auch alle Tanzsäle schließen. Anklage wurde auch gegen Männer erhoben, die außerehelichen Geschlechtsverkehr betrieben. Zur Überraschung der meisten Einwohner von Fairbanks wurde ein prominenter Anwalt, nämlich Tom Marquam, des Ehebruches angeklagt. Es war vermutlich kein Zufall, daß Marquam das Anti-Wickersham-Lager der Stadt anführte und die Wickersham feindlich gesinnte »Fairbanks Times« herausgab. Man spürt förmlich die Genugtuung Wickershams, wenn er in sein Tagebuch einträgt: »Nur ran an den Feind! Dieser Haufen wollte ja einen Wechsel, sie haben sich mit meinen Feinden verbündet und vor allem mit der Gewerkschaft, und jetzt wird es ihnen heimgezahlt! Und ich kann lachend zugukken.«[13]

Als der Juni zu Ende ging, hatten sich die Dinge in Fairbanks beruhigt. Der Streik war erledigt, das Reformfieber hatte seinen Höhepunkt überschritten. Mit dem Näherrücken der Wahl rückte die Politik wieder stärker ins Gesichtsfeld. Wickersham hatte sich mit Elan in den Wahlkampf geworfen. In einer Ansprache vor 500 Personen legte der frühere Richter seine Ansichten dar, und – Wunder über Wunder – »zum Vorschein kam jedes Argument, das die Arbeiterschaft am Orte gebracht hatte!«[14]

Im Jahre 1931 schrieb Priestly im »Alaska Weekly«, die Goldgräber von Alaska »schulden mir doch wohl einiges für die Pionierarbeit, die ich als junger Herausgeber des ›Miners Union Bulletin‹ geleistet habe«. Er erinnerte an seine dreimalige Festnahme, die gegen ihn gerichteten Drohungen und seinen Mangel an Popularität – sogar die Damen der Halbwelt waren über den Gewerkschaftsführer hergezogen. Als einmal die Eisenbahn im Tanana-Tal sich weigerte, Exemplare des »Miners Union Bulletin« zu den Creeks zu befördern, hatten 50 Schürfer eine Hundeschlittenbrigade zusammengestellt, um die Zeitungen zu den Lesern zu bringen. Als er wegen der Schießerei am Bahnhof von Fairbanks im Gefängnis saß, schaffte er es trotzdem, die Zeitung der Schürfer herauszubringen. Er schrieb die Texte in seiner Zelle und übergab sie durch das Fenster dem Drucker. Die Geschworenen bei seinem Verleumdungsprozeß waren fast alle Geschäftsleute: »Wenn die Jury das Strafmaß bestimmt hätte, dann säße ich jetzt noch im Gefängnis«, schrieb Priestly. Er hatte sich in dem Verfahren selbst verteidigt und mußte sich anhören, wie der Staatsanwalt ihn beschrieb als »ausländischen Agitator, der versucht, die Säulen der Freiheit einzureißen, für die unsere Vorväter geblutet haben«. In seiner Antwortrede erinnerte Priestly den Richter »sanft« daran, daß der Staatsanwalt aus Kanada stamme und daß »seine Vorväter auf der falschen Seite gestanden haben müssen«.[15]

Zu guter Letzt konnten die Schürfer alle ihre Forderungen durchsetzen. 1909 wurde ein Gesetz erlassen, das die Schürfer auch für den Fall absicherte, daß die Ausbeute beim Goldwaschen gering ausfiel. 1914 wurden Sicherheitsprüfungen der Schächte angeordnet und 1915 schließlich trat das Gesetz in Kraft, das allen Arbeitern in Alaska den Schutz des Acht-Stunden-Tages zubilligte.

33 James Wickersham und die hohe Politik im Lande des Goldes

Im Inneren Alaskas ist der Himmel erstaunlich klar und leuchtend und die Luft frisch und kräftig. Im Sommer wie im Winter fühlt man sich durch die Offenheit des riesigen Gebietes geradezu reaktiviert. Einige der Flüsse des Kontinents sowie die eindrucksvollen Berge sind eine wahre Augenweide. Noch zahlreicher sind die hübschen Täler und Hügel, die einen in ihren Bann schlagen, ohne durch ihre Größe erdrückend zu wirken. Es ist ein Land, das man nur bestaunen kann. Der Yukon allein entwässert ein Gebiet von 330000 Quadratmeilen. Seine Länge beträgt fast 2000 Meilen und 13 seiner zahllosen Nebenflüsse messen mehr als 1000 Meilen.

Man muß sich fragen, wie in diesem frischen, klaren, grenzenlosen Land, in dieser Zuflucht für Menschen, die sich nicht in schnell wachsenden Großstädten oder Provinzorten einschnüren lassen wollten, die politische Atmosphäre war. Souverän? Offen? Distanziert? Von untadeliger Ehrlichkeit? Die Antwort lautet, daß nichts davon zutraf. Die parteipolitischen Kämpfe des Nordens wurden mit derselben Gemeinheit, Bestechlichkeit und Verlogenheit geführt wie in einem beliebigen Bostoner Wahlkreis. Eine Politik der Gosse beherrschte die Auseinandersetzungen in diesem Land, in dem es doch nur wenige Gossen gab.

Vernachlässigung durch den Bund und Selbstverwaltung

Nimmt man die ganze Vielfalt der menschlichen Persönlichkeit und die verschlungenen Wege staatlicher Politik, wäre es merkwürdig, wenn man die politische Szene Alaskas während der Goldära als einfach und überschaubar bezeichnen könnte. Die Politik, die Alaska betraf, wurde in Washington gemacht. Alle Regierungsbeamten – ausgenommen in den Jahren nach 1906 der

Kongreßabgeordnete – wurden vom Bund ernannt. Wie verschlungen auch die Händel zwischen Weißem Haus und Kongreß in Sachen Alaska gewesen sein mögen, die Alaskaner selbst waren in ihren politischen Stellungnahmen keineswegs komplex, obwohl immer hinreichend Konfliktstoff vorhanden war.

Eine andere Konfliktquelle war die Ausdehnung der Autorität des Bundes auf Sachen, die die Alaskaner als städtische Angelegenheit betrachteten. So waren etwa die Geschäftsleute für das offene Glücksspiel, und man ließ es in den ersten hektischen Jahren des Goldbooms dabei bewenden. Aber schließlich setzten sich die Bundesbehörden durch.

John B. Wallace, der zu den Pionieren von Nome gehörte, nahm es Richter Alfred Moore übel, daß er das Glücksspiel zu verbieten und gegen die Prostituierten der Stadt vorzugehen begann. Für Wallace war Nome nicht irgendein kleiner Ort im Osten oder Mittelwesten. Für Wallace lag es auf der Hand, daß einige von diesen »importierten« Bundesbeamten sich der neuen Umgebung nicht anpassen konnten. Da Washington weit war, blieb den Leuten in Alaska nichts anderes übrig, als sich lange und laut genug über bestimmte Richter, Staatsanwälte und Marshals zu beklagen, wobei sie nicht einmal die Gewißheit hatten, daß man sie auch hörte. In so einem Fall gibt es nur ein Heilmittel, und damit sind wir bei Artikel 1 des politischen Glaubensbekenntnisses der Alaskaner: Fast jedermann war der Ansicht, daß man eine wirkliche Lösung der Probleme des Territoriums nur durch Selbstverwaltung erreichen konnte. In den frühen Tagen konzentrierte man sich dabei auf die Forderung nach einer Vertretung Alaskas im Kongreß. Dieser gab denn auch 1906 dem lange gehegten Wunsch statt. Es wurde beschlossen, daß ein Delegierter gewählt und – ohne Stimmberechtigung – ins Repräsentantenhaus entsandt werden sollte. Danach zielten die Bemühungen um eine eigene Verwaltung auf die Einrichtung einer gesetzgebenden Instanz in dem Territorium ab. Der Kongreß willigte 1912 ein, begrenzte jedoch die Befugnis dieser in Juneau installierten Kammer auf das schärfste. Diese Erfolge trugen jedoch kaum dazu bei, die Wünsche der Alaskaner nach größerer Eigenständigkeit zu befriedigen. Sie wollten, daß Alaska ein Bundesstaat wurde, und dieses Ziel erreichten sie 1959. Ein besseres Verständnis der Haltung Alaskas gegenüber der Bundesregierung verdeutlicht auch, welche Ziele seine politischen Führer anstrebten.

Und noch einmal Wickersham

James Wickersham war von seiner Ernennung zum Bundesdistriktrichter im Jahre 1900 an bis zu seinem Tode 38 Jahre später die führende politische Gestalt. Er war sieben Jahre lang Richter, war einer der Begründer von Fairbanks und sorgte wieder für Ordnung in Nome, nachdem er hier an die Stelle des korrupten Richters Alfred Noyes getreten war. 1908 wurde er zum Kongreßabgeordneten gewählt, und dieses Amt bekleidete er 18 Jahre lang.

Für seine politischen Feinde – und davon gab es genügend – war er ein Paradebeispiel für Konsequenzlosigkeit bzw. eben der »terrible James« – der fürchterliche James –, ein Mann, der einem Gegner nie verzieh. Seine Freunde und Sympathisanten lobten ihn wegen seiner Ehrlichkeit und seines Muts als Richter und Kongreßabgeordneter. Niemand war ihm gegenüber neutral – man war entweder ganz für oder ganz gegen ihn. Beide Seiten waren sich darin einig, daß er ein Kämpfer war – ein Kämpfer für diese »nutzlose« Selbstverwaltung oder für ebendieses wertvollste Gut aller Alaskaner, je nachdem, welchen politischen Standort man da bezog.

Wickershams juristische Leistungen am Yukon, in Nome und in der ersten Zeit von Fairbanks haben wir bereits erörtert, ohne uns allerdings im einzelnen mit den politischen Auswirkungen befaßt zu haben. Widerstand gegen den Richter regte sich in Washington vor allem nach seinem großen Reinemachen in Nome, bei dem er die vielen Zweitansprüche auf schon vergebene Schürfrechte klärte – ganz besonders aber, nachdem er US-Marshal Frank Richards wegen Mißachtung des Gerichts verurteilt hatte. Für ihn selbst lagen die Gründe für diesen Widerstand immer klar auf der Hand: »Das menschliche Verlangen nach Rache meldet sich schnell in einem Goldgräbercamp, das aus Leuten aus aller Herren Länder besteht, die nichts anderes im Sinn haben, als so bald wie möglich ein Vermögen zu machen.« Wenn ihr Gieren nach Gold durch eine Gerichtsentscheidung durchkreuzt wurde, dann wurden sie zu den bösartigsten Widersachern des Richters: »Dann ist keine Verleumdung zu niederträchtig, keine Vergeltung zu feige, um den Durst nach Rache zu löschen.«[1]

Im Juni 1904 endete Wickershams erste Amtsperiode als Richter. Obwohl Lob für seine Arbeit in Nome und anderswo sowie eine schnelle Bestätigung seiner Wiederernennung durch den Senat zu erwarten waren, trat das genaue Gegenteil ein. Nach seinen Aussagen hatten die Verbündeten McKenzies und einige enttäuschte Kläger ihm im Justizministerium schlechte Amtsführung und Ungehörigkeiten in seinem Privatleben zum Vorwurf gemacht.[2] William A. Day, der erste Stellvertreter des Justizministers, wurde beauftragt, in Alaska eine entsprechende Untersuchung vorzunehmen. Es war die erste von drei Maßnahmen dieser Art gegen den Richter. Wickersham wurde unterdessen für ein weiteres Jahr »vorläufig« im Amt belassen. Hierzu war keine Bestätigung durch den Senat notwendig.

Wickersham verglich die Untersuchung mit einem Schürfertreffen und meinte, sie habe die Atmosphäre bereinigt; aber er war doch sehr verärgert, denn weder Day noch irgend jemand sonst wollte ihm mitteilen, welche Vorwürfe denn konkret gegen ihn vorgebracht worden waren. Day reiste in allen Camps umher und befragte alle Männer nach ihrer Ansicht über den Richter. Jedenfalls entlastete der Bericht Days den Richter, den Präsident Theodore Roosevelt dann dem Senat zur Bestätigung vorschlug.

Hier wurden jedoch Einwände dagegen erhoben, ihn als Richter des dritten Gerichtsdistrikts zu bestätigen. Die Senatoren McCumber und Hansbrough aus North Dakota – beides Freunde des Anführers der »Plünderer«, McKenzies – erhielten weitere Unterstützung von Senator Nelson aus Minnesota und anderen in ihrem Kampf gegen die Ernennung. Ein Unterausschuß des Rechtskomitees des Senats stimmte für eine Bestätigung, aber Wickershams Feinde begannen eine Dauerredeschlacht, mit der sie alle Gesetzesvorhaben blockierten. Als gerade zu diesem Zeitpunkt ein Artikel von Rex Beach über die »Plünderer« von Nome mit dem Titel »The Looting of Alaska« erschien, half das den Gegnern Wickershams.[3] Beach hatte die Querverbindungen zwischen den Senatoren aus North Dakota und McKenzie sowie den

Goldminenschwindel von Nome aufgedeckt, aber die betroffenen Senatoren redeten ihren Kollegen ein, das Material stamme von Wickersham, und forderten sie auf, gegen derartige Schmutzkampagnen geschlossen Front zu machen. Die Marathonrederei verhinderte, daß der Senat sich mit der Frage der Ernennung beschäftigte, und der Präsident konnte den Richter wiederum nur für ein weiteres Jahr »vorläufig« im Amt belassen.

Der Kampf um die Ernennung Wickershams beschäftigte seine Gegner im Senat von 1904 bis 1907. Sie brachten es jedes Jahr fertig, eine Abstimmung über die Frage zu verhindern; aber Roosevelt erklärte, solange er Präsident sei, werde Wickersham Richter in Alaska bleiben, und er erneuerte jedes Jahr die weitere »vorläufige« Ernennung. Die Senatoren, die keinerlei Interesse an Alaska hatten, müssen es herzlich leid gewesen sein, sich immer wieder mit dem Richter im dritten Distrikt beschäftigen zu müssen.

Im Frühjahr 1907 beschloß Wickersham, seinen Rücktritt anzubieten, sollte eine erneute Untersuchung seiner Amtsführung unternommen werden. Roosevelt versicherte ihm zwar, daß es zu einer solchen neuen Überprüfung nicht kommen werde, aber im Herbst entschloß sich Wickersham dann trotzdem, den Hut zu nehmen. In seinem Tagebuch nennt er als Gründe die Gesundheit seiner Frau sowie seinen Wunsch, eine private Anwaltspraxis zu eröffnen. Aber vielleicht gab es doch zwingendere Gründe: Roosevelts Amtszeit war bald vorbei, und wer hätte dann die Hand über ihn halten können?

Selbstverwaltung, das Syndikat und der Delegierte

Wickershams Abgang von der politischen Bühne sollte nicht lange dauern. Im Sommer 1908 stellte er sich als zweiter Kongreßabgeordneter Alaskas zur Verfügung. Es war teuer, die politische Unterstützung von Zeitungen in Alaska zu kaufen: 2500 Dollar verlangte die beliebte »Fairbanks News«! Und das Geld hatte er nicht. Aber diese Art der Schützenhilfe war nicht unabdingbar. Seine öffentlichen Ansprachen in Fairbanks, Nome und anderen Städten machten seine Meinung durchaus populär. Er stand auf seiten der Arbeiter, auch wenn seine Sympathien früher weniger eindeutig gelagert waren. Am wichtigsten war, daß er sich für die Selbstverwaltung einsetzte, dem Syndikat den Kampf ansagte – auch wenn er sehr spät zu dieser Einstellung gefunden hatte –, und daß er ein hervorragender Redner war und sich allgemeiner Beliebtheit erfreute. Er hatte keine Mühe, die relative Mehrheit der Stimmen – 3802 von 9636 abgegebenen Stimmen – auf sich zu vereinen. Und damit begann seine lange Karriere als Vertreter Alaskas im Kongreß. Seine letzte Wahl gewann Wickersham 1930. Zwei Jahre später wurde er das Opfer eines wahren Erdrutsches zugunsten der Demokraten. Er bemühte sich danach nicht mehr um eine Wiederwahl, aber er blieb bis zu seinem Tode im Jahre 1939 – er erreichte das reife Alter von 82 Jahren – ein politischer Faktor in Alaska. Noch in hohem Alter war Wickersham eine imponierende Erscheinung. Er war 1,85 Meter groß, war kräftig gebaut und hielt sich kerzengerade. Die mittleren Jahre seines Lebens, als er per Hundeschlitten die riesigen Flächen Alaskas durchmaß, um Gericht zu halten, hatten ihn nicht gebeugt. Als Wickersham zum ersten Mal seine Kandidatur anmeldete, gestand Zeitungsmann Strong vom »Katalla Herald«, der ihn gut kannte, aber nicht gerade liebte, grollend ein, daß »Wick« ein Kämpfer sei. Aber, so Strong, der Richter gebe nichts darauf, mit was für Waffen er kämpfe – Klingen und Kriegskeulen seien ihm genauso recht wie Wahrheiten oder Lügen.[4] Die Pioniere unter den Alaskanern sind sich heute nicht einig in ihrem Urteil über Wickersham. Einige sehen in ihm den Löwen, andere sind kritisch. Aber alle erinnern sich an seine Überzeugungskraft, wenn er im Wahlkampf stand, gleichgültig, ob er vor einem dicht besetzten Saal sprach oder an einer Ecke in der Stadt. Sie begeisterten sich darüber, wie er seine Handlungen verteidigte, mit welcher rhetorischen Kraft er seine Gegner angriff. Aus den Unterlagen geht hervor, daß er auch vor dem Kongreß nichts von seinen Überredungskünsten einbüßte, auch wenn er oft heftige Attacken gegen die Bürokratie ritt. Seine beherrschende Stellung auf der politischen Szene des Nordens war oft das Ziel von Angriffen, aber er dominierte bis zum Ende.

34 Der literarische Norden

Der Norden war ein rauhes Pionierland und verlangte den Menschen ihre ganze Widerstandskraft und ihren ganzen Mut ab. Geblendet durch ihre Gier nach Gold nahmen sie unsägliche Strapazen, schier unglaubliche Entfernungen und ein unbarmherziges Klima in Kauf, um schließlich triumphierend ihr Ziel zu erreichen – oder sich ihr Scheitern eingestehen zu müssen. Ihre Hartnäckigkeit spiegelt sich in den damaligen Zeitungen und in autobiographischen Aufzeichnungen sowie in einer volkstümlichen Literatur wider, die das Dramatische und auch irgendwie Romantische ihrer gemeinsamen Erlebnisse ausdrückt. Millionen von Menschen konnten so an den Mühen der Goldsucher teilhaben, und die Geburt jedes neuen Pionierhelden »in Prosa oder Vers« wurde begierig erwartet.

Hoch über allen, die die Abenteuer der Helden und Schurken der letzten amerikanischen Pionierära in Form von Romanen abhandelten, thront Jack London. Er, dessen unbändige Jugend als Austernpirat, Landstreicher und Robbenwilderer der Farbigkeit seiner Romanfiguren entspricht, war 1897 bei der Stampede zum Klondike mit dabei. Hier suchte er nach dem begehrten Metall, wurde von Skorbut, dem Fluch der Goldgräber, befallen und fand wie viele kein Vermögen in der Erde. All das war überhaupt nichts Besonderes, aber es waren die Erlebnisse, aus denen die Literatur entstand, die den jungen Mann zu Weltruhm führen sollte. In elf Büchern lieferte er seine dramatische Version der nördlichen Szene, schilderte den Lesern die gewalttätige Welt des Malemute Kid, des Sitka Charlie, des Old Tarwater und des unverwüstlichen Buck. Er schuf Gestalten von imponierender Ausdruckskraft, Männer und Frauen, die in Erfüllung ihres einmaligen Schicksals schneebedeckte Berge und öde Tundren überwanden. Es waren furchtlose Menschen, deren Mut, Findigkeit und Scharfsinn sie unwiderstehlich vordringen ließen. Sie waren der beste Beweis für die Theorie Thomas Huxleys, daß die

Stärksten sich auf Kosten der Schwächeren durchsetzen. Mit den Worten eines Forschers: »Das Zeitalter der Helden war nicht tot – sie waren nur in den eisigen Norden ausgewandert.«[1]

Zu denen, die Jack London intellektuell am stärksten beeinflußten, gehörten neben Thomas Huxley, Charles Darwin und Rudyard Kipling. Von den ersten beiden bezog er seine besondere Interpretation der Entwicklungstheorie und eben die Idee, daß der Stärkste überlebt – Gedanken, die ihm auch bei der Lektüre von Kipling nicht abwegig erscheinen konnten. Lag nicht klar auf der Hand, daß die Angelsachsen ständig Beweise für ihre Überlegenheit lieferten? Das war im indischen Dschungel Kiplings ebenso offensichtlich wie bei den Bewohnern nördlicherer Breiten, die die Geschichten Londons bevölkern. In Romanen wie »An der weißen Grenze« und »Ruf der Wildnis« und Kurzgeschichten wie »Liebe zum Leben« und »Der Sohn des Wolfs« zeigen Londons Gestalten ihre überragende natürliche Kraft.

London verwertete seine eigenen Reisen am Yukon und in Alaska, aber auch die Erzählungen anderer. Old Tarwater ist nach dem alten Goldsucher gezeichnet, der sich Londons Gruppe anschloß, als sie den Chilkoot hinaufstieg. Eine seiner Gestalten, die beinahe ein Vermögen an Eiern verdient hätte, gründet auf einem ihm wiedererzählten Ereignis. Diese und ähnliche Figuren reiften im Kopf des Autors zu den dramatis personae seiner literarischen Schöpfungen. Man mag die Echtheit seiner Gestalten anzweifeln, aber an dem Reiz, den seine Erzählungen aus dem Norden auf den Leser ausüben, ändert das nichts. Kein anderer Schriftsteller hat mit seinen Schilderungen der Geschehnisse im Norden auch nur annähernd die Beliebtheit Londons erreicht. Heute werden seine Bücher in einigen europäischen Ländern mehr gelesen als in Amerika. In der Sowjetunion ist er der bekannteste amerikanische Schriftsteller. Ein Leser meinte dazu: »Das ist wie die erste Zigarre, die wir als Jungen rauchen.«[2]

1899 veröffentlichte der »Overland Monthly« neun Kurzgeschichten Londons, von denen die meisten später in seinem ersten Buch wieder auftauchten. Im Jahre 1900 erschienen zehn weitere Geschichten Londons in Journalen im Osten der Vereinigten Staaten. Fünf Jahre, nachdem er mit Skorbut und keinem Cent in der Tasche vom Klondike zurückgekehrt war, rissen ihm Verleger seine gesamte Produktion an Romanen und Geschichten mit Motiven aus dem Norden nur so aus der Hand. »Ich habe nie einen roten Heller mit dem Besitz an Grund und Boden verdient, den ich dort oben hatte«, schrieb London 1900 an einen Freund, »und doch hat mir die Reise genug Gold eingebracht, um davon zu leben.«[3] London hatte eine literarische Erzader entdeckt und konnte während seiner ganzen Karriere immer wieder darauf zurückgreifen.

Wilson Mizner, der die schärfste Zunge unter allen Goldsuchern besaß, machte sich lustig über die »Londoner Schule« der Klondike-Literatur mit »ihren Supermännern und Superhunden, ihren Scheusalen in Menschengestalt und den hinreißend schlichten Mädchen«.[4] Andere Kritiker waren der Ansicht, Londons Begabung bestehe darin, Menschen zu Bestien zu machen und Bestien zu Menschen. Aber eine genauere Lektüre der Stories ergibt, daß ihre eigentliche Stärke unabhängig von irgendeiner Ideologie ist. Es sind ganz einfach gute Geschichten, die gut erzählt sind.

Was die Pioniere des Nordens selbst über Londons Produkte dachten, ist so allgemein kaum zu sagen, wenn man von der Tatsache absieht, daß sie eifrige Leser Londons waren. Natürlich nahmen sie dem Schreiber nicht jede Einzelheit ab. Will Ballou etwa, der Schürfer aus Rampart, las im Frühjahr 1901 »Ruf der Wildnis« und meinte, das sei die Version eines einzelnen Mannes vom Leben in Alaska. Das einzige, was er wirklich konkret kritisierte, war der Umstand, daß London die Squaw-Männer – die Weißen, die mit indianischen Frauen zusammenlebten – mit heroischen Eigenschaften ausstattete. Schürfer hatten oft keine sehr gute Meinung von diesen Männern, weil sie die Eingeborenen dadurch verdarben, daß sie ihnen Schnaps beschafften, aber auch wegen ihrer eigenen rassistischen Vorurteile.

Robert Service

Robert Service gehört ebenfalls zu den Schriftstellern, die durch ihre Erfahrung im Norden groß wurden. Dieser schottische Barde hatte es nicht ganz leicht, nachdem er sein Leben als Bankangestellter in der Alten Welt aufgegeben hatte, um nach

Nordamerika zu gehen. Mittellos schlug er sich nach Kalifornien durch, ernährte sich von Apfelsinen und einer gelegentlichen Mahlzeit in einer Mission. Als er die Stories von Jack London und anderen über den Goldrausch las, wollte er sich nicht träumen lassen, »daß die anderen, die ein Eldorado suchten, auch mir eins bereiteten«.[5] Im Jahre 1904 nahm der junge Schotte eine Stelle bei einer kanadischen Bank an und wurde nach Whitehorse im Inneren Alaskas geschickt, wo die von Skagway gebaute Eisenbahn endete. Während seiner Schiffsreise nach Norden bewunderte Service die Grandiosität der Bergketten an der Küste und fragte sich, wie seine Zukunft wohl aussehen würde. Er wollte Schriftsteller werden und sah sich als »armen Teufel, der Träume hat, aber in manchem anders ist als die Masse«. Vom Deck des Schiffes aus ließ er die mondhelle Szenerie auf sich einwirken und dachte an die »Pläne der Menschen, die nur auf schäbige Selbstbereicherung aus sind und dann wieder in die Freiheit entfliehen wollen«.[6] Seine Jahre als Landstreicher und Bänkelsänger, in denen er unwillige Zuhörer mit seinen Liedern traktierte, wobei er sich selbst auf der Gitarre begleitete, hatten ihm das Leben eines Bankangestellten nicht schmackhafter gemacht. Aber hier war er nun einmal durch einen günstigen Zufall des Schicksals auf der Reise in ein Land, das seine schöpferischen Fähigkeiten zu voller Blüte erwekken sollte.

Das Skagway, in dem Service an Land ging, war eine schläfrige kleine Stadt, ganz anders als die laute und verderbte Hafenstadt, wie es die Goldsucher von Dawson in Erinnerung hatten. Es gab keine Menschenmengen, nichts Aufregendes und keine Bedrohung durch Banditen. Reisende ins Landesinnere konnten sicher und bequem mit der White Pass and Yukon Railway über die Gebirgszüge entlang der Küste fahren. Von seinem Eisenbahnwagen aus konnte Service weit unten Überreste der Route erkennen, auf der die Teilnehmer an der Stampede ins Innere gezogen waren. Einladend sah das nicht aus, und der Versemacher hatte keine Sehnsucht nach einer solchen Erfahrung. »Ich war heilfroh, daß ich die große Stampede nicht mitgemacht hatte.«[7] Ein merkwürdiger Kommentar vielleicht von dem Dichter, dessen Verse die Goldära für ganze Generationen in ein romantisches Licht tauchten, aber doch auch wieder kennzeichnend für den letzten Endes sehr sachlichen Autor von »The Cremation of Sam McGee« und The Shooting of Dan McGrew«. In Whitehorse angelangt, ging Service seinen geschäftlichen Pflichten nach, mied Trinkgenossen und hielt sein Geld zusammen. Durch diese Lebensführung kam er der Stimmung der damaligen Zeit näher als durch noch soviel feuchtfröhliche Geselligkeit in den Saloons.

In seiner freien Zeit war Service sehr gefragt, wenn es um das Vortragen dramatischer Gedichte bei geselligen Veranstaltungen ging. »Casey at the Bat«, »Gunga Din« und »The Face on the Bar-room Floor« waren seinerzeit allgemein beliebt, und seine eigenen Schöpfungen folgten in etwa dieser Linie. Die Gedichte, die er vortrug, stammten zwar von anderen, aber immerhin hatte er die Genugtuung, einige seiner frühen Werke gedruckt zu sehen. Es brachte natürlich weder Berühmtheit noch Reichtum ein, wenn gelegentlich ein Gedicht im »Whitehorse Star« , der Zeitung der Stadt, erschien, aber es gab ihm doch wenigstens Mut, weiterzumachen.

Einen wichtigen Anstoß bekam Service von dem Journalisten Stroller White, der für den »Star« arbeitete und einer der bekanntesten Journalisten des Nordens war. White forderte den jungen Mann auf, bei einem Kirchenkonzert, zu dem er einen Beitrag liefern sollte, etwas Originelles beizusteuern: »Geben Sie uns etwas, das sich mit unserem Fleckchen Erde beschäftigt... Da läßt sich etwas herausholen. Warum versuchen Sie sich nicht daran?«[8]

Service machte einen langen Spaziergang, um über den Vorschlag nachzudenken – aber es fiel ihm nichts ein. Er ging zur Bank zurück, wo er nach Dienstschluß in Ruhe arbeiten konnte, kaute an seinem Bleistift herum und starrte auf das leere Papier vor ihm. Leise drang der Lärm aus einem der Saloons zu ihm herüber. Es war Samstag abend, und man feierte. »Die Jungs im Malemute Saloon machten ordentlich einen drauf«, schrieb er. Plötzlich krachte ganz in der Nähe ein Pistolenschuß. Der Nachtwächter der Bank hatte Service für einen Einbrecher gehalten und geschossen. Service beruhigte den Mann – und dann fing er an, zu schreiben, die ganze Nacht hindurch. Er schrieb über eine Schießerei im Malemute Saloon, verknüpft mit einer unerwiderten Liebe und einem Racheakt. Um fünf Uhr morgens war »die Ballade praktisch da«. Es war »The Shooting of Dan McGrew«.

Die Besucher des Kirchenkonzertes waren begeistert, nachdem Service seinen »Dan McGrew« vorgetragen hatte. Einer von ihnen, ein Schürfer aus Dawson, machte sich hinterher an Service heran, um ihm die Story zu erzählen, »die Jack London entgangen ist«. Man fragt sich, was London aus dieser Geschichte gemacht hätte – sie handelte von einem Prospektor, der seinen erfrorenen Partner verbrannte –, aber durch Service wurde jedenfalls ein Meisterstück daraus. Nach dem Konzert spazierte der Schriftsteller stundenlang herum, ließ sich den Vorfall durch den Kopf gehen und überlegte, wie er die Sache anfassen sollte. Und auf einmal war es da: »Die Mitternachtssonne brütet seltsame Dinge aus«, schrieb er. Ein Vers folgte dem anderen, bis »The Cremation of Sam McGee« fertig war, ein Werk, das zum Schlüssel seines Erfolges wurde. Als Service müde ins Bett fiel, hatte er auch jenen Vers geschrieben, in dem von dem Schürfer die Rede ist, wie er endlich aus der Kälte hereintritt.

Und da saß Sam, ganz gefaßt und still,
in des Feuers mächtiger Glut
und er hatte ein Lächeln,
das sagte viel.
Laut sagte er dann:
Schließ doch die Tür,
denn da draußen ist's kalt und zum ersten Mal frier'
ich nicht, seit ich verließ Tennessee.[9]

Die »Songs of a Sourdough«, der erste Gedichtband des Schotten, wurden begeistert aufgenommen. Seine Balladen, die sich hervorragend lesen, erschienen in ständig neuer Auflage, 1909 war es die 20., und sind auch nachher immer wieder nachgedruckt worden.

Rex Beach

Nach Jack London war Rex Beach der beliebteste Romanschreiber der Goldära des Nordens. Beach studierte in Chicago Jura, als er den Lockruf des Klondike vernahm. Der stämmige junge Mann hatte sich für das Rugbyteam seines College zur Verfügung gestellt, um sich damit ein warmes Essen zu verdienen, und er brannte darauf, das Spielfeld verlassen zu können. Die Härten und Entbehrungen auf dem Treck bereiteten ihm keine Schwierigkeiten. »Das Frieren macht mir nichts aus, und gehungert habe ich sowieso die meiste Zeit.«[10] Mit etwas finanzieller Unterstützung durch seinen Bruder und ausgerüstet mit einem Schlafsack, einem Gewehr, einem Wildlederanzug und einer Mandoline zog Beach los.

Zwei Jahre verbrachte Beach in Rampart. Er schürfte, arbeitete als Holzfäller und – musizierte. Ans Schreiben dachte er damals noch nicht. Er sah sich einfach als einen Mann, der alles nehmen mußte, um seinen Lebensunterhalt zu verdienen. Man diskutierte schon einmal über die Frage, was sich über die »Frontier« – die Grenze – im Norden schreiben ließe, aber die Goldgräber waren nicht der Meinung, daß ihren Bemühungen in dieser Richtung literarischer Rang beigemessen werden könne. Ein Journalist, den Beach in Rampart kennengelernt hatte, meinte, der Norden würde nie einen Mark Twain oder Bret Harte hervorbringen, die die Goldära Kaliforniens unsterblich gemacht haben. »Hier gibt es nichts Dramatisches, nichts Komisches, kein Leben. Das Leben ist so blaß und kalt wie der Schnee.«[11] Wie konnte man in einem so eintönigen, farblosen Land lebendige Stories schreiben?

Damals glaubte Beach, dem Journalisten zustimmen zu müssen. Das Leben am Yukon war hart und unromantisch, verglichen mit dem sonnigen Kalifornien. Als er sich später an diese Unterhaltung erinnerte, erschreckte er. »Wieviel Farbe, Komik, Dramatik gab es da. Hier saßen wir nun, 1500 Mann mit zwölf Saloonwirten, am Yukonufer, und mußten uns in einem unbekannten, unerforschten Land irgendwie zurechtfinden.« Die Männer waren spät im Herbst in Rampart angekommen, das Essen war knapp und Öfen gab es kaum, und alle waren Neulinge. »Kaum einer von zehn konnte einen Pfannkuchen backen oder einen Fußlappen machen.« Niemand wußte auch nur, wie Gold denn »in seinem Naturzustand« überhaupt aussah. Es gab keine Straßen und nicht einmal gut markierte Routen. »Jedes Tal war ein Niemandsland, jeder dahinrauschende Fluß ein fremdes Abenteuer, und in jeder Schlucht lauerte das Geheimnis.«[12] Wenn das kein Stoff für Romane war!

Beach war erst 24 Jahre alt, als er den Norden wieder verließ, und hatte immer noch nicht ans Schreiben gedacht. In Chicago wurde er in einem Geschäft für Baumaterialien Vertreter und kam schnell vorwärts. Eines Tages traf er einen alten Bekannten vom Yukon, der gerade mit einem Artikel über Alaska 10 Dollar verdient hatte. »Und hier gab es etwas Neues, das sogar noch unglaublicher war als die Goldfunde am Klondike: Hier fand ich mitten auf der Michigan Avenue Gold, und zwar gleich 10 Dollar!« schreibt Beach humorvoll in seinen Memoiren. Und jetzt hatte er auf einmal Angst, daß sich die Möglichkeit, so leicht zu Geld zu kommen, herumsprechen und eine literarische Stampede auslösen könnte: »Ich bat meinen Freund eindringlich, nichts weiter über seinen ›Claim‹ zu verraten, bis ich selbst ein Schürfrecht abgesteckt hätte.« Auch wenn man die Übertreibung beiseite läßt, brachte doch dieser Vorfall Beach dazu, sich im Schreiben zu versuchen.[13]

Seine erste Story basierte auf einer Anekdote, die ihm ein Schürfer in Rampart erzählt hatte. Er schickte sie an das populäre »McClure's Magazine«, das sie prompt abdruckte. Mit einigem Stolz hielt der werdende Schriftsteller seinem Boß einen Scheck von McClure's über 50 Dollar unter die Nase. Der Vorgesetzte gab sich erstaunt, und die anderen Geschäftskollegen taten ihr Möglichstes, um ihn zu necken, aber Beach ließ nicht locker. Er war inzwischen zum Vize seiner Organisation aufgerückt, aber abends und sonst in seiner Freizeit schrieb er: »Ich schrieb in der Eisenbahn und in Warteräumen, oder wo ich sonst einen Koffer auf den Knien balancieren konnte.«[14] Es dauerte nicht lange, da verdiente Beach ebensoviel mit dem Schreiben wie als Geschäftsmann, so daß er sich entschloß, den Posten aufzugeben.

S.S. McClure, der Herausgeber des Magazins, ermunterte Beach, es mit einem Roman zu versuchen. Eine gute Handlung bot sich an: den kriminellen Versuch von Alexander McKenzie und Richter Noyes, die Entdecker des Goldes von Nome um ihr rechtmäßiges Eigentum zu bringen. »Ich brauchte eigentlich nur noch etwas Phantasie, etwas Liebe beizumischen, das Ganze nach Geschmack zu würzen und es zu servieren.«[15] Nachdem er »Die Plünderer« fertig hatte, eine romanhafte Wiedergabe des »tollkühnsten Piratenunternehmens gegen den Norden«, schrieb

Beach noch einen sachlicher abgefaßten Artikel über dieselbe Affäre, den er »Die Plünderung Alaskas« nannte.[16] McClure gefiel der Artikel, aber er machte den Fehler, den Roman einem anderen Verlag zu überlassen. »Die Plünderer« wurden ein Bestseller, und Hollywood machte einen Film daraus. Die Filmproduzenten waren sogar so angetan von der Geschichte, daß sie sie im Laufe der Jahre dreimal verfilmten.

Der Held des Romans ist Roy Glenister. Er wird als einer der Minenbesitzer geschildert, die man zu betrügen versuchte. Für diese Gestalt hat der frühere Rentierhirt Jafet Lindeberg – jedenfalls bis zu einem gewissen Grade – Modell gestanden. Der junge Schürfer ist eine viel zu herrausragende Figur, als daß er sich durch juristische Tricks ausspielen läßt, und er triumphiert über die Rechtsverdreher und Strolche, die ihm etwas anhaben wollen. Sosehr Glenister aber äußerlich ein Gentlemen war, so war doch in seinem Inneren eine unzähmbare Kraft lebendig, die nur mühsam durch die Politur des zivilisierten Benehmens in Zaum gehalten wurde. Glenister hat keinen leichten Stand gegen seinen Dämonen und die Folgen seiner Liebe zu einem Mädchen, das, wie es der Zufall will, dem schandbaren Richter als Nichte treu ergeben ist.

Unter den 32 Büchern, die Beach geschrieben hat, sind auch noch andere Romane, deren Schauplatz Alaska ist. »The Barrier« basiert zwar auf seinem Leben in Rampart, jedoch nicht von tatsächlichen Geschehnissen und ist auch nicht aus dem Guß wie »Die Plünderer«. In »The Iron Trail« wendet sich Beach einem anderen Kapitel der Geschichte Alaskas zu. Hier bildet die Rivalität der Eisenbahnbauer, die sich um die Strecke zu den reichen Kennecott Kupferminen streiten, den Kern der Handlung. In den Werken von Beach verblassen die zweitrangigen Figuren neben dem Helden und dem Schurken. Ganz gleich, ob er bemüht ist, ihnen humorige oder eigentümliche sprachliche Züge zu verleihen, sie kommen gegen das übergroße Gewicht der Hauptfiguren nicht an, die ihrerseits fast zu gut oder zu schlecht sind, als daß man sie sich real vorstellen könnte.

Beachs Geschichten werden immer noch gelesen, vor allem »Die Plünderer« und »The Iron Trail«. Aber seine Beliebtheit ist im Laufe der Jahre hinter der Popularität Jack Londons zurückgeblieben – und das aus gutem Grund. London war ihm handwerklich klar überlegen, Handlungen wie Gestalten waren sehr viel besser herausgearbeitet als bei Beach. Und auch die Beschreibungen bei Beach können denen von London nicht das Wasser reichen. Der Norden Londons ist vielleicht gelegentlich etwas unwirklich, aber die Schilderungen sprühen immer vor Leben. Obwohl Beach überaus lange in Rampart und Nome gewesen ist, vermag er es nicht, ein Gefühl für die Atmosphäre dieser Städte zu vermitteln. Die Szenen in seinen Saloons und anderswo sind zwar dramatisch, aber ihnen fehlt oft das besondere Fluidum des Nordens.

London und Beach haben nicht viele Nachfolger gehabt. Denn so beliebt die Stories aus dem Norden in den ersten Jahren dieses Jahrhunderts waren, als auch ein so bekannter Schriftsteller wie Jules Verne sich daran versuchte, so ließ doch das Interesse allmählich nach. Volkstümliche Romane müssen beim Publikum viel Bekanntes ansprechen, und der Rückgang des Interesses am Norden seit den »goldenen Tagen« hat weiteren Bemühungen in dieser Richtung den Boden entzogen. Während die farbenfreudige Geschichte des alten Westens nicht aufhört, die Phantasie der Menschen zu beflügeln (was sich auch in den immer neuen Filmen und im Fernsehen niederschlägt), liegt der Norden als Romanthema brach. Man könnte sich vorstellen, daß sich auf ein Breitenpublikum eingestellte Autoren noch einmal der Themen annehmen, die London und Beach berühmt gemacht haben. Vielleicht trägt der gegenwärtige Ölboom in Alaska dazu bei, den Boden für neue Geschichten über draufgängerische Hundeschlittenfahrer und die Suche nach dem großen Glück in eisigen Landen zu bereiten, aber vorhersagen läßt sich ein solches Wiederaufleben nicht. Der ermüdende Zirkus der Schießereien in kargem Gelände, der Schlachten gegen die Apachen und der Cowboy-Epen dreht sich unerbittlich weiter, während die reichen Abenteuer der Goldschürfercamps im Norden vergessen sind.

Vielleicht hat sich die pessimistische Prophezeiung von Ambrose Bierce schon teilweise erfüllt, was das literarische Erbe des Nordens betrifft. Bierce, der sich als Schreiber über den Goldrausch in Kalifornien einen Namen machte, konnte nicht erkennen, daß sich aus der Stampede zum Klondike irgend etwas von dauerhaftem Wert ergeben könnte. Er zweifelte sogar daran, daß

»eine Hundeschlittenzivilisation und eine Rentierreligion« überleben würden.

Nichts wird von ihm (dem Stampeder) bleiben. Er ist eine Welt im Sturm, ein Bruder des Nebels. An der Stätte seines Wirkens wird nichts mehr an ihn erinnern. Der Kies, den er auftaute und durchsiebte, wird wieder frieren... Der Schnee wird seine Wege zuwehen, und alles wird wieder sein wie voher.[17]

Aber natürlich ist der Norden durch die Golderschließung radikal und dauerhaft verändert worden. Einige der Trails sind zu Straßen geworden. Aber der »literarische Kies« ist tatsächlich wieder gefroren, nachdem ihn London, Service und Beach so glänzend bearbeitet haben.

Es ist schade darum, aber man kann diese Vernachlässigung auch verstehen. Das amerikanische Grenzerlebnis in Alaska hat sich nicht im nationalen Bewußtsein festgesetzt. Für einen kurzen Augenblick konnten die Romane von Jack London und Rex Beach den Norden zu einem Teil der Grenzlegenden werden lassen, aber dann machte er im allgemeinen Bewußtsein wieder den bekannteren Bildern aus dem Westen Platz. Alaska war zu fremd, zu weit entfernt und zu obskur, um seinen Platz behaupten zu können. Die Handvoll Historiker und Schriftsteller, die sich dem Thema zugewandt hat, konnte den Trend nicht umkehren. Soapy Smith, Wilson Mizner, Swiftwater Bill Gates und andere Größen des Nordens drehen sich – so könnte man denken – ruhelos in ihren Gräbern und warten auf ihre Wiederauferstehung – zur günstigen Fernsehstunde.

Nachwort

Im fernen Europa lieferten sich riesige Armeen an der Westfront blutige Grabenkämpfe, als der kleine Dampfer »Pelikan« den Yukon und seine Nebenflüsse befuhr. Die Flüsse selbst hatten ihren Verlauf nicht geändert seit der Zeit vor 30 Jahren, als Leutnant Schwatka mit seinem Floß den Yukon von seinen Quellgewässern bis St. Michael hinuntergefahren war. Das von dem mitgeführten Schlamm gelb gefärbte Wasser floß wie eh und je in die Bering-See und entwässerte das große Becken im Inneren. Vieles von dem, was Leutnant Frederick Schwatka 1883 auf seiner Erforschungsexpedition gesehen hatte, erlebte auch Reverend Hudson Stuck, als er an Deck des »Pelikan« das Gebiet bereiste. Selbstverständlich hatte es auch enorme Veränderungen gegeben. In den Jahren, die zwischen diesen beiden Fahrten lagen, hatte der Norden einen großen Aufschwung erlebt. Seine uralten, goldgesäumten Flußbetten hatten die Abenteurer angelockt, hatten ihre Reichtümer abgegeben und Städte in der Wildnis entstehen lassen. Den Norden, so wie Leutnant Schwatka ihn gekannt hatte, gab es nicht wieder.

Wie soll man dieses Kapitel in der Geschichte der Region bewerten? Die Gedanken Stucks, als er mit der »Pelikan« flußabwärts nach Dawson und Forty Mile im Yukon-Territorium fuhr, die amerikanische Grenze nach Eagle überschritt und weiter nach Circle und Fort Yukon und von da den Tanana hinauf nach Fairbanks reiste, waren düster. Der episkopalische Pastor kannte alle größeren Goldcamps im Landesinneren, einschließlich Ruby am unteren Yukon und Iditarod am Innoku River, und er hatte über andere – wie Wiseman, Colefoot, Caro und Nome – berichtet. Nur wenige der Goldstädte zeigten zur Zeit des Besuchs von Stuck viel Betriebsamkeit, obgleich noch immer vieles auf den früheren Reichtum hinwies. Den Goldstädten war nur ein kurzes Leben beschieden: »Sosehr sie auch wachsen und gedeihen mögen, so bequem ihre Häuser werden und sosehr sich die Menschen ihnen verbunden fühlen, ... so angenehm die Lebensbedingungen auch werden – das Ganze ist ohne wirkliches Fundament, etwas, das von vornherein nur vorläufig ist.«[1] Anders als die Goldquarzbergwerke, die ergiebiger waren, ging es mit den Goldlagern immer bald zu Ende; und wenn das nach einigen Jahren der Fall war, gab es auch für die Gemeinden keine Hoffnung mehr. Forty Mile, Eagle und Rampart waren tote Städte, und mit anderen Orten ging es rapide bergab. Dawson lebte noch, aber die hier eingesetzten Bagger holten die letzten Reste der Golderzseifen in dem Gebiet aus dem Boden und würden bald nichts mehr finden. Dawson war zum Untergang bestimmt, und das galt auch für all die anderen, wenn sie nicht schon zu Geisterstädten geworden waren. Stuck meinte, daß vielleicht Fairbanks dank seiner von der Regierung gebauten Eisenbahn zur Küste überleben könnte, aber optimistisch war er nicht.[2] Durchaus zu Recht hatte eine Zeitung in Fairbanks den Pastor einen Propheten der Verzweiflung genannt, als er bei anderer Gelegenheit solche Gedanken äußerte.

Sicher, der große Boom war gekommen und wieder gegangen, und mit ihm waren Swiftwater Bill Gates, Wilson Mizner, Jack Hines, Tex Rickard, Rex Beach, Jack Kearns und Tausende unbekannter Stampeder abgezogen. Aber das Ende des Goldbooms bedeutete nicht auch das Ende des Stadtlebens im Inneren. Die Bevölkerung Alaskas nahm ab, aber eine kleine Bergbauindustrie blieb und bot den Pionieren in Nome, Fairbanks und anderen Städten einen Lebensunterhalt. Es blieben zäh arbeitende Männer und Frauen, und sie widerlegten damit die Vorhersage derer, die meinten, daß ein Gebiet ohne landwirtschaftliche Möglichkeiten nicht überleben könne. Diese Siedler im Norden erfreuten sich keines großen Wohlstandes. Die Entfernung Alaskas vom Mutterland und die hohen Transportkosten für alles, was von außen herangeschafft werden mußte, erschwerten das Leben, aber die Menschen hier hatten andere Werte entdeckt, die sie für die Schwierigkeiten Alaskas entlohnten. Was sie hielt, war nicht Romantik und Abenteuer, sondern ihre Vorliebe für einen Lebensstil, der ihnen aus mannigfachen Gründen zusagte. Auch angesichts aller Schwierigkeiten hielten sie ihre Frontiergemeinden am Leben und ignorierten die Totenglocken, die der Reverend Stuck und andere Pessimisten läuten hören wollten. Viele von ihnen hätten unterstreichen können, was George Pilcher 1898 hinsichtlich einer lebenslangen Verpflichtung gegenüber dem Leben im Norden formulierte:

Als ich nach Alaska kam, war ich ein junger Mann voller Energie, Fleiß und dem Willen, zu siegen. Jetzt bin ich 67 und beginne, die Last der Jahre zu fühlen. Ich habe es nicht zu Reichtum gebracht, aber ich habe meine Selbstachtung bewahrt und glaube, daß ich auch von allen anderen – oder fast allen – respektiert werde. Und das ist mehr wert als Gold.[3]

Aber die Erlebnisse im Norden hatten auch eine Bedeutung für die Zehntausende, die sich nicht dort niederließen. Männer wie der Engländer Fred Walker, den die Abenteuerlust nach Norden lockte, der aber nur kurz in Alaska blieb und dann weiterzog, meinte später im Rückblick, sein Aufenthalt in Alaska habe zu den großen Momenten seiner Laufbahn gezählt.[4] Einer von denjenigen, die Günstiges zu sagen hatten, war Johnny Walker, der viele Stampeden mitgemacht hatte und sich gern an seine frühen Erlebnisse erinnerte: »Ich bin jetzt ein alter Mann, aber in meiner Jugend war alles, was ich tat, ein Abenteuer. Ich habe Vermögen gemacht und wieder ausgegeben. Ich habe gelebt wie ein Fürst und wie ein Indianer.«[5]

Von den meisten Goldsuchern scheint man sagen zu können, daß sie das, was sie in den turbulenten Tagen der Goldära erlebt hatten, auch zu schätzen wußten. Sehr wenige gaben ihrer Enttäuschung und Bitterkeit Ausdruck wie etwa Arthur Dietz, dessen schlimme Reise über den Malaspina-Gletscher wir beschrieben haben. Typischer war schon die Reaktion eines Mannes wie Charles Angel, der schwere Erfahrungen auf dem Treck machen mußte und auf See nur mit knapper Not einer Katastrophe entging. Als er von Bord seines Schiffes aus das Land so vieler goldener Träume und so vieler enttäuschter Hoffnungen in der Ferne entschwinden sah, schrieb er:

Es ist wahr, Gold hatte ich nicht gefunden. Aber ich war nicht ärmer als vorher, ich konnte die beste Gesundheit mein eigen nennen, und sicher hätte es kein Abenteuer geben können, das für die Seele befriedigender gewesen wäre. Nein, ich bedaure nichts.[6]

Die Bilanz des Abenteuers Alaska kann man wohl im Namen Angels und anderer am besten mit den Worten eines anonymen Dichters wiedergeben:

Auch der größte Sack voll Gold
könnte nie ersetzen,
was im Norden ich mir holt',
was das Herz kann schätzen.
Die Erinn'rung halt ich teuer
bis zum letzten Tag,
daß noch nicht einmal der Geier
sie mir nehmen mag.[7]

Anmerkungen

Kapitel 1

1. Wilson, Campbell of the Yukon, S. 97
2. Ebd.
3. Schwatka, Along Alaska's Great River, S. 100
4. Ebd., S. 143
5. Ebd., S. 187
6. Ebd., S. 195

Kapitel 2

1. Kitchener, Flag Over the North, S. 154
2. Ebd., S. 44 – 45
3. Ebd., S. 93
4. Ebd.

Kapitel 3

1. DeArmond, Founding of Juneau, S. VII
2. Brooks, Blazing Alaska's Trails, S. 302
3. Heller, Sourdough Sagas, S. 30
4. Ebd., S. 43 f.

Kapitel 4

1. Brooks, Blazing Alaska's Trails, S. 372
2. Ebd.

Kapitel 5

1. Im Westen hießen die Theater Opernhäuser, obwohl hier weder Verdi noch Wagner zu hören waren
2. DeWindt, Through the Gold-Fields of Alaska, S. 157
3. Ebd., S. 161
4. Ebd.
5. Walden, A Dog Puncher on the Yukon, S. 42

6. Ebd., S. 43
7. Ebd., S. 44
8. Ebd., S. 45
9. Heller, Sourdough Sagas, S. 90
10. Ebd.
11. Spurr, Through the Yukon Gold Diggings, S. 167
12. Ebd., S. 193
13. Ebd., S. 203
14. Ebd., S. 204
15. Wickersham, Old Yukon, S. 125

Kapitel 6

1. Winslow, Big Pan-Out, S. 30
2. Alaska und der Klondike - Erastus Brainerd Scrapbook
3. MacDonald, »Seattle, Vancouver, and the Klondike«, S. 246
4. Morgan, Skid Road, S. 5
5. Ingersoll, Gold Fields, S. 79 f.
6. Ebd.
7. Ballou, Brief an Sommerville Citizen
8. Lokke, Klondike Saga, S. 31 f.
9. Dietz, Mad Rush for Gold, S. 20 f.
10. Ebd., S. 19
11. Lokke, op. cit., S. 34

Kapitel 7

1. Dyea Trail, 11. März 1898
2. Skagway News, Oktober 1897
3. Munn, Prairie Trails and Arctic By-Ways, S. 86
4. Steele, Forty Years in Canada, S. 297
5. Ebd., S. 295 f.
6. Dyea Trail, 11. März 1898
7. Ebd.
8. Ebd.
9. Ebd.
10. Graves, On the White Pass Payroll, S. 23
11. James-Geoghegan-Papiere, S. 3
12. Walden, A Dog Puncher on the Yukon, S. 132
13. Heller, Sourdough, S. 130 f.

Kapitel 8

1. Walker, Jack London and the Klondike, S. 58
2. Ebd.
3. Brooks, Blazing Alaska's Trails, S. 360
4. Lokke, Klondike Saga, S. 46
5. Steele, Forty Years in Canada, S. 299
6. Brooks, op. cit., S. 357
7. McLeod, laut Manuskript
8. Mizner, Many Mizners, S. 111 f.
9. Steele, op. cit., S. 311 f.

Kapitel 9

1. Compilation of Narratives of Explorations in Alaska, S. 500
2. Ebd., S. 581
3. Ebd., S. 554
4. Sherwood, Exploration of Alaska, S. 167
5. Stewart, »From Rags to Riches«, S. 10
6. Ebd., S. 11

Kapitel 10

1. Lynch, Three Years in the Klondike, S. 3
2. Ebd., S. 17
3. Ebd., S. 19
4. Beach, Personal Exposures, S. 26
5. Pilcher-Tagebuch, 9. Juli 1898

Kapitel 11

1. Compilation of Narratives of Exploration in Alaska, S. 563 – 628
2. Sitka Alaskan, 20. Februar 1898
3. Compilation of Narratives of Explorations on Alaska, S. 586
4. Abercrombie, Copper River Exploring Expedition 1899, S. 14
5. Ebd., S. 15
6. Ebd.
7. Ebd., S. 16
8. Ebd., S. 18
9. Ebd., S. 19 f.
10. Dietz, Mad Rush for Gold on Frozen North, S. 15
11. Ebd., S. 13
12. Ebd., S. 271 f.

Kapitel 12

1. MacGregor, Klondike Rush Through Edmonton, S. 1 – 3
2. Underwood, Alaska, S. 35
3. Steele, Forty Years in Canada, S. 292
4. Brooks, Blazing Alaska's Trails, S. 358
5. Tollemache, Reminiscences of the Yukon, S. 27
6. Barbeau, Pathfinders of the North Pacific, S. 188
7. Hamilton, Yukon Story, S. 10
8. Ebd., S. 11
9. Ebd., S. 15
10. Ebd., S. 16
11. Garland, Trail of the Gold-Seekers, S. 8
12. Ebd., S. 100
13. Ebd., S. 217
14. Ebd., S. 237
15. Ebd., S. 241

Kapitel 13

1. Walden, A Dog Puncher on the Yukon, S. 106
2. Fairbanks Times, 22. November 1906
3. Walden, op. cit., S. 148
4. Steele, Forty Years in Canada, S. 327
5. Die wichtigste Schilderung der Stampede zum Klondike aus zweiter Hand ist Pierre Bertons »Klondike«

Kapitel 14

1. Cantwell, Report of the Operations of the U. S. Revenue Steamer Nunivak, S. 53
2. Farnsworth an Rogers, 30. Januar 1900
3. Cantwell, op. cit., S. 59
4. Ebd., S. 60
5. Ebd.
6. Ebd., S. 63
7. Ebd., S. 69
8. Ballou an seinen Bruder Walt am 2. Juni 1899
9. Ebd., 12.6.1899
10. Ebd., 20.9.1899
11. Ebd., 5.10.1899
12. Ebd., 22.6.1900

Kapitel 15

1. Schrader und Brooks, Preliminary Report on the Cape Nome Gold Region, S. 31. Einzelheiten und Bedeutung der Erstentdeckungen sind immer strittig. Siehe auch Lillo, Alaska Gold Mining Company und Carlson, »Discovery of Gold at Nome«, Alaska
2. Carlson, op. cit., S. 261
3. Schrader und Brooks, op. cit., S. 32
4. Harrison, Nome and the Seward Peninsula, p. 57
5. Beach, »The Looting of Alaska«, Januar 1906, S. 10
6. Nome News, Oktober 1899
7. Turner, »Chronology of Wyatt Earp«, Zuschrift an den Autor
8. Nome News, Oktober 1899
9. Ebd., 4. November 1899
10. Ebd.
11. Ebd., 11. November 1899
12. Ebd., 4. November 1899
13. Ebd., 21. Oktober 1899
14. Robins, Raymond ans I, S. 226
15. Ebd., S. 306
16. Ebd., S. 307
17. Nome News, 18. März 1900
18. Ebd., 7. April 1900
19. Ebd.
20. Ebd.
21. Reat, »From Dawson to Nome on a Bicycle«, S. 69
22. Ebd., S. 72

Kapitel 16

1. French, Seward's Land of Gold, S. 2
2. Egg Island Yellow Journal, 21. Juni 1900
3. G. J. Lomen, Manuskript, »In Reindeer Realms«, Lomen Family Papers
4. Fell, Threads of Alaskan Gold, S. 28
5. Kearns, Million Dollar Gate, S. 25
6. Ebd.
7. Ballou to brother Walt, 22. Juni 1900
8. Nome News, 9. Juni 1900
9. Ebd. 23. Juni 1900
10. Beach, Personal Exposures, S. 28
11. Ebd.
12. Ebd.

13. Nome Chronicle, 11. August 1900
14. Ebd.
15. Ebd., 14. August 1900
16. Ebd., 21. August 1900
17. Ebd., 21. September 1900
18. Ebd., 14. November 1900
19. Nome Gold Digger, 26. September 1900
20. Nome Chronicle, 6. Oktober 1900
21. Ebd., 17. November 1900
22. Nome Gold Digger, 21. November 1900
23. Nome Chronicle, 17. November 1900
24. Ebd., 21. November 1900
25. Nome News, 5. Dezember 1900
26. Ebd., 8. Dezember 1900
27. Ebd., 12. Dezember 1900
28. Ebd., 1. Dezember 1900

Kapitel 17

1. Starr, My Adventures in the Klondike and Alaska, S. 63
2. Lillo, Alaska Gold Mining Company and the Cape Nome Conspiracy, S. 29 – 31
3. Wickersham, Old Yukon, S. 360
4. Beach, »The Looting of Alaska«, S. 41
5. Lillo, op. cit., S. 335
6. Ebd.
7. Sutherland, Memoirs, S. 9
8. Lillo, op. cit., S. 288
9. Ebd., S. 293
10. Ebd., S. 294
11. Ebd., S. 296 f.
12. Lillo, S. 298
13. Nome Nugget, 19. Februar 1902
14. Lillo, S. 331

Kapitel 18

1. Wickershams Tagebuch, 7. Dezember 1900
2. Ebd., 11. Dezember 1900
3. Alaska Forum, 1. November 1900
4. Ebd.
5. Wickersham, Old Yukon, S. 60 f.
6. Nome Nugget, 2. August 1901

7. Wickersham, op. cit., S. 374 f.
8. Ebd., S. 376; Wickersham Diary, 17. März 1902
9. Wickershams Tagebuch, 17. Mai 1902
10. Ebd., 22. Oktober 1902
11. Ebd., 30. Oktober 1902

Kapitel 19

1. Fairbanks Daily News-Miner, 1. Ausgabe, 30. Juni 1958
2. Wickersham, Old Yukon, S. 180
3. Ebd., S. 181
4. Wickershams Tagebuch, 16. April 1903
5. Ebd., 5. Mai 1903
6. Ebd., 9. Mai 1903
7. Young, Hall Young of Alaska, S. 411
8. Wickersham, op. cit., S. 126
9. Fairbanks Miner, Mai 1903
10. Nogales, Memoirs of a Soldier of Fortune, S. 41
11. Ebd.
12. Ebd., S. 44
13. Ebd., S. 44 f.
14. Mikkelsen, Mirage in the Arctic, S. 189 f.
15. Ebd., S. 162
16. Fairbanks Daily Times, 23. Mai 1906
17. Ebd., 25. Mai 1906
18. John Clum papers
19. Ebd.
20. Ebd.
21. Ebd.

Kapitel 20

1. Fairbanks Times, 18. August 1906
2. Ebd., 12. August 1905
3. Ebd.
4. Fairbanks Times, 18. August 1906
5. Ebd., 29. Juli 1906
6. Iditarod Nugget, 30. August 1911
7. Fairbanks Times, 21. November 1906
8. Ebd.
9. Ebd., 21. August 1906
10. Ebd., 21. Juli 1906
11. Heller, Sourdough Sagas, S. 270
12. Ebd., S. 291

13. Alaska Weekly, 4. Mai 1923
14. Brooks, Blazing Alaska's Trails, S. 358
15. »Gold Rush Poetry.« Nach Unterlagen des Autors
16. Wallace, »The People of Nome were Scandalizes«, S. 16
17. Fairbanks News, 18. Juli 1905
18. Nimo Nugget, 22. März 1905
19. Marshall, Arctic Village, S. 37 f.
20. Zeitungsausschnitt unbekannter Herkunft in Carl Lomens Tagebuch, 11. März 1907
21. Ebd.
22. Alaska Weekly, 18. Mai 1923
23. Nome Gold Digger, 22. Juli 1903
24. Alaska-Yukon Gold Book, S. 72
25. Ebd.

Kapitel 21

1. Robe, Penetration of an Alaskan Frontier, S. 100
2. Alaska Forum, 28. März 1903
3. Nach einer Rundfunksendung
4. Ebd.
5. Alaska Forum, 26. Dezember 1903
6. Wickersham Diary, 5. Mai 1904
7. Fairbanks Times, 23. Juli 1906
8. Ebd., 16. November 1906
9. Ebd., 29. November 1906
10. Ebd., 1. Dezember 1906
11. Wickersham Diary, 29. Dezember 1906
12. Ebd., 12. Januar 1907
13. Ebd., 30. September 1906
14. Fairbanks Times, 17. Januar 1911
15. Ebd., 2. Februar 1911
16. Fairbanks Times, 10. März 1911
17. Ebd., 24. März 1911
18. Ebd., 28. März 1911
19. Ebd., 22. Dezember 1912
20. Zitiert vom Iditarod Pioneer, 1. Februar 1913
21. Cordova Daily Alaskan, 23. Dezember 1912
22. Alaska Dispatch, 6. Januar 1920
23. Ebd., 20. April 1923

Kapitel 22

1. Beach, Personal Exposures, S. 124
2. Ebd., S. 125
3. Nome Nugget, 4. Mai 1904
4. Ebd., 26. Oktober 1904
5. Ebd., 22. Oktober 1904
6. Ebd., 19. Juli 1905
7. Ebd., 26. Oktober 1904
8. Ebd., 11. Dezember 1901
9. Fairbanks Times, 10. Dezember 1906
10. Bundy, The-Valdez-Fairbanks Trail, S. 26 f.
11. Ebd.
12. Ebd., S. 29
13. Ebd., S. 60
14. W. Ropstenz an L. Washburne, A.C.C.-Kodiak Station Korrespondenz, 3. Mai 1896
15. L.B. Smith an Kodiak Station, N.C.C.-Kodiak Station Korrespondenz, 28. Juni 1901

Kapitel 23

1. Farnsworth Papers, Farnsworth an Cousin Will, 2. August 1900
2. Ebd., Farnsworth an McCoy, 23. Dezember 1900
3. Laut Henry David McCary
4. Farnsworth an Cousin Will, 14. September 1899
5. Ebd., 1. Februar 1900

Kapitel 24

1. Beach, Personal Exposures, S. 89
2. Wickersham, 2 Alaska Reports, S. 274
3. Ebd., S. 275
4. Ebd., S. 270
5. Ebd., S. 272
6. Ebd., S. 269
7. Johnston, Legendary Mizners, Seite 103
8. Hines, Minstrel of the Yukon, S. 107 f.
9. Kearns, Million Dollar Gate, S. 27
10. Ebd.
11. Nome Nugget, 3. Mai 1906
12. Hines, op. cit., S. 112
13. Ebd., S. 229
14. Beebe, True Life Story of Swiftwater Bill Gates, S. 20

15. Berton, Klondike, S. 81 f.
16. Beebe, op. cit., S. 28
17. Ebd., S. 39
18. Ebd., S. 41
19. Ebd., S. 80
20. Ebd., S. 86
21. Fairbanks News, 29. Juni, 1. Juli, 11. Juli, 13. Juli, 18. Juli, 25. Juli, 9. August, 16. August (1906)
22. Fairbanks Daily News-Miner, Golden Days Edition, Juli 1970
23. Sutherland, Memoirs, S. 12
24. Beebe, op. cit., S. 110
25. Ebd., S. 134
26. Fairbanks Times, 16. August 1906

Kapitel 25

1. Pilcher-Tagebuch, 29. November 1911
2. Pilcher-Tagebuch, 1. September 1901
3. Nome Nugget, 13. April 1908
4. Pilcher-Tagebuch, 16. Januar 1906
5. Brief Pilchers an die Universität von Alaska vom 2. Mai 1935
6. Ballou an seinen Bruder Walt (3. März 1935)
7. Ebd., 18. September 1901
8. Ebd., 25. September 1901
9. Ebd., 2. Februar 1902
10. Ebd., 11. Juli 1902
11. Ebd.
12. Ebd., 13. Februar 1903
13. Ebd., 15. Mai 1903
14. Ebd., 11. November 1906
15. Ebd., 1. Oktober 1909
16. Ebd., 13. April 1911
17. Ebd., 29. November 1911
18. Ebd., 24. Februar 1915
19. Reed, »The Law and Gus Boltz«, S. 12
20. Carl Lomen, s. Tagebuch, 9. November 1900

KAPITEL 26

1. Nome Gold Digger, 29. November 1907
2. Katalla Herald, 11. Januar 1908
3. Ebd., 18. Januar 1908
4. Ebd.
5. Ebd., 7. März 1908
6. Stearns, The Morgan-Guggenheim Syndicate, S. 222
7. Wickersham an J.L. Osgood, 2, Juni 1910

KAPITEL 27

1. Iditarod Nugget, 3. September 1910
2. Ebd., 19. Oktober 1910
3. Ebd., 21. September 1910
4. Ebd., 16. November 1910
5. Young »Home Missions in Remotest Alaska«, S. 313
6. Ebd., S. 315
7. Iditarod Nugget, 31. Mai 1912
8. Sherman, »Ruby's Gold Rush Newspapers«, S. 24
9. Marshall, Arctic Village, S. 37 f.
10. Sulzer Collection, Marsh, »Adventures in the Arctic«, unveröffentlichtes Manuskript, S. 5
11. Ebd., S. 1 f.
12. Ebd., 28. Januar 1907
13. Ebd., 23. November 1907
14. Ebd.
15. Ebd., 17. Oktober 1910
16. Ebd., 2. April 1927
17. Ebd., 3. Januar 1910
18. Ebd., 21. Juni 1932

KAPITEL 28

1. Cantwell, Report on the Operations of the U.S. Revenue Steamer Nunivak, S. 182
2. Walden, A Dog Puncher on the Yukon, S. 45
3. Brooks, Blazing Alaska's Trails, S. 333
4. Harrison, Nome and Seward Peninsula, S. 259 f.
5. Wickersham, Old Yukon, S. 407 f.
6. Watkins, »Golden Dreams and Silver Realities« (1884)

Kapitel 29

1. Wickersham, Old Yukon, S. 486
2. Iditarod Nugget, 23. November 1910
3. Nome News, 14. Oktober 1899
4. Cavagnol, Postmarked Alaska, S. 45
5. W.H. Wilson »Alaska's Past, Alaska's Future«

Kapitel 30

1. Ivan Petroff, Tenth Census of the United States, S. 4 f.
2. Annual Report of the Governor of Alaska, 1888, S. 7
3. Gruening, Alaska, S. 75
4. Compilation of Narratives of Explorations in Alaska, S. 706
5. Nome News, 13. Januar 1900
6. Ebd., 9. Oktober 1899
7. Alaska Forum, 29. Oktober 1904
8. Nome Nugget, 3. Januar 1903
9. Stuck, Yukon, S. 103 f.
10. Stuck, Winter Circuit, S. 71
11. Slobodin, »The Dawson Boys«
12. Heller, Sourdough Sagas, S. 169
13. Ebd., S. 180
14. Ebd., S. 186

Kapitel 31

1. Sitka Cablegram, 8. Februar 1906
2. Iditarod Nugget, 30. November 1910
3. Nome News, 28. April 1900
4. Ebd., 25. Januar 1902
5. Ebd., 22. Februar 1905
6. Ebd., 5. September 1902
7. Ebd., 12. September 1902
8. Nome Nugget, 7. Februar 1903
9. Ebd., 13. August 1902
10. Ebd., 7. Februar 1903
11. Ebd., 18. Februar 1903
12. Nome News, 15. Dezember 1903
13. Ebd.
14. Ebd.
15. Fairbanks News, 5. Dezember 1906
16. Katalla Herald, 15. Februar 1908
17. Iditarod Nugget, 30. November 1910
18. Nome Nugget, 30. Juli 1901

Kapitel 32

1. Alaska Weekly, 2. Oktober 1931
2. Fairbanks News, 7. Februar 1908
3. Fairbanks News, 14. Februar 1908
4. Katalla Herald, 15. Februar 1908; 29. Februar 1908; 4. April 1908
5. Wickersham Diary, 15. Februar 1908
6. Ebd., 20. Februar 1908
7. Ebd., 18. März 1908
8. Ebd.
9. Fairbanks News, 7. Februar 1908
10. Rickard, Trough the Yukon and Alaska, S. 270
11. Alaska Weekly, 2. Oktober 1931
12. Wickershams Tagebuch, 25. Februar 1908
13. Ebd.
14. Wickershams Tagebuch, 25. Juni 1908
15. Alaska Weekly, 2. Oktober 1931

Kapitel 33

1. Wickersham, Old Yukon, S. 433
2. Ebd., S. 434
3. Beach, »Looting of Alaska«, Appleton's Booklovers Magazine, Januar, Februar, März 1906
4. Katalla Herald, 4. Juli 1908

Kapitel 34

1. Calder-Marshall, Bodley Head Jack London, Bd. IV, S. 10
2. O'Connor, Jack London, S. 6
3. Walker, Jack London and the Klondike, S. 213
4. O'Connor, op. cit., S. 84
5. Service, Ploughman of the Moon, S. 257
6. Ebd., S. 262
7. Ebd.
8. Ebd., S. 274
9. Service, Collected Poems, S. 36
10. Beach, Personal Exposures, S. 20
11. Ebd., S. 28
12. Ebd., S. 32
13. Ebd., S. 27
14. Ebd., S. 24
15. Ebd., S. 22
16. Ebd., S. 28
17. O'Connor, op. cit., S. 81

1. Stuck, Yukon, S. 51
2. Ebd.
3. Pilcher-Tagebuch, 31. Dezember 1930
4. F. Walker, Destination Unknown, S. 106
5. J. Walker »Bonanza Days«, S. 12
6. C. Angel, »And Going Home We Lost the Rudder«, S. 29
7. Wickersham, Old Yukon, S. 24

Bibliographie

I. Archivquellen

Alaska Historical Library, Juneau, Alaska
Bryant, C. A. »Another Man's Life.«
»Nome Jail and Police Court Records,« 1899–1900.
California Historical Society
»Minutes of the Alaska Commercial Company's Meetings 1868–1918.«
Dartmouth College, Baker Library, Stefansson Collection
»Edwin Tappan Adney Papers.«
Library of Congress
Alaska and The Klondike.
National-Archive
Records of the United States Army Commands (Army Posts). Record Group 393, Fort Davis 1900–19; Fort Egbert 1899–1911; Fort Gibbon 1899–1923; Fort St. Michael 1897–1922.
Sheldon Jackson College, Sitka
C. L. Andrews Collection.
University of Alaska-Archive, Fairbanks, Alaska
Alaska Commercial Company Records (Erskine Collection).
History of the Alaska Commercial Company – »310 Sansom Street«.
Eskil Anderson Papers (Chandalar District).
William B. Ballou Papers.
Alfred H. Brooks Papers and Newspaper Clippings.
Garret Busch Papers.
Frank Buteau Papers.
Charles Lee Cadwallader Reminiscences.
W. J. Christian Diary.
Eagle, Alaska Collection.
Lulu M. Fairbanks Collection.
Charles S. Farnsworth Papers.
Fugitive Papers on Alaska.
James Geoghegan Papers.
R. H. Geoghegan Papers.
Margaret Harrais Collection.
Martin Harrais Collection.
L. A. Levensaler Letters.

Daniel B. Libby Manuscript.
Lomen Family Collection.
Carl Lomen Diaries.
Henry David McCary Recording.
Military Records, Fort Gibbon, 1906–11; Fort Egbert closing records.
George H. Pilcher Diaries and Journalism.
Pioneer Radio Broadcast Tapes
Governor J. F. A. Strong Papers.
William Sulzer Collection.
Dan Sutherland Correspondence.
Joseph Ulmer Collection.
»James Wickersham Diaries and Correspondence«, Mikrofilm.
James Wickersham Korrespondenz mit A. J. Balliet, 1900–1901.

University of Arizona Library, Special Collections
John P. Clum Papers.

University of California, Berkeley, Bancroft Library
John W. Troy Papers.

II. Zeitungen

*Alaska Forum (*Rampart), 1900–1902.
Alaska Dispatch, 1920–22.
Alaska Weekly, 1923–24.
Boston Alaskan, 1906–1907.
Council Evening Bulletin, 1915–19.
Dyea Trail, 1898
Fairbanks Daily News, 1903; 1905–11.
Fairbanks Times, 1904–14
Iditarod Nugget, 1910.
Iditarod Pioneer, 1912.
Juneau Mining Record, 1891.
Katalla Herald, 1908.
Miner's Union Bulletin (Fairbanks), 1908–1909.
Nome Chronicle, 1900–1901.
Nome Gold Digger, 1900–1901; 1907.
Nome News, 1899–1905; 1907.
Nome Nugget, 1901–1908.
Nome Pioneer Press, 1907–1908.
Rampart Miner, 1901–1902.
Sitka Alaskan, 1898–99.
Skagway News, 1898
Tanana Miner (Chena), 1908–1909
Valdez News, 1902–1905.
Yukon Press 1894–99.
Yukon Valley News, 1904–1909

III. Regierungsveröffentlichungen

Abercrombie, W. R. *Copper River Exploring Expedition 1899.* 1900.

Annual Report of the Governor of Alaska. 1885–1940.

Army's Role in the Building of Alaska. 1. April 1969.

Brooks, Alfred H. *Geography and Geology of Alaska.* 1906.

Brooks, Alfred H. *A. Reconnaissance in Cape Nome, 1900.* 1901.

Cantwell, J. C. *Report of the Operations of the U. S. Revenue Steamer* Nunivak *on the Yukon River Station, Alaska 1899–1901.* 1902.

Complilation of Narratives of Explorations in Alaska. 1900.

Dunham, Sam C. *Bulletin of the Department of Labor.* 1900.

Eakin, Henry M. *Iditarod–Ruby Region Alaska, United States Geological Survey.* 1914.

Orth, Donald J. *Dictionary of Alaska Place Names.* 1967.

Petroff, Ivan. *Population, Industries, and Resources of Alaska. Report for the Tenth Census of the United States.* 1880.

Prindle, L. M., und Katz, F. J. *A Detailed Description of the Fairbanks District.* 1913.

Report on Population and Resources of Alaska at the Eleventh Census; 1890. 1893.

Schrader, Frank C., und Brooks, Alfred H. *Preliminary Report on the Cape Nome Gold Region Alaska.* 1900.

Spurr, J. E. *Reconnaissance of S. W. Alaska in 1898.* 1900.

Wickersham, James. *Alaska Reports,* St. Paul: West, 1903–1906.

Canadian Yukon Territory, Ottawa: Minister of the Interior, 1916.

IV. Bücher

Adney, Edwin Tappan. *The Klondike Stampede of 1897–98.* New York: Harper, 1900.

Allan, A. A. »Scotty«, *Gold, Men and Dogs.* New York: Putnam's Sons, 1931.

Alaska–Yukon Gold Book. Seattle: Sourdough Stampede, 1930.

Andrews, Clarence L. *Wrangell and the Gold of the Cassiar.* Seattle: Tinker, 1937.

Austin, Basil. *Diary of a Ninety-Eighter.* Mount Pleasant, Michigan: John Cumming, 1968.

Bankson, Russel A. *Klondike Nugget.* Caldwell, Idaho: Caxton, 1935.

Barbeau, Charles Marius. *Pathfinders in the North Pacific.* Caldwell: Caxton, 1958.

Barry, Mary J. *History of Mining on the Kenai Peninsula.* Anchorage: Alaska Northwest, 1973.

Beach, Rex. *The Barrier.* New York: Harper, 1908.
———. *Iron Trail.* New York: Harper, 1913.
———. *The Spoilers.* New York: Harper, 1906.
Beebe, Iola. *True Life Story of Swiftwater Bill Gates.* Seattle: 1908.
Berton, Pierre. *Klondike.* Toronto: McClelland and Steward, 1972.
Black, Mrs. George. *My 70 Years.* Toronto: Nelson, 1938.
Blount, Ellen S. *North of 53 – An Alaskan Journey.* London: Percy Lund Humphries.
Bocca, Geoffrey. *Life and Death of Harry Oakes.* London: Weidenfeld and Nicolson.
Brooks, Alfred H. *Blazing Alaska's Trails.* College: University of Alaska, 1953.
Bundy, Hallock C. *The Valdez-Fairbanks Trail.* Seattle: Alaska Publishing Company, 1910.
Caldwell, Elsie Noble. *Alaska Trail Dogs.* New York: Smith, 1945.
Cameron, Charlotte. *Cheechako in Alaska and the Yukon.* London: Stokes, 1920.
Charlson, L. H. *An Alaskan Gold Mine, The Story of No. 9 Above.* Evanston, Illionois: Northwestern University, 1951.
Carpenter, Herman. *Three Years in Alaska.* Philadelphia: Howard, 1901.
Carrol, James A. *The First Ten Years in Alaska: Memoirs of a Fort Yukon Trapper, 1911–1912.* New York: Exposition, 1957.
Cavagnol, Joseph J. *Postmarked Alaska.* Halton, Kansas: 1957.
Chapman, John. *A Camp on the Yukon.* Cornwall on Hudson, New York: Idlewild, 1948.
Chase, William H. *Pioneers of Alaska,* Kansas City: Burton, 1951.
Chicago Record's Book for Gold Seekers, Chicago: Chicago Record, 1897.
Clark, M. *Roadhouse Tales – Nome in 1900.* Girard, Kansas: Appeal, 1902.
Clifton, Violet. *The Book of Talbot.* London: Faber and Faber, 1933.
Cody, H. A. *An Apostle of the North – Memoirs of Bishop Bompas.* London: Seeley, 1908.
Coolidge, L. A. *Klondike and the Yukon Country.* Philadelphia: Henry Altemus, 1897.
Copper River Joe. *A Golden Cross* [?] Los Angeles: White-Thompson, 1939.
Curtin, W. R. *Yukon Voyage: Unofficial Log of the Steamer* Yukoner. Caldwell, Idaho: Caxton, 1938.
Dall, William H. *Alaska and Its Resources.* Bonston: Lee and Shepard, 1870.
Davis, Mary Lee. *Sourdough Gold.* Bonston: W. A. Wilde, 1933.
———. *Uncle Sam's Attic.* Boston: W. A. Wilde, 1930.

DeArmond, Robert. *Founding of Juneau.* Juneau: Gastineau Channel Centennial Association, 1967.
———. *»Stroller« White, Tales of a Klondike Newsman.* Vancouver: Mitchell, 1969.
Denison, Merrill. *Klondike Mike.* Cleveland: World, 1945.
Devine, E. J. *Across Widest America, Newfoundland to Alaska.* Montreal: Canadian Messenger, 1905.
DeWindt, Harry. *My Restless Life.* London: Grant Richards, 1909.
———. *Through the Gold-Fields of Alaska.* London: Harper, 1898.
Dietz, Arthur Arnold. *Mad Rush for Gold in Frozen North.* Los Angeles: *Times Mirror,* 1914.
Douthwaite, L. Charles. *Royal Canadian Mounted Police.* London: Blackie and Son, 1939.
Downie, Major William. *Hunting for Gold.* Palo Alto: American West, 1971.
Downs, Art. *Paddlewheels on the Frontier.* Sidney, British Columbia: Gray's, 1972.
Dubofsky, Melvyn. *We Shall Be All: A History of the IWW.* Chicago: Quadrangle, 1969.
Dufresne, Frank. *My Way Up North.* New York: Holt, Rinehart and Winston, 1966.
Dunham, Sam. *Goldsmith of Nome.* Washington, D. C.: Neal, 1901.
Edingtons, The. *Tundra: Romance and Adventure on Alaskan Trails.* New York: Century, 1930.
Ellsworth, Lincoln. *Beyond Horizons.* London: Heinemann, 1938.

Fell, Sarah. *Threads of Alaskan Gold.*
Fitz, Frances. *Lady Sourdough.* New York: Macmillan, 1941.
Fraser, James D. *Gold Fever.* [Honolulu]: 1923.
French, L. H. *Seward's Land of Gold.* New York: Montross, Clarke and Emmons, 1905.
Garland, Hamlin. *Trial of the Gold-Seekers.* New York: Macmillan, 1899.
Goulet, Emil O. *Rugged Years on Alaska Frontier.* Philadelphia: Dorrance, 1949.
Graves, S. H. *On the White Pass Payroll.* New York: Paladin, 1970.
Green, Elmer. *Adventures of Carl Rydell.* London: Arnold, 1924.
Grinnell, Joseph. *Gold Hunting in Alaska.* Elgin, Illinois: David C. Cook, 1901.
Gruening, Ernest. *State of Alaska.* New York: Random House, 1954.
Hall, Olaf. *Youth North.* Caldwell, Idaho: Caxton, 1936.
Hamilton, Walter R. *Yukon Story.* Vancouver: Mitchell, 1967.
Hamlin, C. S. *Old Times on the Yukon.* Los Angeles: Wetzel, 1928.
Harris, A. C. *Alaska and the Klondike Gold Fields.* 1897.
Harrison, E. S. *Nome and the Seward Peninsula.* Seattle: E. S. Harrison, 1901.

Haskell, William B. *Two Years in the Klondike and Alaskan Gold-Fields.* Hartford: Hartford Publishing, 1898.

Hayne, M. H. E., and Taylor, H. W. *Pioneers of the Klondyke.* London: Sampson, Low, Marston, 1897.

Hegg, E. A. *Souvenir of Nome Alaska.* Seattle: 1900.

Heilprin, Angelo. *Alaska and the Klondike.* New York: Appleton, 1899.

Heller, Herbert L. *Sourdough Sagas.* Cleveland: World, 1967.

Hewitt, John Michael. *The Alaska Vagabond Doctor Skookum.* New York: Exposition, 1953.

Hicks, George. *The Account of a Pioneer Prospector's Search for Riches.* College, Alaska: University of Alaska, 1954.

Hildebrandt, James C. *History of Placer Mining in Alaska.* College, Alaska: University of Alaska, 1947.

Hinckley, Theodore C. *Americanization of Alaska.* Palo Alto: Pacific Books, 1972.

Hines, Jack. *Minstrel of the Yukon: An Alaska Adventure.* New York: Greenburg, 1948.

Hinton, A. Cherry, and Godsell, Philip H. *Yukon.* Philadelphia: Macrae Smith, 1955.

Hitchcock, Mary E. *Two Women in the Klondike.* New York: Putnam's, 1899.

Ingersoll, Ernest. *Gold Fields of the Klondike and the Wonders ofAlaska.* Edgewood, 1897.

Jenkins, Thomas. *The Man of Alaska – Peter Trimble Rowe.* New York: Morehouse–Gorham, 1943.

Johnson, Alva. *Legendary Mizners.* New York: Farrar, Strauss and Young, 1953.

Jordan, Jed. *Fool's Gold: An Unrefined Account of Alaska in 1899.* New York: Day, 1960.

Jordan, Philip D. *Frontier Law and Order.* Lincoln: University of Nebraska, 1970.

Judge, Charles J. *An American Missionary.* New York: Catholic Foreign Missionary Society, 1907.

Karr, H. W. Seton. *Shores and Alps of Alaska.* London: Samson, Low, 1887.

Kearns, Jack und Fraley, Oscar. *The Million Dollar Gate.* New York: Macmillan, 1966.

Keeler, N. *A Trip to Alaska and the Klondike in the Summer of 1905.* Cincinnati: Ebbert & Richardson, 1906.

Kirk, James W. *Pioneer Life in the Yukon Valley Alaska.* Buffalo: Presbyterian Church, 1935.

Kitchener, L. D. *Flag Over the North; The Story of the Northern Commercial Company.* Seattle: Superior, 1954.

Lillo, Waldermar E. *Alaska Gold Mining Company and the Cape Nome Conspiracy.* Fargo: North Dakota State University, 1933.
Lloyd–Owen, F. *Gold Nugget Charlie.* London: Harrup, 1939.
Lockley, Fred. *Alaska's First Free Mail Delivery in 1900.* Portland, Oregon.
Lokke, Carl T. *Klondike Saga: A Chronicle of a Minnesota Gold Mining Company.* Minneapolis: University of Minnesota, 1965.
Lomen, Carl J. *Fifty Years in Alaska.* New York: McKay, 1954.
London, Charmian. *Jack London.* London: Mills and Boon, 1921.
London, Jack. *Burning Daylight.* New York: Macmillan, 1910.
———. *A Daughter of the Snows.* New York: Archer House, 1963.
———. *Klondike Dream.* Edited by Arthur Calder Marshall. London: Bodley Head, 1966.
———. *Smoke Bellew.* New York: Century, 1912.
Lynch, Jeremiah. *Three Years in the Klondike.* London: Arnold, 1904.
McElwaine, E. *Truth About Alaska.* Chicago: 1901.
McGarvey, Lois. *Along Alaska Trails.* New York: Vantage, 1960.
MacGregor, J. G. *The Klondike Rush Through Edmonton.* Toronto: McClelland and Stewart, 1970.
McKee, L. *Land of Nome.* New York: Grafton, 1902.
McKeown, Martha F. *The Trail Led North.* Portland, Oregon: Binfords & Mort, 1948.
McLain, Carrie M. *Gold Rush Nome.* Portland, Oregon: Graphic Arts Center, 1969.
McLain, John Scudder. *Alaska and the Klondike.* New York: McClure, Phillips, 1905.
McLean, Dora E. *Early Newspapers on the Upper Yukon Watershed, 1894–1907.* College: University of Alaska, 1963.
Macfie, Harry. *Wasa–Wasa.* New York: Norton, 1951.
Margeson, Charles A. *Experiences of Gold Hunters in Alaska.* 1899.
Marshall, Robert. *Arctic Village.* New York: Literary Guild, 1933.
Martinsen, Ella Lung. *Black Sand and Gold.* Portland, Oregon: Metropolitan, 1967.
Masik, August. *Arctic Nights Entertainment.* London: Blackie, 1938.
Mathews, Richard. *The Yukon.* New York: Holt, Rinehart and Winston, 1968.
Medill, Robert B. *Klondike Diary.* Portland, Oregon: Beattie, 1949.
Mikkelsen, Ejnar. *Mirage in the Arctic.* London: Rupert Hart–Davis, 1955.
Millard, Bailey. *The Lure of Gold.* New York: Clode, 1904.
Mizner, Addison. *Many Mizners:* New York: Sears, 1932.
Monahan, Robert L. *Development of Settlement in the Fairbanks Area, Alaska.* Montreal: McGill University, 1959.

Moore, J. Bernard. *Skagway in Days Primeval.* New York: Vantage, 1968.

Morgan, Edward, and Woods, Henry. *God's Loaded Dice.* Caldwell, Idaho: Caxton, 1948.

Morgan, Murray. *One Man's Gold Rush.* Seattle: University of Washington, 1967.

———. *Skid Road.* New York: Viking, 1962.

Morrell, W. P. *The Gold Rushes.* London: Black, 1968.

Munn, Captain Henry Toke, *Prairie Trails and Arctic By-Ways.* London: Hurst and Blackett, 1932.

Nelson, E. W. *The Eskimo About Bering Strait.* New York: Johnson Reprint, 1971.

Nelson, Klondy, with Corey Ford. *Daughter of the Gold Rush.* New York: Random House, 1958.

Nichols, Jeanette Paddock. *Alaska.* Cleveland: Clark, 1924.

Nogales, Rafael De. *Memories of a Soldier of Fortune.* London: Wright and Brown, [n.d.]

O'Connor, Richard. *High Jinks on the Klondike.* Indianapolis: Bobbs-Merrill, 1954.

———. *Jack London.* Boston: Little, Brown, 1964.

Ogilvie, William. *Early Days on the Yukon.* London: Lane.

———. *Klondike Official Guide.* Toronto: Hunter-Rose, 1898.

Palmer, Frederick. *In the Klondike.* New York: Scribner's Sons, 1899.

Parker, G. A. *Evolution of Placer Mining Methods in Alaska.* College: University of Alaska, 1929.

Polk's Alaska–Yukon Gazetteer and Business Directory. Seattle: R. L. Polk, 1900–35.

Purdy, Anne. *Dark Boundary.* New York: Vantage, 1954.

Quiett, Glenn Chesney. *Pay Dirt.* New York: Appleton-Century, 1936.

Raper, Fred. *Klondyke to Kenya.* London: Sheffington, 1938.

Reed, Irving McK. *Boyhood in the Nome Gold Camp.* College: University of Alaska, 1969.

Rickard, T. A. *Through the Yukon and Alaska.* San Francisco: Mining and Scientific Press, 1909.

Rickard, Mrs. Tex. *Everything Happened to Him.* London: Rich and Cowan, 1937.

Ricks, Melvin B. *Directory of Alaska Post Offices and Postmasters, 1867–1963. Ketchikan, Alaska: Tongass, 1965.*

Robe, Cecil F. *The Penetration of an Alaskan Frontier, the Tanana Valley and Fairbanks.* New Haven: Yale University, 1943.

Robertson, William Norrie. *Yukon Memories.* Toronto: Hunter–Rose, 1930.

Robins, Elizabeth. *Raymond and I.* New York: Macmillan, 1956.

Rydell, C. *On Pacific Frontiers.* Chicago: World, 1924.

Samson, Sam. *The Eskimo Princess – A Story of a Million Dollar Gold Discovery in the Cyrus Noble in Nome, Alaska.* Chisam. Boston: Christopher, 1951.

Samuels, Charles. *The Magnificent Rube.* New York: McGraw–Hill. 1947.

Satterfield, Archie. *Chilkoot Pass Then and Now.* Anchorage: Alaska Northwest, 1973.

Schwatka, Frederick. *Along Alaska's Great River.* New York: Cassell, 1885.

Secretan, J. H. E. *To Klondyke and Back.* London: Hurst and Blackett, 1898.

Service, Robert W. *Collected Poems.* New York: Dodd, Mead, 1968.

———. *Ploughman of the Moon.* London: Benn, 1946.

Sheldon, Charles. *Wilderness of Denali.* New York: Scribner's Sons, 1960.

Sherwood, Morgan. *Alaska and Its History.* Seattle: University of Washington, 1967.

———. *Exploration auf Alaska, 1865–1900.* New Haven: Yale University, 1965.

Sola, A. E. Ironmonger. *Klondyke: Truth and Facts of the New Eldorado.* London: Mining and Geographical Institute, 1897.

Spurr, J. E. *Through the Yukon Gold Diggings.* Boston: Eastern, 1900.

Stacey, John F. *To Alaska for Gold* [n.p., n.d.].

Starr, Walter A. *My Adventures in the Klondike and Alaska 1898–1900.* 1960.

Stearns, Robert Alden. *The Morgan Guggenheim Syndicate and the Development of Alaska, 1906–15.* Santa Barbara: University of California, 1967.

Steele, Colonel S.B. *Forty Years in Canada.* London: Jenkins, 1915.

Stefansson, Vihlajalmur. *Northwest to Fortune.* New York: Duell, Sloan and Pearce, 1958.

Stuck, Hudson. *Voyages on the Yukon and Its Tributaries.* New York: Scribner's Sons, 1917.

———. *A Winter Circuit of Our Arctic Coast.* New York: Scribner, 1920.

Tanana Directory, Fairbanks

Thornton, Harrison. *Among the Eskimos of Wales, Alaska, 1890–93.* Baltimore: Johns Hopkins Press, 1931.

Tollemache, Stratford. *Reminiscences of the Yukon.* Toronto: Briggs, 1912.

Trelawney-Ansell, Edward. *I Followed Gold.* New York: Lee Furman, 1939.

Underwood, John J. *Alaska an Empire in the Making.* New York: Dodd, Mead, 1913.

Vanderlip, W. P. *In Search of a Siberian Klondike.* New York: Century, 1903.

Verne, Jules. *The Claim on Forty Mile Creek.* Westport, Connecticut: Associated Booksellers, 1962.
Walden, Arthur T. *A Dog Puncher on the Yukon.* Boston: Houghton Mifflin, 1928.
Walker, Franklin. *Jack London and the Klondike.* San Marino: Huntington Library, 1966.
Walker Fred. *Destination Unknown – The Autobiography of a Wandering Boy.* London: Harrap, 1934.
Weimer, M. D. K. *True Story of the Alaska Gold Fields* [n.p.], 1903.
West, E. L. and Mayhew, E. R. *Captain's Papers.* Barre, Massachusetts: Barre, 1965.
Wharton, David B. *Alaska Gold Rush.* Bloomington: Indiana University, 1972.
Whiting, F. B. *Grit, Grief and Gold.* Seattle: Peacock, 1933.
Wickersham, James. *Old Yukon.* Washington: Washington Law Book, 1938.
Willoughby, Barrett. *Gentlemen Unafraid.* New York: Putnam's Sons, 1928.
Wilson, Clifford. *Campbell of the Yukon.* Toronto: Macmillan, 1970.
Winslow, Kathryn. *Big Pan-Out.* London: Phoenix House, 1952.
Wirt, Loyal. *Alaskan Adventurers.* New York: Revell, 1937.
Wolff, Ernest. *Handbook für the Alaskan Prospector.* College, Alaska: University of Alaska, 1969.
Young, Hall. *Hall Young of Alaska.* New York: Revell, 1927.
Zaslow, Morris. *Opening Canada's North 1870–1914.* Toronto: McClelland and Stewart, 1971.

V. Artikelserien

Adams, C. W. »I Hauled ›Fairbanks‹ on a Sternwheeler«, *Alaska Sportsman,* September 1961, 14–15.
Angel, Charles Wilkes »And Going Home We Lost the Rudder!« *Alaska Sportsman,* September 1943, 16, 17, 25–30.
Beach, Rex E. »The Looting of Alaska«, *Appleton's Booklovers Magazine,* 1906: Januar, 3–12; Februar, 131–40; März, 294–301; April, 540–47; Mai, 606–13.
Berton, Pierre. »Gold Rush Writings«, *Canadian Literature,* No. 4, 1960, 59–67.
Carlson, L. H. »Discovery of Gold at Nome, Alaska«, *Pacific Historical Review,* September 1946, 259–78.
———. »First Mining Season at Nome, Alaska«, *Pacific Historical Review,* Mai 1947, 163–75.
———. »Nome: From Mining Camp to Civilized Community«, *Pacific Northwest Quarterly,* Juli 1947, 233–42.

Genini, Ronald. »Fraser-Cariboo Gold Rushes«, *Journal of the West,* Juli 1972, 470–87.

Gough, Barry M. »›Turbulent Frontiers‹ and British Expansion: Governor James Douglas, The Royal Navy, and The British Columbia Gold Rushes«, *Pacific Historical Review,* Februar 1972, 15–32.

Hunt, William R. »Judge Ballou of Rampart«, *Alaska Journal,* Winter 1972, 41–47.

———. »A Soldier on the Yukon«, *Journal of the West,* April 1971, 319–36.

———. »I Chopped Wood: George M. Pilcher on the Yukon«, *Pacific Northwest Quarterly,* April 1972, 63–68.

Jarvis, Joseph Russell. »The Cape Nome Gold Rush«, edited by Alan Probert, *Journal of the West,* April 1970, 153–95.

King, Joe. »Alaska's Newest Mining Camp«, *Alaska–Yukon Magazine,* Juni 1910, 3–4.

McDonald, Donald. »I Remember Iditarod«, *Alaska Sportsman,* September 1969, 14–17.

MacDonald, Norbert. »Seattle, Vancouver, and the Klondike«, *Canadian Historical Review,* September 1968, 234–46.

McKennan, Robert A. »Athapaskan Groups of Central Alaska at the Time of White Contact«, *Ethnohistory,* Herbst 1969, 335–43.

Nichols, Jeannette P. »Advertising and the Klondike«, *Washington Historical Quarterly,* Januar 1922, 20–26.

Reat, Ruth. »From Dawson to Nome on a Bicycle«, *Pacific Northwest Quarterly,* Juli 1956, 65–74.

Reed, Elmer. »The Law and Gus Boltz«, *Alaska Sportsman,* April 1945, 12–13, 27–29.

Reed, Irving McK. »Frank Yasuda, Pioneer in the Chandalair«, *Alaska Sportsman,* Juni 1963, 14–15, 42–45.

Ryan, Pat M. »John P. Clum in Alaska«, *Alaska Sportsman,* Oktober 1965, 21–23.

Sherman, Steve. »Ruby's Gold Rush Newspapers«, *Alaska Journal,* Herbst 1971, 16–24.

Siddall, W. R. »The Yukon Waterway in the Development of Interior Alaska«, *Pacific Historical Review,* November 1959, 361–76.

Slobodin, Richard. »›The Dawson Boys‹ – Peel River Indians and the Klondike Gold Rush«, *Polar Notes,* Juni 1963, 24–35.

Stewart, Thomas R., as told to Louis R. Huber. »From Rags to Riches«, *Alaska Sportsman,* September 1944, 10–11, 33–36.

Walker, Johnny, as told to Louis Whittaker. »Bonanza Days«, *Alaska Sportsman,* November 1943, 12–13, 26–28.

———. »We Killed the Dogs for Food«, *Alaska Sportsman,* Dezember 1943, 18–19, 26–28.

Wallace, John B. »Nome Was Like That«, *Alaska Sportsman,* Oktober 1939, 16–17, 31–33.

———. »The People of Nome Were Scandalized«, *Alaska Sportsman,* Dezember 1939, 16–17, 20–21.
———. »Three Strikes Was Out!« *Alaska Sportsman,* November 1939, 16–17, 23–25.
———. »We Settled Disputes with Our Fists«, *Alaska Sportsman,* August 1939, 14–15, 28.
Willey, George Franklyn, as told to Jules Archer. »Lady Luck and the Cold Deck«, *Alaska Sportsman,* Oktober 1954, 14–17, 30–31.
Wilson, William H. »Alaska's Past, Alaska's Future«, *Alaska Review,* Frühling und Sommer 1970, 1–12.
Young, S. Hall. »Home Missions in Remotest Alaska«, *Assembly Herald,* Bd. 18, Nr. 16, Juni 1912, 313–15.

VI. Weitere Quellen

Douglass, William C. »A History of the Kennecott Mines.« Oktober, 1964.
Erstsendungen im Radio (1955); archiviert in der University of Alaska. Die Autoren:
Harry Badger
Jessie Bloom
Robert Bloom
Gus Conrad
Frank Chapados
Bentley Falls
Ed Farrell
Rebecca Farrell
Mrs. George Gasser
Maurice Goding
George Goshaw
Charlie Jones
Al McLeod
A. G. McKenna
Mrs. Jessie Mather
George Preston
Frank Thiesen
Charlie Wilson
Eustice Paul Ziegler
Sutherland, Dan. Unveröffentlichte Memoiren. Elmer E. Rasmuson Library, University of Alaska.
Turner, Alfred E. »Chronology of Wyatt Earp.«
Wolff, Dr. Ernest. »Resumé of History of Chandalar.«

Sach- und Personenregister

Thomas Jeier
Die Eskimos
Geschichte und Schicksal der Jäger im Hohen Norden
ca. 272 Seiten, 16 Seiten Schwarz-Weiß-Abbildungen, 6 Karten, gebunden

Wie bei den meisten Kulturvölkern ranken sich auch um die Herkunft der Eskimos sagenhafte und mythische Erzählungen. Seit tausenden von Jahren lebt dieses Volk in den nördlichsten und unwirtlichsten Gebieten unserer Erde. Und obwohl sie heute politisch den verschiedensten Staaten angehören, bereitet es einem Polareskimo keine Schwierigkeiten, sich mit einem Eskimo aus Sibirien zu verständigen. Jeier erzählt die Geschichte und Entwicklung dieses nomadenhaften Volkes. Er zeigt, wie die Innuit heute leben, mit welchen Problemen sie konfrontiert werden und wie sie diese bewältigen.

Thomas Jeier
Die letzten Söhne Manitous
Das Schicksal der Indianer Nordamerikas
320 Seiten mit 22 Abbildungen,
gebunden

»Jeier schildert die Lage der Indianer von heute unter besonderer Berücksichtigung des neu entstandenen, eigentlich ganz unindianischen ›politischen‹ Bewußtseins, das den Kampf um die Anerkennung der Bedürfnisse und Rechte der Indianer in den letzten zehn Jahren auf eine andere Ebene verlagert hat. Die aus eigenem Erleben des Autors entstandenen Beschreibungen der Lebensumstände der meisten Reservatindianer sind eindringlich geschrieben, bieten zusammen mit dem jeweils eingefügten historischen Abriß einen guten Überblick auch über die Entwicklung der offiziellen Indianerpolitik.«
RIAS Berlin

Helmut Höfling
Helden gegen das Gesetz
Die großen Räubergestalten von
Angelo Duca bis Robin Hood
328 Seiten, 16 Seiten Schwarz-Weiß-
Abbildungen, gebunden

»Helden gegen das Gesetz« ist weder eine Geschichte des Verbrechens noch eine Verherrlichung des Räuberlebens. Vielmehr werden am Beispiel von sieben berühmten Räubern die soziale Herkunft, ihre Motivation, die Organisation ihrer Banden dargestellt und die unterschiedliche Beurteilung seitens der Obrigkeit und des Volkes analysiert. Um diese »Volkshelden« ranken sich zahllose Legenden und Histörchen. Helmut Höfling trennt detailgenau die Wahrheit von der Dichtung, die Spreu vom Weizen. So wird in der Geschichte der großen Räuber gleichzeitig ein Stück Zeit- und Kulturgeschichte sichtbar.

ECON Verlag, Postfach 9229, 4000 Düsseldorf 1

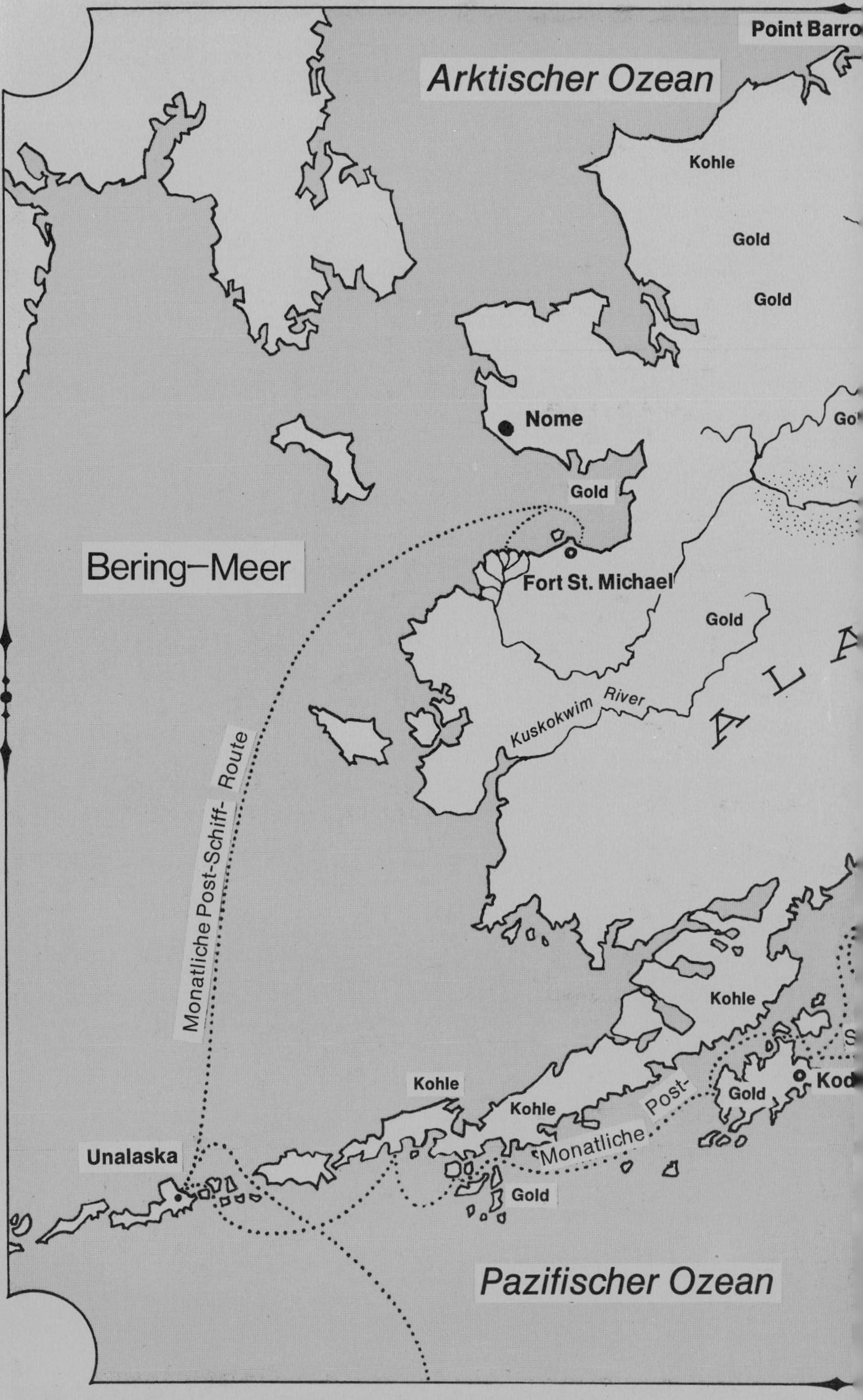

Point Barro
Arktischer Ozean
Kohle
Gold
Gold
Nome
Go
Gold
Fort St. Michael
Bering–Meer
Gold
Kuskokwim River
A L A
Monatliche Post-Schiff-Route
Kohle
Kohle
Kohle
Gold
Kod
Monatliche Post-
Unalaska
Gold
Pazifischer Ozean